अम्बेडकर
एक जीवन

वाणी जीवनी श्रृंखला

शशि थरूर

अनुवाद

अमरेश द्विवेदी

वाणी प्रकाशन

प्रकाशन के उत्कृष्टतम 61 वर्ष

पेपरबैक पहला संस्करण : 2024 (जून)
पेपरबैक दूसरा संस्करण : 2024 (नवम्बर)

vaniprakashan.com

वाणी प्रकाशन

4695, 21-ए, दरियागंज, नयी दिल्ली-110 002

फ़ोन : +91 11 23273167, 23275710

शाखाएँ

अशोक राजपथ, पटना-800 004, बिहार
कॉफ़ी हाउस कैम्पस, महात्मा गांधी मार्ग, प्रयागराज-211 001, उत्तर प्रदेश
महात्मा गांधी अन्तरराष्ट्रीय हिन्दी विश्वविद्यालय, वर्धा-442 001, महाराष्ट्र
sales@vaniprakashan.in
vaniprakashan@gmail.com

Ambedkar : Ek Jeevan
by Shashi Tharoor
Translated by Amresh Dwivedi

ISBN : 978-93-6287-264-7

Biography

मूल्य : ₹ 395

जी.एस. ऑफ़सेट, दिल्ली-110 095 में मुद्रित

वाणी प्रकाशन का लोगो मक़बूल फ़िदा हुसेन की कूची से

भारत की जनता के लिए

जिसे अम्बेडकर ने बहुत कुछ दिया

उनके योगदान की पूरी सराहना हम अभी भी नहीं कर सके हैं

‘हमारे पास शब्द की शक्ति है। शब्द के हथियारों से हम लड़ेंगे;
शब्द हमारे जीवन की श्वांस हैं,
हम लोगों के बीच शब्दों की दौलत को बाँट देंगे।’

— संत तुकाराम, 1608-1650

अनुक्रम

खण्ड एक : जीवन

एक	नींव का निर्माण (1891-1923)	15
दो	माउंटिंग द पोडियम (1923-1930)	40
तीन	शिखर तक पहुँचना (1930-1935)	62
चार	शिखर से अवलोकन (1935-1946)	87
पाँच	विजय और भ्रम (1946-1956)	106

खण्ड दो : विरासत

छह	एक सार्थक जीवन	143
	आभार	204
	सन्दर्भ ग्रन्थ	205

लेखक के शब्द

तीन महत्त्वपूर्ण बातें।

एक ऐसे व्यक्ति की जीवनी जो अपने कार्यों की बजाय अपने शब्दों के लिए ज़्यादा जाना जाता है, उसमें निस्सन्देह घटनाओं की कमी और विचारों की प्रधानता होने की सम्भावना रहती है। अम्बेडकर का जीवन निश्चित रूप से नाटकीय घटनाक्रमों और पीड़ादायक अनुभूतियों से भरा रहा है, लेकिन अपने समय में उन्होंने जितना लिखा, भाषणों में जो कहा और सार्वजनिक विमर्श में जिस तरह का हस्तक्षेप किया, उसका महत्त्व कहीं ज़्यादा है। लेखक को ये स्वीकार करने में संकोच नहीं कि यथार्थ को सामने लाने के क्रम में कई बार बेहद अप्रिय सच्चाइयों का भी उल्लेख करना पड़ा है। महू की सैन्य छावनी में धूल-मिट्टी में खेलने वाले एक अछूत सूबेदार के बेटे का दो प्रतिष्ठित डॉक्टरेट हासिल करना, अपनी बौद्धिक क्षमता, साहसपूर्ण संकल्प और अभिव्यक्ति के चमत्कार की बदौलत अपनी पीढ़ी की महान शख़्सियतों में शुमार हो जाना इस लेखक के लिए तो पर्याप्त नाटकीय है। लेकिन पाठकों को सतर्क भी करना चाहता हूँ : यह विचारों से भरे एक महान शख़्स के उत्कर्ष की कहानी है जिसे लिखते हुए उनके लेखों और भाषणों से ढेर सारे उद्धरण लिए गये हैं। ये किसी ऐसे इन्सान की कहानी नहीं है जो शारीरिक रूप से बलवान हो और जिसने शूरता के रोमांचक कारनामे किये हों।

दूसरी महत्त्वपूर्ण बात अम्बेडकर की इस जीवनी में इस्तेमाल किये गये कुछ शब्दों को लेकर है। शुरुआती अध्यायों में, और पुस्तक में कई जगह 'अनटचेबल' (अस्पृश्य) शब्द का ख़ूब इस्तेमाल किया गया है, ये जानते हुए भी कि यह शब्द अपमानजनक है और काफ़ी पहले से प्रयोग में नहीं है। लेकिन समस्या ये है कि इस पुस्तक में जिस समय की बात की जा रही है, उस दौर में समुदाय के लिए आज स्वीकृत 'दलित' शब्द आमतौर पर इस्तेमाल नहीं किया जाता था, यहाँ तक कि

अम्बेडकर ख़ुद भी प्राय: अस्पृश्य शब्द का ही इस्तेमाल करते थे। समुदाय को–जिसे वंचित वर्ग भी कहा जाता है–1935 के बाद अनुसूचित जाति कहा जाने लगा, और कहानी जैसे-जैसे आगे बढ़ी यही शब्द प्रमुख होता गया। लेकिन लेखक शुरू में ही उस समय की भाषा के इस्तेमाल के लिए पाठकों से क्षमा माँग लेना चाहता है।

और आख़िर में तीसरी सबसे अहम बात : अम्बेडकर के जीवन और उनकी शिक्षा पर हुए दलित लेखन और टिप्पणियों के मेरे गहन अध्ययन के दौरान मैं इस तथ्य को लेकर बेहद सतर्क हूँ कि कुछ लोग इस किताब का इस मौलिक आधार पर विरोध करेंगे कि मैं दलित नहीं हूँ। मैं इस बात को अच्छी तरह जानता और समझता हूँ कि एक 'निष्पक्ष' लेखक का विश्लेषण, चाहे वो कितना भी पढ़ा-लिखा और जानकार हो, उसकी तुलना भेदभाव, उत्पीड़न और हाशिये पर धकेल दिये गये लोगों के निजी अनुभवों से नहीं की जा सकती है। मैं ये नहीं कहूँगा जैसा कि एक बार मैंने कहा था कि मैं जाति की जानकारी के बग़ैर पला-बढ़ा, क्योंकि उसके बाद मुझे ये मान लेना पड़ा कि जाति के बारे में कुछ भी न जानना भी एक तरह से समाज में हासिल विशेषाधिकार को प्रतिबम्बित करता है, और कोई भी दलित अपनी जाति से अनभिज्ञ होकर क़तई नहीं रह सकता, जैसेकि अपने बचपन के शुरुआती दिनों में मैं ख़ुद अपनी जाति की पहचान से अनभिज्ञ रहा था। आख़िर में मैं केवल यही कह सकता हूँ मैंने इस संक्षिप्त जीवनी को अम्बेडकर के प्रति सम्मान, उनकी उपलब्धियों के प्रति प्रशंसा, इतिहास के ज्ञान और अपने समय के सन्दर्भों के प्रति जागरूकता के नज़रिये से देखा है। अब ये पाठकों को तय करना है कि मैं इस प्रयास में कितना सफल हुआ हूँ।

खण्ड एक

जीवन

एक

नींव का निर्माण

(1891 - 1923)

नौ साल का एक बच्चा और उसके दो दोस्त बेहद प्रसन्न थे। एक बच्चे का सगा भाई था और दूसरा चचेरा। दूसरे शहर में नौकरी करने वाले लड़के के पिता ने उन्हें गर्मी की छुट्टियाँ साथ बिताने के लिए कोरेगाँव बुलाया था।[1] इस मौक़े के लिए लड़कों ने अपने सबसे अच्छे कपड़े पहने थे। दर्ज़ी के सिले जैकेट और सिर पर ज़रीदार टोपी पहनी गयी थी। वे पहली बार ट्रेन से सफ़र करने वाले थे और इस एहसास से बेहद रोमांचित थे।

उन्होंने अपने पिता को लिखा था कि उनकी ट्रेन शाम पाँच बजे पहुँच जायेगी। लेकिन उनका सन्देश पिता तक नहीं पहुँच पाया था। नतीजा ये हुआ कि जब वे पहुँचे तो देखा कि वहाँ कोई उनका इन्तज़ार नहीं कर रहा था। कुछ देर प्रतीक्षा करने के बाद उन्होंने प्लेटफ़ॉर्म पर मौजूद लोगों से पूछा कि इस हालात में वे क्या कर सकते हैं। लोग बातें करने लगे कि ये लड़के आख़िर कौन हैं? थोड़ी ही देर में जब उन्होंने बताया कि वे महार हैं, एक अछूत समुदाय के सदस्य, तो अचानक सबका मन और बर्ताव बदल गया। अब कोई उनकी मदद नहीं करना चाहता था। क़रीब डेढ़ घण्टे तक वो सहायता माँगते रहे। और फिर उन्होंने एक गाड़ी वाले को समझाने की कोशिश की कि वो उन्हें उनके पिता के घर तक पहुँचा दे। पिता का घर ट्रेन के पड़ाव से सड़क के रास्ते कई घण्टे की दूरी पर था। वहाँ कई गाड़ियाँ ख़ाली खड़ी थीं, लेकिन किराया देने पर भी वह उन लड़कों के लिए उपलब्ध नहीं थीं। आख़िरकार बहुत मनाने पर एक गाड़ी वाला तैयार हुआ, लेकिन वह ख़ुद गाड़ी चलाना नहीं चाहता था। उसे डर था कि वह जातिभ्रष्ट हो जायेगा।

ऐसे हालात में लड़कों को दोगुना किराया देने के लिए तैयार होना पड़ा और गाड़ी भी उन्हें ख़ुद ही चलानी थी। पूरी यात्रा के दौरान गाड़ी वाला थोड़ी दूरी बना कर उनके साथ-साथ चलने वाला था। उस लम्बी यात्रा के दौरान उन्हें कई छोटे-मोटे अपमान सहने पड़े। रास्ते में लोगों ने उनकी जाति की वजह से उन्हें पानी तक

देने से इनकार कर दिया। वे लगातार इस चिन्ता में सतर्क रहे कि कहीं गाड़ी वाला उन्हें नुक़सान ना पहुँचा दे। रात में जहाँ वे रुके, पूरी रात किसी अनहोनी की आशंका से जागते रहे। उन्हें दूसरे लोगों से अलग रखा गया था। वे रात भर इसी भय से आक्रान्त रहे कि कहीं कुछ अनहोनी ना हो जाये। ये बच्चे हालाँकि अपनी छुट्टियों पर हो रही यात्रा को लेकर बेहद उत्साहित थे, लेकिन उनकी जातिगत पहचान की वजह से उनके साथ जो अमानवीय व्यवहार हुआ था, उसने उन्हें अत्यधिक अपमान की पीड़ा से भर दिया था। नौ साल के जिस बच्चे के मनोमस्तिष्क पर इस घटना ने गहरा असर डाला, उसका नाम भीम था।

एमए, एमएससी, पीएचडी, डीएससी, डीलिट् और बार ऐट लॉ जैसी उपाधियाँ हासिल करने वाले बाबासाहेब भीमराव रामजी अम्बेडकर का जन्म 14 अप्रैल, 1891 को महारों के परिवार में हुआ था। महार समुदाय के लोग बॉम्बे प्रेसीडेंसी (ब्रितानी राज के दौरान भारत का एक सूबा जिसमें मोटे तौर पर आज के महाराष्ट्र, गुजरात और कर्नाटक के इलाक़े शामिल थे) के कोंकण क्षेत्र में बसे थे। तत्कालीन अत्यधिक स्तरीकृत जाति व्यवस्था में महारों को ऐतिहासिक रूप से अछूत समझा जाता था।

उन्नीसवीं सदी के भारत में एक अछूत के रूप में पैदा होना मानवीय दुर्दशा की गहराइयों में धकेल दिये जाने जैसा था।[2] अछूतों को दूसरे समुदायों से अलग रहना होता था, वे सार्वजनिक कुएँ से पानी नहीं ले सकते थे और जिस तालाब या नदी में ऊँची जाति के हिन्दू नहाते थे, उनमें स्नान भी नहीं कर सकते थे। हिन्दुओं की जाति व्यवस्था में अछूतों को बहिष्कृत माना जाता था जिनके स्पर्श नहीं बल्कि परछाईं मात्र से ऊँची जाति के लोग अपवित्र हो जाया करते थे। उन्हें सबसे घृणित समझे जाने वाले काम करने होते थे जैसेकि मैला ढोना, पाखाना और सीवर साफ़ करना, इन्सानों और पशुओं की गन्दगी हटाना, मृत पशुओं की खाल निकालना इत्यादि। स्कूल के फ़र्श की सफ़ाई वग़ैरह का काम छोड़ दें तो उनमें से ज़्यादातर कभी स्कूल का मुँह नहीं देख पाते थे। सवर्ण हिन्दू न तो उनके हाथों से भोजन-पानी स्वीकार करते थे और न ही उन्हें परोसते थे। उनका मानना था कि अछूतों के साथ भोजन-पानी साझा करने से वे अशुद्ध हो जायेंगे। अशिक्षित, कुपोषित, शोषित और तिरस्कृत अछूत समुदाय के लोग ज़िन्दगी का अधिकांश ग़रीबी, कुपोषण, बहिष्कार और अभाव में ही बिताते थे।

हालाँकि ये जो सामान्य-सी तस्वीर नज़र आ रही है, उसमें भारत की तमाम दूसरी सच्चाइयों की तरह ही भिन्नता भी थी,[3] क्योंकि कुछ अस्पृश्य उप-जातियाँ

दूसरी जातियों के मुक़ाबले थोड़ी बेहतर स्थिति में थीं। ऐतिहासिक कालक्रम में उनकी स्थिति अलग-अलग जगहों पर भिन्न तरीक़े से बेहतर हुई थी। उन्हें ऐसे मौक़े मिले जिससे कइयों के मुक़ाबले उनकी हालत थोड़ी बेहतर हो गयी। अम्बेडकर की महार उप-जाति उन्हीं में से एक थी। परम्परागत रूप से महार साधारण से काम करते आ रहे थे और मुख्य रूप से वेसकार या चौकीदारी के पेशे से जुड़े थे।[4] हालाँकि अम्बेडकर का परिवार रत्नागिरि ज़िले के अपने पुश्तैनी गाँव अंबावाड़े में एक ख़ास काम करता था। वहाँ अम्बेडकर परिवार के सदस्य मन्दिर की देवी की पालकी ढोते थे। कुछ लोगों को बम्बई और नागपुर के कपड़ा मिलों में मज़दूरी का काम मिल गया था।

लेकिन महारों की एक गौरवशाली सैन्य परम्परा भी थी। वे मराठों की गोरिल्ला सेना में सैनिकों के रूप में तैनात थे। अंग्रेज़ों ने जल्दी ही उनकी इस ख़ूबी को पहचान लिया और उन्हें ईस्ट इंडिया कम्पनी और फिर ब्रिटिश इंडियन आर्मी में शामिल कर लिया गया।[5] (महार शब्द की एक व्याख्या यह भी है कि ये शब्द 'महा-अरि' यानी 'महान शत्रु' से व्युत्पन्न है। व्युत्पत्ति के अनुसार, महार लोग सैन्य साहस और जांबाज़ी का एक अद्‌भुत संयोग थे।) महार रेजीमेंट ने समय के साथ ख़ूँख़ार और शूरवीर लड़ाकों के रूप में अपनी एक अलग पहचान बनाई थी। साल 1848 में पैदा हुए अम्बेडकर के पिता रामजी मालोजी सकपाल और उनके दादा मालोजी सकपाल दोनों ने ही रेजीमेंट में अपनी सेवा दी थी। अम्बेडकर की माँ भीमाबाई के पुरखों ने भी अंग्रेज़ों की सेना में अपनी सेवाएँ दी थीं। अपने माता-पिता की आख़िरी सन्तान के रूप में अम्बेडकर 14 अप्रैल, 1891 को महू में अंग्रेज़ों की छावनी में ही पैदा हुए।

अम्बेडकर की पैदाइश के समय पिता रामजी सकपाल की अवस्था ज़्यादा हो चली थी। सन् 1893 में जब नन्हे भीम केवल दो साल के थे, उनके पिता सेना में सूबेदार के ओहदे से रिटायर हो गये। परिवार बड़ा था और उसका गुज़ारा रामजी सकपाल के मामूली पेंशन से नहीं हो सकता था। ऐसे में रामजी ने अगले ही साल सतारा शहर में पीडब्ल्यूडी (लोक निर्माण विभाग) में स्टोरकीपर की नौकरी कर ली। भीम नटखट स्वभाव के बच्चे थे जिन्हें लड़ना-झगड़ना अच्छा लगता था, पर उन्हें किसी भी परिस्थिति में हार मानना स्वीकार्य नहीं था। भीम को पाँच साल की उम्र में रत्नागिरि ज़िले में दपोली के एक स्थानीय स्कूल में दाख़िल करा दिया गया। (एक अछूत सैनिक के बच्चे का दाख़िला कोई असामान्य बात नहीं थी क्योंकि सैनिकों के बच्चों के लिए शिक्षा अनिवार्य थी। न केवल भीम के पिता बल्कि उनके

परिवार की महिलाएँ भी शिक्षित थीं।)[6] उनके जीवनीकार धनंजय कीर के मुताबिक़, सतारा में एक किशोर के रूप में भीम 'जुझारू, समझदार और निडर थे... एक बार उन्होंने अपने सहपाठी की ये चुनौती स्वीकार कर ली कि वो बारिश में बिना छाते के चलेंगे। इस वजह से उन्हें कक्षा में गीले कपड़ों में आना पड़ा।'[7] जब वो केवल छह साल के थे तो उन्होंने अपनी माँ को खो दिया। अपने चौदहवें बच्चे को जन्म देते हुए बेहद कमज़ोरी की हालत में उन्होंने अपनी जान गँवा दी। उनके चौदह बच्चों में केवल पाँच बच्चे जीवित रहे जिनमें तीन लड़के–बलराम, आनन्द, भीम और दो लड़कियाँ–मंजुला और तुलसी ही किशोरावस्था के बाद जीवित रहे।

एक अस्पृश्य के रूप में भीम को स्कूल में दूसरे बच्चों से अलग रखा जाता था। उन्हें कक्षा में कोने में टाट पर बिठाया जाता था जो उन्हें घर से ही लाना होता था। स्कूल ख़त्म होने के बाद टाट को उन्हें अपने साथ ले जाना होता था क्योंकि स्कूल का चपरासी जो कि 'ऊँची' जाति का था, वो उसे छूने से भी इनकार कर देता था।[8] स्कूल के कुछ शिक्षक उन पर कम ही ध्यान देते थे। लेकिन इन तमाम अपमान के बावजूद भीम ने सीखने के प्रति बड़ों जैसी बुद्धिमत्ता का प्रदर्शन किया। उनके पिता बेहद सख़्त और अनुशासन प्रिय व्यक्ति थे जो स्कूल के महत्त्व को भलीभाँति समझते थे। वो अपने बच्चों की पढ़ाई में व्यक्तिगत रुचि लेते थे और इस बात का ख़याल रखते थे कि उनके साथ हो रहे भेदभावपूर्ण व्यवहार के बावजूद बच्चे स्कूल ज़रूर जायें। विद्यालय में बच्चे जो सीखते थे, उसके अलावा भी पिता उन्हें अलग से अतिरिक्त ज्ञान देते थे। वह मानते थे कि सूर्योदय से पहले का बेहद शान्त वातावरण विद्या ग्रहण के लिए सबसे उपयुक्त होता है और इसीलिए वह बच्चों को पौ फटने से काफ़ी पहले ही जगा देते थे। अम्बेडकर याद करते हैं कि परीक्षा से पहले के दिनों में तैयारी के लिए उन्हें रात में दो बजे जगा दिया जाता था।[9]

साल 1901 में रामजी ने कोरेगाँव में एक नौकरी पकड़ ली। इसके लिए बच्चों को उन्हें रिश्ते की एक चाची की देख-रेख में छोड़ना पड़ा। लेकिन वो महिला बच्चों की देखभाल में पूरी तरह नाकाम साबित हुईं। बच्चों को अपने भोजन की व्यवस्था और देखभाल ख़ुद करनी पड़ती थी। भीम ने बताया था कि कैसे उन्हें ज़्यादातर चावल के पुलाव से काम चलाना पड़ता था, 'हमें लगता था कि ये सबसे आसानी से बनने वाला भोजन है, जिसके लिए चावल और मांस को मिलाने से ज़्यादा कुछ नहीं करना पड़ता था।'[10] युवा भीम जल्दी ही अपनी देखभाल करना सीख गये।

कोरेगाँव की यात्रा की जिस घटना से हमने इस अध्याय की शुरुआत की थी, और जिसका ज़िक्र भीम ने बाद में बेहद भावुक होकर किया था, दरअसल वो

भेदभाव की उन तमाम घटनाओं में से एक थी जिसका सामना भीम ने किया था। भेदभाव स्कूल में भी जारी रहा, हालाँकि इन सबके बावजूद भीम अच्छे छात्र साबित हुए। परीक्षा में भी उनका प्रदर्शन अच्छा रहा : 'अपने सहपाठियों के बीच मैं अपनी रैंक के मुताबिक़ नहीं बैठ सकता था, मुझे कक्षा में कोने में अकेले बैठना पड़ता था। ...क्लासरूम में बैठने के लिए मेरे पास एक अलग टाट जैसी चीज़ होती थी, और स्कूल में साफ़-सफ़ाई के लिए जो कर्मचारी रखा गया था वो मेरे इस्तेमाल किये हुए टाट को छूता तक नहीं था। मुझे उसे शाम में अपने साथ घर ले जाना पड़ता था और अगले दिन वापस लाना होता था।'[11] उसी तरह प्यास लगने पर भीम को पानी के नल को छूने की इजाज़त भी नहीं थी, क्योंकि उनके छूने से नल दूषित हो जाता; उन्हें नल को खोलने के लिए स्कूल के चपरासी का इन्तज़ार करना पड़ता था, और अगर चपरासी उपलब्ध नहीं होता था, तो उन्हें प्यासा ही रह जाना पड़ता था। ऐसा कहा जाता है कि एक बार, जब पाया गया कि भीम सार्वजनिक नल से छुपकर पानी पी रहे हैं, तब उन्हें इस दुस्साहस के लिए पीटा गया। 'अगर चपरासी नहीं, तो पानी भी नहीं'[12]। उन्होंने बाद में इसका बहुत कड़वाहट के साथ ज़िक्र किया था। साथ ही कोई धोबी किसी अछूत के कपड़े साफ़ नहीं करता था, और न ही कोई हज्जाम उनके बाल काटता था।

समझा जा सकता है कि अपमानित करने वाली ये घटनाएँ उन्हें परेशान करती थीं, लेकिन कभी-कभार स्कूल के दो ब्राह्मण शिक्षक उन पर दया भी दिखा दिया करते थे–एक बार श्रीमान पेंडसे ने भीम को बारिश में भीगने के बाद ठण्ड से ठिठुरते हुए देखा तो उन्हें अपने घर ले गये ताकि वो ख़ुद को और कपड़ों को सुखा सकें। उन्होंने भीम को पहनने के लिए धुले हुए कपड़े भी दिये। एक अन्य शिक्षक कृष्ण केशव अम्बेडकर,[13] चुपके से भीम के साथ अपना लंच भी हर दिन शेयर कर लिया करते थे।

स्कूल में भीम का नामांकन भीवा सकपाल के नाम से था। भीवा उनके बचपन का उपनाम था और सकपाल उनके पिता का कुलनाम, लेकिन किसी की परवाह न करने वाले इस उदार हृदय क्षिक्षक ने स्कूल रजिस्टर में उनका नाम बदलकर अम्बेडकर कर दिया–ये एक ऐसा नाम था जो ख़ुद उनके नाम और भीम के पुश्तैनी गाँव अंबावाड़े से व्युत्पन्न था। ऊँची जाति के महाराष्ट्र के लोग अक्सर अपने उत्पत्ति स्थान से अपना कुलनाम ले लिया करते थे; पर अछूत ऐसा नहीं कर सकते थे। भीम के शिक्षक कृष्ण केशव अम्बेडकर ने फ़ैसला किया कि बालक की योग्यता ख़ुद अपना नाम रखने की है,[14] ये एक ऐसा निर्णय था जिसे भीम ने बाद में ख़ुशी से स्वीकार कर लिया।

सन् 1901 में रामजी सकपाल ने फिर से शादी करने का फ़ैसला किया। पर पिता का ये निर्णय उनके सबसे छोटे बेटे को क़तई पसन्द नहीं आया। केवल दस साल के भीम ने अपने पिता की इस नयी गृहस्थी से अलग रहने की ठानी और पूरे शिद्दत से सतारा के एक कॉटन मिल में काम ढूँढ़ने की योजना बनाने लगे। ये मिल थोड़े बड़े लड़कों को अपने यहाँ नौकरी पर रखती थी। पर अच्छा हुआ कि भीम को सुबुद्धि आयी और उन्होंने नौकरी की बजाय पढ़ाई में मन लगाने का फ़ैसला किया ताकि वो ऐसी क़ाबिलियत हासिल कर सकें जिसके बल पर इस दुनिया में अपने लिए रास्ता बना सकें, अपना मकाम हासिल कर सकें।

फिर भीम का परिवार बम्बई चला गया जहाँ सब लोग चॉल में एक कमरे वाले घर में रहने लगे। वहाँ की ज़िन्दगी चुनौतियों से भरी थी : चॉल दरअसल दो-चार मंज़िलों वाले एक कमरे के अपार्टमेंट होते थे, और वहाँ के बाशिन्दों को कॉमन बाथरूम इस्तेमाल करना होता था। रामजी के मामूली पेंशन से केवल एक बच्चे को शिक्षा दी जा सकती थी। इसलिए बच्चों में सबसे मेधावी भीम का दाख़िला प्रतिष्ठित एलफ़िंस्टन कॉलेज के हाई स्कूल में कराया गया।[15] उस संस्थान में अपनी बिरादरी के वह अकेले सदस्य थे। उनके पिता को स्कूल की किताबों के लिए पैसे उधार लेने पड़ते थे। उस विद्यालय में भी भीम अपनी जातिगत पहचान से बच नहीं सके, वहाँ भी उन्हें याद दिला दिया जाता था कि वह अछूत हैं : एक बार, जब शिक्षक ने उन्हें एक सवाल हल करने के लिए ब्लैकबोर्ड के पास बुलाया, तो कक्षा में अफ़रातफ़री मच गयी और दूसरे छात्र भीम से पहले ब्लैकबोर्ड तक पहुँचने के लिए दौड़ पड़े। पता चला कि छात्रों ने अपना टिफ़िन बॉक्स ब्लैकबोर्ड के पीछे रखा हुआ था। वह भयभीत हो गये कि यदि भीम वहाँ पहुँच गये तो उनका भोजन अशुद्ध हो जायेगा। उन्होंने अपने टिफ़िन बॉक्स भीम के पहुँचने से पहले ही निकालकर अलग कर लिए।[16] भीम ने पढ़ाई में बहुत अच्छा प्रदर्शन किया, लेकिन भेदभाव वहाँ भी मौजूद था : वो संस्कृत पढ़ना चाहते थे[17], लेकिन अधिकारियों ने अनुमति देने से इनकार कर दिया[18] क्योंकि वह अछूत थे। ऐसे में उन्हें फ़ारसी पढ़नी पड़ी। लेकिन इन कड़वे अनुभवों के बावजूद उनकी सीखने की ललक कम नहीं हुई। सन् 1907 में जब उन्होंने 16 साल की उम्र में मैट्रिकुलेशन (दसवीं) की परीक्षा पास की तो फ़ारसी में पूरे स्कूल में उन्हें सबसे ज़्यादा अंक मिले थे।

भीम के लिए मैट्रिकुलेशन भी कोई छोटी कामयाबी नहीं थी। अपने समाज में इस सम्मान को हासिल करने वाले भीम अम्बेडकर पहले व्यक्ति थे। अंग्रेज़ों ने

भारतीयों के लिए शिक्षा की सुविधा विकसित करने में बहुत कम निवेश किया था। देश में बहुत कम स्कूल और कॉलेज थे। यहाँ तक कि ऊँची जाति के बच्चे भी दसवीं तक की पढ़ाई नहीं करते थे। एक अछूत की ऐसी कामयाबी के बारे में विरले ही सुना गया था। भीम के हाई स्कूल पास करने पर उनका सार्वजनिक अभिनन्दन किया गया।[19] पढ़ाई में उनकी कामयाबी को देखते हुए उस दौर के रिवाज़ के मुताबिक़ साल 1905 में उनकी शादी नौ साल की महार कन्या रामी (रमाबाई) से कर दी गयी।[20] हालाँकि विवाह ने भीम की आगे की पढ़ाई के संकल्प को कमज़ोर नहीं किया। उन्होंने एलफ़िंस्टन कॉलेज में दाख़िला ले लिया। लेकिन इंटरमीडिएट की परीक्षा पास करते ही उन्हें ये दुःखद समाचार मिला कि उनका परिवार अब उनकी शिक्षा का ख़र्च नहीं उठा पायेगा और वह अपनी डिग्री पूरी नहीं कर सकेंगे।

उसी मुश्किल घड़ी में एक अन्य शुभचिन्तक का उनकी ज़िन्दगी में प्रवेश हुआ। हाई स्कूल छात्र के रूप में भीम ने मराठी विद्वान और समाज सुधारक के. ए. केलुस्कर को बहुत प्रभावित किया था। केलुस्कर जिस गार्डेन में जाया करते थे, वहाँ उन्होंने भीम को पूरे मनोयोग से पढ़ाई करते देखा था।[21] वह भीम को अपनी लाइब्रेरी से पढ़ने के लिए किताबें देने लगे। एक दिन उन्होंने भीम को गौतम बुद्ध की जीवनी पढ़ने को दी। इस पुस्तक का युवा भीम पर गहरा और स्थायी प्रभाव पड़ने वाला था। केलुस्कर ने सुना था कि बड़ौदा के महाराजा सर सयाजी राव गायकवाड़[22] ने बम्बई की एक सार्वजनिक सभा में घोषणा की है कि वह किसी भी योग्य अछूत छात्र की उच्च शिक्षा हासिल करने में मदद करने को तैयार हैं। केलुस्कर ने महाराजा से मुलाक़ात की और भीम के लिए मदद माँगी। महाराजा ने युवा भीम को एक साक्षात्कार के लिए बुलाया। वह भीम से पूछे गये प्रश्नों का उत्तर सुनकर प्रभावित हो गये। उन्होंने भीम को 25 रुपये मासिक वज़ीफ़ा देने का एलान किया जो उस ज़माने में एक बड़ी रक़म हुआ करती थी।[23]

महाराजा की दरियादिली से मिले पैसे न केवल भीम की शिक्षा के लिए पर्याप्त थे, बल्कि उससे उनका परिवार भी बेहतर जगह में रहने लगा। ये एक की बजाय दो कमरे वाला अपार्टमेंट था। दूसरा कमरा पूरी तरह युवा प्रतिभाशाली छात्र भीम के लिए सुरक्षित था ताकि वो बिना किसी रुकावट के अपनी पढ़ाई कर सकें। सन् 1912 में जब भीम 21 वर्ष के थे और उनकी पत्नी 16 वर्ष की, तब उन्हें एक बेटा पैदा हुआ जिसका नाम यशवन्त रखा गया। एक साल बाद भीम ने स्नातक की डिग्री हासिल कर ली–ये उपलब्धि एक ऐसे देश में हासिल हुई थी जहाँ ऊँची जाति के

तमाम हमवतन छात्र अपने नाम के आगे बीए 'फ़ेल' लिखना सम्मान समझते थे कि वे वहाँ तक तो पहुँच सके।

महाराजा ने ग्रेजुएट भीम को बड़ौदा की सेना में लेफ़्टिनेंट नियुक्त करने में कोई देरी नहीं की, लेकिन ज़िम्मेदारी सँभालने के कुछ ही हफ़्तों के भीतर भीम को टेलीग्राम मिला कि उनके पिता गम्भीर रूप से बीमार हैं। उन्होंने इस्तीफ़ा दे दिया और तुरन्त बम्बई के लिए रवाना हो गये ताकि पिता रामजी सकपाल से आख़िरी बार मिल सकें। ऐसा कहा जाता है कि रामजी ने प्राण त्यागते हुए अपना हाथ भीम की पीठ पर रखा, और बेटे को दृढ़ इच्छाशक्ति और विपरीत परिस्थितियों का सामना करने का आशीर्वाद दिया।

रामजी सकपाल[24] 65 वर्ष की अवस्था में 2 फ़रवरी, 1913 को भीम को गहरे शोक में छोड़ संसार से विदा हो गये। इसे संयोग कहें या विधि का विधान कि भीम भी 65 की उम्र तक ही जीवित रहे।

हालाँकि भीम को बड़ौदा में सेना की नौकरी से इस्तीफ़ा देकर मृत्युशैया पर पड़े पिता से मिलने के लिए घर लौटना पड़ा था, लेकिन जून 1913 में वह महाराजा से एक और छात्रवृत्ति हासिल करने में कामयाब रहे। इस बार साढ़े ग्यारह पाउंड का वज़ीफ़ा उन्हें तीन साल तक अमेरिका में पढ़ाई के लिए मिला था। शर्त बस यह थी कि अमेरिका से लौटने के बाद दस वर्ष तक उन्हें बड़ौदा रियासत की सेवा करनी थी।[25] यह अम्बेडकर के लिए एक सुनहरा अवसर था। क्रिस्टोफ़र जैफ़रलॉट लिखते हैं, 'यह उनकी बुद्धिमत्ता और कठिन परिश्रम करने की क्षमता से सम्भव हुआ था, लेकिन उनकी अच्छी क़िस्मत बहुत हद तक मराठा शाही कुलीनता की भी ऋणी थी। ग़ैर-ब्राह्मण एकता को उनके जीवन में निर्णायक भूमिका निभानी थी।'[26] अपने बड़े परिवार को मज़दूरी कर कमाने वाले भाई आनन्दराव के भरोसे छोड़कर भीम समन्दर के रास्ते अमेरिका के लिए रवाना हो गये।

कोलम्बिया यूनिवर्सिटी में पढ़ाई के लिए सन् 1913 की जुलाई के तीसरे हफ़्ते में अम्बेडकर न्यूयॉर्क पहुँचे।[27] लम्बे समय से संयुक्त राज्य अमेरिका को स्वतन्त्रता के प्रकाश पुंज के रूप में देखा जाता रहा है। और भीम सम्मान और प्रतिष्ठा के लिए मातृभूमि में अश्वेत अमेरिकियों के संघर्ष के बारे में जानते थे। यह लड़ाई वैसी ही थी जैसी भारत में अछूत लोग लड़ रहे थे। भीम प्रतिबद्ध थे कि कोलम्बिया यूनिवर्सिटी में उन्हें जो भी अवसर मिलेंगे, उनका वह अधिक से अधिक इस्तेमाल करेंगे।

न्यूयॉर्क शहर के चकाचौंध और तमाम तरह के प्रलोभनों को युवा भीम ने दरकिनार कर दिया। वज़ीफ़े की राशि का एक हिस्सा वह बम्बई भेज देते थे ताकि

उनकी ग़ैर-मौजूदगी में परिवार का गुज़ारा अच्छी तरह चल सके। अपनी स्थिति को बख़ूबी समझते हुए अम्बेडकर ने ख़ुद को पूरी तरह पढ़ाई में झोंक दिया और हर दिन 18 घण्टे पढ़ने लगे।[28] (हालाँकि शुरुआत में उन्होंने बैडमिंटन, आइस स्केटिंग और थियेटर देखने में अपना ध्यान लगाया, लेकिन यह दौर लम्बा नहीं चला और अन्तरात्मा की आवाज़ सुनकर वह फिर से किताबों में डूब गये।)

उन्होंने बम्बई के एक पारसी नवल भथेना[29] के साथ किराये पर कमरा लिया। आगे चलकर सफल कारोबारी बने भथेना जातिगत पूर्वाग्रह से मुक्त थे और प्रतिभाशाली छात्र अम्बेडकर को बेहद पसन्द करते थे। अम्बेडकर ने कोर्स में राजनीति विज्ञान, नैतिक दर्शन, अर्थशास्त्र, मानवशास्त्र और समाजशास्त्र की पढ़ाई की और 'प्राचीन भारत में वाणिज्य' विषय पर स्नातकोत्तर का शोध प्रबन्ध लिखा जिस पर उन्हें साल 1915 में एमए की डिग्री मिली। पीएचडी करते हुए अम्बेडकर ने भारतीय वित्त व्यवस्था का गहराई से अध्ययन किया और 'भारत का राष्ट्रीय लाभांश' विषय पर शोध-प्रबन्ध लिखा।

अम्बेडकर ने समय निकालकर उस विषय पर पर्चा तैयार किया और उसे प्रस्तुत किया जिस पर उन्होंने गहराई से विचार करना शुरू कर दिया था : 'भारत में जातियाँ, उनकी उत्पत्ति, संरचना और विकास'। मई 1916 में इस विषय पर मानवशास्त्र की एक संगोष्ठी[30] को सम्बोधित करते हुए उन्होंने जाति की बुराइयों की समीक्षा की। यह इस मुद्दे से उनकी जीवन पर्यन्त चलनेवाली बौद्धिक और राजनीतिक जुड़ाव की शुरुआत थी जिसने उन्हें भीतर तक झकझोर कर रख दिया था। अमेरिकी श्रोताओं को अपनी बात समझाने के लिए उन्होंने एक रूपक भी तैयार कर लिया था, 'हिन्दुत्व एक बहुमंज़िली इमारत की तरह है जिसकी हर मंज़िल पर एक जाति ने क़ब्ज़ा किया हुआ है, लेकिन इन विभिन्न मंज़िलों को जोड़नेवाली कोई सीढ़ी नहीं है। इस व्यवस्था में एक व्यक्ति उसी मंज़िल पर जीवन व्यतीत करता है और मर जाता है जिस पर वह पैदा होता है।'[31] इसी दौरान उनकी मुलाक़ात मशहूर राष्ट्रवादी नेता लाला लाजपत राय से हुई जो होमरूल लीग की ओर से अमेरिका की व्याख्यान-यात्रा पर थे और जिसका मक़सद भारत की आज़ादी के लिए समर्थन जुटाना था। अम्बेडकर ने लालाजी की सभाओं में हिस्सा लिया और राष्ट्रवादियों द्वारा छुआछूत की उपेक्षा के मसले को उठाया। जब लाला लाजपत राय ने यह कहा कि आज़ादी हासिल करने के बाद ऐसे मुद्दों का हल ढूँढ़ा जा सकता है तो उनके विचार से युवा भीम प्रसन्न नहीं हुए थे। इसके बाद उन्होंने इस होमरूल लीग के साथ अपना जुड़ाव ख़त्म कर लिया था।

जून 1916 में अम्बेडकर ने डॉक्टरेट (पीएचडी) की अपनी थीसिस (शोध-प्रबन्ध) ख़त्म की और उसे जमा कर दिया। इसमें अंग्रेज़ी औपनिवेशिक नौकरशाही की आलोचना की गयी थी, पर कोलम्बिया विश्वविद्यालय को उनके शोध ने प्रभावित किया और काफ़ी प्रशंसा के साथ उन्हें पीएचडी की डिग्री दी गयी। बाद में थीसिस का विस्तार कर उसे अम्बेडकर की पहली किताब के रूप में प्रकाशित किया गया। पुस्तक का शीर्षक था–'भारत में साम्राज्यवादी प्रान्तीय वित्त का विकास' *(द इवॉल्यूशन ऑफ़ इम्पीरियल प्रोविंशियल फ़ाइनेंस इन इंडिया)*।[32] इसके साथ ही शुरुआत हुई अम्बेडकर की गम्भीर बौद्धिकता, गहन शोध और काम के प्रति असाधारण लगन वाली छवि की और जो उनके तेज़ी से किये गये काम में नज़र भी आया।

अनुबन्ध के मुताबिक़ अम्बेडकर को लौटकर बड़ौदा रियासत में अपनी सेवा देनी थी, लेकिन भीम ने उदार हृदय महाराजा से आग्रह किया और उनके आशीर्वाद से लन्दन में एक साल और पढ़ाई करने का वज़ीफ़ा हासिल कर लिया। अक्टूबर 1916 में लन्दन पहुँचकर अम्बेडकर ने पोस्ट डॉक्टरेट की पढ़ाई के लिए ग्रेज़ इन में नामांकन करा लिया। अपनी बौद्धिकता का विस्तार करने और शैक्षणिक योग्यता बढ़ाने को लेकर भीम की चाहत की कोई सीमा न थी।

लेकिन इस बार अम्बेडकर के सामने एक अड़चन आयी। बड़ौदा रियासत के दीवान अपने महाराजा के मुक़ाबले इस मेधावी छात्र को लेकर कम सहृदय थे। उन्होंने अम्बेडकर को आदेश दिया कि वह लौटकर दस साल तक रियासत की सेवा करने का अपना अनुबन्ध पूरा करें। जब यह आदेश अम्बेडकर तक पहुँचा तो लन्दन में उनके प्रवास के केवल छह महीने ही पूरे हुए थे और प्रथम विश्वयुद्ध तेज़ हो रहा था।

ऐसे में अम्बेडकर के सामने शर्त को मान लेने के अलावा और कोई विकल्प नहीं था। आसानी से हार नहीं मानने वाले अम्बेडकर ने यूनिवर्सिटी ऑफ़ लन्दन से नामांकन बरक़रार रखने की विशेष अनुमति हासिल कर ली। हालाँकि यह अनुमति चार साल के लिए ही थी, दस साल के लिए नहीं। इसका मतलब यह था कि चार साल के भीतर वह अपनी पढ़ाई फिर से शुरू कर सकते थे। उन्हें उम्मीद थी कि लन्दन स्कूल ऑफ़ इकोनॉमिक्स में अपनी पढ़ाई पूरी करने का एक और मौक़ा उन्हें ज़रूर मिलेगा। यही सोचकर उन्होंने अपना सामान एक मालवाहक स्टीमर में बुक करा दिया और दूसरे जहाज़ से भारत के लिए रवाना हो गये। उनके जहाज़ ने ख़तरनाक समुद्री यात्रा को सुरक्षित पूरा कर लिया, लेकिन उनका सामान लेकर आ

रहा स्टीमर रास्ते में जर्मनों की बमबारी का शिकार हो गया और बिना कोई निशान छोड़े समन्दर में डूब गया। इस सामान में अम्बेडकर की सारी बहुमूल्य किताबों का संग्रह और उनकी थीसिस की पाण्डुलिपि भी शामिल थी। अम्बेडकर को किताबों में हमेशा सम्बल प्रदान करने वाली स्वीकार्यता हासिल हुई थी। उनके अपने जीवन में जो बराबरी उन्हें कभी नहीं मिली थी, उस समानता का भाव उन्हें पुस्तकों के ज़रिये ज्ञान तक पहुँच में हासिल हुआ था। पुस्तकों और पाण्डुलिपियों के खोने पर वह गहरे शोक में डूब गये।[33]

इस समय तक उनकी बौद्धिकता को आकार देने में कई तरह के प्रभावों का हाथ था। उन्हीं में एक थे 15वीं सदी के रहस्यवादी सन्त और कवि, कबीर जिन्हें भीम के पिता और वह ख़ुद पूजनीय मानते थे। कबीर के मौलिक और गहरे अर्थ देने वाले पदों को भीम ने बचपन में ही याद कर लिया था। उनमें यह प्रसिद्ध दोहा भी शामिल था, 'मानुष होना कठिन हया तउ साधु कहाँ से होय?'–मनुष्य होना ही कठिन है तो तुम साधु कैसे बन पाओगे?[34] साधु-सन्तों के प्रति अम्बेडकर के अविश्वास को इसी दोहे से बल मिला। (ऐसा कहा जाता है कि गांधी को 'महात्मा' न स्वीकार करने और उन्हें 'मिस्टर गांधी' के रूप में सम्बोधित करने के पीछे यही दोहा था।) जैसाकि उन्होंने बाद में लिखा : 'महात्मा आये और महात्मा चले गये, लेकिन अछूत अछूत ही रह गये।'[35] मराठी सन्त तुकाराम की दी हुई शिक्षा को भीम के पिता बचपन में सुनाया करते थे और उसका पूरे परिवार पर गहरा असर था। अम्बेडकर तुकाराम के कई दोहों को स्मरण से उद्धृत कर सकते थे। इसमें अम्बेडकर ने अपनी शिक्षा से अर्जित बौद्धिक अनुभव और प्रभावों को शामिल कर दिया–जैसेकि केलुस्कर और बौद्ध धर्म की उनकी प्रशंसा; कोलम्बिया में एडविन आर. ए. सेलिगमैन की लोकवित्त की कक्षाएँ अम्बेडकर को बहुत अच्छी लगती थीं, और उन्होंने ही अम्बेडकर का लन्दन स्कूल ऑफ़ इकोनॉमिक्स से परिचय कराया था; श्रम और मानवाधिकार विशेषज्ञ टी. शॉटवेल, प्रगतिवादी इतिहासकार जेम्स हार्वे रॉबिन्सन, और, इनमें सर्वोपरि थे दार्शनिक जॉन डेवी। ये सभी विद्वान कोलम्बिया विश्वविद्यालय में थे। इनकी खोज की प्रविधि, ज्ञान-मीमांसा, बदलाव के कारक के रूप में लोकतान्त्रिक संस्थाओं में विश्वास और यथार्थवादी राजनीति के संस्थान के विचार ने भीम को प्रेरित किया और व्यवहारवाद की अहमियत की शिक्षा दी। क़ानूनविद् और समाज सुधारक महादेव गोविन्द राणाडे ने अछूतों की दशा सुधारने के लिये काफ़ी संघर्ष किया था। सामाजिक लोकतन्त्र के उनके विचार युवा

भीम के विचारों से मेल खाते थे। और लन्दन स्कूल ऑफ़ इकोनॉमिक्स में हेरॉल्ड लास्की के विचारों से भी भीम बहुत प्रभावित हुए थे। उन्होंने इस बात पर ज़ोर दिया था कि नैतिक व्यवस्था लोकतन्त्र का आधार है। साथ ही आदर्शवादी समाजवाद पर उनके विचार भीम के ख़ुद के दृष्टिकोण की कसौटी बन गये। ये सभी वे लोग थे जिनसे भीम मिले थे और विचारों का आदान-प्रदान किया था। अम्बेडकर ख़ुद भी बहुत पढ़ते थे और बर्ट्रेंड रसेल के विचारों से वे काफ़ी प्रभावित हुए थे। उनकी किताब 'प्रिंसिपल्स ऑफ़ सोशल रीकंस्ट्रक्शन' की भीम ने समीक्षा भी की थी। एडमंड बर्क के राजनीति में नैतिकता के विचारों ने भी इस युवा भारतीय को प्रभावित किया था। जॉन स्टुअर्ट मिल के विचार, अभिव्यक्ति और कार्य की स्वतन्त्रता पर ज़ोर देने वाले विचार अम्बेडकर के मूल विश्वास का हिस्सा बन गये। अश्वेत अमेरिकी बुद्धिजीवी बुकर टी. वॉशिंगटन के जीवन ने उन्हें सशक्तीकरण के प्रमुख साधन के रूप में शिक्षा का महत्त्व समझाया। समाज में सबसे नीचे के पायदान पर खड़े लोगों (सबअल्टर्न) को अधिकार सम्पन्न बनाने के एंटोनियो ग्राम्शी के विचार अम्बेडकर से काफ़ी मिलते-जुलते थे। ग्राम्शी और अम्बेडकर दोनों ही मार्क्सवाद से प्रेरित थे और धर्म के प्रति उनका रुख़ आलोचनात्मक था, पर दोनों ही मानते थे कि सांस्कृतिक और राजनीतिक रूप से धर्म की प्रासंगिकता है। दोनों ने ही अपने बिताये हुए जीवन से जो अनुभव हासिल किया था उसके आधार पर दोनों ही ज्ञान और शोध पर बहुत ज़्यादा ज़ोर देते थे। ग्राम्शी और अम्बेडकर दोनों ही यह मानते थे कि समाज की 'मुख्यधारा से बाहर हो चुके लोगों को मुख्यधारा में शामिल करने के लिए बुद्धिजीवियों को सक्रिय नेतृत्व प्रदान करना चाहिए और चेतना फैलानी चाहिए। दोनों ने ही समाज के निचले तबके के उत्थान से जुड़ी चुनौती को पूरे समाज की समस्या के रूप में देखा था, न कि केवल पीड़ित की समस्या के रूप में।'[36]

अम्बेडकर जर्मन टॉरपीडो के हमले की वजह से अपनी किताबों से वंचित हो गये थे, लेकिन वर्षों के बौद्धिक क्रियाकलाप और अभ्यास से अर्जित मेधा शक्ति से सम्पन्न अम्बेडकर साल 1917 में बड़ौदा पहुँचे। बड़ौदा के महाराजा ने उनका गर्मजोशी से स्वागत किया। एक अर्थशास्त्री के रूप में अम्बेडकर की शैक्षणिक योग्यता का सम्मान करते हुए महाराजा ने उन्हें रियासत का वित्तमन्त्री बनाने की इच्छा ज़ाहिर करने में कोई देरी नहीं की। हालाँकि शुरुआती नियुक्ति के तहत उन्हें महाराजा का रक्षा सचिव बनाया गया। न्यूयॉर्क में चार साल आज़ादी का आनन्द उठाने के बाद बड़ौदा में अम्बेडकर के साथ जिस तरह का सामाजिक भेदभाव का बर्ताव हुआ उससे वह व्यथित हो गये। यहाँ तक कि चपरासियों ने यह कहते हुए

उन्हें एक गिलास पानी तक देने से इनकार कर दिया कि ऐसा करने से वह दूषित हो जायेंगे। चपरासी सरकारी काग़ज़ सीधा उनके हाथ में देने की बजाय उनके डेस्क पर फेंक दिया करते थे ताकि उनसे शारीरिक सम्पर्क से बचा जा सके। इससे भी बुरा तो यह हुआ कि उनके ऊँचे ओहदे के बावजूद कोई भी मकान मालिक किराये पर उन्हें घर देने को तैयार नहीं हुआ।[37] परेशान और निराश होकर अम्बेडकर ने रियासत के दीवान और महाराजा से अपनी व्यथा का ज़िक्र किया, लेकिन वे भी उनकी मदद नहीं कर सके। महाराजा स्वयं प्रबुद्ध और प्रगतिशील विचारों वाले थे, लेकिन उनके अधिकारी, कर्मचारी और यहाँ तक कि सेवक भी ऐसे नहीं थे। जिसे वह पहले से ही अछूत मानते थे, उसके लिए वह ख़ुद को बदलने को क़तई तैयार नहीं थे। सरकारी बंगले के लिए उनका आवेदन एक से दूसरे अधिकारी तक चक्कर काटता रहा, लेकिन उसे ज़रूरी मानते हुए किसी ने उस पर कार्रवायी नहीं की। 'पाँच साल के मेरे यूरोप और अमेरिका प्रवास ने मेरे ज़ेहन से यह एहसास पूरी तरह मिटा दिया था कि मैं एक अछूत हूँ, और यह भी कि भारत में एक अस्पृश्य चाहे कहीं भी चला जाये, वो ख़ुद के लिए और दूसरों के लिए भी एक समस्या है,'[38]–अम्बेडकर ने बाद में स्मरण करते हुए लिखा था। आख़िर कहाँ रहा जाय, इस दुविधा में पड़े अम्बेडकर ने ख़ुद को एक पारसी धर्मशाला में पाया जो कि केवल पारसी समुदाय के लोगों के लिए खुली थी। कोई और विकल्प सामने न देख और शायद यह याद करते हुये कि उनके मित्र नवल भथेना ने कैसे बिना किसी पूर्वाग्रह के उन्हें गले लगाया था, अम्बेडकर ने धर्मशाला के रिसेप्शन कर्मचारी को रिश्वत देने का फ़ैसला किया कि रजिस्टर में उनका नाम एक पारसी के रूप में दर्ज किया जाय। लेकिन यह धोखा भी नाकाम साबित हुआ। उनके वहाँ प्रवास के ग्यारहवें दिन ही कुछ स्थानीय पारसियों को अम्बेडकर की जाति का पता चल गया और, हाथों में लाठी-डण्डा लेकर उन्होंने धर्मशाला पर हमला बोल दिया। अम्बेडकर ने उस नाटकीय दृश्य का ब्योरा अपने कमरे के सामने दिया : 'उन्होंने सवालों की बौछार कर दी। ''तुम कौन हो? तुम यहाँ क्यों आये? तुमने इस पारसी धर्मशाला को अपवित्र कर दिया...।'' उन्होंने चेतावनी दी कि शाम से पहले मैं धर्मशाला छोड़ दूँ। यहाँ से चला जाऊँ। ऐसा ना करने पर अंजाम बुरा होगा, ऐसी धमकी देकर वे चले गये।'[39]

अम्बेडकर ने धर्मशाला छोड़ दी और वह रात पास के एक पार्क में बितायी। वह पूरी रात नहीं सो सके। वह अपने सूटकेस, बेडिंग और सर्टिफ़िकेट्स के साथ एक पेड़ के नीचे बैठे रहे, उनकी किताबें वहीं ज़मीन पर चारों तरफ़ बिखरी पड़ी

थीं। कोलम्बिया यूनिवर्सिटी की डिग्री के बावजूद बड़ौदा में ज़िन्दगी ने उन्हें किस हाल में पहुँचा दिया था।

'दिनभर मैं रहने के लिए एक घर ढूँढ़ता रहा, लेकिन दुर्भाग्य से सिर छुपाने के लिए कोई जगह ढूँढ़ पाने में नाकाम रहा। मैंने अपने दोस्तों से सम्पर्क किया, लेकिन सभी ने कोई न कोई बहाना बनाकर मुझे पनाह देने में अपनी असमर्थता ज़ाहिर कर दी। मैं बुरी तरह निराश था और थक गया था। अब आगे क्या करूँ? मैं कुछ भी फ़ैसला नहीं कर पा रहा था। हताश और थका-माँदा, मैं चुपचाप एक जगह बैठ गया, मेरी आँखों से आँसू बहे जा रहे थे।' घर मिलने की कोई उम्मीद न देखते हुए और हार मानने के सिवा और कोई विकल्प ना होने की वजह से मैंने अपना इस्तीफ़ा दे दिया,'–अम्बेडकर ने बाद में याद करते हुए लिखा था।[40]

उसके बाद अम्बेडकर बम्बई के लिए निकल गये। बड़ौदा छोड़ने के पीछे उनका तर्क था कि वहाँ की परिस्थितियों ने उनके लिए यह असम्भव बना दिया था कि रियासत की सेवा का जो क़रार उन्होंने किया था, उसे वह पूरा कर सकें। महाराजा ने भी उन पर अपना अनुबन्ध पूरा करने का दबाव नहीं डाला और 1917 के नवम्बर में अम्बेडकर बम्बई पहुँच गये, हालाँकि उनके ज़ेहन में कड़वाहट थी और वह दिग्भ्रमित-सा महसूस कर रहे थे। उस वक़्त वह 26 वर्ष के थे, पिता बन चुके थे और बेरोज़गार थे। अपने बढ़ते परिवार के भरण-पोषण के लिए साधन जुटाने में जुटे अम्बेडकर के लिए अगला एक साल कष्ट और परेशानियों भरा रहा। परिवार में उनकी पत्नी और बच्चों के अलावा भाइयों की पत्नियों और बच्चों की ज़िम्मेदारी भी उन पर ही थी। भाई आनन्दराव कारख़ाने में मज़दूरी का कठिन परिश्रम वाला काम करते हुए साल 1914 में युवावस्था में ही गुज़र गये। बड़े भाई बलराम संगीत प्रेमी थे और क्लर्क की नौकरी करते थे। साल 1927 में 54 वर्ष की अवस्था में उनकी भी मृत्यु हो गयी। भीमराव को आनन्दराव की विधवा और उनके बेटे मुकुन्दराव की देखभाल करनी थी। मुकुन्दराव जीवन भर भीम के लिए चिन्ता का सबब बने रहे। 1912 और 1924 के बीच भीम और रमाबाई को भी पाँच बच्चे पैदा हुए।

अम्बेडकर ने निजी शिक्षक के रूप में काम किया। एक अकाउंटेंट के रूप में उन्होंने अपने अर्थशास्त्र के ज्ञान का उपयोग करने की कोशिश की ताकि कुछ अतिरिक्त लाभ हो सके। उन्होंने निवेश के लिए परामर्श देने के कारोबार की भी शुरुआत की, लेकिन जब उनके ग्राहकों को पता चला कि वह अछूत हैं तो उनका यह प्रयास भी असफल हो गया। आख़िरकार नवम्बर, 1918 में अम्बेडकर को सिडेनहैम कॉलेज में अर्थशास्त्र के प्रोफ़ेसर की नौकरी मिल गयी। हालाँकि यह एक

अस्थायी नियुक्ति थी, पर अम्बेडकर जैसे विद्वान व्यक्ति के लिए यह एक प्रतिष्ठित पद था और पैसे भी उन्हें पर्याप्त मिल रहे थे। अम्बेडकर अपने छात्रों के बीच लोकप्रिय थे, लेकिन उनके सहकर्मी प्रोफ़ेसरों ने अपना पानी का जग उनके साथ साझा करने से इनकार कर दिया था।[41] भेदभाव और तिरस्कार से जुड़ी यह ऐसी स्थायी परेशानी थी जिससे अम्बेडकर को बार-बार उबरना था।

अस्पृश्य समुदाय के युवा प्रोफ़ेसर के रूप में अम्बेडकर को भारत सरकार अधिनियम, 1919 तैयार कर रही सदबरो समिति के समक्ष बुलाया गया। इस अधिनियम का उद्देश्य भारत को स्वशासन का कुछ अधिकार देना था। अपनी सुनवाई के दौरान अम्बेडकर ने कहा कि भारत के अत्यधिक वर्गीकृत समाज में अछूतों और अन्य सुविधा विहीन धार्मिक समुदायों को विशेष आरक्षण दिये जाने की ज़रूरत है।

अम्बेडकर मानते थे कि हिन्दूवादी व्यवस्था के अन्तर्गत अछूतों के लिए आरक्षित सीटों से समुदाय के लिए सही प्रतिनिधि हासिल नहीं होंगे क्योंकि मतदाता केवल स्पृश्य समुदाय से होने वाले थे। बल्कि इस व्यवस्था से केवल वैसे उम्मीदवार हासिल होंगे जो सवर्णों को स्वीकार्य होंगे–वे ऐसे सेवक होंगे जिन्हें पता है कि अपने नियोक्ताओं को कैसे ख़ुश रखना है। इसलिए उन्होंने सम्भावित किसी भी राजनीतिक व्यवस्था में अस्पृश्य समुदाय के लिए पृथक निर्वाचक मण्डल और आरक्षण का प्रावधान किये जाने की सिफ़ारिश की।

वैसे ही अपना पक्ष रखते हुए अम्बेडकर ने तर्क दिया कि अछूत सवर्ण हिन्दुओं से अलग एक सामाजिक समूह हैं जैसेकि मुसलमान, ईसाई और सिख हैं : राज्य के अन्तर्गत प्रतिनिधित्व और प्रशासन के अधिकार दो ऐसे महत्त्वपूर्ण अधिकार हैं जो नागरिकता को अर्थपूर्ण बनाते हैं। लेकिन अछूतों की अस्पृश्यता इन अधिकारों को उनकी पहुँच से काफ़ी दूर कर देती है। कुछ जगहों पर तो उन्हें व्यक्तिगत स्वतन्त्रता और निजी सुरक्षा जैसे सामान्य अधिकार भी हासिल नहीं और क़ानून के समक्ष समानता का अधिकार भी हमेशा उन्हें नहीं मिल पाता। ये अस्पृश्यों के हित की बातें हैं। और यह देखा जा सकता है कि उनका प्रतिनिधित्व केवल अस्पृश्य ही कर सकते हैं। वे ही अपने हितों की रक्षा कर सकते हैं, कोई और उनकी बात सच्चाई से नहीं रख सकता...इसलिए यह ज़रूरी है कि हम अपने हितों और मसलों को सही तरीक़े से सामने लाने वाले अस्पृश्य प्रतिनिधियों को तलाशें ताकि वह समुदाय के हितों को प्रकाश में ला सकें। साथ ही हमें इतनी संख्या में उन्हें प्रतिनिधित्व देना चाहिए ताकि वह पर्याप्त शक्ति के साथ अपने मुद्दों के समाधान का दावा पेश कर सकें।[42]

अम्बेडकर की गतिविधियाँ बढ़ गयी थीं। वह ज़्यादा नज़र आ रहे थे। पहली बार उन्हें अच्छी तनख़्वाह भी मिल रही थी। पर इसके बावजूद अम्बेडकर ने अपना मितव्ययी जीवन जारी रखा। वह उसी दो कमरे के मकान में रह रहे थे जिसे उनके परिवार ने उनके इंटरमीडिएट के दिनों में किराये पर लिया था। उनका लक्ष्य था कि वह पर्याप्त पैसे बचा कर चार साल की अवधि ख़त्म होने से पहले लन्दन लौट जायें। उन्हें यूनिवर्सिटी से इतने ही समय की रियायत हासिल हुई थी।

एक बार फिर एक प्रबुद्ध महाराजा ने उनकी मदद की। ये कोल्हापुर के महाराजा शाहू महाराज थे। वह जातिगत भेदभाव को ख़त्म करने के प्रति प्रतिबद्ध थे। उन्होंने यह सुनिश्चित किया कि उनके प्रशासन में अछूतों की नियुक्ति हो। वह अस्पृश्यों के साथ सार्वजनिक रूप से भोजन भी करते थे। उस दौर में ऐसा सुनने को नहीं मिलता था। शाहू महाराज प्रभावशाली अम्बेडकर में दिलचस्पी लेने लगे और उन्होंने एक पाक्षिक अख़बार 'मूक नायक' (मौन लोगों के नेता–उस समय अम्बेडकर अस्पृश्यों के लिए जिन शब्दों का इस्तेमाल करते थे, उनमें 'मूक' एक था) के लिए धन दिया और ये अख़बार जनवरी 1920 से छपने लगा।

प्रोफ़ेसर की नौकरी करते हुए अम्बेडकर औपचारिक रूप से अख़बार के सम्पादक की ज़िम्मेदारी नहीं सँभाल सकते थे, लेकिन व्यावहारिक रूप से उनके विचारों के प्रसार के लिए यह एक अच्छा साधन था। उन्होंने इसका इस्तेमाल जाति व्यवस्था की बुराइयों की आलोचना और भारत को क्षति पहुँचाने वाली दूसरी सामाजिक कुरीतियों को उजागर करने के लिए किया। 'मूक नायक' के पहले अंक में उन्होंने एक फ़ोरम बनाने की वकालत की 'जो हमारे साथ और अन्य दबे-कुचले लोगों के साथ हो रहे अन्याय और सम्भावित अत्याचारों पर और भविष्य में उनके उत्थान के बारे में विचार-विमर्श करे और साथ ही सोच-विचारकर इसके हल के लिए ज़रूरी रणनीति बनाये।[43] लेकिन अम्बेडकर के लन्दन लौटने के बाद 'मूक नायक' का प्रकाशन जारी नहीं रखा जा सका और एक साल के भीतर ही वह बन्द हो गया।

21 मार्च, 1920 को कोल्हापुर रियासत के मानगाँव में अम्बेडकर ने अस्पृश्यों के एक सम्मेलन की अध्यक्षता की जिसमें रियासत के शासक शाहू महाराज ख़ुद शामिल हुए। सम्मेलन में महाराजा ने 29 साल के अम्बेडकर के बारे में कहा : 'अम्बेडकर के रूप में आपको आपका मसीहा मिल गया है। मुझे यक़ीन है कि वह आपकी बेड़ियों को तोड़ेंगे। केवल यही नहीं, मेरी अन्तरात्मा कहती है कि एक

समय आयेगा जब अम्बेडकर प्रसिद्धि और प्रभाव में भारतवर्ष के अग्रणी नेताओं में से एक होंगे।'[44]

शाहूजी महाराज की प्रशंसा से आत्मविश्वास हासिल कर अम्बेडकर ने मई 1920 में नागपुर में अस्पृश्यों के अखिल भारतीय सम्मेलन में एक सक्रिय कार्यकर्ता के रूप में हिस्सा लिया।[45] ये सम्मेलन पहला मौक़ा था जब एक कुशल वक्ता के रूप में अम्बेडकर की योग्यता और बुद्धिमत्ता (प्रत्युत्पन्नमतित्व) प्रदर्शित हुई। उन्होंने अपना पक्ष भी अच्छी तरह रखा और समुदाय के एक प्रमुख नेता कर्मवीर शिंदे के प्रस्ताव को असफल कर दिया। कर्मवीर शिंदे ने प्रस्ताव दिया था कि अछूतों के प्रतिनिधियों का चुनाव विधान परिषद के सदस्यों द्वारा किया जाना चाहिए। अम्बेडकर ने प्रभावशाली ढंग से तर्क दिया कि अस्पृश्यों को अपना प्रतिनिधि ख़ुद चुनना चाहिए। उनकी वाक्पटुता ने सबका मन मोह लिया। सार्वजनिक जीवन में अम्बेडकर की यह पहली सफलता थी। यह पहला मौक़ा था जब अपने समुदाय के समक्ष भावी नेता के रूप में अम्बेडकर ने अपनी काबिलियत का प्रदर्शन किया था।

जुलाई 1920 तक अम्बेडकर ने लन्दन लौटने की योजना पर अमल के लिए पर्याप्त धन एकत्रित कर लिया था। कोल्हापुर के महाराजा अम्बेडकर के प्रति अत्यधिक प्रशंसा का भाव रखते थे। एक बार जब वह अचानक अम्बेडकर के घर पहुँच गये तो अम्बेडकर समेत तमाम लोग घबरा गये। उन्हें महाराजा के स्वागत के लिए जल्दबाज़ी में अच्छी तरह तैयार होना पड़ा। महाराजा ने अम्बेडकर को डेढ़ हज़ार रुपये का वज़ीफ़ा और लन्दन स्कूल ऑफ़ इकोनॉमिक्स के नाम एक उदारतापूर्ण अनुशंसा पत्र लिखा। उस चिट्ठी में मराठा राजा के ब्राह्मण विरोधी एकता के विचार खुलकर व्यक्त हुए: (श्रीमान् अम्बेडकर) आपको बतायेंगे कि पिछड़ी जातियों और ब्राह्मण नौकरशाही में क्या अन्तर है। वह आपको यह भी बतायेंगे कि जो लोग पिछड़ी जातियों के प्रति सहानुभूति जताने की कोशिश करते हैं, उन्हें लोकतान्त्रिक विचार रखने का दावा करने वाले ब्राह्मण नौकरशाह का कोपभाजन बनना पड़ता है। ऐसे लोग पिछड़ों का उत्थान करने का दावा करते हैं, पर हक़ीक़त यह है कि वे चाहते हैं कि सत्ता पर उन जैसे कुछ लोगों का ही वर्चस्व बना रहे। अम्बेडकर इंग्लैंड के प्रबुद्ध लोगों को ग़ैर-ब्राह्मण हिन्दुओं के विचार बताना चाहते हैं जो इस बात पर एकमत हैं कि होमरूल की माँग कर रहे ब्राह्मणों का असल मक़सद दरअसल अतीत में अपनी खोयी हुई सत्ता को हासिल करना और स्थापित करना है।[46]

और कोलम्बिया में अम्बेडकर के कॉलेज के दिनों के रूम पार्टनर नवल भथेना ने कम पड़ रही राशि उन्हें पाँच हज़ार रुपये का क़र्ज़ देकर पूरी कर दी। अम्बेडकर तुरन्त लन्दन स्कूल ऑफ़ इकोनॉमिक्स में अपनी पढ़ाई दोबारा शुरू करने और साथ ही साथ वकालत के लिए ज़रूरी अर्हता हासिल करने के लिए लन्दन रवाना हो गये।

विश्वयुद्ध के बाद लन्दन में इस युवा भारतीय छात्र के लिए जीवन आसान नहीं था। अम्बेडकर एक सख़्त मिज़ाज और कंजूस मकान मालकिन के बोर्डिंग हाउस में रहते थे। वह महिला युवा अम्बेडकर को जो खाना देती थी वह इतना नहीं होता था जिसे खाकर उनका शरीर और आत्मा तृप्त हो सकें। अम्बेडकर सुबह छह बजे उठते थे और सारा दिन लाइब्रेरी में गुज़ारते थे। लाइब्रेरी खुलने से बन्द होने तक वह किताबों में ही डूबे रहते। अम्बेडकर के पास इतना संसाधन नहीं था कि मिल रहे भोजन के अलावा भी वह कुछ खा सकें। जो कुछ उन्हें उपलब्ध था, अम्बेडकर उसी में काम चलाने लगे। वह पैदल ही लम्बी-लम्बी दूरी तय करते थे क्योंकि उनके पास बस या ट्रेन के किराये के लिए पर्याप्त पैसे नहीं होते थे। एक बार फिर उन्हें नवल भथेना से पैसे उधार लेने पड़े। अम्बेडकर ने भथेना को लिखा : यक़ीन मानिये पैसे की ख़ुद की तंगी को लेकर आपको परेशान करने का मुझे खेद है। मैं पूरी तरह समझता हूँ कि जो चिन्ताएँ मैंने आपको दी हैं वह किसी बेहद गहरे दोस्त को दी जाने वाली चिन्ता से भी कहीं ज़्यादा हैं। मैं केवल यही उम्मीद करता हूँ कि मेरे लगातार कभी यह, कभी वह, की माँग करने से आप बेहद परेशान न हो जायें और ख़ुद को मुझसे दूर न कर लें क्योंकि केवल आप ही हैं जो मेरे सबसे क़रीबी मित्र हैं।[47]

जहाँ अम्बेडकर लन्दन में अच्छे भोजन के लिए संघर्ष कर रहे थे, वहीं बम्बई में रमाबाई बच्चों का पेट भरने के लिए हर दिन संघर्ष कर रही थीं। अम्बेडकर दम्पति के इस संघर्ष का ज़िक्र उन चिट्ठियों में है जो उन्होंने एक-दूसरे को लिखीं। अपने भाई और बहन की रोज़ की कमाई (जिससे गुज़ारा बेहद मुश्किल था) से अपने बच्चों का पेट भरते हुए रमाबाई ने अपनी उपेक्षा की। भूख की समस्या से परेशान अम्बेडकर ने रमाबाई को लिखा :

लन्दन : 25 नवम्बर, 1921

प्रिय रामू,
नमस्ते

तुम्हारी चिट्ठी मिली। मुझे जानकर दुख हुआ कि गंगाधर (अम्बेडकर का पुत्र) बीमार है। ख़ुद पर भरोसा रखो। चिन्ता करने से कुछ भी हासिल नहीं होगा। मुझे

जानकर ख़ुशी हुई कि तुम्हारी पढ़ाई जारी है। मैं कुछ पैसों का इन्तज़ाम करने की कोशिश कर रहा हूँ। मुझे भी यहाँ भूखे रहना पड़ रहा है। तुम्हें भेजने के लिए यहाँ मेरे पास कुछ भी नहीं, लेकिन मैं कुछ व्यवस्था करने में लगा हुआ हूँ। अगर उसमें समय लगे या फिर तुम्हारे पास और कोई उपाय न बचे तो घर चलाने के लिए अपने गहने बेच देना। मैं तुम्हारे लिए नये ज़ेवर बनवा दूँगा। यशवन्त और मुकुन्द (उनका भतीजा) की पढ़ाई कैसी चल रही है? तुमने उसके बारे में कुछ भी नहीं लिखा।

मेरा स्वास्थ्य अच्छा है। चिन्ता मत करना। मैं पढ़ाई अच्छी तरह कर रहा हूँ। सखू और मंजुला के बारे में मुझे जानकारी नहीं। जब तुम्हारे पास पैसे आ जायें तो मंजुला और लक्ष्मी के लिए एक-एक साड़ी ख़रीद देना। शंकर कैसा कर रहा है? गजरा कैसी है?

सबको शुभकामनाएँ

भीमराव[48]

रोरिंग ट्वेंटीज़ यानी 1920 के दशक की शुरुआत में म्यूज़िक और फ़ैशन के चकाचौंध का लुत्फ़ उठाने की बजाय अम्बेडकर अपना ज़्यादातर समय लन्दन म्यूज़ियम लाइब्रेरी में पढ़ने और अध्ययन में बिता रहे थे। उनकी मित्रता फ्रांसिस फ़िट्ज़रॉल्ड[49] से हो गयी जो कि उनकी दूसरी मकान मालकिन की बेटी थीं। फ्रांसिस इंडिया ऑफ़िस में काम करती थीं। अम्बेडकर ने क़रीब 25 वर्ष तक उनके साथ पत्र व्यवहार किया–हालाँकि वह यह भी कहते रहे कि उनके बीच कोई भावनात्मक रिश्ता नहीं था। अम्बेडकर ने लन्दन स्कूल ऑफ़ इकोनॉमिक्स के छात्र संघ में एक पर्चा पढ़ा। पर्चे में व्यक्त उनके विचारों को क्रान्तिकारी माना गया और एक अतिवादी के रूप में उनकी पहचान बनी। जून 1921 तक उन्होंने 'प्रोविंशियल डीसेंट्रलाइज़ेशन ऑफ़ इम्पीरियल फ़ाइनेंस इन इंडिया' (भारत में साम्राज्यवादी वित्त का प्रान्तीय विकेन्द्रीकरण) विषय पर अपनी थीसिस पूरी की और उन्हें विज्ञान में स्नातकोत्तर की डिग्री हासिल हुई। अक्टूबर 1922 तक उन्होंने एक और थीसिस लिखी जिसका शीर्षक था, 'द प्रॉब्लम ऑफ़ रुपी' (रुपये की समस्या)।[50] ये शोध-पत्र उन्होंने यूनिवर्सिटी ऑफ़ लन्दन के लिए लिखा था।

अम्बेडकर तेज़ी से अपनी पीढ़ी के अग्रणी आर्थिक चिन्तक के रूप में उभर रहे थे, लेकिन इस प्रक्रिया में वह अपनी क़ानून की पढ़ाई में पिछड़ते जा रहे थे जो कि बार की अर्हता हासिल करने के लिए ज़रूरी थी। ऐसे में उन्होंने बार की परीक्षा में शामिल ना होने का चुनाव किया। पर शिक्षा के प्रति उनकी भूख बरक़रार थी। उन्होंने बॉन विश्वविद्यालय में दाख़िले का प्रयास किया और उन्हें दाख़िला मिल भी

गया।[51] लेकिन जर्मनी पहुँचकर उन्होंने अपनी पढ़ाई अभी शुरू ही की थी कि उन्हें लन्दन बुला लिया गया। वहाँ उनकी थीसिस को लेकर शिक्षकों के बीच हंगामा हो गया था। अपनी थीसिस में उन्होंने ब्रितानी मौद्रिक नीति की जमकर आलोचना कर डाली थी। उन्हें आदेश दिया गया कि वह थीसिस दोबारा लिखें, तभी उन्हें डिग्री दी जायेगी। अम्बेडकर के सामने बॉन छोड़कर जाने के अलावा और कोई रास्ता नहीं था। लेकिन लन्दन में रहने के लिए भी उनके पास पैसे नहीं थे और उधर भारत में उनके परिवार की दशा भी ख़राब थी। इसलिए 1923 के मार्च महीने में अपनी थीसिस दोबारा लिखने के लिए वह बम्बई लौट आये। उन्होंने अपनी आलोचना का स्वर थोड़ा नर्म किया और भाषा में भी बदलाव कर दिया, पर थीसिस के निष्कर्षों को बदलने से इनकार कर दिया। थीसिस की दोबारा लिखी पाण्डुलिपि नवम्बर में लन्दन भेजी गयी और डॉक्टर अम्बेडकर को डॉक्टरेट की दूसरी डिग्री हासिल हुई। इस बार यूनिवर्सिटी ऑफ़ लन्दन से डॉक्टरेट ऑफ़ साइंस की उपाधि दी गयी थी। अम्बेडकर की अन्तर्दृष्टि कि भारतीय अर्थव्यवस्था और लोगों की परवाह न करते हुए किस तरह ब्रितानी औपनिवेशिक नीतियों ने ब्रिटिश पाउंड के समक्ष भारतीय रुपये के मूल्य में हेर-फेर कर ब्रितानी हितों का ख़याल रखा—इसे चुनौती नहीं दी जा सकी और ये ब्रिटिश राज की वित्तीय व्यवस्था में रुपये की भूमिका को समझने का आधार और मानक बन गया। उनकी थीसिस को प्रतिष्ठित प्रकाशन हाउस 'पी. एस. किंग एंड सन' ने दिसम्बर 1923 में प्रकाशित किया जिसका भारतीय नीति निर्धारण पर महत्त्वपूर्ण प्रभाव पड़ा। उनकी अगली किताब 'द एवोल्यूशन ऑफ़ प्रोविंशियल फ़ाइनेंस इन ब्रिटिश इंडिया' (ब्रितानी भारत में प्रान्तीय वित्त का विकास) का प्रकाशन 1925 में हुआ। इस किताब में प्रमाणित किया गया कि ब्रितानी राजकोषीय नीति ने दण्डात्मक कर थोपकर कैसे भारत को दरिद्र बना दिया है। अम्बेडकर ने लिखा कि भूमि कर ने कृषि व्यवस्था को नुक़सान पहुँचाया है और दण्डात्मक सीमा शुल्क और उत्पाद शुल्क ने भारतीय औद्योगिक विकास को क्षति पहुँचाई है।[52] अम्बेडकर के विश्लेषण ने राष्ट्रवादी निष्कर्ष तैयार किया कि ब्रितानी सरकार अपने देश के उत्पादकों के हित के लिए भारतीय शासन व्यवस्था का इस्तेमाल कर रही है।

तब तक अम्बेडकर ने ख़ुद को भारत के सबसे क़ाबिल अर्थशास्त्रियों में से एक के रूप में स्थापित कर लिया था (नोबेल पुरस्कार विजेता अमर्त्य सेन उन्हें 'मेरे अर्थशास्त्र के जनक' कहा करते हैं)। वह विलक्षण ज्ञान और बौद्धिकता से सम्पन्न शख़्सियत थे जिनके पास इतनी सारी डिग्रियाँ थीं। उस वक़्त भारत में कुछ

ही ऐसे लोग थे जो विभिन्न शैक्षणिक विषयों पर महारत की ऐसी योग्यता रखते थे। अम्बेडकर ने इस पर ख़ास ध्यान दिया कि वह हर वक़्त पश्चिमी परिधान पहनें। किसी भी औपचारिक या उस तरह के समारोहों में अम्बेडकर सूट और टाई ही पहना करते थे।

तत्कालीन भारतीय राष्ट्रवादियों को अम्बेडकर की यह बात नागवार गुज़री जो कि घर में बने खादी कपड़ों को तरजीह देने की वकालत कर रहे थे। यह दरअसल अम्बेडकर के व्यक्तिवादी विद्रोह की आरम्भिक कार्रवाई थी। उनके पहनावे ने यह बता दिया था कि वह नवराष्ट्रवादियों की रूढ़िवादिता को स्वीकार नहीं करते : उन्होंने जन्म के आधार पर अपनी पहचान को परिभाषित और सीमित किये जाने से इनकार कर दिया जिसमें बताया गया था कि वह क्या कपड़े पहन सकते हैं। हालाँकि कुछ लोगों ने उनके पश्चिमी सूट और टाई को महज़ वैश्विक विरासत के साथ अपनी पहचान को जोड़ने के रूप में देखा जिसे उन्होंने विदेश में अपनी शिक्षा से हासिल किया था। मेरे विचार से यह उस भेदभाव का भी अस्वीकरण था जिसे कपड़ों और सामाजिक स्थिति से जोड़ दिया गया था और जिसने उनके समुदाय के लोगों को पारम्परिक भारतीय समाज में हाशिये पर धकेल दिया था।[53]

लेकिन विद्वत्ता की वर्तमान ऊँचाई तक पहुँचने के लिये अम्बेडकर को बहुत-सी परेशानियाँ झेलनी पड़ी थीं, अपने मित्र नवल भथेना (जिन्होंने अम्बेडकर को आर्थिक परेशानियों से उबारने के लिए आरम्भिक क़र्ज़ के बाद भी कई बार पैसे दिये थे) के वो क़र्ज़दार बन गये और परिवार चलाने के लिए उन्हें एक निश्चित आमदनी की व्यवस्था करनी पड़ी। आजीविका के लिए अर्थशास्त्र पढ़ाने की बजाय अम्बेडकर ने फ़ैसला किया कि वह एक वकील के रूप में ज़्यादा पैसे कमा सकते हैं।

उन्होंने लन्दन में क़ानून की पढ़ाई की थी, इसके बावजूद उन्हें वकालत की इजाज़त नहीं दी गयी। अपनी क़ानून की शिक्षा के आधार पर वह बम्बई में वकालत करने के लिए सनद या लाइसेंस हासिल करने की योग्यता रखते थे, लेकिन इसके लिए तगड़ी फ़ीस चुकाने की ज़रूरत थी जो कि वह दे पाने में असमर्थ थे। एक बार फिर नवल भथेना उनकी मदद के लिए आगे आये। उन्होंने अम्बेडकर को जितनी रक़म चाहिए थी, उन्हें दे दी और जून 1923 में अम्बेडकर ने एक बैरिस्टर के रूप में बम्बई में अपनी वकालत शुरू की।[54]

एक अछूत के लिए वकील के रूप में बम्बई में सफल हो पाना आसान काम नहीं था। यह तो ऊँची जाति के भारतीयों के लिए भी आसान नहीं था क्योंकि यह

बात दूर-दूर तक फैली हुई थी कि बड़े मुक़दमे अगर अंग्रेज़ वकील लड़ेंगे तभी उचित रहेगा क्योंकि न्यायपालिका में गोरे यूरोपीयन भरे पड़े थे जो कि यूरोप के वकीलों के पक्ष में झुके हुए नज़र आते थे। हालाँकि कुछ भारतीयों ने भी वकालत में कामयाबी हासिल की थी, वकील के रूप में शोहरत और दौलत कमायी थी, लेकिन वे सभी विशेषाधिकार प्राप्त पृष्ठभूमि वाले और ऊँची जातियों से थे।[55] ऊँची जाति के सॉलीसिटर (क़ानूनी सलाहकार) एक अस्पृश्य बैरिस्टर को मुक़दमे सौंपना या उनसे सम्पर्क रखना भी नहीं चाहते थे। ऐसे में जो थोड़े-बहुत मुक़दमे अम्बेडकर को मिले वह बेहद ग़रीब लोगों और छोटे-मोटे वादियों के थे जो कि उन्हें फ़ीस के रूप में बहुत मामूली रक़म ही दे पाते थे या फिर चाहते थे कि अम्बेडकर उनका मुक़दमा बिना फ़ीस के लड़ें। इससे भी बुरा यह था कि ऐसे मुक़दमों ने अम्बेडकर की वकालत को छोटी अदालतों तक सीमित कर दिया था, जबकि उनकी विद्वत्ता और अंग्रेज़ी भाषा पर उनका अधिकार हर पहलू से हाई कोर्ट में मुक़दमा लड़ने योग्य थे। ऐसे बर्ताव और अनुभवों से एक सामान्य व्यक्ति आसानी से टूट सकता था, पर अम्बेडकर ने समय के साथ लौह इच्छाशक्ति विकसित कर ली थी। उन्हें ख़ुद पर पूरा भरोसा था और वह आश्वस्त थे कि उनका वक़्त ज़रूर आयेगा।

सन्दर्भ सूची

1. वसन्त मून (सं.), *डॉ. बाबासाहेब अम्बेडकर : राइटिंग्स एंड स्पीचेज़,* खण्ड 12, बम्बई : एजुकेशन डिपार्टमेंट, गवर्नमेंट ऑफ़ महाराष्ट्र, 1993, पृ. 661-91.
2. धनंजय कीर, *डॉक्टर अम्बेडकर : लाइफ़ एंड मिशन,* बम्बई : पॉपुलर प्रकाशन, 1971, पृ. 1-2.
3. वही, पृ. 2
4. ट्रॉड पिल्लई-वेस्चेरा ऐज़ साइटेड इन क्रिस्टोफ़र जैफ़रलॉट, *डॉ. अम्बेडकरह एंड अनटचेबिलिटी : एनालाइज़िंग एंड फ़ाइटिंग कास्ट,* लन्दन : सी. हर्स्ट एंड कम्पनी, 2005, पृ. 20-21.
5. 'इंडियन आर्मीज़ महार रेजीमेंट : होम टू टू आर्मी चीफ़्स एंड ए परमवीर चक्र', द *प्रिंट,* 3 जनवरी, 2018.
6. जैफ़रलॉट, *डॉ. अम्बेडकर एंड अनटचेबिलिटी,* पृ. 26.
7. चन्दन गौड़ा, 'अम्बेडकर्स चाइल्डहुड', *बैंगलोर मिरर,* 15 अप्रैल, 2016.
8. दानिश सूद, 'द फ़ैसिनेटिंग स्टोरी ऑफ़ डॉ. बीआर अम्बेडकर', *टाइम्स ऑफ़ इंडिया,* 17 अक्टूबर, 2020.
9. सुनील खिलनानी, *इनकार्नेशंस : ए हिस्ट्री ऑफ़ इंडिया इन 50 लाइव्स,* नयी दिल्ली : पेंगुइन रैंडम हाउस, 2017, पृ. 540.

10. मून, *डॉ. बाबासाहेब अम्बेडकर,* खण्ड 12, पृ. 661-65.
11. वही।
12. वही।
13. कुछ पाठ में उन्हें महादेव कहा गया है। मैंने कृष्ण केशव अम्बेडकर लिखा है। देखें, केशव चह्वाण, 'डॉ. अम्बेडकर : अगेन्स्ट ऑल ऑड्स', *लाइव हिस्ट्री इंडिया,* 6 दिसम्बर, 2018.
14. 'बी. आर. अम्बेडकर–प्रोफ़ाइल', इंडियन नेशनल कांग्रेस ऑफ़िशियल वेबसाइट.
15. कीर, *डॉ. अम्बेडकर,* पृ. 19.
16. वही, पृ. 17-18.
17. नीची जाति के हिन्दुओं का संस्कृत पढ़ना दूर की बात थी। अम्बेडकर के आधिकारिक जीवनीकार धनंजय कीर के मुताबिक़, यहाँ तक कि सतारा के महाराजा को भी रात में संस्कृत की शिक्षा लेनी पड़ती थी. कीर, *डॉ. अम्बेडकर,* पृ. 5.
18. कांचा इलैया, 'व्हाई अम्बेडकर सपोर्टेड संस्कृत ऐज़ नेशनल लैंग्वेज : ए रिस्पॉन्स टू मुरली मनोहर जोशी', *न्यूज़ मिनट,* 27 अप्रैल, 2016.
19. कार्यक्रम की अध्यक्षता तत्कालीन प्रसिद्ध समाज सुधारक एस. के बोले ने की। कीर, *डॉक्टर अम्बेडकर,* पृ. 19.
20. एनडीटीवी न्यूज़ डेस्क, 'हू वॉज़ रमाबाई अम्बेडकर?' सम लेसर नोन फ़ैक्ट्स अबाउट बीआर अम्बेडकर्स वाइफ़', *एनडीटीवी,* 27 मई, 2022.
21. योगेश मैत्रेय, 'अम्बेडकर : ए स्पार्टन वॉरियर हू मेड नॉलेज एंड जस्टिस हिज़ वेपन', *इंडियन कल्चरल फ़ोरम,* 14 अप्रैल, 2020.
22. गायकवाड़ एक प्रसिद्ध व्यक्ति थे, अंग्रेज़ी राज की खुले तौर पर अवमानना के उनके कई क़िस्से हैं जिनमें एक यह भी है कि 1911 के दिल्ली दरबार के समय उन्होंने सम्राट को पीठ दिखायी थी। एलस्टेयर लॉसन, 'इंडियन महाराजाज़ डेयरिंग ऐक्ट ऑफ़ एंटी-कोलोनियल डिसेंट', बीबीसी, 10 दिसम्बर, 2011.
23. हालाँकि कुछ ब्योरों में दावा किया गया है कि वज़ीफ़े की राशि 50 रुपये थी, 25 रुपये का ज़िक्र अम्बेडकर के पहले दो जीवनीकारों धनंजय कीर और एम. एल. शहारे ने किया है।
24. कीर, *डॉ. अम्बेडकर,* पृ. 24.
25. वही, पृ. 25.
26. जैफ़रलॉट, *डॉ. अम्बेडकर एंड अनटचेबिलिटी,* पृ. 27.
27. 'इन द 1910'S, ऑफ़ टू कोलम्बिया, ऑन टू लन्दन, कोलम्बिया यूनिवर्सिटी', कोलम्बिया यूनिवर्सिटी ऑफ़िशियल वेबसाइट.
28. वीरमाता जीजाबाई टेक्नोलॉजिकल इंस्टीट्यूट के छात्रों पर उनके अध्ययन के रुटीन का प्रभाव इतना अच्छा था कि उन्होंने अम्बेडकर के 126वें जन्मदिन पर 18 घण्टे के स्टडी मैराथन का आयोजन किया। श्रेया रामचन्द्रन, '18-आवर स्टडी मैराथन कमेमोरेट्स अम्बेडकर्स लेगेसी', द *हिन्दू,* 10 अप्रैल, 2017.
29. उर्विश कोठारी, 'पारसीज़ इन बड़ौदा बीरेटेड अम्बेडकर फ़ॉर हिज़ कास्ट। बट नवल भथेना चेंज्ड एवरीथिंग', द *प्रिंट,* 6 दिसम्बर, 2019.

30. बी. आर. अम्बेडकर, 'कास्ट्स इन इंडिया : देयर मैकेनिज़्म, जेनेसिस एंड डिवेलपमेंट', पेपर रेड ऐट एन एंथ्रोपोलॉजिकल सेमिनार ऑफ़ एलेक्ज़ेंडर गोल्डेनवीज़र इन न्यू यॉर्क ऑन 9 मई, 1916, *इंडियन एंटीक्वेरी,* मई 1917, वॉल्यूम 61, रीप्रिंटेड इन मून, *डॉ. बाबासाहेब अम्बेडकर,* वॉल्यूम 1, 1979.
31. ऐज़ कोटेड बाई अनन्या वाजपेयी इन 'बी. आर. अम्बेडकर : द लाइफ़ ऑफ़ द माइंड एंड ए लाइफ़ इन पॉलिटिक्स', लाइब्रेरी ऑफ़ कांग्रेस, 2 दिसम्बर, 2014, (वीडियो), रीट्रिव्ड फ्रॉम द लाइब्रेरी ऑफ़ कांग्रेस, https://www.loc.gov/item/webcast-6653/.
32. बी. आर. अम्बेडकर, 'द एवोल्यूशन ऑफ़ इम्पीरियल प्रोविंशियल फ़ाइनेंस इन ब्रिटिश इंडिया : ए स्टडी इन द प्रोविंशियल डीसेंट्रलाइज़ेशन ऑफ़ इम्पीरियल फ़ाइनेंस', उपलब्ध है indianculture.gov.in पर।
33. जयशंकर, कृष्णामूर्ति, 'अम्बेडकर्स एजुकेशनल ओडिसी, 1913-1927', *जर्नल ऑफ़ सोशल इन्क्लूज़न स्टडीज़,* न्यू दिल्ली : इंस्टीटयूट ऑफ़ ह्यूमन डिवेलपमेंट, फ़रवरी 2020.
34. इशिता आदित्य रे, 'ऐन अप्रेज़ल ऑफ़ इन्फ़्लूएंस ऑफ़ एमिनेंट पर्सनैलिटीज़ ऑन अम्बेडकर्स पोलिटिकल थॉट ड्यूरिंग अर्ली ट्वेंटीएथ सेंचुरी', *हिस्टोरिकल रिसर्च लेटर,* IISTF.org, वॉ. 2, 2012.
35. मून, *डॉ. बाबासाहेब अम्बेडकर,* वॉ. 3, पृ. 67, कोटेड इन सागरिका घोष, 'द दलित इन इंडिया', *सोशल रिसर्च,* स्प्रिंग 2003, वॉ. 70, नं. 1, पीपी. 83-109.
36. ग्राम्शी और अम्बेडकर के विचारों की दिलचस्प तुलना है कोसिमो ज़ेने (सं.), *द पोलिटिकल फ़िलोसॉफीज़ ऑफ़ एंटोनियो ग्राम्शी एंड बी. आर. अम्बेडकर* में, एबिंगडन, न्यू यॉर्क : रोटलेज, 2013, पृ. 23.
37. मून, *डॉ. बाबासाहेब अम्बेडकर,* वॉ. 12, पीपी. 661-91.
38. वही।
39. वही।
40. हरी नराके, एन. जी. काम्बले, डॉ. एम. एल. कसारे, एंड अशोक गोडघाटे (सं.), *बाबासाहेब अम्बेडकर : राइटिंग्स एंड स्पीचेज़,* वॉ. 17, पार्ट III, बम्बई : एजुकेशन डिपार्टमेंट, गवर्नमेंट ऑफ़ महाराष्ट्र, 1979, पृ. 110.
41. अक्षय चौहान, 'अगेन्स्ट ऑल ऑड्स', *लाइव हिस्ट्री इंडिया,* 6 दिसम्बर, 2018.
42. मून, *डॉ. बाबासाहेब अम्बेडकर,* वॉ. 1, पृ. 256.
43. वेलेरियन रॉड्रिग्स, 'इंट्रोडक्शन', वी. रॉड्रिग्स (सं.), *द इसेंशियल राइटिंग्स ऑफ़ बी. आर. अम्बेडकर,* दिल्ली : ऑक्सफ़ोर्ड यूनिवर्सिटी प्रेस, 2002, पृ. 9.
44. कीर, *डॉ. अम्बेडकर,* पृ. 42.
45. वही।
46. साहू महाराज वास्तव में एक असाधारण व्यक्ति थे। उनके साहसपूर्ण और घटनापूर्ण जीवन के बारे में और ज़्यादा जानकारी के लिए, देखें अंजलि कृष्णन, 'द किंग हू फ़ॉट द कास्ट सिस्टम एंड शेप्ड डॉ. अम्बेडकर्स एजुकेशन', *बेटर इंडिया.*
47. कीर, *डॉ. अम्बेडकर,* पृ. 46.

48. सिद्धार्थ, 'रमाबाइज़ सेक्रिफ़ाइसेज़ टर्न्ड भीमा इनटू डॉ. अम्बेडकर', *फ़ॉरवर्ड प्रेस,* 6 फ़रवरी, 2020.
49. नीलांजना एस. रॉय, 'द अम्बेडकर लेटर्स', *बिज़नेस स्टैंडर्ड,* 14 जून, 2013.
50. कीर, *डॉ. अम्बेडकर,* पृ. 49-50.
51. मारेन बेलविंकेल-शेम्प, 'अम्बेडकर स्टडीज़ ऐट हाइडेलबर्ग', यूनिवर्सिटी ऑफ़ कोलम्बिया ऑफ़िशियल वेबसाइट.
52. के. एन. कदम, *डॉ. बाबासाहेब अम्बेडकर एंड द सिग्निफ़िकेंस ऑफ़ हिज़ मूवमेंट : ए क्रोनोलॉजी, बम्बई :* पॉपुलर प्रकाशन, 1991, पृ. 81.
53. उदारहण के लिए देखें, सुप्रिया नायर, 'द अम्बेडकर सूट एंड दलित आइडेंटिटी', *वॉइस ऑफ़ फ़ैशन,* 22 अप्रैल, 2019; एंड ' ''गांधी शेडिंग क्लोद्स नॉट रेवोल्यूशनरी, बट अम्बेडकर वियरिंग थ्री-पीस सूट इज़'' ', *द हिन्दू,* 25 अप्रैल, 2012.
54. कुछ बेहद महत्त्वपूर्ण मामलों की विस्तृत सूची पायी जा सकती है शशांक शेखर सिंह के लेख, 'रिमेंबरिंग बाबासाहेब अम्बेडकर द लॉयर', *बार एंड बेंच,* 14 अप्रैल, 2020 में।
55. इनमें शामिल महत्त्वपूर्ण लोग थे मोतीलाल नेहरू, सी. राजगोपालाचारी, लाला लाजपत राय, बाल गंगाधर तिलक, चित्तरंजन दास, भूलाभाई देसाई, राजेन्द्र प्रसाद, सैफ़ुद्दीन किचलू, और मोहम्मद अली जिन्ना। इनमें से कोई भी वंचित वर्ग से नहीं था।

दो

माउंटिंग द पोडियम

(1923-1930)

रूढ़िवादी राष्ट्रवादी बाल गंगाधर तिलक के पुत्र आश्चर्यजनक रूप से अम्बेडकर के सहयोगी बन गये। श्रीधरपन्त तिलक अम्बेडकर की सामाजिक और सार्वजनिक गतिविधियों में सक्रिय रूप से हिस्सा लेते थे। जैसेकि अक्टूबर 1927 में वह डिप्रेस्ड क्लास मूवमेंट (वंचित वर्ग आन्दोलन) के सम्मेलन में वक्ता थे जिसकी अध्यक्षता अम्बेडकर ने की थी। वह बम्बई में अम्बेडकर से अक्सर मिलने जाया करते थे और उनकी तथा उनके समुदाय के सदस्यों की अपने समुदाय के पूर्वाग्रहों की अवहेलना करते हुए मेज़बानी भी करते थे। पूना सम्मेलन के बाद श्रीधरपन्त ने अपने निवास 'गायकवाड़ वाड़ा' में अम्बेडकर के सम्मान में एक चाय पार्टी भी दी थी। उन्होंने अछूत लड़कों की एक गायक मण्डली को भी अपने घर भोजन पर निमन्त्रित किया था। ये केसरी-मराठा ट्रस्ट के ब्राह्मण न्यासधारकों (ट्रस्टियों) की अवहेलना थी जो कि उनके आचरण से सहमत नहीं थे। रूढ़िवादी विचारधारा को धता बताते हुए श्रीधरपन्त तिलक ने अपने घर (पिता के नाम पर रखा गया 'लोकमान्य निवास') के बाहर एक बोर्ड लगाते हुए एलान किया कि ये 'चातुर्वर्ण्य विध्वंसक समिति' का निवास है। ऐसी कोई समिति अस्तित्व में नहीं थी, लेकिन श्रीधरपन्त तिलक दरअसल अपनी प्रतिबद्धता और निष्ठा को प्रचारित कर रहे थे। उनके इस कृत्य ने उनके परिजनों और स्थानीय ब्राह्मण समाज को बेहद नाराज़ कर दिया। श्रीधरपन्त पर बहुत ज़्यादा दबाव पड़ा कि वो अपना पक्ष बदल लें, अपने कृत्यों का खण्डन कर दें; उनका तरह-तरह से अपमान किया गया, यहाँ तक कि उनके पिता द्वारा शुरू किये गये अख़बार 'केसरी' में भी उनकी निन्दा की गयी, उन्हें भला-बुरा कहा गया। उदारवादी श्रीधरपन्त और उन्हीं की तरह सुधारवादी उनके भाई रामभाऊ तिलक की केसरी-मराठा ट्रस्ट के न्यासधारियों से लड़ाई ने बुरा रूप ले लिया। उनके ख़िलाफ़ अदालत में मुक़दमे दायर किये गये जो सात साल तक चलते रहे। (तिलक बन्धु अम्बेडकर को अपना वकील बनाना चाहते थे, लेकिन उन्होंने इनकार कर दिया।) आख़िर में कट्टरपन्थी ब्राह्मण समाज और केसरी-मराठा ट्रस्ट (श्रीधरपन्त उन्हें

'दुष्टों का गैंग' कहा करते थे) के असहनीय दबाव को वह झेल नहीं पाये और युवा तिलक ने 25 मई, 1928 को बम्बई-पूना एक्सप्रेस ट्रेन के सामने कूदकर अपनी जान ले ली। उन्होंने अम्बेडकर को सम्बोधित कर आख़िरी चिट्ठी लिखी : ये चिट्ठी आपके हाथों में पहुँचने से पहले, मेरे इस संसार को छोड़ने की ख़बर आपके कानों में पहुँच चुकी होगी। आपके 'समाज-समता-संघ' के काम को आगे बढ़ाने के लिए शिक्षित और सामाजिक सुधार चाहने वाले युवाओं का आन्दोलन के प्रति आकर्षित होना ज़रूरी है। इस काम में आपकी लगातार कोशिश को देखकर मैं बेहद प्रसन्न हूँ और मुझे पूरा भरोसा है कि ईश्वर आपको सफलता का आशीर्वाद ज़रूर देंगे। यदि महाराष्ट्र के युवा इस काम को अपने हाथों में लेंगे तो अस्पृश्यता की समस्या केवल पाँच साल में सुलझ जायेगी। वंचित वर्ग के अपने भाइयों का दुख-दर्द भगवान कृष्ण को बताने के लिए मैं जा रहा हूँ। मित्रों को मेरा सादर प्रणाम कहियेगा।

आदर सहित

आपका अपना

श्रीधर बलवन्त तिलक

अम्बेडकर ने श्रीधरपन्त के निधन पर शोक प्रकट करते हुए एक सम्पादकीय में लिखा : 'मैं श्रीधरपन्त से बहुत बड़े-बड़े कार्यों की अपेक्षा करता था।'[1]

* * * * *

अम्बेडकर ने अपनी वकालत सन् 1923 में शुरू की। उस समय भारत उबाल पर था। मांटेग्यू-चेम्सफ़ोर्ड सुधारों[2] ने भारत में स्वशासन के कुछ तत्त्वों की शुरुआत की। इसने सीमित संख्या में शिक्षित और सम्पन्न भारतीयों को सरकारी नीतियों को प्रभावित करने का अवसर दिया। ख़िलाफ़त आन्दोलन और असहयोग के महात्मा गांधी के आह्वान ने जनता को जगा दिया था और वंचित वर्गों (अछूतों को विनम्रतापूर्वक यही सम्बोधन दिया जाता था) के लोग भी इस उबाल से अछूते नहीं थे। गांधी ने ख़ुद ही वंचित वर्गों के साथ हो रहे अमानवीय बर्तावों को ख़त्म करने और जातिगत बन्धनों से परे हिन्दू समाज को एकजुट करने का आह्वान किया था। अगस्त, 1923 में बम्बई विधान परिषद् ने एक प्रस्ताव पारित किया जिसमें कुओं, स्कूलों, अस्पतालों और धर्मशालाओं समेत जनता के पैसे से संचालित हो रही तमाम जन सुविधाओं को वंचित वर्गों के लिए खुला रखने की अनुशंसा की गयी थी। बम्बई

सरकार ने इन सिफ़ारिशों को स्वीकार कर लिया और सितम्बर में इसे लागू करने का निर्देश जारी कर दिया। बदलाव की बयार चल पड़ी थी।

19वीं सदी से ही अस्पृश्यता के ख़िलाफ़ पूरे भारत में आन्दोलन सक्रिय थे। शिक्षा, मन्दिर प्रवेश, पानी की टंकी जैसी जन सुविधाओं के इस्तेमाल, मैला साफ़ करने के अलावा भी आजीविका का अधिकार (जिसमें कृषि के लिए भूमि की माँग भी शामिल थी), और सड़क एवं सार्वजनिक परिवहन के इस्तेमाल पर पाबन्दी हटाने के लिए संघर्ष जारी रहे। इन आन्दोलनों में वंचित वर्गों को विभिन्न सामाजिक सुधार संगठनों, ईसाई मिशनरियों और महाराष्ट्र में सत्यशोधक समाज का समर्थन मिला। सत्यशोधक समाज की स्थापना प्रख्यात जाति-विरोधी आन्दोलनकारी ज्योतिराव फुले ने सन् 1873 में की थी।[3] लेकिन इन तमाम प्रयासों के बावजूद सार्थक बदलाव लाने की दिशा में नाममात्र की ही प्रगति हो सकी थी।

9 मार्च, 1924 को अम्बेडकर ने बम्बई के दामोदर हॉल में एक जनसभा बुलायी। मक़सद था बहिष्कृत हितकारिणी सभा[4] (एसेम्बली फ़ॉर दि राइट्स ऑफ़ द एक्सक्लूडेड, जो 'डिप्रेस्ड क्लासेज़ इंस्टीट्यूट' नाम से भी जानी जाती थी) नाम के संगठन की स्थापना करना ताकि वंचित वर्गों के अधिकार की लड़ाई लड़ी जा सके और उनकी तरफ़ से अधिकारियों से बात की जा सके। सभा का उद्देश्य शिक्षा और संस्कृति को बढ़ावा देना और साथ ही लाइब्रेरी, स्कूल और इससे मिलते-जुलते संस्थान स्थापित करना भी था।[5] सभा की स्थापना के समय उसका आदर्श वाक्य था 'एजुकेट, ऑर्गनाइज़ एंड एजिटेट' यानी शिक्षित करना, संगठित करना और आन्दोलन करना। दिलचस्प बात है कि जब सभा की स्थापना हुई तो इसका औपचारिक नेतृत्व ऊँची जाति के प्रख्यात लोगों के हाथों में था और 33 साल के अम्बेडकर इसकी प्रबन्धन समिति के अध्यक्ष थे।

गुजराती ब्राह्मण जज, डॉक्टर सी.एच. सीतलवाड़ सभा के अध्यक्ष थे। बम्बई के यहूदी महापौर मेयेर निसिम और पारसी विद्वान और भाषाविद् जी.के. नरीमन सभा के उपाध्यक्ष थे। और जी.एन. सहस्त्रबुद्धे, डॉक्टर आर.पी. परांजपे, डॉक्टर वी.पी. चव्हाण तथा बी.जी. खेल जैसी प्रतिष्ठित ब्राह्मण और मराठा शख़्सियतों ने सभा के नेतृत्व में अपना योगदान दिया था। हालाँकि सभा का प्रबन्धन उसके चेयरमैन अम्बेडकर, सचिव एस.एन. शिवतरकर (चमार जाति के दलित) और खजांची एन.टी. जाधव के नियन्त्रण में था जो कि अम्बेडकर की तरह ही महार थे। यह व्यवस्था अम्बेडकर की बनाई हुई थी और उनके विज़न के अनुरूप थी। वह

दृढ़ता से इस बात को मानते थे कि वंचित वर्गों की समस्यायें अकेले उनके समुदाय की चिन्ता नहीं हैं, बल्कि ज़रूरत इस बात की थी कि दूसरी जातियों के हिन्दू नेता और उनसे सहानुभूति रखने वाले दूसरे समुदायों के भारतीय हिन्दू, समाज की पूर्ण पुनर्संरचना के लिए ख़ुद को समर्पित करें। लेकिन नियन्त्रण और रोज़मर्रा के काम की ज़िम्मेदारी दलित समुदाय के पास रहे।

हिन्दू समाज में सुधार के लिए बनाये गये दूसरे सामाजिक आन्दोलनों की तुलना में यह एक महत्त्वपूर्ण अन्तर था। महात्मा गांधी ने ख़ुद अस्पृश्यता की बुराइयों के ख़िलाफ़ हिन्दू चेतना जगाने का जो प्रयास किया था और समुदाय के सामाजिक उत्थान के लिए वह जो काम कर रहे थे और जिसके बारे में वह अपने अख़बार 'हरिजन' में लिखते भी थे, अम्बेडकर का आन्दोलन उससे अलग था। जस्टिस राणाडे ने बम्बई में सोशल कॉन्फ्रेंस[6] की शुरुआत उसी तरह सुधारवादी भावना से की थी। और 1924 में अंडमान में क़ैद से रिहा हुए और रत्नागिरि में प्रशिक्षित हिन्दुत्ववादी विचारक विनायक दामोदर सावरकर ने जिस 'हिन्दू संगठन' की स्थापना की उसके मूल उद्देश्यों में से एक अस्पृश्यता उन्मूलन था। लेकिन ये सब ऊँची जातियों के संगठन थे जो ऊँची जातियों के व्यवहार में बदलाव लाने की सोच के साथ ऊँची जाति के नेताओं द्वारा शुरू किये गये थे। अम्बेडकर अछूतों का एक ऐसा संगठन चाहते थे जो उनके अधिकारों की माँग करे और उसके लिए लड़े। इसके लिए वह सहानुभूति रखनेवाले और ऊँची जाति के प्रबुद्ध लोगों की साझेदारी चाहते थे। सुधारवादियों के बारे में अम्बेडकर की राय थी कि वह बीमारी की बजाय उसके लक्षणों का इलाज कर रहे हैं; उन्हें लगता था कि ऐसे सुधारवादियों के काम करने के तरीक़े से मामूली बदलाव ही आयेगा, वंचित वर्गों के साथ उनके सार्वजनिक रूप से भोजन करने से उनकी स्थिति में मूलतः कोई बदलाव नहीं आयेगा। 1924 आते-आते उन्हें यह स्पष्ट हो गया था कि समस्या की जड़ और उसकी शाखाओं को बदलना बेहद ज़रूरी है। इसके लिए आवश्यक था कि स्वतन्त्र भारत की विधायिका द्वारा अस्पृश्यता का क़ानूनी तौर पर उन्मूलन किया जाय, अछूतों को कुओं और मन्दिरों जैसी सार्वजनिक सुविधाओं तक पहुँच दी जाय, ग़ैर-ब्राह्मणों के लिए पुजारी बनने के रास्ते खोले जायें, और हिन्दू धार्मिक आचार-व्यवहार और कर्मकाण्डों की ऐसी संस्था बने जो वंचित वर्ग के लोगों के साथ भेदभाव न करे। यही वह दिशा थी जिसकी तरफ़ अम्बेडकर समुदाय को ले जाना चाहते थे। अम्बेडकर का जीवन अब तक जिस अटल इरादे से संचालित

रहा था, उसी प्रतिबद्धता के साथ वह वंचित समाज के उत्थान का लक्ष्य हासिल करना चाहते थे।

इसके साथ ही उन्होंने महसूस किया कि उनके अपने लोगों को प्रेरित किया जाय कि वह अपने हालात को बदलने के लिए बढ़-चढ़ कर आगे आयें। सभा को दिये अपने भाषण में अपनी नाराज़गी उन्होंने खरे शब्दों में जताई : आपके दयनीय और मासूम चेहरों को देखकर और आपकी दुख भरी बातें सुनकर मेरा दिल बैठ जाता है। आप चिरन्तन काल से पीड़ा में कराह रहे हैं, पर फिर भी अपनी असहायता को भाग्य मानकर उसे गले से लगाये बैठे हैं और शर्मिन्दा भी नहीं हैं। जन्म लेने से पहले ही आप लोग काल-कवलित क्यों नहीं हो गये? अपनी असहाय, निन्दनीय और घृणित-सी ज़िन्दगी से दुख, ग़रीबी, दासता और पूरी दुनिया का भार उठाने जैसी नज़र आती अपनी तस्वीर को आप और दयनीय और खेदपूर्ण क्यों बना रहे हैं? अगर आप एक नयी ज़िन्दगी शुरू नहीं कर सकते, ख़ुद में नयी ऊर्जा का संचार नहीं कर सकते तो बेहतर है कि आज जीवन का परित्याग कर इस संसार का उद्धार करें। असल में इस धरती पर रोटी, कपड़ा और मकान पर बराबरी का हक़ आपका जन्मसिद्ध अधिकार है, चाहे वह व्यक्ति बड़ा हो या छोटा। अगर आप एक सम्मानपूर्ण जीवन में यक़ीन करते हैं तो आपको ख़ुद की मदद का भरोसा भी करना होगा और वही सबसे बड़ी मदद भी है।[7]

सभा ने अपनी गतिविधियाँ तुरन्त शुरू कर दीं। अस्पृश्य छात्रों के लिए शोलापुर (नगरपालिका से मिली अनुदान राशि से) में एक छात्रावास बनाया गया ताकि इन बच्चों को प्रतिकूल रवैया रखने वाले ऊँची जाति के मकान मालिकों का सामना करने की ज़रूरत ना रहे। बम्बई में एक वाचनालय और हॉकी क्लब के साथ-साथ 'सरस्वती विलास' नाम की मासिक पत्रिका भी शुरू की गयी[8] ताकि युवाओं में ज्ञान के प्रति लगाव पैदा किया जा सके। लेकिन अम्बेडकर की व्यक्तिगत गतिविधियाँ सामाजिक कार्यों से आगे बढ़ गयी थीं। उनके लिए सभा अछूतों के ख़िलाफ़ हुए अन्याय के ख़िलाफ़ अपने लोगों की चेतना जगाने और अधिकारों की माँग उठाने का मंच बन गयी।

अपने समुदाय के लोगों की जनसभाएँ आयोजित करने के लिए अम्बेडकर ने पूरी बम्बई प्रेसिडेंसी और गोवा के गाँवों और शहरों की यात्राएँ कीं। सन् 1925[9] में निपानी में पहले प्रोविंशियल डिप्रेस्ड क्लासेज़ कॉन्फ्रेन्स में हिस्सा लिया और उसे सम्बोधित भी किया। वह इसके प्रेरकों में से एक थे। उन्होंने उसी साल मालवन में

वंचित समुदाय का एक सम्मेलन बुलाया और उसकी अध्यक्षता की। 11 अप्रैल, 1925 को बेलगाँव ज़िले में हुए 'बम्बई प्रोविंस बहिष्कृत परिषद' के सम्मेलन में अम्बेडकर ने अपने लोगों को सम्बोधित करते हुए कहा, 'पूरी दृढ़ता से संघर्ष करके ही आप अपनी मानुस्की (मौलिक मानवीय प्रतिष्ठा) दोबारा हासिल कर सकते हैं।'[10]

जबकि अम्बेडकर स्पष्ट रूप से वंचित वर्गों की प्रमुख आवाज़ बनकर उभर रहे थे, उन्होंने इस बात का भी ख़याल रखा कि वित्त व्यवस्था पर उनकी जो पकड़ है, और लोगों के बीच आर्थिक विषयों के ज्ञाता की उनकी जो छवि है, वह बरक़रार रहे। भारत की मुद्रा और स्वर्ण विनिमय के मानक पर उन्होंने रॉयथ कमीशन के समक्ष एक पर्चा प्रस्तुत किया। इस कमीशन का गठन भारतीय वित्त व्यवस्था पर नज़र रखने के लिए किया गया था और जिसने सन् 1925 में अम्बेडकर के विचारों को जानने के लिए उनका इंटरव्यू किया था। पाउंड और रुपये के विनिमय दर पर उन्होंने एक पुस्तिका भी प्रकाशित की जिसमें तर्क दिया गया था कि रुपये का मूल्य ज़्यादा रखकर भारतीय उत्पादकों को नुक़सान पहुँचाया जा रहा है। यह अहम था; उन्होंने महसूस किया कि यह ज़रूरी है कि अपनी शैक्षणिक उपलब्धियों के प्रति लोगों का सम्मान हासिल करें और उसे बरक़रार भी रखें। साथ ही समाज सुधार के मुद्दों पर पूरे अधिकार के साथ अपने लोगों को सम्बोधित भी कर सकें। हालाँकि सिडेनहैम कॉलेज के प्रिंसिपल के पद के लिए उनका आवेदन अस्वीकार कर दिया गया, पर कॉलेज ने उन्हें प्रोफ़ेसर बनाने की पेशकश की जिसे उन्होंने अस्वीकार कर दिया। इसकी बजाय उन्होंने पार्टटाइम पढ़ाना ज़्यादा उचित समझा और बाटलीबॉय अकाउंटेंसी ट्रेनिंग इंस्टीट्यूट में छात्रों को पढ़ाने लगे।[11] इसके अलावा बम्बई यूनिवर्सिटी में पार्टटाइम परीक्षक बनकर भी कुछ अतिरिक्त आमदनी करने लगे। इससे उन्हें अपने दूसरे कार्यों के लिए पर्याप्त समय मिलने लगा। अम्बेडकर ने वकील के रूप में अपना काम भी जारी रखा था। साल 1926 में उन्होंने एक ऐतिहासिक मुक़दमा जीता।[12] इस मामले में वह तीन ग़ैर-ब्राह्मण कार्यकर्ताओं का बचाव करने में सफल रहे जिन पर एक प्रकाशित पर्चे में ब्राह्मणों का अपमान करने का अभियोग लगाया गया था। यह एक बड़ी कामयाबी थी। दूर-दूर तक लोगों का ध्यान इस केस पर गया और अम्बेडकर की तारीफ़ हुई। वह ख़ुद ही आगे बढ़कर ऐसे मामले नि:शुल्क अपने हाथों में लेने लगे। यहाँ तक कि वंचित वर्गों के ग़रीब तबके के ऐसे वादियों को वह अपने घर में रखने लगे जो अपने मुक़दमे के दौरान बम्बई में रहने का ख़र्च नहीं उठा सकते थे।

हालाँकि उनकी निजी ज़िन्दगी त्रासदी और ख़राब स्वास्थ्य से प्रभावित रही। साल 1912 और 1924 के बीच उन्हें और रमाबाई को जो पाँच बच्चे पैदा हुए थे, उनमें से 1912 में पैदा हुए यशवन्त ही जीवित रहे। उनके बाद पैदा हुए गंगाधर, रमेश, इन्दु और राजारत्ना–सभी की मृत्यु हो गयी।

उनका तीसरा पुत्र राजारत्ना उन्हें बेहद दुलारा था और गर्व से भरे पिता ने उसके साथ खेल में बहुत ख़ुशहाली भरा वक़्त बिताया था। लेकिन राजारत्ना जब एक साल से कुछ ज़्यादा का ही था कि निमोनिया की दोहरी मार से उसकी मृत्यु हो गयी। अम्बेडकर ने अपने मित्र दत्तोबा पवार को लिखी हृदयविदारक चिट्ठी में अपने दिल का दर्द साझा किया था : हम (रमाबाई और अम्बेडकर) अपने अन्तिम पुत्र की मृत्यु के सदमे से जल्दी नहीं उबर पायेंगे। इन हाथों ने तीन पुत्रों और एक पुत्री को श्मशान भूमि तक पहुँचाया है। जब भी मैं उन्हें याद करता हूँ, दिल दर्द से भर जाता है। हमने उनके भविष्य के बारे में जो भी सोचा था वो सब नष्ट हो गया। दुख के बादल हमारी ज़िन्दगी पर मँडरा रहे हैं। हमारे बच्चों की मृत्यु ने हमारे जीवन को वैसे ही बेस्वाद कर दिया है जैसेकि बिना नमक के भोजन...मेरा अन्तिम पुत्र असाधारण था। मैंने आज तक वैसा बच्चा नहीं देखा। इस दुनिया से उसकी विदाई ने मेरे जीवन को काँटों भरे बाग़-सा बना दिया है। मैं इतना शोकाकुल और व्यथित हूँ कि अब और नहीं लिख सकता। अत्यधिक पीड़ा से गुज़र रहे अपने मित्र का अभिनन्दन स्वीकार करें।[13]

एक और मित्र को अम्बेडकर ने लिखा :

ऐसा जताने का कोई मतलब नहीं कि मैं और मेरी पत्नी मेरे बेटे की मौत के सदमे से उबर गये हैं और मुझे नहीं लगता कि हम कभी उबर भी पायेंगे। हमने अपने दिल के टुकड़ों को दफ़नाया है–तीन बेटे और एक बेटी को। चारों बेहद ख़ुशमिज़ाज, आनन्द से भरे और सुन्दर थे। मेरा आख़िरी पुत्र तो बेहद निराला था, उसके जैसा बच्चा मैंने शायद ही देखा है। उसके गुज़रने से जीवन मेरे लिए घास-फूँस से भरे बगीचे-सा हो गया है।[14]

बार-बार गर्भधारण करने से रमाबाई की सेहत पर प्रतिकूल असर पड़ा। हालाँकि उनकी उम्र ज़्यादा नहीं थी, वह अभी युवती ही थीं, पर अम्बेडकर की पत्नी को अक्सर भूखे रहना पड़ता था। परिवार की देखभाल और घर की ज़रूरतें पूरी करने के लिए उन्हें काफ़ी संघर्ष करना पड़ता था। नतीजा ये हुआ कि पति-पत्नी दोनों की तबीयत ज़्यादातर समय ख़राब रहती थी।

हालाँकि अम्बेडकर का पेशवर जीवन क़द और प्रतिष्ठा में बढ़ रहा था। साल 1925 में साइमन कमीशन के साथ काम करने के लिए उन्हें बम्बई प्रेसिडेंसी कमिटी

में नियुक्त किया गया। ये कमीशन भारत में राजनीतिक बदलाव लाने के सम्बन्ध में अनुशंसाएँ देने के लिए भारत का दौरा कर रहा था। इसने अम्बेडकर को भविष्य में भारत के संविधान के सम्बन्ध में अपनी अनुशंसाएँ तैयार करने का मौक़ा दिया।[15] उस वक़्त उन्होंने शायद ही सोचा होगा कि उनकी ये भूमिका दरअसल 25 वर्ष बाद स्वाधीन भारत का संविधान लिखने के महत्त्वपूर्ण कार्य के लिए उन्हें तैयार कर रही है।

भविष्य में एक बड़े राजनेता के रूप में उभरने वाले अम्बेडकर के लिए साल 1927 एक अहम पड़ाव साबित हुआ।

जनवरी 1927 में दो बड़ी घटनाएँ हुईं। अम्बेडकर ने भीमा-कोरेगाँव में एक जनसभा को सम्बोधित किया।[16] यह वही जगह थी जहाँ महार रेजीमेंट ने ब्राह्मणों के नेतृत्व वाली पेशवा की सेना को हराया था। भीमा-कोरेगाँव की जनसभा अछूतों को सैन्य सेवा से प्रतिबन्धित करने की नयी ब्रितानी नीति की निन्दा के लिए बुलायी गयी थी। यह एक बड़ा मुद्दा बन गया क्योंकि अछूत समाज के लोग प्रथम विश्वयुद्ध के समय बड़ी संख्या में ब्रितानी सेना में भर्ती हुए थे और उनके लिए बहादुरी से लड़े थे। ब्रितानी फ़ौज में काम करने की वजह से वंचित वर्गों के सैनिकों के बच्चे मुफ़्त स्कूल शिक्षा हासिल कर सकते थे जो कि उनके सशक्तीकरण के लिए ज़रूरी था। उनसे वह अवसर छीनकर उन्हें सैन्य सेवा से बाहर करना दरअसल अंग्रेज़ों का एक पीछे ले जाने वाला क़दम था। अम्बेडकर इस मुद्दे को बार-बार उठाते रहे।

जनवरी 1927 में बम्बई के गवर्नर ने अम्बेडकर को प्रान्तीय विधान परिषद में मनोनीत किया। यह एक ऐसा सम्मान था जिसने वंचित वर्गों के हितों का प्रतिनिधित्व करने की उनकी क्षमता को एक ऐसे मंच पर बढ़ाया जिसका समुदाय के जीवन पर गहरा असर पड़ने वाला था। तेज़ी से बढ़ रहे उनके प्रशंसकों ने उन्हें सम्मानित करने के लिए एक कार्यक्रम का आयोजन किया जहाँ उन्हें समुदाय के काम को आगे बढ़ाने के लिए एक अच्छी राशि दी गयी। अम्बेडकर ने यह राशि तुरन्त 'बहिष्कृत हितकारिणी सभा' को दान कर दी।

वंचित वर्गों को जनसुविधाएँ देने के बम्बई विधान परिषद के सन् 1923 के प्रस्ताव को ऊँची जातियों के विरोध की वजह से लागू नहीं कराया जा सका। यहाँ तक कि परिषद ने साल 1926 में भी इसकी अनुशंसा की थी। अम्बेडकर ने तय किया कि इस क़ानून को वह ज़मीन पर प्रभावी बनायेंगे। मार्च 1927 में अम्बेडकर ने बम्बई प्रेसिडेंसी में कोलाबा ज़िले के महाड में एक बड़े विरोध प्रदर्शन का नेतृत्व किया। वहाँ काग़ज़ों में चावदार वॉटर टैंक सभी के लिए खुला था,[17] पर हक़ीक़त में

वंचित वर्ग के लोग इसका लाभ नहीं ले सकते थे। इस कार्यक्रम के लिए जब किसी भी हिन्दू भू-स्वामी ने अपनी ज़मीन देने से इनकार कर दिया तब बहुत मुश्किल से ज़मीन का एक टुकड़ा एक मुसलमान व्यक्ति से हासिल किया गया। पूरी प्रेसिडेंसी से क़रीब पाँच हज़ार प्रतिनिधियों ने इस सम्मेलन में भाग लिया और अम्बेडकर को अध्यक्षीय भाषण देते हुए सुना। अम्बेडकर ने लोगों से कहा कि वे अपने अधिकारों के लिए खड़े हों, शिक्षा हासिल करें, सेना और पुलिस में भर्ती के लिए संघर्ष करें और ऊँची जातियों का फेंका हुआ भोजन खाना बन्द करें। 'जिन लोगों ने चावदार टैंक का पानी मुझे नहीं पीने दिया उनसे मैं कहना चाहता हूँ कि उनके विरोध की वजह से हम बर्बाद नहीं हो गये। अब हम टैंक तक जाना चाहते हैं और बताना चाहते हैं कि दूसरों की तरह हम भी इन्सान हैं। यह सम्मेलन इस भूमि पर समानता के युग की शुरुआत करने के लिए आयोजित किया गया है।'[18] उन्होंने आगे कहा कि सिर्फ़ दिखावटी सहानुभूति काफ़ी नहीं होगी, हर पेशे के दरवाज़े समुदाय के लोगों के लिए खोले जाने चाहिए। उन्होंने वंचित समाज के लोगों को सेना में शामिल न करने के सरकारी फ़ैसले को दुर्भाग्यपूर्ण बताया : हमारा जीवन स्तर सुधारने और अपनी काबिलियत और बौद्धिकता साबित करने के लिए सेना ने हमें शानदार अवसर दिये। लेकिन अछूतों के लिए सेना के दरवाज़े बन्द करना अंग्रेज़ों का सरासर विश्वासघात है। इन लोगों ने भारत में अंग्रेज़ी साम्राज्य की स्थापना में तब मदद की थी जब ब्रितानी सरकार नेपोलियन के साथ लड़ाई के दौरान फ्रांस के शिकंजे में थी।[19]

अम्बेडकर के भाषण ने फ्रांसीसी क्रान्ति के मूल्यों की याद दिला दी थी। महार महासम्मेलन की तुलना उन्होंने वर्साय में हुई 1789 की उस आमसभा से की जिससे फ्रांस में थर्ड एस्टेट यानी आम लोगों के बग़ावत की शुरुआत हुई थी। इस सम्मेलन में पारित हुआ पहला प्रस्ताव मानवाधिकारों का घोषणापत्र था जिसमें सामाजिक असमानता के सिद्धान्तों को सही ठहराने वाले हिन्दू धर्म ग्रन्थों की सत्ता का परित्याग करने की बात कही गयी थी। महासम्मेलन में प्राचीन हिन्दू विधि संहिता 'मनुस्मृति' को सार्वजनिक रूप से जलाने का संकल्प लिया गया। सम्मेलन में इस पुस्तक की भर्त्सना करते हुए कहा गया कि इसमें जातिगत भेदभाव और अस्पृश्यता को सही ठहराया गया है और शूद्रों और जाति बहिष्कृत लोगों को दास तुल्य बताया गया है। योजनानुसार, 25 दिसम्बर, 1927 की रात नौ बजे मनुस्मृति को एक चिता पर रखकर जला दिया गया। इस कृत्य का जो उद्देश्य था उसके अनुरूप ही इसने हिन्दू समुदाय को गहरा आघात पहुँचाया।[20] अम्बेडकर ने माँग की कि ऐसी पुरातन संहिता की जगह लोगों की ज़िन्दगी के शास्ता के रूप में एक नयी विधि संहिता

होनी चाहिए। अम्बेडकर के इस क़दम ने उन्हें हमेशा के लिए हिन्दू परम्परावादियों का शत्रु बना दिया। ये हिन्दुत्ववादी आन्दोलन का शैशवकाल था। मनु की शपथ लेकर कई परम्परावादी हिन्दू नेताओं ने मनु की जय-जयकार करते हुए उन्हें सभी विधि-निर्माताओं में सबसे महान घोषित किया।

कई साल बाद, 1938 में एक साक्षात्कार में अम्बेडकर ने बताया कि मनुस्मृति को जान-बूझकर जलाया गया था। 'ये सोच-समझकर उठाया गया सशक्त क़दम था, जिसे सवर्ण हिन्दुओं का ध्यान आकर्षित करने के लिए उठाया गया था। कई बार ऐसे सख़्त उपाय ज़रूरी हो जाते हैं। अगर आप दरवाज़े पर दस्तक नहीं देंगे तो कोई खोलेगा नहीं। ऐसा नहीं है कि मनुस्मृति का हर हिस्सा निन्दायोग्य ही है और इसमें अच्छे सिद्धान्त नहीं हैं, या फिर मनु समाजशास्त्री नहीं थे, बल्कि एक मूर्ख थे। हमने इसे जलाया क्योंकि हम इसे अन्याय के प्रतीक के रूप में देखते हैं जिसके अन्तर्गत हमें सदियों से कुचला गया है। इसकी शिक्षाओं की वजह से हम गहराई तक ग़रीबी और जहालत में डूबे रहे हैं। इसलिए हमने अपना सब कुछ दाँव पर लगाकर और अपनी ज़िन्दगी हथेली में रखते हुए इस कृत्य को अंजाम दिया।'[21]

उसके बाद अम्बेडकर ने महाड में चावदार टैंक तक एक मोर्चा निकाला और पहले अस्पृश्य बने जिन्होंने टैंक से पानी निकालकर उसे पिया। कई अन्य लोगों ने अम्बेडकर का अनुसरण किया। जैसाकि दलित लेखिका यशिका दत्त लिखती हैं : दलितों का उसी स्रोत से पानी पीना जिससे ऊँची जातियाँ पानी पीती हैं, ना तो सामान्य बात थी और ना ही साधारण। ये एक क्रान्तिकारी क़दम था क्योंकि इसने शुद्धता और मलीनता की अवधारणा पर सीधा प्रहार किया था जो कि जाति व्यवस्था के सबसे मूल विचारों में एक था। ऊँची जाति के कुछ हिन्दू तो उस समय एक दलित की परछाईं भी बर्दाश्त नहीं कर पाते थे, शारीरिक सम्पर्क तो बहुत दूर की बात थी। भोजन और पानी का हिन्दुत्व में एक बेहद पवित्र सन्दर्भ था। तत्कालीन ब्रितानी क़ानून में क्या प्रावधान था इसकी परवाह किये बग़ैर अम्बेडकर सम्भवत: ये बात समझते थे कि ऊँची जाति के लोग जो पानी पीते हैं उसे पीने के लिए दलितों का नेतृत्व करने के अतिवादी क़दम का क्या मक़सद था। मामूली से नज़र आ रहे इस क़दम से अम्बेडकर ने पवित्र माने जाने वाले जातिगत विश्वास का अनादर किया था और दलितों के लिए पूर्ण समानता का विचार सामने रखा था।[22]

उसके बाद मोर्चा शान्तिपूर्वक समारोह स्थल की ओर लौट आया। लेकिन सम्मेलन जब समाप्त हो रहा था, तभी ऊँची जाति के असामाजिक तत्त्वों ने समारोह स्थल पर हमले की योजना बनाई। उपद्रवी लोगों ने दलित समुदाय का जो भी व्यक्ति

मिला उस पर बाँस के डण्डे से प्रहार किया, प्रतिनिधियों को पीटा और बीस लोगों को बुरी तरह ज़ख़्मी कर दिया। समुदाय के लोगों में ग़ुस्से की आग भड़क गयी थी, लेकिन अम्बेडकर ने प्रदर्शनकारियों को शान्त किया और उनसे हिंसा न करने की अपील की क्योंकि उससे उनके हितों को नुक़सान पहुँचता। शान्ति क़ायम करने में सफल रहने के बाद अम्बेडकर ने हिंसा की जाँच का नेतृत्व किया और पुलिस को एक विस्तृत रिपोर्ट सौंपी जिसके बाद दंगाइयों में से पाँच लोगों को गिरफ़्तार किया गया और उन्हें सज़ा दिलवायी गयी।

महाड में हुई घटनाओं ने लोगों का ध्यान आकर्षित किया और अख़बारों में ये विवाद का विषय बना रहा। हालाँकि इस पर लोगों की राय बँटी हुई थी। तमाम समुदायों की कई विभूतियों ने अम्बेडकर के सत्याग्रह का समर्थन किया, वहीं दूसरे लोगों ने तर्क दिया कि वंचित वर्गों का पानी की टंकी तक मार्च ग़ैरज़रूरी और भड़काऊ था। ऊँची जाति के कई महत्त्वपूर्ण लोगों ने अम्बेडकर का समर्थन किया, कई तो महाड के ही थे। वैसे ही जैसेकि श्रीधरपन्त तिलक ने किया था। हालाँकि कट्टरपन्थी तत्त्वों ने पानी की टंकी का 'शुद्धिकरण समारोह' आयोजित किया जिसमें गाय का गोबर और गोमूत्र टैंक में डाला गया और ब्राह्मण पुरोहितों ने मन्त्रोच्चार किया। (अम्बेडकर के इन विचारों पर कोई ध्यान नहीं दिया गया कि गाय का गोबर क्या बहिष्कृत व्यक्ति के स्पर्श से भी ज़्यादा शुद्ध है।)

विवाद के बीच, ये स्पष्ट हो गया कि 1927 में महाड की घटनाएँ वैसी ही थीं जैसीकि 1925 में वायकोम सत्याग्रह (त्रावणकोर में एक सार्वजनिक पथ तक समुदाय के लोगों की पहुँच के लिए) की प्रसिद्ध और ऐतिहासिक घटना और 1926 में मद्रास में एक अछूत मुरुगेसन (एक हिन्दू मन्दिर में प्रवेश करने पर) के असफल अभियोजन के मामले में हुआ था। ये घटनाएँ भारत में वंचित वर्गों की अपने अधिकारों और कमियों के प्रति जागरूकता के मामले में मील का पत्थर थीं। और 36 वर्ष के अम्बेडकर सबसे ज़्यादा शिक्षित और अंग्रेज़ी में प्रवीण शख़्स के रूप में सबसे महत्त्वपूर्ण प्रवक्ता बन गये थे। अपने कठिन प्रयासों से वह अपने समाज के सबसे प्रभावशाली व्यक्ति बन गये थे।

अप्रैल, 1927 में अम्बेडकर ने अपने विचारों को प्रचारित करने के लिए मराठी में एक पाक्षिक अख़बार 'बहिष्कृत भारत'[23] शुरू किया। इस अख़बार ने दो कार्य किये। इसने वंचित वर्ग के लोगों को देश में हो रही घटनाओं के प्रति सचेत किया। साथ ही इसने ऊँची जाति के उन लोगों को प्रभावित किया जिन्हें तर्क के ज़रिये समझाया जा सकता था कि दलित समाज के लोगों के अधिकारों के प्रति जागरूकता

फैलाना और उसकी रक्षा करना क्यों ज़रूरी है। अख़बार के हर अंक में अम्बेडकर एक सम्पादकीय लिखते थे जिसमें वह जातिगत भेदभाव से जुड़ी पश्चगामी प्रथाओं को लेकर तीखे सवाल उठाते थे और उनमें निहित अतार्किकता को चुनौती देते थे। उन्होंने सुविधासम्पन्न हिन्दुओं की अंग्रेज़ों से समान व्यवहार की माँग पर लगातार सवाल उठाया जबकि यही हिन्दू वंचित वर्गों के दूसरे भारतीयों की इन्हीं माँगों को नकारते रहे थे। अम्बेडकर ने वंचित समुदाय को न्याय दिये जाने की माँग से सहानुभूति रखनेवाले उन सभी लोगों से गुज़ारिश की कि अपने दैनिक जीवन में जिन बातों की शिक्षा वह लोगों को देते हैं, उन पर ख़ुद अमल करें।

उन्होंने तर्क दिया कि 'अगर आप कहते हैं कि आपका धर्म, हमारा भी धर्म है, तब आपके और हमारे अधिकार भी समान होने चाहिए।'

'लेकिन क्या ऐसा है? अगर ऐसा नहीं है तो आपकी प्रताड़ना और तिरस्कार के बावजूद हमें किस आधार पर हिन्दू व्यवस्था में रहना चाहिए।'[24]

अम्बेडकर इस बात पर ज़ोर देते हुए सतर्क थे कि वह एक मनुष्य के रूप में ब्राह्मणों के ख़िलाफ़ नहीं हैं, बल्कि वह प्रताड़ित करने वाले ब्राह्मणवाद के ख़िलाफ़ हैं, और वह तिलक जैसे प्रबुद्ध ब्राह्मणों के समर्थन का स्वागत करते हैं। ऐसा उन्होंने ख़ासतौर से इसलिए भी कहा क्योंकि कुछ गर्म मिज़ाज युवा माँग कर रहे थे कि उनके संघर्ष से सभी ब्राह्मणों को दूर रखा जाये। अम्बेडकर ने अपने तर्कों के समर्थन में भगवद्गीता और अन्य हिन्दू ग्रन्थों से कई सन्दर्भ दिये। अम्बेडकर महात्मा गांधी के अहिंसा के आह्वान का समर्थन करते हुए भी सतर्क थे। उन्होंने सावधान करते हुए कहा कि अहिंसा अस्वीकार्य है, पर अहिंसा अगर नाकाम हो जाये तो हिंसा की ज़रूरत को पूरी तरह नकारा नहीं जा सकता।

जब अम्बेडकर अपने राजनीतिक मत के लिए तर्कों की प्रभावकारी बुनियाद तैयार कर रहे थे तब प्रतिक्रियावादी ताक़तें फिर से एकत्रित हो रही थीं। अगस्त, 1927 में महाड नगर निगम ने विधान परिषद की अवज्ञा करते हुए अपने पहले के प्रस्ताव को पलट दिया और घोषित किया कि चावदार टैंक को अब वंचित वर्गों के लिए नहीं खोला जायेगा। नाराज़ अम्बेडकर ने एक मीटिंग बुलायी जिसमें यह फ़ैसला लिया गया कि दिसम्बर महीने में टंकी पर एक बार फिर सत्याग्रह किया जायेगा। इस फ़ैसले की कट्टरपन्थी हिन्दुओं ने जमकर आलोचना की। उसका जवाब अम्बेडकर ने यह याद दिलाते हुए दिया कि उनके लोग हिन्दुत्व के अन्तर्गत ही अपने अधिकारों की माँग कर रहे हैं। अम्बेडकर ने आगे परोक्ष रूप से धमकी

देते हुए कहा कि समाज के लोगों ने दूसरा धर्म अपनाने के बारे में नहीं सोचा है। सत्याग्रह शान्तिपूर्वक गुज़र गया, पर इससे कुछ भी नहीं बदला। नगर निगम ने वंचित वर्ग के लोगों को चावदार टैंक से पानी लेने की इजाज़त देने से इनकार कर दिया।

उस घटनापूर्ण साल में अम्बेडकर का अगला बड़ा क़दम महिलाओं को आन्दोलन से जोड़ना था। महाड महासम्मेलन के बाद अम्बेडकर ने समाज की क़रीब तीन हज़ार महिलाओं के सम्मेलन को सम्बोधित किया। आधुनिक भारत में अपने तरह की यह पहली मीटिंग थी।[25] उन्होंने महिलाओं से कहा कि वह अपने हित के लिए कमर कस लें : 'ख़ुद को कभी भी अछूत ना समझें। शुचितापूर्ण जीवन जीयें, सवर्ण महिलाओं की तरह ही कपड़े पहनें। अपने मस्तिष्क में नये विचारों के समावेश और ख़ुद की मदद की भावना के लिए एकजुट हों...अपने बच्चों को स्कूल भेजें।'[26] उनके आवाहन पर सम्मेलन से जाते हुए महिलाओं ने अपनी साड़ी उसी तरीक़े से बाँधी जैसी दूसरी हिन्दू महिलाएँ बाँधती थीं — समानता के सिद्धान्त की यह एक साक्षात अभिव्यक्ति थी जो कि उनके विश्वासों के अनुरूप थी।

लगभग उसी समय अपना जनसमर्थन बढ़ाने के लिए अम्बेडकर ने मराठा योद्धा-राजा छत्रपति शिवाजी महाराज से जुड़े रायगढ़ क़िले की यात्रा करने की योजना बनायी। शिवाजी महाराष्ट्र में हिन्दुओं के सबसे महान नायक थे और धमनिध मुगल सुल्तान औरंगज़ेब के ख़िलाफ़ उनकी लड़ाइयों की कई कहानियाँ प्रचलित थीं। अम्बेडकर के लिए एक ऐसे शूरवीर का सम्मान, जिसने अपने लोगों के लिए तत्कालीन दुनिया की सबसे बड़ी शक्ति, ताक़तवर मुग़ल साम्राज्य से लोहा लेकर असम्भव कारनामे को अंजाम दिया था, वैसा ही था जैसेकि वह अस्पृश्यों के अधिकारों के लिए ताक़तवर सवर्णों से ग़ैर बराबरी की लड़ाई लड़ रहे थे। ऐसा नहीं था कि उनकी यात्रा के सांकेतिक लक्ष्यों को ऊँची जाति के उनके शत्रु समझ नहीं पाये, और यहाँ तक कि उनका यह कृत्य भी बिना विवादों के सम्पन्न नहीं हुआ।

1928 की शुरुआत में अम्बेडकर को वंचित वर्गों की एक बैठक की अध्यक्षता करने का न्योता दिया गया। यह बैठक उनके महान सन्त चोखामेला[27] के सम्मान में एक मन्दिर बनाने के प्रस्ताव पर विचार के लिए बुलायी गयी थी। चर्चा के दौरान अम्बेडकर के सुझाव से यह फ़ैसला लिया जा सका कि मन्दिर बनाने से बेहतर यह होगा कि समुदाय की ऊर्जा को अस्पृश्यता उन्मूलन की दिशा में लगाया जाय। अम्बेडकर का तर्क हमेशा की तरह ही सुविचारित और उद्देश्य के अनुकूल था: एक़ अलग मन्दिर अस्पृश्य श्रद्धालुओं को हाशिये पर धकेल देगा, जबकि उन्हें उसी मन्दिर में पूजा की अपनी माँग जारी रखनी चाहिए जिसमें हिन्दू पूजा करते

हैं; मन्दिर बनाने और उसकी देख-रेख में लगने वाला ख़र्च समुदाय पर एक बड़ा आर्थिक बोझ बन जायेगा, और फिर अस्पृश्यता के मामले में सुधार का काम ज़्यादा उपयोगिता के लक्ष्य से प्रेरित होना चाहिए और हमें मन्दिर में मूर्ति पूजा के लक्ष्य से आगे देखना चाहिए, और इसके लिए समुदाय में उतना सब्र नहीं था। अम्बेडकर की बात मान ली गयी; और मन्दिर नहीं बना।

अम्बेडकर का सार्वजनिक जीवन, उनकी सामाजिक गतिविधियाँ और उनका बढ़ता राजनीतिक क़द अब उनके फलते-फूलते वकालत के पेशे में अड़चन पैदा करने लगा था। मुक़दमे हाथ में लेने पर उसे समय देने की ज़रूरत थी जो कि अपनी दूसरी तमाम गतिविधियों की वजह से अम्बेडकर कर पाने में असमर्थ हो रहे थे। उन्होंने आर्थिक सुरक्षा के लिए वकालत शुरू की थी, लेकिन अब उन्हें अपने असल उद्देश्य के सामने यह लक्ष्य छोटा नज़र आने लगा था जो कि अब कम से कम हिन्दू समाज में आमूलचूल परिवर्तन लाना था। अपने लक्ष्य को हासिल करने के लिए विधान परिषद की सदस्यता कहीं ज़्यादा बड़ा मंच था, जहाँ वह अपने विचारों को अच्छी तरह रख सकते थे, बहस कर सकते थे और बिल पेश कर सकते थे जो कि उनके लक्ष्य को क़ानूनी अमलीजामा पहनाता।

हालाँकि यह कहना आसान था, पर करना मुश्किल। अम्बेडकर ने जब मार्च 1928 में 1874 के वंशानुगत अपराध क़ानून[28] में संशोधन का बिल पेश किया तो उन्हें इसका पता चल गया। इस क़ानून के प्रावधानों के मुताबिक़ सरकारी सेवा में नियुक्त महार अगर बीमार होने या किसी अन्य वजहों से अपनी सेवा नहीं दे पाते थे तो उन्हें अपने परिवार के एक सदस्य को उस अवधि के दौरान बिना किसी अतिरिक्त मुआवज़े के उसी नौकरी पर भेजना पड़ता था। यह क़ानून इस पूर्वधारणा पर आधारित था कि वंचित वर्गों के लोगों की जन्म से ही कुछ निश्चित निम्न स्तर के कामों को पूरा करने की ज़िम्मेदारी है और अपनी ज़िम्मेदारियों को पूरा करना उनका वंशानुगत कर्तव्य है, ना कि दूसरे कर्मचारियों की तरह मिला वैधानिक अधिकार।

विधान परिषद में दिये अपने बेहद तर्कपूर्ण, क़ानूनी तौर पर सुसंगत और नैतिक रूप से जोशीले भाषण में अम्बेडकर ने इस अन्यायपूर्ण क़ानून की जमकर निन्दा की और इसके सबसे आपत्तिजनक प्रावधानों को हटाने की माँग की। विधान परिषद ने उनके तर्कों को शान्तिपूर्वक सुना और अगस्त 1928 में बिल को ऊँची जाति के सम्भ्रान्तों से बनी एक चयन समिति के पास भेज दिया गया। इस समिति ने पूरा समय लेकर बिल के पक्ष में दिये गये तर्क़ों को ख़ारिज कर दिया और नाराज़ होकर भी अम्बेडकर को जुलाई 1929 में यह बिल वापस लेना पड़ा।[29]

(एक बार बम्बई विधान परिषद में राष्ट्रवादियों ने अम्बेडकर को चुनौती देते हुए (जिनके साथ वह अक्सर तर्क किया करते थे।) कहा कि वह याद रखें कि 'पूर्ण का अंश' हैं। तब अम्बेडकर ने तुरन्त जवाब दिया, 'मैं पूर्ण का अंश नहीं हूँ, मैं अलग ही हूँ।')[30] लेकिन जब उन्होंने महिला मज़दूरों के मातृत्व लाभ के लिए क़ानूनी लड़ाई लड़ी तो उन्हें ज़्यादा कामयाबी मिली।

अप्रैल 1929 में अम्बेडकर को चिपलूण में हो रहे रत्नागिरि ज़िला सम्मेलन की अध्यक्षता के लिए बुलाया गया। सम्मेलन को सम्बोधित करते हुए अपने अध्यक्षीय भाषण में अम्बेडकर ने कहा : 'आपको ग़ुलामी से ख़ुद मुक्ति पानी होगी। अपना आत्म सम्मान जीवन के लिए सबसे ज़्यादा ज़रूरी है। इसके बिना इन्सान शून्य मात्र है। आत्म सम्मान के साथ जीने के लिए समस्याओं से उबरना ज़रूरी है। अनवरत कठिन परिश्रम से ही किसी व्यक्ति को ताक़त, भरोसा और सम्मान हासिल होता है।'[31]

विधान परिषद में अम्बेडकर को महत्त्व मिलता जा रहा था, लेकिन इन सबके बीच उनकी वकालत की अवहेलना हो रही थी और इसका उनके परिवार की माली हालत पर गहरा असर पड़ा। उन्होंने जून 1928 में बम्बई के प्रतिष्ठित गवर्नमेंट लॉ कॉलेज में प्रोफ़ेसर का पद स्वीकार कर लिया।[32] परिवार चलाने के लिए यह उनका एकमात्र नियमित आय का ज़रिया बन गया। अम्बेडकर एकचित्त होकर जनता के मुद्दों पर ध्यान केन्द्रित कर रहे थे, जबकि उनके परिवार ने कठिनाई का सामना करते हुए भी अम्बेडकर के मक़सद को समझा और उनका साथ दिया था।

जून 1928 में सर जॉन साइमन के नेतृत्व में भारतीय वैधानिक आयोग बम्बई पहुँचा। स्वशासन की माँग को लेकर बीते एक दशक में देश भर में व्यापक प्रदर्शन हुए थे। इस आयोग का मक़सद स्वशासन से जुड़े मसलों की पड़ताल करना था। प्रथम विश्वयुद्ध में ब्रिटेन की मदद के एवज़ में भारत को 'डोमिनियन स्टेटस' देने का वादा किया गया था। इस युद्ध में भारत के सभी वर्गों के लोगों ने बेहद उदारतापूर्वक दिल खोलकर ब्रिटेन का समर्थन किया था। आज की मुद्रा में उसकी क़ीमत आठ अरब पाउंड आँकी गयी है। मुद्रास्फीति और इंफ़्लूएंज़ा की मार झेलती भारत की ग़रीब और असहाय जनता ने यह पैसे बहुत मुश्किल से जुटाये थे। लेकिन जब 'डोमिनियन स्टेटस' का वादा पूरा नहीं हुआ तो युद्ध के ख़त्म होते ही व्यापक स्तर पर प्रदर्शनों की शुरुआत हो गयी। जनता के व्यापक आन्दोलन के जवाब में अंग्रेज़ सरकार ने उन्हें दमनकारी रॉलेट क़ानून[33] की सौगात दी जिसने बोलने की आज़ादी को कुचल दिया था और भारतीय प्रदर्शनकारियों का दमन कर दिया था। 1919 में अमृतसर के

जलियांवाला बाग़ में शान्तिपूर्वक प्रदर्शन कर रहे लोगों का बर्बर नरसंहार ब्रितानी राज की नृशंस क्रूरता में शुमार है। बड़े पैमाने पर भारतीय राष्ट्रवादियों को गिरफ़्तार भी किया गया था। तब महात्मा गांधी ने ख़िलाफ़त आन्दोलन का समर्थन किया जिसने हिन्दुओं और मुसलमानों के बीच एक मक़सद के लिए एकता स्थापित की जिसका लक्ष्य तुर्की में ख़िलाफ़त की पुनर्स्थापना के लिए अंग्रेज़ों पर दबाव डालना था। लेकिन यह मक़सद तब धराशायी हो गया जब सुधारवादी कमाल अतातुर्क को तुर्की के गृह युद्ध में जीत मिल गयी। हालाँकि इसने भारत के दो प्रमुख मज़हबों को मानने वालों के बीच बढ़ती दरार को पाटने का काम किया। ये दरार ब्रिटिश साम्राज्यवादी 'फूट डालो और राज करो' की नीति के अनुरूप ही जान-बूझकर डाली गयी थी। गांधीजी के असहयोग आन्दोलन और शान्तिपूर्ण अहिंसात्मक प्रदर्शन का पालन करने के सुझाव ने भारतीय जनमानस को एकजुट किया और अंग्रेज़ों को समझाया कि भारत में बढ़ती राष्ट्रवादी भावना को 'संवैधानिक' तरीक़ों से रोकना ज़रूरी है। साइमन कमीशन को भारत के लोगों की भावना का पता लगाने और उसे नियन्त्रित करने सम्बन्धी सुझाव देने की ज़िम्मेदारी सौंपी गयी थी।

प्रमुख राष्ट्रवादी संगठन कांग्रेस ने साइमन का बहिष्कार करने का फ़ैसला लिया और वह जहाँ-जहाँ गये, वहाँ प्रदर्शनकारियों ने उन्हें काले झण्डे दिखाये। बैनरों पर लिखा था 'साइमन वापस जाओ'। साइमन जो भी सम्भावित सुधार लाने वाले थे, उसकी बजाय कांग्रेस ने भारतीय संविधान का मसौदा तैयार करने के लिए मशहूर वकील मोतीलाल नेहरू की अध्यक्षता में एक समिति बनायी। सामने आयी नेहरू रिपोर्ट एक प्रभावशाली दस्तावेज़ थी। यह दरअसल भारतीय संविधान का पहला मसौदा था जिसमें मुसलमानों के हितों को शामिल किया गया था ताकि साम्प्रदायिक भेदभाव को ख़त्म किया जा सके जिसे अंग्रेज़ बढ़ावा दे रहे थे। लेकिन दावा किया गया कि इस रिपोर्ट में वंचित वर्गों की दुर्दशा की अवहेलना की गयी है, उनके हितों का कोई ज़िक्र नहीं है। इसने अम्बेडकर और उनके समर्थकों के इस यक़ीन को पक्का किया कि ऊँची जातियों के हिन्दू अस्पृश्य समुदाय के हितों की कोई परवाह नहीं करते।

कांग्रेस के बायकॉट की अवहेलना करते हुए अम्बेडकर ने मई 1928 में साइमन कमीशन को दो भागों में एक लम्बा ज्ञापन सौंपा जिसमें प्रान्तीय स्वायत्तता, वयस्क मताधिकार और मुसलमानों तथा वंचित वर्गों के लिए आरक्षित सीटों की माँग रखी गयी थी। अम्बेडकर इस आयोग के समक्ष अक्टूबर में पेश भी हुए। कांग्रेस के

बायकॉट की अवज्ञा की वजह से उनके छात्र नाराज़ हो गये और विरोध जताने के लिए उनकी क़ानून की कक्षा से बाहर चले गये।[34]

अम्बेडकर ने बाद में इस दौर की एक घटना को याद करते हुए बताया था कि उसने कैसे उन्हें अपने समुदाय के लोगों की प्रतिष्ठा और आत्मसम्मान के अत्यधिक महत्त्व के बारे में शिक्षित किया था। 1929 में बम्बई सरकार की तरफ़ से अम्बेडकर अस्पृश्य समुदाय की शिकायतों का पता लगाने चालीसगाँव नाम के गाँव में गये। निकट के रेलवे स्टेशन पर उतरने के बाद वह इस बात से हैरान हो गये कि वहाँ कई ताँगों के मौजूद होने के बावजूद उन्हें घण्टा भर इन्तज़ार करना पड़ा। जिस कॉलोनी में उन्हें पहुँचना था वह ज़्यादा दूर नहीं थी, पर उनके मेज़बानों ने दबाव डाला कि वह पैदल ना आयें, वे उन्हें ताँगे पर लाना चाहते थे। आख़िरकार उन्हें ताँगे वाले के साथ अकेले ही सफ़र के लिए निकलना पड़ा। रास्ते में उनका ताँगा एक मोटरकार से टकराते-टकराते बचा। थोड़ी देर बाद ही एक पुलिया से गुज़रते हुए ताँगा दीवार से टकरा गया, घोड़ा ताँगे से निकल गया और अम्बेडकर ज़मीन पर गिरकर अचेत हो गये। घोड़ा और गाड़ी दोनों नदी में जा गिरे। अम्बेडकर दर्द से कराह रहे थे। उनकी कई हड्डियाँ टूट गयी थीं और कई जगह चोट और खरोंच आ गयी थी, लेकिन उनकी जान बच गयी थी।

बेहद नाराज़ अम्बेडकर ने जब तहक़ीक़ात की, तो पता चला कि कोई भी ताँगेवाला एक अछूत सवारी को नहीं ले जाना चाहता था, यहाँ तक कि अम्बेडकर जैसे प्रतिष्ठित व्यक्ति को भी। आख़िरकार एक ताँगे वाला ज़्यादा क़ीमत पर अम्बेडकर के मेज़बानों को अपना ताँगा देने को तैयार हुआ, लेकिन उसने ख़ुद ताँगा चलाने से इनकार कर दिया : एक अछूत को बिठाकर ताँगा हाँकना उसने अपनी शान के ख़िलाफ़ समझा। अम्बेडकर के महार मेज़बानों के लिए भी यह उतना ही मर्यादा विरुद्ध था कि वे अपने प्रतिष्ठित मेहमान से पैदल आने को कहें। इसलिए उन्होंने किराये पर ताँगा लेने का फ़ैसला किया; उन्होंने सोचा कि उनमें से किसी के लिए ताँगा हाँकना उतना मुश्किल नहीं होगा, जबकि उनमें से किसी ने पहले ताँगा नहीं चलाया था। और उनका यही सोचना ग़लत साबित हो गया। जिस शख़्स ने ताँगा चलाने की पेशकश की थी, उसे क़तई ताँगा हाँकना नहीं आता था। पहले उसने ताँगे का नियन्त्रण खोया और मोटरकार से टकराने से बचा, और आख़िरकार दुर्घटना हो ही गयी। अम्बेडकर ने अफ़सोस जताते हुए लिखा कि उनके मेज़बान, 'ये भूल गये कि सवारी की सलामती उनकी प्रतिष्ठा से ज़्यादा अहम थी...मेरी प्रतिष्ठा की रक्षा

के लिए चालीसगाँव के महारों ने मेरी ज़िन्दगी को ही जोख़िम में डाल दिया था।'[35] पूर्व धारणा की अतार्किकता और आत्मसम्मान के महत्त्व को समझाने वाला यह एक व्यावहारिक सबक था।

1930 तक राष्ट्रवादी आन्दोलन ने ज़ोर पकड़ लिया और इसमें कई घटनाओं ने जोश भरा। महात्मा गांधी ने नमक क़ानून तोड़ने के लिए दाण्डी तक मार्च किया जिसने व्यापक स्तर पर विरोध प्रदर्शनों के लिए एक उत्प्रेरक का काम किया, बड़ी संख्या में लोगों को जेलों में डाला गया और साम्राज्यवादी दमनात्मक कार्रवाई के तहत निहत्थे प्रदर्शनकारियों की नृशंस हत्या की गयी। अम्बेडकर सक्रिय थे। उन्होंने 'जनता' नाम के एक साप्ताहिक अख़बार की शुरुआत की और वंचित वर्गों के सदस्यों के मन्दिर प्रवेश के लिए नासिक शहर में एक बड़े विरोध प्रदर्शन के आयोजन में मदद की। उन्होंने प्रसिद्ध कालाराम मन्दिर के न्यास धारियों को अपने फ़ैसले के बारे में सूचित किया कि वह अपने लोगों के साथ शान्तिपूर्वक मन्दिर में भगवान राम की पूजा करेंगे। क़रीब डेढ़ हज़ार प्रदर्शनकारी एक सम्मेलन के लिए नासिक में जमा हो गये जिनमें सहानुभूति रखनेवाले कुछ प्रमुख ब्राह्मण भी थे। इस सम्मेलन की अध्यक्षता अम्बेडकर ने की।[36] लेकिन जब वे लोग अनुशासित और शान्तिपूर्ण तरीक़े से मन्दिर की ओर आगे बढ़ रहे थे तो उन्होंने पाया कि नासिक के अंग्रेज़ ज़िला मजिस्ट्रेट के नेतृत्व में सुरक्षा बलों का एक दस्ता वहाँ उनका रास्ता रोकने के लिए तैनात है। अगले दिन वे लोग लौटे और शान्तिपूर्ण सत्याग्रह की माँग लेकर मन्दिर के सामने धरने पर बैठ गये। पर उन्होंने पाया कि मन्दिर के हर दरवाज़े पर तगड़ी सुरक्षा कर दी गयी थी और यदि कोई प्रदर्शनकारी मन्दिर प्रवेश तो छोड़िये अगर खड़ा भी होता तो उसे लाठियों से बुरी तरह पीटा जा रहा था। पर अम्बेडकर की वजह से प्रदर्शन पूरी तरह शान्तिपूर्ण रहा। लेकिन समझौता कराने की उनकी हर कोशिश को ऊँची जाति के लोगों ने ज़िला प्रशासन की मदद से रोक दिया। इसमें वह प्रयास भी शामिल था जब उन्होंने माँग रखी थी कि उनके समुदाय के कुछ लोगों को ऊँची जाति के लोगों के साथ भगवान राम की प्रतिमा वाला रथ खींचने की अनुमति दी जाये। आन्दोलन के दौरान सवर्ण हिन्दुओं ने प्रसिद्ध कालाराम मन्दिर को एक साल तक बन्द रखा। मामले को सुलझाने के लिए अम्बेडकर ने ऊँची जाति के कई गण्यमान्य हिन्दुओं से मुलाक़ात की। उनमें उद्योगपति और जनहित के काम करनेवाले जी.डी. बिड़ला भी शामिल थे। लेकिन कुल मिलाकर आन्दोलन वंचित वर्गों को मन्दिर में प्रवेश दिलाने में नाकाम रहा। कालाराम मन्दिर साल 1935 तक उनके लिए बन्द रहा।

इन सबके बीच साइमन कमीशन ने मई 1930 में अपनी रिपोर्ट प्रकाशित की। इसमें 250 भारतीय सदस्यों वाली एक केन्द्रीय विधायिका के गठन का सुझाव था जिनका चुनाव कुछ शिक्षित और अमीर भारतीयों द्वारा किया जाना था और प्रमुख समुदायों के लिए अलग निर्वाचक मण्डल का प्रावधान था–यानी 'फूट डालो और राज करो' की नीति और भी मुखर हो गयी थी।

वंचित वर्गों के लिए कोई विशेष प्रावधान नहीं थे। समुदाय के उम्मीदवार हिन्दुओं के लिए निर्धारित 150 सीटों पर ही चुनाव लड़ सकते थे और उसके लिए भी सम्बन्धित प्रान्त के गवर्नर द्वारा उनकी योग्यता का अनुमोदन ज़रूरी था। अम्बेडकर ने इसका जमकर विरोध किया। 'अपने समुदाय और अपनी पसन्द के प्रतिनिधियों को चुनने के अधिकार की माँग को किसी भी शर्त या सीमा से दबाया नहीं जा सकता। निश्चित तौर पर अपने हितों को हम ही सबसे बेहतर समझ सकते हैं और हम गवर्नर को भी ये अधिकार नहीं दे सकते कि वह यह फ़ैसला करें कि हमारे लिए क्या अच्छा है।'[37]

साइमन रिपोर्ट के जवाब में अगस्त 1930 में नागपुर में पहली ऑल इंडिया डिप्रेस्ड क्लासेज़ कॉन्फ्रेन्स (अखिल भारतीय वंचित वर्ग सम्मेलन) का आयोजन किया गया जिसकी अध्यक्षता अम्बेडकर ने की। इस मौक़े पर दिये उनके भाषण में एक वकील के रूप में उनकी सबसे अच्छी ख़ूबियों का प्रदर्शन हुआ। उन्होंने देश के भविष्य के बारे में एक मर्मज्ञ द्रष्टा की तरह अपने विचार रखे और अंग्रेज़ी राज की कमियों को विस्तृत रूप से उजागर कर दिया। अंग्रेज़ी कुशासन और भारत की औपनिवेशिक दरिद्रता पर उनके आरोप अत्यन्त कठोर थे : '19वीं सदी के शुरुआती 25 सालों में जबकि भारत में अंग्रेज़ी राज सुस्थापित हो गया था तब देश में पाँच बार अकाल पड़ा जिसमें दस लाख लोगों की जान गयी। सदी की दूसरी चौथाई में छह बार दुर्भिक्ष का सामना करना पड़ा जिसमें 50 लाख लोगों को अपनी जान गँवानी पड़ी। और सदी की आख़िरी चौथाई में आप क्या देखते हैं? इस दौरान 18 बार सूखा पड़ा जिसमें डेढ़ करोड़ से दो करोड़ 60 लाख के बीच लोगों की जान जाने का अनुमान है।' उन्होंने प्रमाण देकर बताया कि भारत की स्थायी ग़रीबी अंग्रेज़ी राज का नतीजा है; एक समृद्ध और समतावादी समाज बनाने के लिए स्वतन्त्रता अपरिहार्य है। ये स्वीकार करते हुए कि अंग्रेज़ों ने भारत में क़ानून और व्यवस्था लाने का काम किया, उन्होंने कहा : 'लेकिन हम नहीं भूल सकते कि लोग जिनमें वंचित वर्ग भी शामिल हैं, वे क़ानून और व्यवस्था पर ज़िन्दा नहीं रहते; बल्कि जीवन के लिए भोजन की ज़रूरत होती है।'[38]

उन्होंने बहिष्कृतों और वंचितों से अपील की कि वे आज़ाद भारत में स्वराज, अंग्रेज़ी राज से आज़ादी और स्वतन्त्रता, समानता और भाईचारे के अपने अधिकारों के लिए संघर्ष करें। 'लेकिन इस अवसर पर मैं ज़ोर देकर कहना चाहता हूँ कि वंचित वर्गों के लिए राजनीतिक ताक़त सभी बुराइयों का हल नहीं हो सकती। उनका मोक्ष उनके सामाजिक उत्थान में निहित है। उन्हें अपनी बुरी आदतें छोड़नी होंगी। उन्हें अपने रहन-सहन में सुधार लाना होगा। वे अपने जीवन में बदलाव लाकर ही सम्मान और मित्रता के क़ाबिल हो पायेंगे। उन्हें शिक्षित होना ही होगा। केवल तीन 'आर' (राइट टू लिबर्टी, राइट टू इक्वालिटी और राइट टू फ्रैटर्निटी) पर्याप्त नहीं हैं, कइयों को इतनी ऊँचाई हासिल करनी होगी ताकि उनके साथ पूरे समुदाय का क़द लोगों की नज़रों में बढ़े। इस बात की ज़रूरत सबसे ज़्यादा है कि वंचित वर्ग के लोगों में व्याप्त सन्तोष की दयनीय भावना को छिन्न-भिन्न किया जाये और उनके अन्दर गहरे असन्तोष की भावना जगायी जाये, तभी उनका उत्थान होगा।'[39]

ऊँची जाति के हिन्दुओं द्वारा वंचित वर्गों का जो अपमान होता था, अम्बेडकर ने उसकी निन्दा की और ज़ोरदार आवाज़ उठायी कि दूसरे हिन्दुओं की तरह ही उनके समुदाय के लोगों को बराबरी का हक़ मिले क्योंकि वे हिन्दू धर्म और विश्वास का अभिन्न अंग रहे हैं। उन्होंने दावे के साथ कहा कि 'समाज सुधार के आन्दोलनों का नतीजा हमारे लोगों के उत्थान और इस देश में हमारे एक ऐसे समाज की स्थापना के रूप में सामने आयेगा जहाँ हर व्यक्ति को जीवन के राजनीतिक, सामाजिक और आर्थिक क्षेत्रों में समानता हासिल होगी।'[40]

सम्मेलन का अम्बेडकर की सेहत पर बुरा असर पड़ा। एक समय तो वह गिरकर अचेत हो गये।[41] उस समय वह केवल 39 साल के थे, लेकिन उन्होंने स्वास्थ्य के प्रति लापरवाही की हदें पार कर दी थीं। ये पहली चेतावनी थी कि अम्बेडकर मनुष्य की शारीरिक क्षमता की सीमाओं की अवहेलना कर रहे हैं, यहाँ तक कि अपनी भी।

सन्दर्भ सूची

1. सुराज येंगड़े, *कास्ट मैटर्स,* नयी दिल्ली : पेंगुइन रैंडम हाउस, 2019.
2. 'मॉन्टेग्यू-चेम्सफ़ोर्ड रिपोर्ट', मेकिंग ब्रिटेन, ओपन यूनिवर्सिटी ऑफ़िशियल वेबसाइट.
3. फुले ने अपनी किताब *स्लेवरी* (गुलामगिरी) 'अमेरिका के उन अच्छे लोगों के योगदान को याद करते हुए समर्पित किया जिन्होंने नीग्रो लोगों की दासता ख़त्म करने के लिए उत्कृष्ट व निस्वार्थ समर्पण और परित्याग किया था। उनका इच्छा यही थी कि उनके देशवासी

अमेरिका के इस उदाहरण से प्रेरणा लें और शूद्रों को ब्राह्मणवादी दासता की ज़ंजीरों से मुक्ति दिलायें'।

ज्योतिराव फुले, *स्लेवरी : कलेक्टेड वर्क्स ऑफ़ महात्मा ज्योतिराव फुले*, खण्ड 1, बम्बई : गवर्नमेंट ऑफ़ महाराष्ट्र, 1991, पृ. 27.

4. कीर, *डॉ. अम्बेडकर*, पृ. 55.
5. टीम अम्बेकराइट टूडे, 'बहिष्कृत हितकारिणी सभा', *अम्बेडकराइट टूडे*.
6. चार्ल्स हर्मन हेमसथ, 'VIII. महादेव गोविन्द राणाडे एंड द नेशनल सोशल कॉन्फ्रेंस', *इंडियन नेशनलिज़्म एंड हिन्दू सोशल रिफ़ॉर्म*, प्रिंस्टन : प्रिंस्टन यूनिवर्सिटी प्रेस, 2015, पृ. 176-204.
7. कीर, *डॉ. अम्बेडकर*, पृ. 60.
8. रवि रंजन एंड एम.के. सिंह, *डॉ. भीमराव अम्बेडकर*, नयी दिल्ली : के.के. पब्लिकेशंस, 2021, पृ. 96.
9. कीर, *डॉ. अम्बेडकर*, पृ. 65.
10. शैलजा पाइक, 'दलित फ़ेमिनिस्ट थॉट', *इकोनॉमिक एंड पोलिटिकल वीकली*, वॉल्यूम 56, इश्यू नं. 25, 19 जून, 2021.
11. आनन्द तेलतुम्बे एंड सूरज येंगडे (सं.), *द रैडिकल इन अम्बेडकर : क्रिटिकल रिफ़्लेक्शंस*, नयी दिल्ली : पेंगुइन बुक्स, 2018; कीर, *डॉ. अम्बेडकर*, पृ. 66; सुमित, 'ए ज्यूरिस्ट विद् नो इक्वल्स', *फ़ॉरवर्ड प्रेस*, 13 जुलाई, 2017.
12. वही., दिलचस्प है कि इस केस को भी 'एनिमी ऑफ़ द कंट्री' केस कहा गया।
13. एम. एल. शरारे एंड नलिनी अनिल, *बाबासाहेब डॉ. अम्बेडकर की संघर्ष यात्रा एवं सन्देश*, नयी दिल्ली : सम्यक प्रकाशन, 2014, पृ. 70; ट्रांसलेशन इन सिद्धार्थ, 'रमाबाई, द वुमन हू सेक्रिफ़ाइसेज़ टर्न्ड भीम इनटू डॉ. अम्बेडकर', *फ़ॉरवर्ड प्रेस*, 2 फ़रवरी, 2020.
14. कीर, *डॉ. अम्बेडकर*, पृ. 66.
15. उत्तम खोब्रागड़े, 'कॉन्स्टीट्यूशन रेवोल्यूशन इनजेंडर्ड बाई डॉ. अम्बेडकर', *टाइम्स ऑफ़ इंडिया*, 4 मई, 2020.
16. कदम, *डॉ. बाबासाहेब अम्बेडकर एंड द सिग्निफ़िकेंस ऑफ़ हिज़ मूवमेंट*, पृ. 82-83.
17. वही, पृ. 83.
18. कीर, *डॉ. अम्बेडकर*, पृ. 99, अध्याय 6 में महाड बैठक और अम्बेडकर के भाषण की विस्तृत जानकारी दी गयी है।
19. कीर, *डॉ. अम्बेडकर*, पृ. 71, अध्याय 5 में अम्बेडकर के भाषण की विस्तृत जानकारी दी गयी है।
20. कदम, *डॉ. बाबासाहेब अम्बेडकर एंड द सिग्नीफ़िकेंस ऑफ़ हिज़ मूवमेंट*, पृ. 87.
21. कीर, *डॉ. अम्बेडकर*, पृ. 106.
22. यशिका दत्त, *कमिंग आउट एज़ दलित : अ मेमॉयर*, नयी दिल्ली : एलेफ़ बुक कम्पनी, 2019, पृ. 109-110.
23. सिद्धार्थ, ' ''बहिष्कृत भारत'': अम्बेडकर्स डिसाइसिव चैलेंज टू ब्राह्मनिज़्म', *फ़ॉरवर्ड प्रेस*, 30 जनवरी, 2020.

24. कीर, *डॉ. अम्बेडकर,* पृ. 92.

25. आयेशा सुल्ताना, 'ऑन द पार्टिसिपेशन ऑफ़ वीमेन : ए रीडिंग ऑफ़ अम्बेडकर्स' "द महाड सत्याग्रह" ', *ऑल अबाउट अम्बेडकर : ए जर्नल ऑन थियरी एंड प्रैक्सिस।*

26. कीर, *डॉ. अम्बेडकर,* पृ. 104.

27. योगेश मैत्रेय, 'इन चोकामेलाज़ भक्ति, पास्ट ट्रांसफ़ॉर्म्स इनटू रैडिकल प्रेज़ेंट', *न्यूज़क्लिक,* 16 नवम्बर, 2019.

28. कीर, *डॉ. अम्बेडकर,* पृ. 111.

29. वही, पृ. 114.

30. ऐसा कहा जाता है कि वसन्त मून ने ये उद्धरण बम्बई लेजिस्लेटिव असेम्बली के दस्तावेज़ों की खोजबीन से हासिल किया था. राजा शेखर वुंद्रू, 'फ़्रॉम मराठी टू इंग्लिश', *द हिन्दू,* 3 जून, 2013.

31. कीर, *डॉ. अम्बेडकर,* पृ. 127.

32. कदम, *डॉ. बाबासाहेब अम्बेडकर एंड द सिग्नीफ़िकेंस ऑफ़ हिज़ मूवमेंट,* पृ. 89.

33. वली नस्र, 'साउथ एशिया फ़ोरम 1919', *द न्यू कैम्ब्रिज हिस्ट्री ऑफ़ इस्लाम,* फ्रैंसिस रॉबिन्सन (सं.), कैम्ब्रिज: कैम्ब्रिज यूनिवर्सिटी प्रेस, 2010, पृ. 558-90.

34. कीर, *डॉ. अम्बेडकर,* पृ. 116.

35. मून, *डॉ. बाबासाहेब अम्बेडकर,* खण्ड 12, पृ. 681.

36. कीर, *डॉ. अम्बेडकर,* पृ. 137.

37. वही, पृ. 140-41.

38. वही, पृ. 142.

39. वही, पृ. 143.

40. एम. एल. शहारे, *डॉ. भीमराव अम्बेडकर : हिज़ लाइफ़ एंड वर्क,* नेशनल काउंसिल ऑफ़ एजुकेशनल रिसर्च एंड ट्रेनिंग, 2010, पृ. 39.

41. कीर, *डॉ. अम्बेडकर : लाइफ़ एंड मिशन,* पृ. 144.

तीन

शिखर तक पहुँचना

(1930-1935)

12 नवम्बर, 1930 को मझोले क़द और गठीले शरीर वाला 39 साल का एक चश्माधारी अछूत वकील लन्दन के भव्य गोलमेज़ सम्मेलन को सम्बोधित करने के लिए खड़ा होता है। इस सम्मेलन का उद्घाटन सम्राट जॉर्ज पंचम ने स्वयं किया था, और इसकी अध्यक्षता प्रधानमन्त्री रैमसे मैकडॉनल्ड कर रहे थे, लेकिन अम्बेडकर इस अवसर के चकाचौंध से अप्रभावित थे। 'इस सम्मेलन को सम्बोधित करते हुए मैं ब्रितानी भारत की बीस फ़ीसदी आबादी की आवाज़ बन कर खड़ा हूँ–ये संख्या ब्रिटेन या फ्रांस की जनसंख्या के बराबर है–जिसे कृषिदास या ग़ुलाम से भी बदतर हालत में पहुँचा दिया गया है।' अम्बेडकर ने दो टूक शब्दों में अपनी बात कही। 'मैं इस तथ्य की ओर ध्यान आकर्षित करना चाहता हूँ कि ब्रिटिश भारत की कुल आबादी की बीस फ़ीसदी–यानी ब्रिटेन की आबादी के बराबर संख्या–को कृषिदास और ग़ुलाम से भी बुरे हाल में पहुँचा दिया गया है।'[1]

इस वकील ने अपने मेज़बानों को भी नहीं बख़्शा। 'मैं यह भी कहना चाहता हूँ कि भारत के अस्पृश्य मौजूदा भारत सरकार की जगह एक ऐसी सरकार चाहते हैं जो जनता की, जनता के लिए और जनता के द्वारा हो।' स्वशासन के पक्ष में दिये गये उनके तर्कों में उनकी दोनों ही माँगों के बीच सामंजस्य नज़र आया : जब हम भारतीय समाज में अपनी मौजूदा स्थिति की तुलना अंग्रेज़ी राज के पहले के दौर से करते हैं तो हम पाते हैं कि आगे बढ़ने की बजाय हम वहीं ठहर गये हैं। ब्रिटिश शासन से पहले अपनी अस्पृश्यता की वजह से हम घिनौनी स्थिति में थे। क्या ब्रितानी सरकार ने इसे ख़त्म करने के लिए कुछ किया है?...हमारी दुर्दशा आज भी खुले ज़ख़्म की तरह है और उसे ठीक नहीं किया गया है, हालाँकि इस बीच अंग्रेज़ी राज के डेढ़ सौ साल गुज़र गये हैं...किसी के लिए भी ऐसी सरकार किस काम की है? हमारी सरकार ऐसी होनी चाहिए जिसमें सत्ता में बैठे लोग एकनिष्ठ समर्पण के

साथ देश के सर्वोच्च हित में काम करें। हमें ऐसी सरकार चाहिए जिसमें सत्ता में बैठे लोग जान सकें कि कहाँ आदेश पालन का सब्र ख़त्म हो जायेगा और विरोध शुरू हो जायेगा, सरकार ऐसी होनी चाहिए जहाँ लोग जीवन से जुड़े सामाजिक और आर्थिक क़ानून में बदलाव की पहल करने में भयभीत न हों जो कि न्यायपूर्ण हो और समय की माँग हो।[2]

उन्होंने अन्त में कहा :

मुझे ख़ेद है कि इस बात को भलीभाँति नहीं समझा गया है कि देश की मौजूदा हालत को देखते हुए ऐसा कोई भी संविधान कारगर नहीं होगा जिसे बहुसंख्यक जनता स्वीकार नहीं करती। वह समय हमेशा के लिए बीत गया है जहाँ चुनना आपके हाथ में था और भारत को उसे स्वीकार कर लेना था। अगर आप चाहते हैं कि आपका नया संविधान कारगर हो तो इसके लिए जनता की राय को संविधान की कसौटी बनाइये न कि अपनी पूर्व धारणाओं को।[3]

लन्दन में हुए प्रमुख भारतीय नेताओं के गोलमेज़ सम्मेलन जिसमें बी.आर. अम्बेडकर ने बहुत निर्ममता और बेबाकी से अपनी राय रखी थी, उसे ब्रितानी सरकार ने साइमन कमीशन को लेकर पूरे भारत में हो रहे विरोध और उसके सुझावों की लगभग सार्वभौम अस्वीकृति को नियन्त्रित करने के प्रयास के तहत बुलाया था।[4] इस सम्मेलन में भारत के विभिन्न राजनीतिक दलों के प्रतिनिधियों, ब्रितानी नौकरशाहों और राजनेताओं एवं क़रीब बीस भारतीय राजकुमारों ने हिस्सा लिया था (मिली-जुली राय रखनेवाले 53 भारतीयों का दल जिसके बारे में अंग्रेज़ों की राय थी कि वे भारत के सभी वर्गों का सही प्रतिनिधित्व करनेवाले लोग हैं)। हालाँकि प्रमुख राष्ट्रवादी संगठन भारतीय राष्ट्रीय कांग्रेस जिसके ज़्यादातर नेता सविनय अवज्ञा आन्दोलन का नेतृत्व करने की वजह से जेल में थे, उसने गोलमेज़ सम्मेलन का बहिष्कार किया जिससे इसकी विश्वसनीयता पर सवाल उठने लगे। इस सम्मेलन में वंचित वर्गों के दो प्रतिनिधियों डॉक्टर अम्बेडकर और मद्रास के राय बहादुर रेत्तामलाई श्रीनिवासन[5] को बुलाया गया था। राय साहब ब्रितानी राज के गहरे समर्थक थे। जब अम्बेडकर से पूछा गया कि जिस सम्मेलन का राष्ट्रवादी कांग्रेस बहिष्कार कर रही है, उसमें शिरकत करने का फ़ैसला उन्होंने क्यों लिया तो उन्होंने जवाब दिया : 'मैं वो माँग रखूँगा जो मेरे लोगों के लिए सही है और मैं निश्चित रूप से स्वराज की माँग का समर्थन करूँगा'[6] – ये एक भारतीय राष्ट्रवादी दृष्टिकोण था जो कि वंचित वर्गों के अधिकारों की लड़ाई भी साथ-साथ लड़ रहा था।

किंग जॉर्ज पंचम ने गोलमेज़ सम्मेलन का उद्घाटन किया और प्रधानमन्त्री रैमसे मैकडॉनल्ड ने उसकी अध्यक्षता की। ब्रितानी सन्देश ये था कि वे संकेत देना चाहते हैं कि वे भारत के राजनीतिक संकट के वैसे हल के लिए प्रतिबद्ध हैं जो आमतौर पर हर भारतीय को स्वीकार्य हो। इसके लिए सभी वर्गों के विचारों को सुने जाने की ज़रूरत थी। इस मौक़े पर अम्बेडकर ने जो भाषण दिया उसमें उन्होंने बताया कि ये भारत में ब्रिटिश साम्राज्य के बीस फ़ीसदी लोगों के विचारों की अभिव्यक्ति है। अपने वक्तव्य में अम्बेडकर ने भारत की स्वशासन की माँग और अपने लोगों के उत्थान की माँग–दोनों का समर्थन किया। उनके शब्दों ने अंग्रेज़ों, जिनके शासन को वह पूरी तरह ख़ारिज कर रहे थे और 'उदारवादी' हिन्दुओं जो कि मौजूदा सामाजिक स्थिति में बदलाव लाने की ज़रूरत पर अम्बेडकर के ज़ोर देने से सचेत हो गये थे, दोनों में घबराहट पैदा कर दी। लेकिन सम्मेलन में अम्बेडकर के भाषण और उनके समग्र दृष्टिकोण ने एक तरफ़ उन्हें राष्ट्रवादी और देशभक्त तथा दूसरी तरफ़ वंचितों के हितों की प्रखर वकालत करने वाली शख़्सियत के तौर पर सुस्थापित कर दिया। सम्मेलन में उठाये गये विभिन्न सवालों पर विचार करने के लिए जो नौ उप-समितियाँ बनायी गयी थीं, उनमें से ज़्यादातर में अम्बेडकर को सदस्य बनाया गया। अम्बेडकर ने विशेष रूप से संघीय ढाँचा समिति पर ध्यान केन्द्रित किया, जहाँ उन्होंने एक मज़बूत केन्द्र सरकार के पक्ष में तर्क दिये जिसे वह वंचित वर्गों के हितों की रक्षा और उनके कल्याण को बढ़ावा देने के लिए ज़रूरी मानते थे।[7] उन्होंने हिन्दू महासभा के नेता बालकृष्ण शिवराम मूंजे के साथ मिलकर वंचित वर्गों के अधिकारों के समर्थन में कट्टरपन्थी हिन्दू नेतृत्व की प्रतिबद्धता ज़ाहिर करते हुए एक संयुक्त घोषणापत्र जारी किया। अम्बेडकर ने मूलभूत अधिकारों के घोषणापत्र का मसौदा तैयार किया जिसे भविष्य के स्वाधीन भारत में लागू किया जाना था और मूंजे ने प्रेस के सामने उस पर सहमति की मुहर लगायी। यह अम्बेडकर के लिए एक अहम राजनीतिक उपलब्धि थी, जो कि अपने राष्ट्रवादी इरादों का अंग्रेज़ों से बचाव कर रहे थे और समाज सुधार का विचार रखनेवाले अनुरूपवादी श्रीनिवासन से भी तालमेल बिठा पा रहे थे, और साथ ही अपने समुदाय की मुख्य माँगों को भी रख पा रहे थे। लेकिन अम्बेडकर शायद अकेले ऐसे प्रतिनिधि थे जिनका क़द सम्मेलन की असफलता के बावजूद बढ़ गया था।

दो महीने बाद फ़रवरी, 1931 में ख़त्म हुआ गोलमेज़ सम्मेलन अपने उद्देश्यों में पूरी तरह असफल रहा। चुनावी प्रतिनिधित्व और निर्वाचन प्रणाली, साम्प्रदायिक हित और चुनाव में सीटों के आवंटन को लेकर प्रतिनिधियों की राय बँटी हुई थी।

भारत में आज़ादी की लड़ाई का नेतृत्व करने वाली भारतीय राष्ट्रीय कांग्रेस की अनुपस्थिति ने भी गोलमेज़ सम्मेलन की बैठक पर सन्देह पैदा किया। प्रत्युत्तर में अंग्रेज़ों ने महात्मा गांधी और हिरासत में रखे गये दूसरे कांग्रेसियों को रिहा कर दिया, और वायसराय लॉर्ड इरविन और महात्मा गांधी के बीच एक समझौता[8] हुआ जिसमें फ़ैसला लिया गया कि महात्मा गांधी अपना सविनय अवज्ञा आन्दोलन वापस ले लेंगे और उसी साल बाद में बुलाये जाने वाले गोलमेज़ सम्मेलन में हिस्सा लेंगे।

उसके बाद अम्बेडकर ने बम्बई में महात्मा गांधी से मुलाक़ात की, लेकिन अगस्त 1931 में हुई ये पहली मुलाक़ात असफल रही। जब अम्बेडकर कक्ष में दाख़िल हुए तो महात्मा गांधी दूसरे लोगों से बात कर रहे थे और उनका ध्यान अम्बेडकर पर जाने में थोड़ा वक़्त लगा। अम्बेडकर को लगा कि कहीं जान-बूझ कर तो उनका अपमान नहीं किया जा रहा। तब तक महात्मा गांधी की नज़र उन पर पड़ी। उन्होंने टिप्पणी की कि उन्हें लगता है कि अम्बेडकर को उनसे कई शिकायतें हैं। लेकिन उन्हें पता होना चाहिए कि 'अस्पृश्यों की समस्याओं के बारे में मैं अपने स्कूल के दिनों से सोच रहा हूँ। मुझे इसे कांग्रेस के चिन्तन का हिस्सा बनाने के लिए काफ़ी प्रयास करना पड़ा था। कांग्रेस ने अछूतों के उत्थान के लिए बीस लाख से कम की राशि ख़र्च नहीं की।'[9] अम्बेडकर ने अपने स्वभाव के मुताबिक़ ही बेबाकी से जवाब दिया कि वे पैसे बर्बाद किये गये हैं। उसने उनके समाज के उत्थान में कोई व्यावहारिक लाभ नहीं पहुँचाया है। कांग्रेस, पार्टी की सदस्यता हासिल करने के लिए अस्पृश्यता के अस्वीकार को एक शर्त बना सकती थी जैसाकि उसने घर में बुना खादी वस्त्र पहनना अनिवार्य शर्त बना दिया था। लेकिन इस बारे में हिन्दुओं का कोई हृदय परिवर्तन नहीं हुआ और यही वजह है कि वंचित वर्गों ने महसूस किया कि वे कांग्रेस पर भरोसा नहीं कर सकते, बल्कि अपना भाग्य बदलने के लिए उन्हें ख़ुद ही कुछ करना होगा।

महात्मा गांधी ने यह कह कर अम्बेडकर को मनाने की कोशिश की कि वे मातृभूमि में 'आला दर्जे के देशभक्त' हैं। तब अम्बेडकर ने वह मशहूर जवाब दिया था, 'गांधी जी, मेरी कोई मातृभूमि नहीं है।' 'कोई भी आत्मसम्मान चाहने वाला अस्पृश्य इस मातृभूमि के प्रति गर्व महसूस नहीं करेगा।' उन्होंने आगे कहा, 'मैं कैसे इस भूमि को अपनी मातृभूमि और इस धर्म को अपना धर्म कहूँ जहाँ हमारे साथ कुत्ते और बिल्लियों से भी बदतर व्यवहार किया जाता है, जहाँ हमें पीने को पानी तक नहीं मिलता?' उन्होंने आगे कहा कि गोलमेज़ सम्मेलन ने वंचित वर्गों के राजनीतिक अधिकारों को मान्यता दी है। इस पर महात्मा गांधी की राय क्या थी? गांधी जी का

जवाब बेहद स्पष्ट था : 'मैं हिन्दुओं से अछूतों के राजनीतिक अलगाव के ख़िलाफ़ हूँ। ये आत्मघाती होगा।'[10]

क़रीब-क़रीब उसी समय अम्बेडकर को एक निजी कामयाबी मिली जब बम्बई प्रेसिडेंसी ने एलान किया कि पुलिस की भर्ती वंचित वर्गों के लिए भी खोली जायेगी। ये माँग अम्बेडकर लगातार करते रहे थे। और जब दूसरे गोलमेज़ सम्मेलन (7 सितम्बर से 1 दिसम्बर 1931 तक) के लिए न्योता जारी किया गया तो इस बार महात्मा गांधी और मुस्लिम लीग के मोहम्मद अली जिन्ना जैसे प्रसिद्ध नेताओं के साथ अम्बेडकर को न केवल प्रमुखता से शामिल किया गया बल्कि भविष्य के सम्भावित भारतीय संविधान का मसौदा तैयार करने के लिए क़लम उठाने का आग्रह भी किया गया।

दुर्भाग्य से अम्बेडकर की सेहत ने फिर उन्हें परेशान किया; बुख़ार, दस्त और उल्टी की वजह से वह दूसरे प्रतिनिधियों के साथ लन्दन के लिए रवाना नहीं हो सके। वह सितम्बर के मध्य में तब पहुँचे जब बहस गर्माने लगी थी। सम्मेलन के संघीय ढाँचा समिति की बैठक में हुए महात्मा गांधी और डॉक्टर अम्बेडकर के भाषणों में भविष्य के संकेत साफ़ नज़र आ रहे थे। महात्मा गांधी ने भारतीय राष्ट्रीय कांग्रेस की विविधता और सर्वसमावेशी सदस्यता का हवाला देते हुए कहा कि वही भारत के सभी हितों, वर्गों, जातियों, धर्मों और क्षेत्रों (साथ ही दोनों लिंगों की भी जिसका दावा कोई अन्य पार्टी नहीं कर सकती थी क्योंकि उसकी कई अध्यक्ष महिलाएँ रह चुकी थीं) की एक मात्र प्रतिनिधि है। अम्बेडकर ने दो मूल विषयों पर बात की, वंचित वर्गों की ख़ास समस्याओं पर और स्वतन्त्र भारत के भावी संविधान पर।

वंचित वर्गों के विषय पर उन्होंने संरक्षण दिये जाने को स्वीकार करने से इनकार कर दिया। उन्होंने महात्मा गांधी के उस मत से पूरे तौर पर असहमति व्यक्त की कि उनके समुदाय की ज़रूरतों को पूरा करने के लिए किसी विशेष प्रावधान की ज़रूरत नहीं है। जब पंडित मदन मोहन मालवीय (बनारस हिन्दू यूनिवर्सिटी के संस्थापक और प्रमुख कांग्रेसी) ने कहा[11] कि अगर अंग्रेज़ों ने भारत में अशिक्षा के उन्मूलन के लिए पर्याप्त संसाधन लगाया होता तो नाम लेने के लिए भी कोई वंचित वर्ग नहीं होता। इस पर अम्बेडकर ने चिड़चिड़ा कर कहा कि उनकी ख़ुद की ऊँची शैक्षणिक योग्यताओं के बावजूद एक 'अछूत' के रूप में उनसे बर्ताव किये जाने में कोई अन्तर नहीं आया। भारत के भावी संविधान के मुद्दे पर वे भारतीय रजवाड़ों के प्रतिनिधियों से इस माँग को लेकर उलझ गये कि रजवाड़ों से भी चुने हुए प्रतिनिधि होने चाहिए। बीकानेर के महाराजा सर गंगा सिंह ने साफ़ तौर पर कहा कि पारम्परिक शासकों से यह उम्मीद न की जाये कि वे राष्ट्रवादियों को ख़ाली चेक

दे देंगे।[12] अम्बेडकर ने खरे शब्दों में कहा कि सम्प्रभुता जनता में निहित होती है न कि शासकों में, जबकि महात्मा गांधी ने रजवाड़ों को आश्वस्त किया कि कांग्रेस का उनके आन्तरिक मामलों में दखल का कोई इरादा नहीं है। (इस मामले में अम्बेडकर के विचार महात्मा गांधी के विचारों पर भारी पड़ने वाले थे : दशक बीतने से पहले ही कांग्रेस ने देशी रियासतों की जनता के अधिकारों की लड़ाई के लिए स्टेट पीपल्स कॉन्फ्रेंस[13] की स्थापना की जिसकी इकाई हर प्रान्त में थी।)

हालाँकि गांधी जी और कांग्रेस जातिगत भेदभाव का मुक़ाबला करने के लिए कई उपायों पर अम्बेडकर के साथ सहमत हो गये थे, जैसे कि राजनीतिक आरक्षण, मन्दिर प्रवेश, अन्तर्जातीय खान-पान और अन्तर्जातीय विवाह, अस्पृश्यता उन्मूलन, शिक्षा और रोज़गार में ज़्यादा अवसर पर अम्बेडकर के नज़रिये से ये बिल्कुल सही था कि वंचित वर्गों के अधिकारों के मुद्दे पर गांधी से अलग राह ली जाय। उनका मानना था कि अगर वह अंग्रेज़ों का विरोध करते और गांधी के पक्ष में रहते तो वह अपने लोगों के लिये अंग्रेज़ों से कुछ भी हासिल नहीं कर पाते जबकि अब तक के कांग्रेस के ट्रैक रिकॉर्ड को देखते हुए अम्बेडकर के मुताबिक़ गांधी ने महज़ आशीर्वाद और खोखले वादों से अधिक कुछ भी नहीं दिया होता। अंग्रेज़ों से उनकी भाषा में संवाद और उन्हें स्वीकार्य शर्तों पर सहयोग करने से सम्भवत: उनके उद्देश्य को मान्यता और उनकी माँगों को अनुमोदन मिलता। महात्मा और कांग्रेस का समर्थन करने पर उनका अपना लक्ष्य कांग्रेस के बड़े संघर्ष के नीचे दब जाता और वह कांग्रेस की प्राथमिकता भी नहीं रहती। यही वजह थी कि उनका नाम अस्पृश्यता विरोधी लीग (जिसका नाम महात्मा गांधी ने बाद में हरिजन सेवक संघ कर दिया था) के सेंट्रल बोर्ड में शामिल किये जाने के बावजूद उन्होंने उसकी किसी भी बैठक में हिस्सा नहीं लिया। अम्बेडकर चाहते थे कि संगठन का नेतृत्व व्यापक रूप से अछूतों के नियन्त्रण में रहे और वह जाति व्यवस्था के उन्मूलन पर ध्यान केन्द्रित करें, जबकि गांधी जी चाहते थे कि इसका नियन्त्रण सवर्ण हिन्दुओं के पास रहे और ऐसा मानने के पीछे उनका आधार यह था कि अस्पृश्यता एक हिन्दू पाप था और इसे ख़त्म करने के लिए हिन्दुओं को ही नेतृत्व करना चाहिए। 'कांग्रेस के लोगों ने मुझे ग़द्दार क़रार दिया,' अम्बेडकर ने स्वीकार किया 'क्योंकि मैंने गांधी का विरोध किया था।'[14] लेकिन वह आश्वस्त थे कि उनका पक्ष आख़िरकार सही साबित होगा।

यह बताना ज़रूरी है कि इस मुद्दे पर अपना पक्ष रखने वाले अम्बेडकर अपने समुदाय में अकेले नहीं थे। मद्रास प्रेसिडेंसी के प्रखर राजनेता और कार्यकर्ता एम.

सी. राजा यक़ीनी तौर पर मानते थे कि हिन्दू समाज की मुख्यधारा के अन्तर्गत वंचित वर्गों को संगठित करना बहुत महत्त्व रखता है। उनके अनुसार अम्बेडकर की पृथक् निर्वाचक मण्डल की वकालत समुदाय को जो कि पहले ही समाज से बहिष्कृत है, 'राजनीतिक रूप से भी अछूत' बना देगी।[15]

गोलमेज़ सम्मेलन के समक्ष दूसरा बड़ा मुद्दा हिन्दुओं और मुसलमानों का था। इस मसले पर विचार का औपचारिक दायित्व अल्पसंख्यक समिति का था, पर असल में इस पर चर्चा खुले मंच की बजाय दोनों समुदायों के प्रतिनिधियों के बीच निजी तौर पर हो रही थी। अम्बेडकर ने साफ़-साफ़ कह दिया कि साम्प्रदायिकता की समस्या से जुड़े प्रश्नों पर सर्वसम्मत समाधान के लिए ऐसी बातचीत का वह विरोध नहीं करेंगे, पर वह यह भी स्वीकार नहीं करेंगे कि वंचित वर्गों की तरफ़ से बोलने का अधिकार किसी और को दिया जाय। उन्होंने इन प्रयासों का नेतृत्व करने वाले और साम्प्रदायिकता के प्रश्न पर विचार के लिए बन रही समिति का गठन करने वाले महात्मा गांधी से कहा कि वह वंचित वर्गों के एक प्रतिनिधि को भी समिति में शामिल करें। महात्मा गांधी सहमत हो गये। यह प्रयास हालाँकि विफल रहा और महात्मा गांधी ने सम्मेलन के समक्ष एलान किया कि असफलता की प्रमुख वजह यह रही कि जो लोग इस मुद्दे पर अपना पक्ष रख रहे थे वे अपने समुदायों के सच्चे प्रतिनिधि नहीं थे–उनका इशारा साफ़ तौर पर अम्बेडकर की तरफ़ था कि वह सरकार द्वारा नियुक्त प्रतिनिधि थे।

गांधीजी की इस टिप्पणी पर अम्बेडकर ने कठोर प्रतिक्रिया दी और उनका ग़ुस्सा आसानी से शान्त नहीं हो सका। 'मुझे इसमें थोड़ा भी सन्देह नहीं कि अगर भारत के वंचित वर्गों को भी इस सम्मेलन के लिए प्रतिनिधि चुनने का मौक़ा दिया जाता, तब भी मुझे यहाँ उपस्थित होने की जगह मिल जाती।'[16] उन्होंने वंचित वर्गों के हितों का प्रतिनिधित्व करने के महात्मा गांधी के दावों को ख़ारिज कर दिया : 'हमें नहीं लगता है कि हमारी शिकायतों को हमसे बेहतर कोई और दूर कर सकता है और हम तब तक ऐसा नहीं कर पायेंगे जब तक हमारे अपने हाथों में राजनीतिक शक्ति नहीं आती। मुझे ख़ेद है कि वंचित वर्गों ने इस चमत्कारिक पल का लम्बे समय तक इन्तज़ार किया है।'[17]

इस मुद्दे पर बढ़े तनाव को नियन्त्रित करने के लिए ब्रितानी प्रधानमन्त्री को हस्तक्षेप करना पड़ा। दोनों विरोधियों के बीच समझौते के लिए 14 अगस्त, 1931 को दोपहर दो बजे चाय पर बैठक की व्यवस्था की गयी जिसमें अम्बेडकर ने

शालीनता से समुदाय के लोगों के उत्थान के लिए किये गये महात्मा गांधी के प्रयासों की सराहना की, लेकिन आगे की राह के लिए उनसे मौलिक रूप से असहमति प्रकट की।[18] दोनों के बीच किसी तरह तनावपूर्ण शान्ति क़ायम की जा सकी।

उन दोनों के बीच राजनीति, मतभेद का एकमात्र बिन्दु नहीं थी। एक अर्थशास्त्री के रूप में अम्बेडकर गांधी की ज़रूरतों को न्यूनतम किये जाने और उपभोग को सीमित किये जाने के दर्शन से असहमत थे और उसे ग़रीबी की मनोदशा से जोड़कर देखते थे। वह आर्थिक विकास के तगड़े पक्षधर थे; उन्होंने तर्क दिया कि समस्या सम्पत्ति की नहीं बल्कि उसके असमान वितरण की है। उसी तरह वह महात्मा गांधी के सुखमय ग्रामीण जीवन पर विश्वास को लेकर भी सहज नहीं थे, और अम्बेडकर मानते थे कि इसी वजह से वंचित वर्गों का जीवन दुर्दशापूर्ण है। गांधी जहाँ पारम्परिक ग्रामीण जीवन को आदर्श मानते थे, वहीं अम्बेडकर गाँवों को जातिगत भेदभाव और सामाजिक व आर्थिक पिछड़ेपन के 'मलकुण्ड' के रूप में देखते थे।[19] उन्होंने तर्क दिया कि भूमि पर जनसंख्या के दबाव को औद्योगिकीकरण से कम किये जाने की ज़रूरत है जिससे अतिरिक्त कृषि श्रमिकों को आर्थिक और लाभकारी काम मिलेगा। अम्बेडकर मानते थे कि औद्योगिकीकरण और शहरीकरण से ही वंचित वर्गों के जीवन में बदलाव सम्भव है। ये परस्पर विरोधाभासी वैश्विक दृष्टिकोण थे।

जब सम्मेलन चल ही रहा था तब 1929 में कंज़र्वेटिव, स्लैनले बॉल्डविन[20] के नेतृत्व में आम चुनाव हार गये और रैमसे मैकडॉनल्ड के नेतृत्व वाली लेबर पार्टी की सरकार बनी। 5 नवम्बर, 1931 को बकिंघम पैलेस में हुए एक स्वागत समारोह में अम्बेडकर को वंचित वर्गों की स्थिति के बारे में ब्रितानी सम्राट को विस्तृत जानकारी देने का मौक़ा मिला जिससे सम्राट बहुत प्रभावित भी हुए।[21] यह स्पष्ट हो गया था कि जब तक अम्बेडकर वहाँ हैं तब तक अस्पृश्यता की समस्या को नज़रअन्दाज़ कर पाना असम्भव होगा, या फिर इस मसले को नेक इरादे वाले, पर अप्रभावी ऊँची जाति के प्रतिनिधियों के भरोसे नहीं छोड़ा जा सकेगा। प्रथम गोलमेज़ सम्मेलन में अपने प्रदर्शन की वजह से अम्बेडकर का क़द पहले ही बढ़ गया था और दूसरे सम्मेलन में उनकी भूमिका ने उसे और बढ़ा दिया।

दूसरे गोलमेज़ सम्मेलन की असफलता ने एक बार फिर यह कहने का मौक़ा दे दिया कि भारतीय नेताओं के बीच आपस में गहरे मतभेद हैं, इसलिए यह ज़रूरी है कि भारत पर ब्रिटेन का सीधा नियन्त्रण बरक़रार रहे। नये ब्रितानी प्रधानमन्त्री ने वर्ष 1932 में अपनी सरकार की तरफ़ से एक 'कम्युनल अवॉर्ड' की घोषणा की। इसका मक़सद विभिन्न भारतीय समुदायों के भविष्य के राजनीतिक प्रतिनिधित्व

का नियमन करना था। उन्होंने आदेश दिया कि विभिन्न समुदायों के लिए पृथक् निर्वाचक मण्डल होंगे : हिन्दू सामान्य सीटों पर चुनाव लड़ेंगे, मुसलमानों, सिखों, ईसाइयों और यूरोपीय लोगों के लिए मतदाताओं और सीटों की आरक्षित सूची होगी। वंचित वर्गों के दो वोटों की व्यवस्था होगी–एक, प्रान्तीय विधानसभाओं में अपने प्रतिनिधियों को चुनने के लिए और दूसरा, आम चुनावों में हिस्सा लेने के लिए, जिससे हिन्दू विधायक चुने जायेंगे। प्रस्तावित केन्द्रीय विधानमण्डल में उन्हें 78 सीटें दी जायेगी।[22] एक दूसरे बिल पर बम्बई विधान परिषद में बोलते हुए अम्बेडकर ने पहले साम्प्रदायिक प्रतिनिधित्व के सिद्धान्त का पुरज़ोर समर्थन किया था।

श्रीमान् भारत यूरोप नहीं है। इंग्लैंड भारत नहीं है। इंग्लैंड जाति व्यवस्था के बारे में नहीं जानता। पर हम जानते हैं। इसलिए जो राजनीतिक व्यवस्था इंग्लैंड के लिए उपयुक्त हो सकती है वह हमारे लिए कभी उपयुक्त नहीं होगी। इस तथ्य को समझने की ज़रूरत है। मैं एक ऐसी व्यवस्था चाहता हूँ जिसमें मुझे केवल बैलेट बॉक्स (मत पेटी) तक जाने का अधिकार न हो बल्कि हमारे समुदाय के लोग भी विधान मण्डल में बैठें और वे न केवल मुद्दे पर बहस करें बल्कि समस्याओं के समाधान में हिस्सा भी ले सकें। इसलिए मैं कहना चाहता हूँ कि साम्प्रदायिक प्रतिनिधित्व कोई अनैतिक चीज़ नहीं है; यह कोई ज़हर नहीं है; यह वह सर्वोत्तम व्यवस्था है जो देश के विभिन्न वर्गों की सुरक्षा और संरक्षा के लिए बनायी जा सकती है। मैं इसे संविधान से छेड़छाड़ नहीं कहूँगा... बल्कि ये संविधान को बेहतर बनाना होगा।[23]

लेकिन भारतीय राजनीतिक अभिमत में सामान्यत: 'कम्युनल अवॉर्ड' को अंग्रेज़ों की 'फूट डालो और राज करो' की नीति के क्लासिक (शास्त्रीय) उदाहरण के रूप में देखा गया, और भारतीय राष्ट्रीय कांग्रेस ने इसे तुरन्त ख़ारिज कर दिया। महात्मा गांधी ने एलान किया कि जब तक इस अवॉर्ड को वापस नहीं लिया जाता वह आमरण अनशन पर रहेंगे।[24]

वंचित वर्गों को अपना प्रतिनिधि चुनने के लिए पृथक् निर्वाचक मण्डल देकर हिन्दू निर्वाचक मण्डल से अलग करने का कोई अधिकार नहीं, वह तो पहले से ही उसमें शामिल है। जबकि दूसरी तरफ़ अम्बेडकर अपने काफ़ी पहले व्यक्त किये गये विचारों पर क़ायम थे और अपने समुदाय के लिए पृथक् प्रतिनिधित्व के सिद्धान्त का उन्होंने स्वागत किया था जो कि सदियों से प्रताड़ित रहे थे। जनता परेशान होने लगी थी क्योंकि यरवदा जेल में महात्मा गांधी का स्वास्थ्य बिगड़ने लगा था। अंग्रेज़ों ने वहीं उन्हें क़ैद में रखा था।

राजेन्द्र प्रसाद, जिन्होंने बाद में संविधान सभा की अध्यक्षता की, गणतन्त्र के पहले राष्ट्रपति बने, उन्होंने अम्बेडकर के साथ एक समझौते का प्रयास किया ताकि महात्मा गांधी को अनशन तोड़ने के लिए मनाया जा सके। अम्बेडकर ने अपने रुख़ पर क़ायम रहते हुए कहा कि 'गांधी की ज़िन्दगी बचाने के लिए मैं किसी भी ऐसे प्रस्ताव से सहमत नहीं होऊँगा जो कि मेरे सामुदायिक लोगों के हित के विरुद्ध हो।' उन्होंने 'प्रतिक्रियावादी और अनियन्त्रित ताक़तों' को वंचित वर्गों के सदस्यों के ख़िलाफ़ करने के लिए गांधी की आलोचना की, क्योंकि अगर वास्तव में गांधी की अनशन करते हुए मौत हो जाती तो निश्चित तौर पर वंचित वर्गों को लोगों के क्रोध का कोपभाजन बनना पड़ता। अनशन शुरू होने के एक दिन पहले अम्बेडकर ने घोषणा की : 'केवल महात्मा गांधी की ज़िन्दगी बचाने के लिए मैं अपने लोगों की न्यायसंगत माँगों का परित्याग नहीं करूँगा।' लेकिन 20 सितम्बर, 1932 को जब गांधीजी का 'आमरण अनशन' शुरू हुआ तो कुछ वरिष्ठ नेताओं ने अनशन कर रहे महात्मा से अम्बेडकर की मुलाक़ात का प्रबन्ध किया। 22 सितम्बर को अम्बेडकर जब यरवदा जेल पहुँचे तो उन्होंने महात्मा को अत्यधिक दुर्बल अवस्था में देखा जो कि जेल के बगीचे में आम के वृक्ष के नीचे लोहे की चारपाई पर लेटे थे और वहाँ गहरी निराशा का वातावरण व्याप्त था। सन्त की छवि वाले और लाखों लोगों के हीरो विश्वविख्यात महात्मा मृत्यु के द्वार पर खड़े थे और दुनिया की आँखें इस पर लगी थीं कि अम्बेडकर उनकी ज़िन्दगी बचा पाते हैं या नहीं। अम्बेडकर ने बेहद सौम्य, शान्त और आदरपूर्ण भाव से महात्मा के समक्ष अपने समुदाय का मुद्दा रखा। बुज़ुर्ग महात्मा ने उन्हें ध्यान से सुना और फिर उत्तर दिया, 'आपके प्रति मेरी पूरी सहानुभूति है। आपकी कही ज़्यादातर बातों में मैं आपके साथ हूँ डॉक्टर।' फिर महात्मा ने कहा, 'लेकिन आप कहते हैं कि आपको मेरी ज़िन्दगी की सबसे ज़्यादा चिन्ता है?' अम्बेडकर ने स्वीकार में सिर हिलाकर कहा, 'हाँ गांधीजी, इस उम्मीद में कि आप मेरे समुदाय के लोगों के हित के लिए अपना जीवन लगा देंगे और हमारे भी नायक बन जायेंगे।' इस पर महात्मा ने तुरन्त उत्तर दिया कि तब तो इस मामले में अम्बेडकर को पता है कि उनकी ज़िन्दगी बचाने के लिए उन्हें क्या करना है। 'ऐसा करें और मेरा जीवन बचा लें...आप जन्म से अछूत हैं और मैं अंगीकरण से अस्पृश्य हूँ। हमें एक बार और अविभाजित होना है। मैं हिन्दू समुदाय में हुए विभाजन को ख़त्म करने के लिए अपना जीवन उत्सर्ग करने को तैयार हूँ।'[25]

अम्बेडकर को समझ में आ गया कि इस मामले में उनके पास कोई ख़ास विकल्प नहीं बचा है। अम्बेडकर उस फ़ॉर्मूले पर विचार करने पर सहमत हो गये जिससे महात्मा गांधी की चिन्ताओं का आदर हो सके।

इस बीच बुज़ुर्ग महात्मा गांधी की तबीयत और बिगड़ गयी और ऐसा सार्वजनिक तौर पर कहा जाने लगा कि उनका अन्त अब निकट है। अगले दिन, 23 सितम्बर को अम्बेडकर फिर यरवदा जेल महात्मा गांधी को यह सूचित करने गये कि प्रान्तीय विधानसभा में वंचित वर्गों के लिए 148 आरक्षित सीटें और केन्द्रीय विधानसभा (लोकसभा) में कुल सीटों का दस प्रतिशत आरक्षित करने के प्रावधान को वे स्वीकार कर लेंगे और जिसके लिए मतदान सभी हिन्दू मतदाता करेंगे न कि केवल वंचित वर्गों के मतदाता। लेकिन अम्बेडकर चाहते थे कि इस मसले पर समुदाय के सभी वयस्क सदस्यों के बीच जनमतसंग्रह कराया जाय, उन्हें इसका अधिकार मिलना चाहिए कि वह अपनी नियति निर्धारित कर सकें। इस माँग को महात्मा गांधी स्वीकार नहीं कर सके : नैतिक रूप से उन्हें लगता था कि यह ज़रूरी है कि अपने वंचित वर्गों के साथ मानवीय व्यवहार कर हिन्दुत्व अपने पापों का प्रायश्चित्त करे न कि उन्हें अपने रास्ते पर चलने दिया जाय। उन्होंने अम्बेडकर को सुझाव दिया कि पाँच वर्ष बाद जनमतसंग्रह कराया जा सकता है : 'पाँच वर्ष या मेरी ज़िन्दगी।' उन्होंने बेहद नाटकीय ढंग से अपनी शर्त रखी।[26] अम्बेडकर मान गये और उन्होंने जनमतसंग्रह की माँग छोड़ दी। एक समझौते का मसौदा तैयार किया गया जिसे मीडिया में पूना पैक्ट[27] कहा गया। इस पर 24 सितम्बर को महात्मा गांधी, अम्बेडकर और ऊँची जातियों के कुछ हिन्दुओं ने हस्ताक्षर किया जिनमें डॉक्टर राजेन्द्र प्रसाद और सी. राजगोपालाचारी शामिल थे। राजगोपालाचारी एक तमिल ब्राह्मण थे जो आगे चल कर भारत के गवर्नर जनरल बनने वाले एकमात्र भारतीय थे। वह वंचित वर्गों के अधिकारों के कट्टर समर्थक थे और जिन्होंने मुरुगेसन मन्दिर प्रवेश आन्दोलन में महत्त्वपूर्ण भूमिका निभायी थी।[28] अधिकतर लोगों ने इस समझौते को सुलह की ऐतिहासिक कोशिश के रूप में देखा जिससे वंचित वर्गों को प्रतिनिधित्व की गारंटी मिलनी थी और हिन्दुंओं को भी एकजुट रखा जा सकता था, हालाँकि अस्पृश्य समुदाय की कुछ आवाज़ों को शान्त नहीं किया जा सका। उन्होंने महसूस किया कि अम्बेडकर ने भावनात्मक ब्लैकमेल के समक्ष आत्मसमर्पण कर दिया है और अपने लोगों के हितों को महात्मा गांधी के चारों तरफ़ जमा जानी-मानी हस्तियों के दबाव में गिरवी रख दिया है। जैसाकि यशिका दत्त ने लिखा, 'दलित पूना पैक्ट

पर हस्ताक्षर किये जाने पर आज भी अफ़सोस प्रकट करते हैं और 24 सितम्बर को काला दिवस के रूप में मनाते हैं जब ऊँची जाति के हिन्दुओं के विशेषाधिकारों की रक्षा के लिए उनके राजनीतिक अधिकारों को दबा दिया गया था।'[29]

लेकिन मुख्यधारा का भारतीय अभिमत अम्बेडकर के साथ था। बम्बई में 25 सितम्बर को हुई एक विशाल सार्वजनिक सभा को पण्डित मदन मोहन मालवीय और सर तेज बहादुर सप्रू (लिबरल पार्टी के प्रमुख) जैसी नामचीन हिन्दू शख़्सियतों ने सम्बोधित किया और जिन्होंने सभी हिन्दुओं से देश से अस्पृश्यता जैसी बुराई के उन्मूलन का आह्वान करते हुए अम्बेडकर की मुक्तकण्ठ से प्रशंसा की।[30] अगले दिन ब्रिटिश कैबिनेट ने पूना पैक्ट को संसद से पारित कराने की अनुशंसा की, और महात्मा गांधी ने अपना अनशन तोड़ दिया। तीन दिन बाद महात्मा गांधी ने प्रभावशाली भारतीय उद्योगपति और अपने सबसे अमीर तथा प्रमुख समर्थक जी.डी. बिड़ला से कहा कि वह एक 'ऑल इंडिया एंटी अनटचेबिलिटी लीग' (अखिल भारतीय अस्पृश्यता विरोधी लीग) स्थापित करने के लिए वित्तीय मदद (6 लाख रुपये जो कि उस ज़माने में एक बड़ी रक़म थी) दें जिसकी अगुवाई वह ख़ुद करेंगे।[31]

नवम्बर 1932 में लन्दन में तीसरा गोलमेज़ सम्मेलन हुआ। जहाज़ पर अम्बेडकर ने महात्मा गांधी के एक मित्र को गांधी से अपने मतभेदों के बारे में लिखा, 'स्पृश्यों और अस्पृश्यों को क़ानून के ज़रिये एक साथ नहीं रखा जा सकता, निस्सन्देह किसी ऐसे चुनावी क़ानून के द्वारा नहीं जिसमें पृथक् निर्वाचक मण्डल की जगह संयुक्त निर्वाचक मण्डल की व्यवस्था हो। एक ही चीज़ है जो उन्हें साथ रख सकती है वह है प्रेम...।' उन्होंने आगे लिखा, 'वंचित वर्गों को मुक्ति तभी मिलेगी जब सवर्ण हिन्दू ये सोचे और समझने पर मजबूर हो जाये कि उसे अपना रास्ता बदलना होगा, मैं सवर्ण हिन्दुओं की सोच में क्रान्तिकारी बदलाव लाना चाहता हूँ।'[32] इसके लिए भारत में एक बड़े जनान्दोलन की ज़रूरत होगी, प्रदर्शन और सत्याग्रह की ज़रूरत होगी, जैसाकि मालाबार में हुआ था जहाँ मौजूदा असमान क़ानून के ख़िलाफ़ लोकप्रिय आन्दोलन के ज़रिये मन्दिर में प्रवेश का अधिकार हासिल किया गया। अम्बेडकर ने सवर्ण हिन्दुओं से अपील की कि वे ऐसा बदलाव लाने के लिए नेतृत्व प्रदान करें।

अंग्रेज़ मूर्ख थे जो उन्होंने महात्मा गांधी के जेल में होते हुए तीसरा गोलमेज़ सम्मेलन बुलाया। नतीजा यह हुआ कि भारतीय राष्ट्रीय कांग्रेस ने उसका बहिष्कार कर दिया। हालाँकि सम्मेलन क़रीब दो महीने तक चला, पर ये कारगर साबित नहीं

हुआ। अम्बेडकर सामाजिक सुधार को लेकर भारतीय मुसलमान प्रतिनिधियों के रवैये से अप्रभावित हुए; अस्पृश्यता के प्रति उनके विचार हिन्दू कट्टरपन्थियों के विचारों जैसे ही थे क्योंकि वह अपने समुदाय को सुधार लाने के जोख़िम से बचाना चाहते थे। यह उस घटना की याद दिला रहा था जब अम्बेडकर और उनके लोगों का समूह दौलताबाद क़िला गया था और वहाँ उन्होंने सार्वजनिक कुएँ से पानी पी लिया था तो मुसलमानों ने इसकी भर्त्सना की थी;[33] इस घटना से अम्बेडकर हैरान रह गये थे कि मुसलमान अस्पृश्यता का समर्थन कर रहे हैं। गोलमेज़ सम्मेलन में मुसलमान नेताओं का रुख़ देख कर अम्बेडकर ने निराशा व्यक्त करते हुए कहा कि अतातुर्क ने तुर्की में जो बदलाव लाया उससे भारतीय मुसलमान नेताओं ने कुछ भी नहीं सीखा।

इस बीच भारत में गांधीवादी अपने विचारों का अनुसरण कर रहे थे और मन्दिर प्रवेश का आन्दोलन तेज़ होने लगा। 1933 की शुरुआत में केरल के प्रसिद्ध गुरुवायुर मन्दिर में अछूतों के प्रवेश को लेकर विवाद खड़ा हो गया। महात्मा गांधी ने शुरू में एलान किया कि वह क्षेत्र में अपने प्रिय शिष्य के. कलप्पन[34] के साथ अनशन करेंगे ताकि अछूतों को प्रवेश मिल सके, लेकिन मन्दिर कालीकट के जमोरिन के अधिकार क्षेत्र में आता था और वह इस बात पर अडिग रहे कि चली आ रही प्रथा में हस्तक्षेप नहीं करेंगे। तब महात्मा गांधी ने पोन्नानी तालुका में हिन्दुओं का जनमतसंग्रह कराने की सलाह दी, जहाँ मन्दिर स्थित था ताकि इस मसले में जनता की राय जानी जा सके। ज़्यादातर लोगों को हैरान करते हुए 56 प्रतिशत हिन्दुओं ने मन्दिर प्रवेश के पक्ष में मतदान किया, जबकि केवल नौ फ़ीसदी ने उसके ख़िलाफ़। लेकिन जमोरिन अपने इरादे पर अटल रहे।[35] उसी समय सर रंगा अय्यर नाम के एक ब्राह्मण नेता ने केन्द्रीय विधानसभा में अस्पृश्यता उन्मूलन विधेयक[36] पेश किया, और डॉक्टर पी. सुब्बारायन ने ऐसा ही मद्रास असेम्बली में किया। इन विधेयकों पर वायसराय के लम्बित फ़ैसले को देखते हुए गांधीजी ने अपने अनशन की तारीख़ आगे बढ़ा दी।

महात्मा के न्योते पर लन्दन से भारत लौटते ही अम्बेडकर यरवदा जेल में बन्द गांधीजी से मिलने गये। गांधीजी ने अम्बेडकर से कहा कि वह अय्यर और सुब्बारायन के लाये विधेयकों का सार्वजनिक तौर पर समर्थन करें। अम्बेडकर ने कहा कि वह सुब्बारायन बिल का समर्थन नहीं कर सकते क्योंकि उसमें अस्पृश्यता की निन्दा नहीं की गयी है और यह ज़्यादा बड़े सुधार की बात नहीं करता बल्कि केवल इस बात की अपील करता है कि जहाँ भी जनमतसंग्रह मन्दिर प्रवेश के पक्ष में है वहाँ इसकी इजाज़त दी जानी चाहिए। महात्मा ने इस युवा नेता को समझाने की

कोशिश की कि हिन्दुत्व को ख़ुद में सुधार लाने का मौक़ा मिलना चाहिए; उनका आदर्श यह था कि 'सवर्ण हिन्दू अपने पापों का प्रायश्चित्त करें और हिन्दुत्व का शुद्धिकरण करें।'[37] मन्दिर प्रवेश इस दिशा में एक महत्त्वपूर्ण क़दम था। अम्बेडकर विनम्रता प्रकट करते हुए उनसे असहमत हो गये और कहा : वंचित वर्गों का राजनीतिक, आर्थिक और सामाजिक रूप से उत्थान किया जाना और भी ज़्यादा ज़रूरी है। एक बार जब यह हो जायेगा तो मन्दिर प्रवेश भी हो जायेगा; यह मुख्य मुद्दा नहीं है। मुख्य समस्या जाति व्यवस्था है और अस्पृश्यता को ख़त्म करने के लिये इसका उन्मूलन ज़रूरी है।

महात्मा गांधी ने अपने नये शुरू हो रहे अख़बार 'हरिजन' जो कि उनके प्रमुख पत्र 'यंग इंडिया' की जगह लेता, उसमें अपने विचारों को व्यक्त करने वाला सन्देश देने के लिए अम्बेडकर को न्योता दिया। हरिजन का अर्थ था 'ईश्वर के जन'; महात्मा गांधी इस शब्द का इस्तेमाल उन लोगों के लिए करते थे जिन्हें अब तक अस्पृश्य या वंचित वर्ग कहा जाता था। अम्बेडकर ने गांधीजी का न्योता स्वीकार कर लिया, पर अपने रुख़ पर क़ायम रहे : 'जाति बहिष्कृत दरअसल जाति व्यवस्था का ही उप-उत्पाद है, बाई प्रोडक्ट है। जब तक जातियाँ रहेंगी तब तक जाति बहिष्कृत भी रहेंगे। जब तक हिन्दू आस्था से इस घिनौनी और पतित प्रथा का शुद्धिकरण नहीं होता तब तक कोई भी चीज़ जाति बहिष्कृतों का उत्थान नहीं कर सकती।'[38] उन्होंने लगभग ऐसी ही बात पहले भी कही थी :

कुछ लोग कहते हैं कि उन्हें अस्पृश्यता के उन्मूलन से ही सन्तुष्ट हो जाना चाहिए और जाति व्यवस्था को अलग रख देना चाहिए। जाति व्यवस्था में छिपी असमानताओं को ख़त्म करने की कोशिश किये बिना केवल अस्पृश्यता के उन्मूलन का लक्ष्य रखना एक बेहद छोटा लक्ष्य होगा...ये लक्ष्य एक अपराध होगा, हमें बुराई की जड़ में जाकर उसकी जाँच करनी चाहिए न कि हमारे दर्द को केवल कम करने की दवा लेकर सन्तुष्ट हो जाना चाहिए। अगर किसी बीमारी का सही तरीक़े से पता नहीं लगाया गया तो उपचार का कोई लाभ नहीं होगा और बीमारी को ठीक होने में वक़्त भी लग सकता है। अगर हम मान भी लें कि अस्पृश्यता का कलंक मिट जाता है, तब भी जो मौजूदा अस्पृश्य हैं, उनका दर्जा क्या होगा? बहुत होगा तो उनके साथ शूद्रों जैसा बर्ताव किया जायेगा। और शूद्रों के अधिकार क्या हैं? स्मृतियों में उन्हें दास का दर्जा दिया गया है और स्मृतियाँ ही जाति व्यवस्था में श्रेणीकरण के मामले में सवर्ण हिन्दुओं की मार्गदर्शक हैं। क्या आप ख़ुद के साथ

शूद्रों की तरह बर्ताव किये जाने के लिए तैयार हैं? क्या आप दासों का दर्जा स्वीकार करने के इच्छुक हैं?[39]

यही वह समझ थी जिसकी वजह से गांधीजी के तरीक़े के प्रति अम्बेडकर उत्साह नहीं दर्शाते थे। यहाँ तक कि 1933 में महात्मा गांधी देशव्यापी अस्पृश्यता विरोधी दौरे पर भी निकले, पर इसकी वजह बताते हुए इतिहासकार रामचन्द्र गुहा लिखते हैं, 'गांधीजी अम्बेडकर की आलोचना से उत्तेजित और हैरान हो गये थे।'[40] न ही अम्बेडकर गांधीजी की इस बात के प्रति आकर्षित थे कि सवर्ण हिन्दुओं के साथ काम कर उनके हृदय परिवर्तन की प्रतीक्षा करनी चाहिए। इस बारे में अम्बेडकर ने कहीं और फिर कहा : 'अगर समानता के आधार पर हिन्दू समाज का पुनर्गठन करना है तो जाति व्यवस्था का अनिवार्यत: उन्मूलन होना चाहिए, और इसे कहने की भी ज़रूरत नहीं कि अस्पृश्यता की जड़ें जाति व्यवस्था में ही हैं। वे इस बात की उम्मीद नहीं कर सकते कि ब्राह्मण जाति व्यवस्था के ख़िलाफ़ विद्रोह करेंगे। हम ग़ैर-ब्राह्मणों पर भी निर्भर नहीं रह सकते और उनसे नहीं कह सकते कि वे हमारी लड़ाई लड़ें। इनमें से ज़्यादातर की अधिक दिलचस्पी ब्राह्मणों को नीचे गिराने में है न कि दबे-कुचले वर्गों के स्तर को ऊपर उठाने में। वे भी यह चाहते हैं कि लोगों का एक ऐसा वर्ग रहे जिन्हें वह हेय दृष्टि से देख सकें, और इस बात का सन्तोष रख सकें कि वह समाज के सबसे उपेक्षित तबके नहीं। इसका मतलब यह है कि हमें अपनी लड़ाई ख़ुद पर भरोसा करके ख़ुद ही लड़नी होगी।'[41] फ़रवरी 1933 में बम्बई के मझगाँव की एक बैठक में उन्होंने अपने समुदाय को जगाते हुए कहा कि 'इस दुनिया में आत्मसम्मान के साथ रहना सीखें। आपको हमेशा कुछ ऐसी महत्वाकांक्षा रखनी चाहिए कि इस दुनिया में कुछ करना है। जो परिश्रम करते हैं वही तरक़्क़ी करते हैं। आपमें से कुछ लोगों ने ग़लत धारणा पाल रखी है कि आप इस दुनिया में तरक़्क़ी नहीं कर सकते। लेकिन स्मरण रखें कि असहायता का दौर अब ख़त्म हो गया है। एक नये युग की शुरुआत हो गयी है। इस देश की राजनीति और विधायिका में भागीदारी में सक्षम होने की वजह से अब सब कुछ सम्भव है।'[42]

महात्मा गांधी ने 'हरिजन' के अगले अंक में इसका जवाब दिया जिसमें उन्होंने हिन्दू जाति व्यवस्था में अपना विश्वास दोहराया। महात्मा ने लिखा, 'मैं एक हिन्दू हूँ। केवल इसलिए नहीं कि मेरा जन्म हिन्दू के रूप में हुआ है, बल्कि मैं आस्था और इच्छा से भी हिन्दू हूँ।' 'जितना मैं समझता हूँ हिन्दुत्व में श्रेष्ठता या हीनता का कोई भाव नहीं है लेकिन जब डॉक्टर अम्बेडकर वर्णाश्रम व्यवस्था के ख़िलाफ़ लड़ना चाहते हैं, तो मैं उनके ख़ेमे में नहीं रह सकता, क्योंकि मैं मानता हूँ कि वर्णाश्रम

हिन्दुत्व का अक्षुण्ण अंग है।'[43] इस खुली असहमति ने मौलिक रूप से महात्मा और वकील के रास्तों के अलग होने का संकेत दे दिया था। यहाँ से गांधी और अम्बेडकर के रिश्ते और ख़राब ही हुए। 1933 में ब्रितानी सरकार ने एक श्वेतपत्र[44] जारी किया। इसमें ब्रिटिश साम्राज्य के अन्तर्गत स्वशासन का थोड़ा अधिक अधिकार देने के लिए नयी सांविधानिक व्यवस्था की रूपरेखा सम्बन्धी आरम्भिक विचार व्यक्त किये गये थे। ये श्वेतपत्र तीसरे गोलमेज़ सम्मेलन (17 नवम्बर-24 दिसम्बर) में हुई चर्चा पर आधारित था और इस पर ब्रितानी संसद के दोनों सदनों की संयुक्त समिति को गहराई से विचार करना था, और फिर भारतीय प्रतिनिधियों के एक शिष्टमण्डल को इस पर अपना पक्ष रखने का न्योता दिया जाना था। हालाँकि प्रस्तावों की भारत के लगभग सभी प्रमुख राजनीतिक दलों–कांग्रेस, मुस्लिम लीग और यहाँ तक कि हिन्दू महासभा ने आलोचना की, पर फिर भी संयुक्त समिति का गठन कर दिया गया। ब्रिटिश भारत से जिन 17 लोगों को न्योता भेजा गया था उनमें अम्बेडकर का भी नाम था, उनके साथ सात लोग देशी रियासतों से भी थे। इंग्लैंड के लिए रवाना होने से पहले उन्होंने कई लोगों से सम्पर्क किया और महात्मा गांधी के विचार जानने के लिए उनके पास जेल भी गये।

इंग्लैंड में मई 1933 से लेकर साल के अन्त तक यानी सात महीने तक विचार-विमर्श चलता रहा। अक्टूबर में सर विंस्टन चर्चिल के साथ अम्बेडकर ने यादगार दो दिन तक विचारों का आदान-प्रदान किया।[45] हालाँकि कुछ भारतीय प्रतिनिधि चाहते थे कि पूना पैक्ट के प्रावधानों को छोड़ दिया जाय, जबकि अम्बेडकर पूना पैक्ट पर भारत के ब्रितानी उप-विदेश मन्त्री का समर्थन हासिल करने में कामयाब रहे। भारत लौटकर अम्बेडकर ने कहा कि श्वेतपत्र में शामिल प्रस्तावों को स्वीकार करना वंचित वर्गों के हित में होगा। ये वह प्रस्ताव थे जो संयुक्त समिति की जाँच में स्वीकार कर लिए गये थे।

बीते कुछ वर्षों में अम्बेडकर का जिस तरह व्यस्त कार्यक्रम रहा था, उसका असर उनके स्वास्थ्य पर पड़ा, और जब वह भारत लौटे तो शारीरिक और मानसिक रूप से पस्त होने की कगार पर पहुँच गये थे। सौभाग्य से उनके मित्रों ने पहाड़ों में स्थित एक आयुर्वेदिक आरोग्यशाला में आराम करने की सलाह दी, जिसे उन्होंने स्वीकार कर लिया। सेहत कुछ सुधरने पर वह जून 1934 में अपनी वकालत जारी रखने और गवर्नमेंट लॉ कॉलेज में पढ़ाने के लिए बम्बई लौटे। इसके साथ ही बम्बई के उपनगरीय इलाक़े दादर की हिन्दू कॉलोनी में उन्होंने अपने लिए एक मकान बनवाना शुरू किया। अम्बेडकर ने घर की डिज़ाइन ख़ुद तैयार की; उनकी प्रमुख

चिन्ता नीचे के रिहाइशी क्वार्टर नहीं थे, बल्कि ऊपरी मंज़िल थी जहाँ उनके पचास हज़ार पुस्तकों के विशाल संग्रह को रखा जाना था। (अम्बेडकर को पुस्तकों से इतना अधिक लगाव था कि उन्हें सबसे ज़्यादा डर इस बात का लगता कि वह अपनी आँखों की दृष्टि खो देंगे और फिर पढ़ नहीं पायेंगे–ऐसी स्थिति उनके लिए कल्पना से भी परे थी और उन्होंने कहा कि अगर ऐसा हुआ तो वह अपना जीवन समाप्त कर लेंगे।)[46] मकान को तैयार होने में दो वर्ष से ज़्यादा का वक़्त लगा।[47]

लेकिन एक व्यक्ति को इस घर में नहीं रहना था। लम्बे अरसे से संघर्ष कर रही अम्बेडकर की पत्नी रमाबाई का ख़राब स्वास्थ्य की वजह से मात्र 37 वर्ष की अवस्था में 26 मई, 1935 को निधन हो गया। अम्बेडकर जब अपना करियर बनाने के लिए संघर्ष कर रहे थे तो रमाबाई ने कई दशक अभाव, ग़रीबी और अकेलेपन में बिताया था जिसका बुरा असर उनकी सेहत पर पड़ा। वह पवित्र पंढरपुर की तीर्थयात्रा करना चाहती थीं, लेकिन असमय मृत्यु से उनकी यह इच्छा अधूरी ही रह गयी। धर्म और मन्दिर पूजा को लेकर रमाबाई के विचार अपने पति से भिन्न थे। हिन्दुत्व के प्रति अम्बेडकर के विरोध का तात्पर्य यह था कि जहाँ उनके लोगों का अनादर हो रहा हो वहाँ वह मन्दिर प्रवेश आन्दोलन का प्रबलता से समर्थन करते थे। जबकि रमाबाई जब भी सम्भव हो मन्दिर में पूजा, अर्चना पर ज़ोर देती थीं और अपनी भक्ति के प्रति पति के असहज रहने के बावजूद वह पूजा-स्थलों पर अकेली ही जाया करती थीं।

अम्बेडकर जानते थे कि अगर रमाबाई ने एक अस्पृश्य के रूप में पंढरपुर की यात्रा की होती तो उन्हें मन्दिर में प्रवेश नहीं करने दिया जाता और कहा जाता कि वह मन्दिर से थोड़ा दूर रहकर ही प्रार्थना कर लें। अम्बेडकर नहीं चाहते थे कि रमाबाई को इस अपमान से गुज़रना पड़े। उन्होंने उनसे कहा था कि वह 'उस पंढरपुर का त्याग कर दें जो अपने भक्तों को भगवान की प्रतिमा के दर्शन से रोकते हों। इसके स्थान पर दबी-कुचली और वंचित मानवता के लिए समर्पित अपने पवित्र जीवन, नि:स्वार्थ सेवा और निर्मल त्याग से हम एक अलग पंढरपुर का निर्माण कर देंगे।'[48]

अम्बेडकर ने जब एक असाधारण उदाहरण पेश करते हुए परम्परा विरुद्ध जाकर अपने दिवंगत पिता का श्राद्धकर्म किया तो रमाबाई ने उसमें पूरी श्रद्धा से भाग लिया। श्राद्ध के बाद ब्राह्मणों को सामान्य कर्मकाण्ड के अनुसार भोजन और मिठाई परोसने की बजाय अम्बेडकर ने अपने समुदाय के चालीस छात्रों को भोजन के रूप में मांस-मछली परोस दिया।[49]

अपनी प्रिय पत्नी रामू (वो रमाबाई को इसी नाम से बुलाया करते थे) की मृत्यु से अम्बेडकर टूट गये थे। रमाबाई ने अम्बेडकर के लिए बहुत कष्ट सहा था, उनकी अवहेलना और सार्वजनिक जीवन में उनकी व्यस्तता को निर्लिप्त भाव से सहन किया था, अपने परिवार को खिलाने के लिए ख़ुद भूखी रही थीं, जब परिवार दो जून की रोटी को तरस रहा था तब सालों तक रमाबाई इस दर्द को झेलती रही थीं और उन्होंने अपने तीन बेटों और बेटी के असमय काल-कवलित होने का शोक भी सहा था। 'आर्थिक तंगी के दौर में अपने सिर पर गाय के गोबर से भरी टोकरी उठाने से भी वह पीछे नहीं हटीं,' अम्बेडकर ने वर्ष 1928 में 'बहिष्कृत भारत' में लिखे एक लेख में पहली बार इसका ज़िक्र किया था। 'और ये लेखक अपनी अत्यधिक स्नेहमयी, प्यारी और पूजने योग्य पत्नी के लिए 24 घण्टे में से आधे घण्टे का वक़्त भी नहीं निकाल पाया।'[50] अम्बेडकर ने यह सुनिश्चित किया कि उनकी पत्नी का अन्तिम संस्कार पारम्परिक हिन्दू रीति से हो, हालाँकि उन्हें उनकी प्रिय सफ़ेद साड़ी ही पहनायी जाये, न कि परम्परानुसार हरी साड़ी। फिर वह अपने कमरे में चले गये और पूरी रात बिलख-बिलख कर रोते रहे।[51] पाँच वर्ष बाद जब उन्होंने अपनी पुस्तक 'पाकिस्तान या भारत का विभाजन' प्रकाशित की तो उसे रमाबाई को समर्पित किया :

रामू की पुण्य स्मृति में–

उनके हृदय की पवित्रता, ज़ेहन की श्रेष्ठता, चरित्र की शुचिता और मेरे साथ जीवन यात्रा की कठिन परिस्थितियों में सब कुछ सह लेने की तत्परता और दृढ़ता, जिसका प्रदर्शन उन्होंने ज़रूरत और चिन्ता के उन मित्रविहीन असहाय दिनों में भी किया था, उसके प्रति हृदय से आभार प्रकट करता हूँ।

* * * * *

अम्बेडकर आरम्भिक नारीवादियों में से एक थे। उनकी पहली पत्नी रमाबाई से उनका रिश्ता असहमतियों के बावजूद मित्रता और विचार-विमर्श पर आधारित था। कई तरह से उनका रिश्ता बीसवीं सदी में नारीवाद के सबसे प्रभावी नारों में से एक 'निजी ही राजनीतिक है' का सबसे सटीक प्रतिनिधित्व करता था। घर की चहारदीवारी के भीतर अम्बेडकर का नारीवाद निश्चित तौर पर उस समय एक भारतीय के लिए सामान्य बात नहीं थी और व्यावहारिक रूप से तो किसी भारतीय पुरुष के लिए अनसुनी-सी थी।[52] उन्होंने भारतीय समाज में महिलाओं की भूमिका पर खुलकर अपनी बात रखी; बराबरी पर ज़ोर देते हुए उन्होंने महिलाओं को अलग

नहीं रखा, जाति और लिंग आधारित भेदभाव की बात करते हुए उन्होंने दोनों पर समान रूप से बल दिया। अम्बेडकर ने कोलम्बिया में सन् 1916 में 'भारत में जाति' विषय पर दिये अपने महत्त्वपूर्ण व्याख्यान में कहा कि सजातीय विवाह–एक ही जाति और समुदाय में विवाह–दरअसल जाति व्यवस्था के बने रहने की प्रमुख वजह है। अम्बेडकर विशेषाधिकार और पदानुक्रम को चुनौती देते थे और उन्होंने घर की चहारदीवारी के भीतर व्याप्त इस समस्या पर भी प्रश्न उठाया था। इस विषय पर उन्होंने ऑल इंडिया डिप्रेस्ड क्लासेज़ वीमेंस कॉन्फ्रेंस (1942) की एक परिचर्चा में महिला श्रोताओं के बीच अपनी राय और प्रबल रूप से सामने रखी : 'अपने बच्चों को शिक्षा दें। उनमें महत्वाकांक्षा पैदा करें...उनकी शादी में जल्दबाज़ी ना करें : शादी एक ज़िम्मेदारी है, आप अपने बच्चों पर ये ज़िम्मेदारी तब तक ना डालें जब तक वे आर्थिक रूप से शादी की ज़िम्मेदारी उठाने के क़ाबिल ना हो जायें...सबसे ज़रूरी यह है कि आप शादी करने वाली हर लड़की को अपने पति के साथ खड़े होने, उसका दोस्त बनने और उसकी बराबरी करने का मौक़ा दें, और उसका दास बनने से इनकार करने दें।' उस भारतीय समाज में जहाँ महिलाओं के वैवाहिक जीवन को बहुत महत्त्व दिया जाता था, वहाँ विवाह की पवित्रता पर साहसपूर्ण तरीक़े से सवाल उठाना, और यह माँग करना कि शादी के भीतर महिलाएँ पुरुषों के बराबर की हक़दार हैं, दरअसल अपने ही परिवारों में भारतीय महिलाओं की प्रतिष्ठा को लेकर कही गयी यह अब तक अनसुनी और बेबाक राय थी। दलित नारीवाद की परम्परा में जिसके लिए 19वीं सदी के मध्य में मुक्ताबाई साल्वे और 20वीं सदी के शुरुआती वर्षों में जयबाई चौधरी जैसी महिलाओं ने आवाज़ बुलन्द की थी, अम्बेडकर एक विलक्षण और अग्रणी पुरुष थे जिन्होंने इसके लिए आवाज़ उठाई थी।[53]

अम्बेडकर ने 1938 में बम्बई विधानसभा में कहा था, 'बच्चे के प्रसव के दौरान महिलाओं को जो पीड़ा होती है वह अगर पुरुषों को सहनी पड़ती तो अपने जीवन काल में वह एक से ज़्यादा बच्चे को जन्म देने के लिए कभी सहमत नहीं होते।'[54] विधानमण्डल में अपने कार्यकाल के दौरान अम्बेडकर ने महिलाओं को उपलब्ध सीमित चिकित्सकीय सहायता और पहुँच के भीतर स्वास्थ्य सुविधाओं की कमी के कारण महिलाओं की मौत का मुद्दा उठाया, जो कि एक ऐसा मसला था जिसका आज भी पूरी तरह समाधान नहीं हो पाया है। एक के बाद एक गर्भधारण करने और फिर गर्भपात का जोख़िम भरा विकल्प चुनने की बजाय अम्बेडकर ने खुलकर महिलाओं के स्वास्थ्य और सुखी जीवन के लिए गर्भ नियन्त्रण की वकालत की।

साल 1938 में अम्बेडकर ने बम्बई विधानसभा में सरकारी ख़र्च से जन्म-नियन्त्रण का एक प्रस्ताव पारित कराने की कोशिश की, लेकिन उनका प्रस्ताव गिर गया क्योंकि केवल 11 सदस्यों ने विधेयक के पक्ष में मतदान किया जबकि 52 सदस्यों ने इसका विरोध किया। (विरोध करने वालों का आधार यह था कि इससे अनैतिकता बढ़ेगी और भारतीय परिवार व्यवस्था बिखर जायेगी।)। इस पर अम्बेडकर की प्रतिक्रिया की केवल कल्पना ही की जा सकती थी।

रमाबाई के निधन के चार दिन बाद 1 जून, 1935 को अम्बेडकर ने प्रतिष्ठित गवर्नमेंट लॉ कॉलेज के पहले भारतीय प्रिंसिपल की नयी नियुक्ति का पदभार ग्रहण किया।[55] जीवन की अतिसाधारण शुरुआत करने वाले अम्बेडकर के लिए यह एक बड़ा सम्मान था, और इसके बाद लोग क़यास लगाने लगे कि अम्बेडकर अब राजनीति से संन्यास ले लेंगे। लेकिन सार्वजनिक जीवन में अम्बेडकर को अभी लम्बी दूरी तय करनी थी।

* * * * *

1934 के उत्तरार्ध में लन्दन से मिली ख़बरों से संकेत मिला कि ब्रितानी संसद के ज़रिये भारतीय संविधान के मसौदे को अन्तिम रूप दिया जा रहा है और इसमें पहली बार भारत के वंचित वर्गों को अपने प्रतिनिधि के चुनाव के लिए मतदान का अधिकार होगा, जिसका निर्धारण कम्युनल अवॉर्ड के प्रावधानों में किया गया था। हालाँकि कांग्रेस पार्टी, जिसके नेता अभी-अभी हिरासत से रिहा हुए थे, उसने कम्युनल अवॉर्ड पर ऐसा अस्पष्ट रुख़ अख़्तियार किया जो ना तो इसका समर्थन कर रहा था और न ही आलोचना। पूना पैक्ट पर तमाम हिन्दू नेताओं के ढुलमुल रवैये ने अम्बेडकर को बहुत परेशान किया, लेकिन वह अपने रुख़ पर क़ायम रहे और बुझे मन से ही इसके लगातार समर्थन के लिए उन्होंने महात्मा गांधी की सराहना की।

जब संयुक्त समिति की रिपोर्ट आयी तो उसमें एक नयी समस्या थी : शासन के प्रस्तावित ढाँचे में एक ऊपरी सदन का प्रावधान था यानी विधान परिषद का, पर इसमें वंचित वर्गों के प्रतिनिधित्व की कोई गारंटी नहीं दी गयी थी। अम्बेडकर ने तुरन्त इसकी निन्दा करते हुए कहा कि इससे पूना पैक्ट के लक्ष्य हासिल नहीं हो सकेंगे।[56] उनके मन में ये विश्वास पक्का होता जा रहा था कि सवर्ण हिन्दू दिल से नहीं चाहते कि वंचित वर्गों को उनका अधिकार मिले। अम्बेडकर के गहरे असन्तोष की ख़बरें बढ़ने लगीं, और 1935 के आख़िर तक मीडिया में ऐसे क़यास लगाये

जाने लगे कि अम्बेडकर संभवत: दूसरा धर्म स्वीकार कर लेंगे।[57] इससे पहले अम्बेडकर ने सार्वजनिक रूप से कहा था कि अपने पुरखों के धर्म को त्यागने का उनका कोई इरादा नहीं है, बल्कि वह तो केवल यह चाहते हैं कि उनके समुदाय के लोगों को हिन्दू धर्म के अन्तर्गत उनके पूरे अधिकार मिलें, लेकिन अख़बारों की ख़बरों में यह दावा किया गया कि अम्बेडकर अपना मत बदलने ही वाले हैं। इन ख़बरों से कुछ प्रमुख हिन्दू नेता सतर्क हो गये और उन्होंने अपील की कि अम्बेडकर और उनके समर्थकों को हिन्दू धर्म में बनाये रखने के लिए ज़रूरी है कि उन्हें कुछ रियायतें दी जायें।

इन्हीं घटनाओं की पृष्ठभूमि में अक्टूबर 1935 के आख़िर में डिप्रेस्ड क्लासेज़ कॉन्फ्रेंस (वंचित वर्गों का सम्मेलन) आयोजित हुआ। (इसे मराठी में दलित वर्गीय परिषद[58] कहा गया। ये 'दलित' शब्द का सार्वजनिक रूप से सम्भवत: पहला प्रयोग था। इस शब्द का अनुवाद था 'टूटे हुए लोग' या 'उत्पीड़ित लोग'।) डेढ़ घण्टे के अपने जोशीले भाषण में अम्बेडकर ने पहले उन अपमान, अन्याय और तिरस्कार के बारे में बताया जो उनके समुदाय के लोगों के साथ सदियों से हुए हैं। 'हिन्दू समाज के अन्तर्गत वे न्यूनतम नागरिक अधिकार के लिए भी संघर्ष करते आ रहे हैं, लेकिन उन्हें लगातार ऊँची जातियों के विरोध और वैमनस्य का सामना करना पड़ा है।' अम्बेडकर ने कहा कि 'अब समय आ गया है कि वंचित वर्ग ख़ुद से वह सवाल पूछें जिसे वह अब तक टालते आ रहे हैं। क्योंकि उनकी दुर्दशा की वजह यह है कि वे हिन्दू धर्म के अन्तर्गत पैदा हुए हैं, अगर वह दूसरा धर्म अपना लेंगे तो क्या उनकी दशा सुधर जायेगी, और क्या यह क़दम उन्हें धर्म के अन्तर्गत बराबरी का दर्जा दे देगा?' यह कोई ऐसा प्रश्न नहीं था जिसका जवाब आसान था; इस पर कोई फ़ैसला लिए जाने से पहले बहुत गम्भीरता से विचार-विमर्श किये जाने की ज़रूरत थी। समुदाय के लोगों को कालाराम मन्दिर में प्रवेश का अपना पाँच साल से चला आ रहा सत्याग्रह छोड़ना होगा; इसके लिए इतना प्रयास किये जाने की ज़रूरत नहीं है। आख़िरकार धर्म का अस्तित्व मानवता के कल्याण के लिए है, उसका अहित करने के लिए नहीं। और जहाँ तक ख़ुद उनका सवाल है, अम्बेडकर ने कहा, 'दुर्भाग्य से वह अस्पृश्य हिन्दू के रूप में पैदा हुए हैं, लेकिन मैं पूरी संकल्प शक्ति के साथ आपको आश्वासन देना चाहता हूँ कि मैं एक हिन्दू के रूप में मरूँगा नहीं।'[59]

अम्बेडकर के भाषण का दूसरे धर्मों के गुरुओं और धर्मावलम्बियों ने बड़े उत्साह से स्वागत किया, उन्हें चिट्ठियाँ लिखीं और तार भेजे कि उनके धर्म में उनका स्वागत किया जायेगा। मुसलमान, ईसाई, सिख और बौद्ध–सभी ने धर्म

परिवर्तन के उनके इरादे की प्रशंसा की और अपने-अपने धर्म में उनका स्वागत किया। महात्मा गांधी ने अम्बेडकर के इस 'दुर्भाग्यपूर्ण' बयान पर अपनी निराशा ज़ाहिर की और कहा कि अस्पृश्यता वैसे ही ख़त्म होने की कगार पर है। उन्होंने आगे कहा कि वह धर्म परिवर्तन के पक्ष में नहीं हैं : धर्म कोई दीवार घड़ी नहीं जो उसे लगाया और हटाया जा सकता है, बल्कि यह एक व्यक्ति के जीवन का अभिन्न अंग है। अम्बेडकर ने गांधी के तर्क को ख़ारिज कर दिया और यह कहते हुए अवमानना की कि जन्म से हासिल स्थिति को क्यों नहीं बदला जा सकता : 'मनुष्यों और पशुओं में अन्तर यह है कि पशु प्रगति नहीं कर सकते, पर मनुष्य कर सकते हैं।'[60]

दूसरे हिन्दू नेताओं ने अम्बेडकर से अपने निर्णय पर पुनर्विचार करने का आग्रह किया। उनका कहना था कि वंचित वर्ग के लोग अगर हिन्दुत्व का साथ छोड़ देंगे तो हिन्दू धर्म ख़ुद ख़तरे में पड़ जायेगा। अम्बेडकर ने एक प्रमुख हिन्दू धर्म प्रचारक मसुरकर महाराज से–जिन्होंने सन् 1935[61] में गोवा के दस हज़ार कैथोलिक ईसाइयों का हिन्दू धर्म में वापस परिवर्तन कर ख्याति हासिल की थी–कहा कि वह अपने फ़ैसले पर तभी पुनर्विचार करेंगे जब सवर्ण हिन्दू एक निश्चित अवधि में अस्पृश्यता के उन्मूलन के लिए ईमानदारी से प्रयास करने की शपथ लेंगे। और फिर व्यंग्यात्मक तरीक़े से कहा कि इस बीच, महाराष्ट्र के ब्राह्मण, वंचित वर्ग के एक नेता को एक वर्ष के लिए शंकराचार्य बना दें और चितपावन ब्राह्मणों के सौ परिवार इस नये शंकराचार्य के पैरों पर शीश नवायें।[62]

हालाँकि अम्बेडकर ने एक निश्चित समय-सीमा में अस्पृश्यता को ख़त्म करने की माँग की थी, पर उन्हें सन्देह था कि ऐसा सम्भव हो सकेगा। 'कुछ लोग सोचते हैं कि धर्म समाज के लिए ज़रूरी नहीं है। मैं ऐसा नहीं मानता,' अम्बेडकर ने यह बात सवर्ण हिन्दुओं के उस प्रतिनिधिमण्डल से कही जो उन्हें मनाने के प्रयास के तहत उनसे मिलने गये थे। 'मेरा मानना है कि एक समाज के जीवन और आचार-व्यवहार के लिए धर्म का आधार बेहद ज़रूरी है।' जैसाकि 'मनुस्मृति' में कहा गया है कि हिन्दू सामाजिक व्यवस्था की जड़ में 'धर्म' है। इस परिस्थिति में मुझे नहीं लगता कि हिन्दू समाज से असमानता को मिटाना सम्भव भी है जब तक कि स्मृति पर आधारित धर्म के मौजूदा आधार को ख़त्म कर उसके स्थान पर एक अच्छी व्यवस्था क़ायम न कर दी जाये। इसलिए मुझे नहीं लगता कि हिन्दू समाज अपने में बदलाव लाकर ख़ुद को बेहतर आधार पर खड़ा कर सकता है।[63]

आख़िरकार नासिक के एक हिन्दू प्रतिनिधिमण्डल के अत्यधिक निवेदन पर उन्होंने कहा कि ऊँची जाति के हिन्दुओं के हृदय और आचरण में परिवर्तन के पुख़्ता प्रमाण देखने के लिए वह पाँच वर्ष तक इन्तज़ार करने को तैयार हैं। उन्होंने कहा कि वह सकारात्मक क़दम देखना चाहते हैं, न कि केवल खोखले शब्द। उनसे मिलने आये लोग उनकी माँग पर सहमत हो गये।

अम्बेडकर ने कहा, 'याचना करने या जिन्होंने अधिकार छीने हैं, उनकी अन्तश्चेतना को जगाने का प्रयास करने से खोये हुए अधिकार कभी भी वापस नहीं मिल सकते, इसके लिए अनवरत संघर्ष करना होगा।' ख़ुद को प्रार्थी बना देना निश्चित तौर पर समाप्ति की राह पर चलना है। उन्होंने कहा, 'बलि के लिए बकरों का इस्तेमाल होता है, शेरों का नहीं।'[64]

सन्दर्भ सूची

1. शहारे, *डॉ. बी. आर. अम्बेडकर,* पृ. 41-42.
2. कीर, *डॉ. अम्बेडकर,* पृ. 150-151.
3. मून, *डॉ. बाबासाहेब अम्बेडकर : राइटिंग्स एंड स्पीचेज़,* खण्ड 2, पृ. 503-509.
4. मेकिंग ब्रिटेन, 'राउंड टेबल कॉन्फ्रेंसेज़, 1930-32', ओपन यूनिवर्सिटी ऑफ़िशियल वेबसाइट।
5. आप इस महान शख़्सियत के बारे में यहाँ भी पढ़ सकते हैं–बी. कोलप्पन, 'लिटिल नोन फ़ैक्ट्स अबाउट ए वेल-नोन लीडर', द *हिन्दू,* 21 अगस्त, 2012.
6. कीर, *डॉ. अम्बेडकर,* पृ. 145.
7. कीथ मीडोक्रॉफ़्ट, 'द ऑल-इंडिया हिन्दू महासभा', अनटचेबल पॉलिटिक्स, एंड ''डीनेशनलाइजिंग'' कनवर्ज़न्स : द मूंजे-अम्बेडकर पैक्ट', *जर्नल ऑफ़ साउथ एशियन स्टडीज़,* 2006.
8. अर्चना सुब्रमण्यम, 'स्ट्राइकिंग ए डील', द *हिन्दू,* 3 मार्च, 2016.
9. रवि रंजन एंड एम. के. सिंह, *अम्बेडकर : द सोर्स ऑफ़ लाइफ़ एंड विज़न,* दिल्ली : के. के. पब्लिकेशंस, 2021, पृ. 103। इस पूरी बातचीत को शब्द दर शब्द यहाँ देखा जा सकता है, कीर, *डॉ. अम्बेडकर,* पृ. 165-66.
10. कीर, *डॉ. अम्बेडकर,* पृ. 165-67.
11. वही, पृ. 173-74.
12. वही, पृ. 172.
13. जॉन मैकलियोड, *सोवरेंटी, पावर, कंट्रोल : पॉलिटिक्स इन द स्टेट्स ऑफ़ वेस्टर्न इंडिया,* 1916-1947, दिल्ली : डी. के. प्रिंट वर्ल्ड, 2007, पृ. 136.
14. कीर, *डॉ. अम्बेडकर,* पृ. 194.
15. जैफ़रलॉट में उद्धृत, *डॉ. अम्बेडकर एंड अनटचेबिलिटी,* पृ. 59.

16. मून, डॉ. *बाबासाहेब अम्बेडकर,* खण्ड 9, पृ. 65.
17. कीर, डॉ. *अम्बेडकर,* पृ. 151.
18. शहारे, डॉ. *भीमराव अम्बेडकर,* पृ. 45.
19. एस. ए. अय्यर, 'अम्बेडकर वर्सेज़ गांधी : द रिस्क्स ऑफ़ विलेज एम्पावरमेंट', *टाइम्स ऑफ़ इंडिया,* 9 फ़रवरी 2014.
20. स्टैनले बॉल्डविन पर और जानकारी के लिए देखें, 'स्टैनले बॉल्डविन (1867-1947)', बीबीसी हिस्ट्री.
21. कीर, डॉ. अम्बेडकर, पृ. 181.
22. वही, पृ. 204.
23. वही, पृ. 228.
24. वही, पृ. 205.
25. बातचीत का विस्तृत ब्योरा देखा जा सकता है–शहारे, *डॉ. भीमराव अम्बेडकर,* पृ. 51-53.
26. कीर, डॉ. *अम्बेडकर,* पृ. 214.
27. वही, पृ. 165-66.
28. जैसाकि तिरुचन्नूर केस में उल्लिखित है, राजाजी के शब्दों में।
29. दत्त, *कमिंग आउट ऐज़ दलित,* पृ. 118.
30. कीर, डॉ. *अम्बेडकर,* पृ. 215.
31. जैफ़रलॉट, *डॉ. अम्बेडकर एंड अनटचेबिलिटी,* पृ. 67.
32. कीर, डॉ. *अम्बेडकर,* पृ. 221.
33. वही, पृ. 246.
34. वही, पृ. 217.
35. मून, डॉ. *बाबासाहेब अम्बेडकर,* खण्ड 9, पृ. 116.
36. वही।
37. कीर, डॉ. *अम्बेडकर,* पृ. 227.
38. वही।
39. शहारे, डॉ. *भीमराव अम्बेडकर,* पृ. 31-32.
40. अमृता दत्ता, 'आरएसएस डीटेस्टेड अम्बेडकर इन हिज़ लाइफ़टाइम बट नाउ मस्ट प्रेज़ हिम : रामचन्द्र गुहा', *इंडियन एक्सप्रेस,* 8 सितम्बर, 2018.
41. शहारे, डॉ. *भीमराव अम्बेडकर,* पृ. 32.
42. कीर, डॉ. *अम्बेडकर,* पृ. 234.
43. वही, पृ. 230.
44. वही, पृ. 235.
45. वही, पृ. 241.
46. वही, पृ. 474-75.
47. जेफ़रसन की तरह ही अम्बेडकर ने पहले स्थापत्य का अध्ययन किया और फिर अपना घर बनाया। कीर, डॉ. *अम्बेडकर,* पृ. 244.

48. कीर, *डॉ. अम्बेडकर,* पृ. 248.
49. उर्वी देसाई, 'फ़ेमिनिस्ट बैटल्स विदिन द होम : व्हाई अम्बेडकर्स व्यूज़ ऑन मैरिज एंड बर्थ कंट्रोल आर रेलेवेंट', द *लीफ़्लेट,* 13 अप्रैल, 2019.
50. सिद्धार्थ, बहिष्कृत भारत में प्रकाशित बाबासाहेब डॉ. अम्बेडकर के सम्पादकीय, अनुवाद–प्रभाकर गजभिये, नयी दिल्ली : सम्यक प्रकाशन, 2017, पृ. 152.
51. कीर, *डॉ. अम्बेडकर,* पृ. 249। उल्लेख है कि अम्बेडकर एक हफ़्ते तक शोकाकुल हो रोते रहे।
52. देसाई, 'फ़ेमिनिस्ट बैटल्स विदिन द होम।'
53. पाइक, 'दलित फ़ेमिनिस्ट थॉट।'
54. देसाई, 'फ़ेमिनिस्ट बैटल्स विदिन द होम।'
55. कीर, *डॉ. अम्बेडकर,* पृ. 249.
56. वही, पृ. 246-47.
57. वही, पृ. 251.
58. गेल ओम्वेट, *अम्बेडकर : टूवड्र्स ऐन एनलाइटेंड इंडिया,* नयी दिल्ली : पेंगुइन रैंडम हाउस, 2017, पृ. 99.
59. कीर, *डॉ. अम्बेडकर,* पृ. 253.
60. गेल ओम्वेट, *अम्बेडकर,* पृ.106.
61. कीर, *डॉ. अम्बेडकर,* पृ. 258.
62. अम्बेडकर ने वंचित वर्ग के एक नेता के. के. सकत को शंकराचार्य बनाने का प्रस्ताव दिया; कीर, *डॉ. अम्बेडकर,* पृ. 258.
63. कीर, *डॉ. अम्बेडकर,* पृ. 259.
64. वही, पृ. 82.

चार

शिखर से अवलोकन

(1935-1946)

1935 के दिसम्बर में जात-पात-तोड़क मण्डल नाम की संस्था ने अम्बेडकर को अगले वर्ष व्याख्यान देने के लिए पंजाब आने का न्योता दिया। ये संस्था अन्तर्जातीय विवाह को बढ़ावा देकर और उनका प्रायोजन कर जाति प्रथा को ख़त्म करने के प्रति प्रतिबद्ध थी। लेकिन जब अम्बेडकर ने अप्रैल में उन्हें अपने अध्यक्षीय भाषण के मसौदे की एक कॉपी भेजी, तो व्यवस्थापकों ने हैरान होकर प्रतिक्रिया दी।

'आपने एक से ज़्यादा बार अपने भाषण में कहा है कि आपने हिन्दू धर्म से बाहर निकलने का फ़ैसला कर लिया है और एक हिन्दू के रूप में ये आपका आख़िरी सम्बोधन होगा।' संस्था के प्रमुख हर भगवान ने अम्बेडकर को लिखा।

आपने अनावश्यक रूप से वेदों और हिन्दुओं की अन्य धार्मिक पुस्तकों की नैतिकता और तार्किकता पर भी हमला किया है, और हिन्दू धर्म के तकनीकी पक्ष पर विस्तार से अपनी राय रखी है, जिसका इस मसले की समस्या से कोई सम्बन्ध नहीं है...आख़िरी हिस्से में आपने हिन्दू धर्म के पूर्ण विनाश और हिन्दुओं के धार्मिक ग्रन्थों की नैतिकता पर जो सन्देह व्यक्त किया है और साथ ही आपने हिन्दू धर्म को छोड़ने का जो संकेत दिया है वह मुझे प्रासंगिक नहीं लगता। इसलिए मैं बेहद विनम्रता से आपसे सम्मेलन के आयोजकों की तरफ़ से आग्रह करूँगा कि आप उपर्युक्त बातों वाला अनुच्छेद अपने व्याख्यान से हटा दें...हम नहीं चाहते कि आपका भाषण अनावश्यक रूप से भड़काऊ और परेशान करनेवाला हो।

इस पर अम्बेडकर ने इनकार करते हुए जवाब में लिखा:

मैं चाहूँगा कि कॉन्फ्रेंस रद्द हो जाये–मैं उलझाने वाली बातों का इस्तेमाल नहीं करना चाहता–अगर मण्डल ने अपनी परिस्थितियों के अनुरूप मुझ पर भाषण में काट-छाँट करने का दबाव डाला तो। हो सकता है आप मेरे फ़ैसले को पसन्द ना करें। लेकिन सम्मेलन की अध्यक्षता करने का सम्मान मिलने की वजह से मैं अपना पक्ष नहीं छोड़ूँगा, हर अध्यक्ष को यह आज़ादी होनी ही चाहिए कि वह अपना भाषण अपनी मर्ज़ी से तैयार कर सके। मण्डल को ख़ुश करने के लिए मैं समझौता नहीं

करूँगा। सम्मेलन की अध्यक्षता करने वाले हर अध्यक्ष का यह कर्तव्य बनता है कि जो बात उसे सही और उचित लगती है, उसे ज़रूर कहे। यहाँ मसला सिद्धान्त का है, और मुझे लगता है कि इस मामले में मुझे क़तई समझौता नहीं करना चाहिए।

उन्होंने आगे लिखा :

यह पढ़कर मैं हैरान हूँ कि, आपने भाषण के उस अंश को 'अप्रासंगिक और असंगत' कहा है जिस पर आपकी समिति को एतराज़ है। मुझे यह कहने की अनुमति दें कि मैं एक वकील हूँ और मैं प्रासंगिकता के क़ायदे-क़ानून को आपकी समिति के किसी भी सदस्य की तरह ही समझता हूँ। मैं ज़ोर देकर कहना चाहता हूँ कि जिन बातों पर आपत्ति की गयी है वह न केवल सबसे अधिक प्रासंगिक हैं बल्कि महत्त्वपूर्ण भी हैं। अपने भाषण के उस अंश में ही मैंने जाति व्यवस्था को ख़त्म करने के तरीक़ों और साधनों पर बात की है। यह हो सकता है कि जाति को ख़त्म करने के तरीक़ों को लेकर जिन नतीजों पर मैं पहुँचा हूँ वह हैरान करने वाले और कष्टदायक हों। आपको यह कहने का पूरा अधिकार है कि मेरा विश्लेषण ग़लत है। लेकिन आप यह नहीं कह सकते कि जो भाषण जाति की समस्या को लेकर दिया जाना है, उसमें मैं यह न कहूँ कि जाति को कैसे ख़त्म किया जा सकता है।

थोड़े वाद-विवाद के बाद, अम्बेडकर ने यह कहते हुए अपना नाम वापस ले लिया कि उन्हें किसी ऐसे व्यक्ति को बुलाना चाहिए जिसका भाषण उनके विचारों के अनुरूप हो। ख़ुद को अलग करते हुए उन्होंने लिखा :

मेरे जीवन में यह निश्चित तौर पर पहली बार है जब सवर्ण हिन्दुओं के सम्मेलन की अध्यक्षता के लिए मुझे बुलाया गया है। मुझे ख़ेद है कि इसका अन्त सुखद नहीं रहा। लेकिन एक ऐसे दुर्भाग्यपूर्ण सम्बन्ध से कोई क्या ही उम्मीद कर सकता है जिसके एक तरफ़ सुधार चाहने वाले सवर्ण हिन्दू हैं और दूसरी तरफ़ आत्मसम्मान की लड़ाई लड़ रहे अस्पृश्य। जहाँ सवर्ण हिन्दुओं की क़तई यह इच्छा नहीं कि वे अपने कट्टरपन्थी साथियों से अलग राह चुनें, वहीं अस्पृश्यों के सामने सुधार को आगे बढ़ाने के अलावा और कोई विकल्प नहीं?[1]

आख़िरकार अम्बेडकर ने उस भाषण को मई 1936 में एक पुस्तिका के रूप में प्रकाशित करवाया जिसका शीर्षक था 'एनीहिलेशन ऑफ़ कास्ट' यानी 'जाति का संहार'। जाति व्यवस्था पर सामान्यत: यह उनका सबसे प्रभावी और दूरगामी अभियोग था। इसमें कट्टरपन्थी हिन्दुओं, और उनके धर्मगुरुओं पर तीखा हमला किया गया था और वर्णाश्रम धर्म पर गांधी के दोतरफ़ा रवैये को फटकार लगायी गयी थी। गांधी चाहते थे कि 'अवर्णों', 'अतिशूद्रों' और वंचित वर्गों को जाति

व्यवस्था में बराबर मानकर सम्मिलित कर लिया जाये। जबकि अम्बेडकर का मानना था कि इससे उनकी दशा बिल्कुल नहीं सुधरेगी; उन्होंने तर्क दिया कि 'जाति बहिष्कृत जाति व्यवस्था का ही एक उप-उत्पाद हैं। जब तक जातियाँ रहेंगी तब तक जाति बहिष्कृत भी रहेंगे। जब तक जाति व्यवस्था को ख़त्म नहीं कर दिया जाता, तब तक कोई भी प्रयास जाति बहिष्कृतों का उत्थान नहीं कर सकेगा।' अपनी पुस्तक में अम्बेडकर ने घोषित किया कि वंचित वर्गों के उत्थान में सबसे बड़ा रोड़ा ख़ुद हिन्दू धर्म है। उन्होंने लिखा :

आख़िर में, इसका अर्थ है कि आप शास्त्रों और वेदों की सत्ता को निश्चित तौर पर ख़त्म कर दें...आप वह क़दम उठायें जो बुद्ध ने उठाया था। आप वह रुख़ अपनायें जो गुरु नानक ने अपनाया था। आपको शास्त्रों को केवल नकारना नहीं है, बल्कि उसकी सत्ता को भी अस्वीकार कर देना है, जैसा कि बुद्ध और नानक ने किया था। आप में हिन्दुओं से यह कहने का साहस होना चाहिए कि उनके धर्म में उनके लिए ग़लत क्या है–वह धर्म जिसने उनके भीतर जाति की पवित्रता की धारणा पैदा की।[2]

अम्बेडकर ने यह सुझाव भी दिया कि जो कुछ अनुशंसा वह कर रहे हैं उससे एक समुदाय के रूप में हिन्दू मज़बूत होंगे : 'सिख और मुसलमान कहाँ से शक्ति हासिल करते हैं जो उन्हें बहादुर और निडर बनाता है? मैं यक़ीन से कह सकता हूँ कि यह तुलनात्मक रूप से किसी शारीरिक शक्ति, खानपान या कसरत की वजह से नहीं है। यह उस अनुभूति से मिली ताक़त है कि जब एक सिख ख़तरे में होगा तो सभी सिख उसे बचाने आ जायेंगे और अगर किसी मुसलमान पर हमला होगा तो सभी मुसलमान उसे बचाने के लिए दौड़ पड़ेंगे। एक हिन्दू के पास शक्ति का ऐसा कोई स्रोत नहीं। वह इस बात की तसल्ली नहीं रख सकता कि उसके सहधर्मी उसकी मदद के लिए आयेंगे। एक, और अकेले होने की नियति की वजह से वह शक्तिहीन रह जाते हैं, उनके भीतर भय और कायरता विकसित हो जाती है और किसी लड़ाई में वे या तो समर्पण कर देते हैं या पलायन कर जाते हैं।'[3] एक धर्म के रूप में हिन्दुत्व पर अपने प्रहार को नर्म करते हुए जिससे कि उनके व्याख्यान के आयोजक निराश हो गये थे और जिसकी वजह से उन्होंने न्योता वापस ले लिया था; अम्बेडकर ने कहा, 'जाति का धर्म से कोई लेना-देना नहीं। यह एक प्रथा है जिसकी उत्पत्ति के बारे में मैं नहीं जानता और अपनी आध्यात्मिक भूख को शान्त करने के लिए मुझे जानने की ज़रूरत भी नहीं। लेकिन मैं जानता हूँ कि यह आध्यात्मिक और राष्ट्रीय दोनों के विकास के लिए हानिकारक है।'[4] (उन्होंने पहले लिखा था : 'मेरे विचार

में इसे लेकर कोई सन्देह नहीं कि जब तक आप अपनी सामाजिक संरचना नहीं बदलेंगे तब तक प्रगति के रूप में आपकी उपलब्धि मामूली ही होगी। प्रतिरक्षा और प्रहार दोनों के लिए ही आप अपने समुदाय को संगठित नहीं कर पायेंगे। जाति की नींव पर आप कुछ भी बना नहीं पायेंगे। आप एक राष्ट्र नहीं बना सकेंगे, आप एक नैतिकता नहीं विकसित कर सकेंगे। अगर आप जाति की बुनियाद पर कुछ बनायेंगे भी तो उसमें दरार पड़ जायेगी, वह कभी परिपूर्ण और मुकम्मल नहीं होगा।'[5]

'एनीहिलेशन ऑफ़ कास्ट (जाति का संहार)', पुस्तक के अंग्रेज़ी संस्करण की डेढ़ हज़ार प्रति बहुत जल्दी बिक गयीं, और जल्दी ही इसका गुजराती, मलयालम, मराठी, पंजाबी और तमिल में अनुवाद हुआ और ख़ूब बिक्री हुई। गांधी ने 'हरिजन' में इसका जवाब देते हुए दावा किया कि अस्पृश्यता को धर्म ग्रन्थों की स्वीकृति नहीं मिली है और यह हिन्दू धर्म के लिए अनिवार्य नहीं है;[6] लेकिन ऐसा करते हुए उन्होंने एक बार फिर वर्णाश्रम और जाति व्यवस्था का यह कहते हुए बचाव किया कि यह एक जाति पर दूसरी जाति की सर्वोच्चता की धारणा को न्यायसंगत नहीं ठहराती। इस प्रत्युत्तर में वह अपने पूर्व में लिखे (यंग इंडिया, अगस्त 1925) लेख में दिये तर्क को ही आगे बढ़ा रहे थे : 'मेरे विचार में वर्णाश्रम की अवधारणा किसी संकुचित विचार पर आधारित नहीं थी। इसके विपरीत यह श्रमिक यानी शूद्र को वही दर्जा देती थी जो कि एक चिन्तक यानी ब्राह्मण का था।' पाँच वर्ष पहले उन्होंने लिखा था (यंग इंडिया, 25 फ़रवरी, 1920) : 'मैं उन लोगों में से हूँ जो नहीं मानते कि जाति एक हानिकारक संस्था है। अपनी उत्पत्ति में जाति एक परिपूर्ण व्यवस्था थी और राष्ट्रीय कुशलता को प्रोत्साहित करती थी।' सन् 1921 में, गांधीजी ने अपनी पत्रिका 'नवजीवन' में घोषित किया, 'मैं मानता हूँ कि हिन्दू समाज अगर क़ायम रहा है तो इसकी वजह है इसका जाति व्यवस्था पर आधारित होना।' अम्बेडकर की आलोचना में, जिन्होंने अपनी बात को और स्पष्ट करते हुए कहा था कि जाति विभिन्न पेशों का चुनाव करने की व्यवस्था देती थी और परस्पर एक जाति की दूसरे पर सर्वोच्चता या समृद्धि का संकेत नहीं करती थी, गांधीजी ने लिखा : 'अगर जाति और वर्ण परिवर्तनीय शब्द हैं, और अगर शास्त्रों का अभिन्न अंग हैं जो कि हिन्दुत्व को परिभाषित करता है, तब मैं नहीं समझ पाता कि कोई व्यक्ति जो जाति, वर्ण को ख़ारिज करता है, वह कैसे ख़ुद को हिन्दू कह सकता है।'[7]

अम्बेडकर ने इस तर्क का पुन: अपने तर्कों से जवाब दिया जिसमें यह भी कहा गया कि गांधी और उनका परिवार अपनी जाति के पुश्तैनी पेशों का पालन नहीं

करते हैं। 'जाति के संहार' पर अपने प्रख्यात भाषण में, जिसे उहोंने कभी मंच पर नहीं दिया, उसके मुख्य तर्कों का उन्होंने संक्षेपण करते हुए लिखा : 1. कि जाति ने हिन्दुओं को तबाह कर दिया; 2. कि चातुर्वर्ण्य पर आधारित हिन्दू समाज का पुनर्गठन सम्भव नहीं क्योंकि वर्ण व्यवस्था छिद्र वाले बर्तन या बहती नाक वाले व्यक्ति की तरह है। इसमें अपनी ख़ूबियों के आधार पर बने रहने का सामर्थ्य नहीं और अगर कोई क़ानूनी प्रतिबन्ध लगाने की व्यवस्था न हो जिसके तहत अपना वर्ण छोड़ने वाले के ख़िलाफ़ कार्रवाई हो सके तो इसकी सहज प्रवृत्ति जाति व्यवस्था में बदल जाने की है; 3. कि चातुर्वर्ण्य के आधार पर हिन्दू समाज का पुनर्गठन हानिकारक होगा क्योंकि वर्णाश्रम व्यवस्था का प्रभाव यह होगा कि यह जनसाधारण को ज्ञान हासिल करने के अवसर न देकर पदावनत करेगा और उन्हें हथियार धारण करने के अधिकार से वंचित कर दुर्बल बनायेगा; 4. कि हिन्दू समाज का पुनर्गठन निश्चित तौर पर धार्मिक आधार पर होना चाहिए जो कि स्वतन्त्रता, समानता और भाईचारे के सिद्धान्त को मान्यता दे; 5. कि इस लक्ष्य को हासिल करने के क्रम में जाति और वर्ण के पीछे की धार्मिक पवित्रता की धारणा का निर्मूलन हो; 6. कि जाति और वर्ण की पवित्रता को केवल शास्त्रों की दैवी सत्ता को नकार कर ही ख़त्म किया जा सकता है।[8]

अम्बेडकर ने स्पष्ट किया कि वह गांधी को स्थास्थिति के रक्षक के रूप में देखते हैं, जो कि दमनात्मक परम्पराओं को स्वीकार्य बनाने की कोशिश कर रहे हैं। उन्होंने घोषित किया कि 'गांधी अस्पृश्यों के सबसे पक्के शत्रु हैं।' जबकि महात्मा ने अम्बेडकर का वर्णन एक ऐसे व्यक्ति के रूप में किया जिसके 'विचार मौलिक हैं...और जिसने समाज में अपने लिए एक विशिष्ट स्थान हासिल किया है,' उनकी प्रशंसा दोहरी धार जैसी नज़र आयी। 'भविष्य में वह ख़ुद पर चाहे जो लेबल चिपकायें, डॉक्टर अम्बेडकर वह शख़्स नहीं जिन्हें भुलाया जा सके...' अम्बेडकर को हिन्दुत्व पर हमला करने वाला 'सबसे निपुण, अटल' और उनके आलोचकों में 'सबसे क़ाबिल लोगों में एक' शख़्स बताते हुए गांधी ने अस्पष्ट रूप से कहा : 'वह निश्चित तौर पर उनमें से सबसे कट्टर हैं।' हालाँकि 1930 में एक समय महात्मा गांधी अम्बेडकर के प्रति थोड़े उदार नज़र आये। 'डॉक्टर अम्बेडकर के लिए मेरे मन में बहुत सम्मान है। उन्हें नाराज़ होने का पूरा अधिकार है, अगर वह हमारा सिर नहीं फोड़ रहे तो यह उनके आत्म-संयम का अच्छा उदाहरण है। आज वह इतने सन्देहों से भरे हुए हैं कि उन्हें कुछ और दिखाई नहीं पड़ रहा। उन्हें हर हिन्दू में अस्पृश्यों का एक धुर विरोधी नज़र आता है और यह बिल्कुल स्वाभाविक है...'[9]

गांधी पर हमलों में अम्बेडकर एकदम बेबाक थे। 1939 के एक व्याख्यान में उन्होंने खुलकर कहा : 'मेरे विचार से इसमें कोई सन्देह नहीं है कि गांधी युग भारत का अन्धकार काल है। यह वह काल है जब लोग भविष्य के अपने आदर्शों को देखने की बजाय, अतीत की ओर लौट रहे हैं।'[10] वर्षों बाद, अम्बेडकर ने कुछ-कुछ अनुचित रूप से दावा किया कि गांधी की अंग्रेज़ी में जाति व्यवस्था की आलोचना करने, जबकि गुजराती में इसका समर्थन करने की आदत है। उनके आरोपों की सच्चाई जो भी थी, लेकिन उन दोनों के बीच युद्ध की लकीरें साफ़ तौर पर खिंच गयी थीं।

* * * * *

सन् 1935 में ब्रितानी संसद ने भारत सरकार अधिनियम पारित कर दिया।[11] इसमें बीते तीन वर्षों में गोलमेज़ सम्मेलनों और संयुक्त समिति में हुए विचार-विमर्श को सम्मिलित किया गया था और इसमें भारत के भावी संविधान का कुछ-कुछ पूर्वाभास था जिसमें निर्वाचन पर आधारित लोकतन्त्र और स्वशासन के कुछ तत्त्व शामिल थे। इसके प्रावधानों के तहत, 1937 में प्रान्तीय असेम्बलियों के लिए चुनावों की घोषणा की गयी–हालाँकि इसमें सीमित मतदाता ही शिरकत करने वाले थे, तीस करोड़ की आबादी वाले देश में केवल तीन करोड़ लोगों को ही वोट डालने का अधिकार था–देश के विभिन्न राजनीतिक दलों ने इसके ख़िलाफ़ प्रदर्शन शुरू कर दिया।

यह महसूस करते हुए कि भारत का कोई भी स्थापित राजनीतिक दल शायद ही वंचित वर्गों के हितों का सही प्रतिनिधित्व करेगा, अम्बेडकर ने अगस्त 1936 में *इंडिपेंडेंट लेबर पार्टी* नाम का अपना ही राजनीतिकि दल बना दिया। यह दल दबे-कुचले लोगों के हितों की बात करेगा–औद्योगिक मज़दूर, किसान, कास्तकार, भूमिहीन किसान–साथ ही सामाजिक सुधार के ज़रिये वंचित वर्गों की स्थिति सुधारने की माँग रखेगा। पार्टी ने एक सामाजिक लोकतान्त्रिक मंच, भूमि सुधार और सामाजिक सुरक्षा नेटवर्क की वकालत की। इंडिपेंडेंट लेबर पार्टी के कार्यक्रमों में गाँवों में साफ़-सफ़ाई में सुधार और उचित आवास की सुविधा को भी शामिल किया गया था।

अम्बेडकर ने अपनी आईएलपी[12] को कम्युनिस्टों के क़रीब, पर उनसे पृथक रखा। उन्होंने तर्क दिया, 'इतिहास बताता है कि जब नीतिशास्त्र और अर्थशास्त्र के बीच टकराव होता है तो जीत हमेशा अर्थशास्त्र की होती है।' 'ऐसा कभी नहीं देखा गया कि बिना पर्याप्त दबाव के निहित स्वार्थ वालों ने कभी स्वेच्छा से अपना

पक्ष छोड़ा हो।'[13] लेकिन इससे वह कम्युनिस्टों के विश्लेषण और उनके तरीक़े से सहमत नहीं हुए। उन्होंने घोषणा की, 'सत्ता का अधिग्रहण एक सर्वहारा द्वारा ही होना चाहिए। मैं पहला प्रश्न पूछना चाहता हूँ : क्या भारत के सर्वहारा मिलकर यह क्रान्ति लायेंगे...?' क्या यह कहा जा सकता है कि भारत का सर्वहारा, जो कि ग़रीब है, उसे अमीर और ग़रीब के अलावा किसी और अन्तर की पहचान नहीं? क्या यह कहा जा सकता है कि भारत के ग़रीबों को जाति और धर्म, ऊँच और नीच के बीच के अन्तर की पहचान नहीं है?[14] अम्बेडकर के मुताबिक़, भारतीय साम्यवाद की कमी यह थी कि उसका पूरा ध्यान वर्ग पर केन्द्रित था और उसमें जाति की सच्चाई को पूरी तरह दरकिनार किया गया था। उन्होंने बताया, 'जाति व्यवस्था केवल श्रम का विभाजन नहीं है, यह श्रमिकों का विभाजन है।' इससे भी बुरा यह कि जाति को शक्ति पैसे या सम्पत्ति से नहीं मिलती बल्कि धर्म की व्यवस्था से मिलती है। 'भारत में लखपति क्यों निर्धन साधुओं और फ़क़ीरों की आज्ञा का पालन करते हैं?'...भारत के इतिहास ने यह दर्शाया है कि धर्म ही यहाँ सत्ता का स्रोत रहा है जहाँ आम लोगों पर एक पुजारी का नियन्त्रण मजिस्ट्रेट से भी ज़्यादा है और जहाँ हर चीज़, यहाँ तक कि हड़ताल और चुनाव भी आसानी से धार्मिक हो जाते हैं और उन्हें आसानी से धार्मिक रंग दिया जा सकता है।[15]

कम्युनिस्ट नेता ई.एम.एस. नंबूदरिपाद ने अम्बेडकर के ख़िलाफ़ खुल कर आरोप लगाया कि वह लोगों का ध्यान पूर्ण स्वतन्त्रता के उद्देश्य से हटाकर 'हरिजन उद्धार (अस्पृश्य)' के साधारण लक्ष्य पर केन्द्रित करना चाहते हैं।[16] 'साधारण लक्ष्य' अम्बेडकर के लिए यही लक्ष्य मायने रखता था; बाक़ी सब बाद में आते थे। 'स्वराज की लड़ाई में सारा देश आपके पक्ष में लड़ता है। लेकिन इस लड़ाई में, आपको पूरे देश के ख़िलाफ़ लड़ना है–और वह भी अकेले। लेकिन यह स्वराज से ज़्यादा ज़रूरी है।' जैसा अम्बेडकर ने पहले भी कहा था, 'खोये हुए अधिकार उसे हड़पने वालों की अन्तरात्मा के सामने हाथ फैलाकर कभी नहीं हासिल किये जा सकते, बल्कि इसके लिए अनवरत संघर्ष करना होगा।'

अपनी ऊर्जा हासिल करने के लिए यूरोप में नौ हफ़्ते की छुट्टी बिताकर अम्बेडकर जनवरी 1937 में भारत लौटे और तुरन्त चुनाव प्रचार में जुट गये। अपनी पार्टी के लिए समर्थन जुटाने के लिए उन्होंने बम्बई प्रेसिडेंसी के सभी ज़िलों का दौरा किया। अस्पृश्यों के अधिकारों के लिए काम करनेवाले ऊँची जाति के एक प्रमुख वकील एन.सी. केलकर, जिन्होंने इसी मुद्दे पर कांग्रेस छोड़ दी थी, उन्होंने अम्बेडकर की सार्वजनिक रूप से प्रशंसा करते हुए उन्हें 'वंचित वर्गों का बेताज

बादशाह घोषित किया।' वंचित वर्गों के लिए आरक्षित सीटों पर कांग्रेस ने समुदाय के ही उम्मीदवारों को पार्टी की तरफ़ से चुनाव मैदान में उतारा, और वंचित वर्गों से भारत के पहले महान क्रिकेटर पलवनकर बालू[17] को उसी सीट से खड़ा किया जहाँ से अम्बेडकर चुनाव लड़ रहे थे। कांग्रेस के बड़े संगठनात्मक ढाँचे और काफ़ी ज़्यादा संसाधन झोंकने के बावजूद, अम्बेडकर के द्वारा पार्टी की तरफ़ से नामित सत्रह में से चौदह उम्मीदवार जिनमें अम्बेडकर ख़ुद भी शामिल थे, फ़रवरी में हुए बम्बई असेम्बली के चुनाव में जीत गये। अम्बेडकर को केवल दो साल लॉ कॉलेज का प्रिंसिपल रहने के बाद अपना पद छोड़ना पड़ा, पर जीत का स्वाद बेहद मधुर था।

इस जीत की ख़ुशी 17 मार्च, 1937 को और बढ़ गयी जब बम्बई हाई कोर्ट ने वंचित वर्गों के अधिकारों का समर्थन करते हुए उन्हें महाड के चावदार टैंक से पानी लेने का अधिकार दे दिया, यही वह जगह थी जहाँ अम्बेडकर ने एक दशक पूर्व पहला विरोध आन्दोलन किया था। जब महाड नगर पालिका ने वंचित वर्गों के लिए चावदार टैंक खोलने का फ़ैसला लिया तो अम्बेडकर ने कहा, 'आख़िरकार सच्चाई की जीत होती है।' उन्होंने कहा, 'ऐसा नहीं है कि चावदार लेक का पानी पीने से हम अमर हो जायेंगे।' 'इतने दिनों तक बिना इसे पिये भी हम अच्छी तरह जीवित रहे हैं। हम चावदार लेक केवल उसका पानी पीने नहीं जा रहे, हम झील तक यह बताने जा रहे हैं कि हम भी दूसरों की तरह ही मनुष्य हैं।'[18] सत्य की विजय की बात करते हुए अम्बेडकर ने गांधी की तरह ही गीता के विचार और उदाहरणों का हवाला दिया और कहा कि यह स्पृश्य और अस्पृश्य दोनों को स्वीकार्य है।

अम्बेडकर के अनुसार, अगर उद्‌देश्य उत्तम और न्यायपूर्ण हो तो लड़ाई चाहे हिंसक हो या अहिंसक, उचित है। उन्होंने कहा कि हासिल करने के तरीक़े बदलने से लक्ष्य का औचित्य नहीं बदल जाता; अलग-अलग माध्यम अपनाने से लक्ष्य का औचित्य परिवर्तित नहीं हो जाता जैसेकि कर्ता के अनुसार क्रिया बदल जाती है। इस मामले में उनका मत महात्मा गांधी से अलग था जो शिक्षा देते थे कि उचित साध्य के लिए अनुचित साधन नहीं अपनाये जा सकते; गांधीजी ने ज़ोर देकर कहा कि साधन हमेशा साध्य के अनुरूप ही होने चाहिए। गांधी के अनुसार, हिंसा का रास्ता अपनाने से स्वतन्त्रता का श्रेष्ठ लक्ष्य नष्ट हो जाता है, जबकि अम्बेडकर मानते थे कि वंचित वर्गों की आज़ादी ख़ुद में इतना बड़ा लक्ष्य है कि इसे हासिल करने के लिए कोई भी साधन उचित है।

इस मामले में गांधी के रुख़ से अम्बेडकर में कुछ कड़वाहट भर गयी जो कि चावदार आन्दोलन के मसले पर और बढ़ गयी। अम्बेडकर के लिए यह मुद्दा मानवीय समानता के लिए सबसे अहम था। उन्होंने ज़ोर देकर कहा कि हो सकता है कि सभी मनुष्य एक जैसे न हों, लेकिन समानता एकमात्र सम्भावित शासकीय सिद्धान्त है। ये महाड सत्याग्रह का मुख्य मुद्दा था, और इसी पर उन्होंने जून 1945 के अपने लम्बे लेख में लिखा, 'कांग्रेस और गांधी ने अस्पृश्यों का क्या किया है':

अस्पृश्य, मिस्टर गांधी का समर्थन हासिल करने के लिये नाउम्मीद नहीं थे। निश्चय ही उनके पास यह समर्थन पाने का उचित आधार था। सत्याग्रह का हथियार जिसका सार पीड़ा सहकर विरोधी का हृदय परिवर्तन करना है–उसे मिस्टर गांधी ने अपनाया था, और उन्होंने स्वराज हासिल करने के लिये ब्रितानी सरकार के ख़िलाफ़ इसके इस्तेमाल के लिये कांग्रेस का नेतृत्व किया था। स्वाभाविक था कि अस्पृश्य चाहते थे कि हिन्दुओं के ख़िलाफ़ सत्याग्रह में मिस्टर गांधी उनका पूर्ण समर्थन करें। उनका लक्ष्य सार्वजनिक कुओं से पानी लेने और सार्वजनिक हिन्दू मन्दिरों में प्रवेश का अधिकार हासिल करना था। हालाँकि मिस्टर गांधी ने इस सत्याग्रह को अपना समर्थन नहीं दिया। उन्होंने न केवल इसे अपना समर्थन नहीं दिया, बल्कि कड़े शब्दों में इसकी निन्दा भी की।[19]

लक्ष्य हासिल करने से अम्बेडकर को सन्तोष हुआ था, लेकिन इससे महात्मा गांधी के प्रति उनकी नफ़रत भी ज़ाहिर हो गयी थी।

सरकार बनाने में कांग्रेस की आरम्भिक अनिच्छा की वजह से कुछ देरी हुई और नयी विधानसभा जुलाई 1937 में गठित हुई। एक महीने के भीतर ही अम्बेडकर मन्त्रियों के लिए प्रस्तावित वेतन के स्तर और सुविधाओं को लेकर नये प्रधानमन्त्री बी.जी. खेर से लड़ने लगे थे; अम्बेडकर चाहते थे कि उनके वेतन में मौजूदा सामाजिक और आर्थिक परिस्थितियों को भी शामिल किया जाय, जो कि उनके हिसाब से 75 रुपये प्रतिमाह होनी थी न कि सरकार द्वारा प्रस्तावित 500 रुपये प्रतिमाह।[20] सितम्बर में अम्बेडकर ने बम्बई प्रेसिडेंसी के कोंकण क्षेत्र में भूमि बन्दोबस्ती की खोत प्रणाली को ख़त्म करने और भूमिहीन कास्तकार किसानों के हित के लिए एक बिल पेश किया।[21] उन्होंने एक अन्य विधेयक में संशोधन का प्रस्ताव दिया जिसमें 'हरिजन' शब्द का इस्तेमाल किया गया था जो कि उन्हें हेय दृष्टि से देखना लगा–आख़िरकार क्या हम सभी ईश्वर की सन्तान नहीं हैं?–उन्होंने 'हरिजन' शब्द को हटाने की माँग की। दत्त ने विश्लेषण किया 'ऊपरी तौर पर ऐसा कहने में कोई बुराई नज़र नहीं आती कि जिनके साथ भेदभाव हुआ हो, उन्हें ईश्वर की सन्तान कहा जाये, लेकिन अगर गहराई से देखें तो इसमें कई समस्याएँ हैं।'

'दलितों की पीड़ा और कष्ट को विधाता का विधान कहना, ऊँची जाति के हिन्दुओं को बरी कर देना है जो कि दलितों को पीड़ा देने वाले हैं। इससे काफ़ी नुक़सान पहुँचाने वाला ये संकेत भी मिलता है कि हरिजनों की, नीची जाति दरअसल उनके कर्मों की वजह से है।'[22]

इस मुद्दे पर कांग्रेस का बहुमत हावी रहा, और अम्बेडकर अपनी निराशा व्यक्त करने के लिए खड़े हुए, उनका तर्क था कि इस मामले में वंचित वर्गों का अपना मत अहम है कि वे ख़ुद को क्या कहलवाना चाहते हैं और सत्ताधारी दल को इस पर और ग़ौर करना चाहिए। खेर हरिजन शब्द का बचाव कर रहे थे, ऐसे में वंचित वर्गों की तरफ़ से विरोध दर्ज कराने के लिए अम्बेडकर समुदाय के दूसरे विधायकों के साथ सदन से बाहर चले गये।[23]

यह सच है कि उस समय महात्मा गांधी के दिये 'हरिजन' शब्द की जगह कोई दूसरा शब्द सरकार को सुझाने के लिए अम्बेडकर के पास कोई और विकल्प नहीं था। उन्होंने ख़ुद समुदाय के लिए मराठी शब्द 'बहिष्कृत', अंग्रेज़ी शब्द अस्पृश्यों (अनटचेबल्स) और वंचित वर्गों (डिप्रेस्ड क्लासेज़), और कभी-कभी मूक (साइलेंट) शब्द का इस्तेमाल किया (हालाँकि उनकी वाक्‌पटूता को देखते हुए ये शब्द 'मूक' उन पर कभी लागू नहीं हो सका)। जब स्वतन्त्र भारत का अपना संविधान 1950 में अंगीकृत किया गया, तब संविधान की अनुसूची में अस्पृश्य जातियों को सूचीबद्ध किया गया, और हरिजनों को उसके बाद से शासकीय भाषा में अनुसूचित जातियाँ कहा जाने लगा। अम्बेडकर जीवन भर 'हरिजन' शब्द का विरोध करते रहे और 1970 के दशक में इसके लिए दलित (उत्पीड़ित) शब्द लोकप्रिय हो गया जिसे बाद में सरकारी तौर पर भी अपना लिया गया।

विपक्षी विधायक के रूप में अम्बेडकर श्रमिक वर्ग और उनके हितों के प्रखर और असमझौतावादी पैरोकार थे। उन्होंने 1937 के औद्योगिक विवाद बिल की कड़ी निन्दा की। उनका मानना था कि यह विधेयक श्रमिकों को नज़रअन्दाज़ कर पूँजीपतियों को लाभ पहुँचाने के हथियार के रूप में तैयार किया गया है। जब बहुमत वाली कांग्रेस पार्टी ने इसे पारित करना सुनिश्चित किया तो अम्बेडकर बम्बई ट्रेड यूनियन कांग्रेस की विरोध में बुलाई गयी हड़ताल में शामिल हो गये। उन्होंने एक जनसभा को सम्बोधित किया जिसमें क़रीब 80 हज़ार प्रदर्शनकारी शामिल हुए। 7 नवम्बर, 1937 की सफल और आमतौर पर शान्तिपूर्ण हड़ताल (व्यापक रूप से शान्तिपूर्ण रही क्योंकि मज़दूरों और पुलिस की झड़प में दो श्रमिकों की मौत हो गयी थी)

ने अम्बेडकर की छवि श्रमिकों के अधिकार की वकालत करने वाले शख़्स के रूप में पेश की और बताया कि वे केवल वंचित वर्गों के नेता नहीं हैं।[24]

लगभग इसी समय अम्बेडकर ने अपना लोकप्रिय मूलमन्त्र दोहराया 'शिक्षित करो, संगठित करो और आवाज़ उठाओ'। इस बारे में उन्होंने नागपुर की एक सभा में कहा :

आपको मेरे इस आश्वासन की कम ज़रूरत है कि मैं आदर्श के लिए लड़ूँगा। इस वक़्त मुझे आपके आश्वासन की ज़्यादा ज़रूरत है। आपने मुझे अपना प्यार और स्नेह देने का आश्वासन दिया है। पर इसकी ज़रूरत नहीं। मुझे आपसे एक दूसरे तरह के आश्वासन की दरकार है। ये आश्वासन है शक्ति, एकता और दृढ़ संकल्प के साथ हमारे अपने लिए खड़े होने, अधिकारों के लिए लड़ने और तब तक पीठ नहीं दिखाने का जब तक हम अपने अधिकार जीत नहीं लेते। आप अपनी भूमिका सही तरीक़े से निभाने का वादा करें, मैं अपनी भूमिका निभाने का वादा करता हूँ। जब न्याय हमारी तरफ़ है तो मैं नहीं देख पाता कि लड़ाई में हमारी हार कैसे हो सकती है।[25]

अम्बेडकर ने जोश भर कर आगे कहा :

इस लड़ाई को लड़ना आनन्द का विषय है। ये लड़ाई पूरी तरह आध्यात्मिक है। इसमें कुछ भी नैतिक या अनैतिक नहीं है। हमारा संघर्ष हमारी आज़ादी के लिए है। यह मानवीय प्रतिष्ठा को दोबारा हासिल करने की लड़ाई है जिसे हिन्दू सामाजिक व्यवस्था ने दबा दिया है, छिन्न-भिन्न कर दिया है और हमें कुचलने और हमारे आत्मविश्वास को क्षीण करने की कार्रवाई तब तक जारी रहेगी जब तक राजनीतिक लड़ाई में हिन्दू जीतेंगे और हम हारते रहेंगे। आपको मेरी अन्तिम सलाह है, 'शिक्षित बनें, संगठित हों और विरोध करें,' अपने ऊपर भरोसा रखें और उम्मीद का दामन कभी ना छोड़ें। मैं हमेशा आपके साथ रहूँगा, जैसेकि मैं जानता हूँ आप मेरे साथ रहेंगे।

जैसाकि देखा गया, अम्बेडकर की इंडिपेंडेंट लेबर पार्टी और उनकी ख़ुद की राजनीति मार्क्सवादी और कम्युनिस्ट विचारधारा के क़रीब थी, लेकिन वामपन्थ के हर मसले को आर्थिक चश्मे से देखने का अर्थ यही था कि उनके लिए केवल वर्ग मायने रखता है, जाति नहीं। समाजवादियों को लगता था कि वंचित वर्ग महज़ एक भूमिहीन सर्वहारा हैं, जिनकी समस्या भूमि के पुनर्वितरण से दूर हो जायेगी और एक पूर्णत: समतावादी समाज में आर्थिक न्याय मिलने के साथ ही उनकी समस्याएँ ख़त्म हो जायेंगी।

अम्बेडकर ने इन पूर्ण धारणाओं पर 1936 में 'जनता' के एक अंक में लिखा:

आधार, इमारत नहीं है। आर्थिक सम्बन्धों के आधार पर धार्मिक, सामाजिक और राजनीतिक संस्थानों की एक इमारत खड़ी होती है। ये इमारत उतनी ही यथार्थ है जितनी उसकी नींव। अगर हम उसकी नींव को बदलना चाहते हैं, तब सबसे पहले हमें उसके ऊपर बनी इमारत को गिराना होगा। उसी तरह अगर हम समाज के आर्थिक सम्बन्धों को बदलना चाहते हैं तो पहले मौजूदा सामाजिक, राजनीतिक और दूसरे संस्थानों को नष्ट करना होगा। उन्होंने आगे तर्क दिया कि जाति के उन्मूलन के बिना श्रमिक-वर्ग का कोई भी संघर्ष सफल नहीं हो सकता। इस प्रक्रिया में उन्होंने नेहरू के नेतृत्व वाले कांग्रेस सोशलिस्टों पर भी प्रहार किया। उनका निशाना नेहरू और उनकी पार्टी के सभी धड़ों के बीच गहरी दरार पर था।

* * * * *

स्वशासन का ब्रिटिश राज का प्रयोग व्यापक रूप से दो वर्ष तक कारगर रहा, लेकिन सितम्बर 1939 में भारत की तरफ़ से वायसराय की बिना सोचे-समझे जर्मनी के ख़िलाफ़ युद्ध की घोषणा से विफल हो गया। इस फ़ैसले से पहले भारत के निर्वाचित नेताओं से सलाह-मशविरे की ज़रूरत भी नहीं समझी गयी। विडम्बना यह थी कि कांग्रेस देश में फ़ासीवाद विरोधी विचार का प्रतिनिधित्व कर रही थी और अगर निर्वाचित भारतीय नेताओं को कुछ शक्तियाँ हस्तान्तरित की जातीं तो सम्भवत: कांग्रेस को नाज़ीवाद और फ़ासीवाद के ख़िलाफ़ लड़ाई में सहयोग के लिए आसानी से समझाया जा सकता था। लेकिन इस अपमान के बाद निर्वाचित कांग्रेस सरकारों ने इस्तीफ़ा दे दिया, जो कि भारत में राजनीतिक व्यवस्था के विकास के लिए एक बड़ा झटका था।

इस्तीफ़ों ने उन दलों को एक मौक़ा दे दिया जिन्हें 1937 के चुनाव में कांग्रेस ने बुरी तरह हरा दिया था। जिन्ना और मुस्लिम लीग ने कांग्रेस के इस्तीफ़ों को 'मुक्ति दिवस' के रूप में मनाया। अम्बेडकर तुरन्त उसमें शामिल हो गये। उन्होंने कहा, 'मैंने मिस्टर जिन्ना का कथन पढ़ा और शर्मिन्दा हुआ कि जो मुझे करना था उसे उन्होंने पहले कर दिया और मेरी भाषा और भावना व्यक्त कर दी, जिसे मैं मिस्टर जिन्ना से बेहतर करने का अधिकारी था।'[26] उन्होंने आगे कहा कि वंचित वर्ग भारतीय मुसलमानों की तुलना में कांग्रेस की नीतियों से ज़्यादा पीड़ित हैं। बम्बई के एक मुस्लिम बहुल इलाक़े में जिन्ना ने जब 'मुक्ति दिवस' पर भारी जनसमूह को सम्बोधित किया तो अम्बेडकर भी उसमें शामिल हुए। वहाँ दोनों नेताओं ने एक-

दूसरे से बढ़-चढ़कर कांग्रेस की निन्दा की। अम्बेडकर युद्ध के उत्साही समर्थक थे और उसे लोकतन्त्र को बचाने के संघर्ष के रूप में देखते थे।

हालाँकि अंग्रेज़, प्रान्तीय कांग्रेस सरकारों की जगह आज्ञाकारी कठपुतली सरकारों को बिठाकर बेहद ख़ुश थे, पर वे यह भी जानते थे कि निर्वाचकों के लोकप्रिय प्रतिनिधियों की चिन्ताओं पर भी उन्हें ध्यान देना होगा। विश्वयुद्ध के बाद भारत को डोमिनियन स्टेट्स (स्वतन्त्र उपनिवेश) का दर्जा दिये जाने के इरादे से लेबर पार्टी के नेता सर स्टेफ़ोर्ड क्रिप्स को राजनेताओं से बातचीत के लिए भेजा गया। ढीले-ढाले परिसंघ के उनके प्रस्ताव की भारत के हर राजनीतिक तबके ने निन्दा की जिसमें कांग्रेस (महात्मा गांधी ने उसे डूबते हुए बैंक का 'उत्तरदिनांकित चेक' कहा)[27] और मुस्लिम लीग (जिसने कहा कि उसने मुसलमानों के लिए एक अलग देश की माँग रखी थी) और साथ ही अम्बेडकर भी शामिल थे, जिन्होंने मुस्लिम समुदाय के लिए प्रस्तावित विशेष प्रावधानों की तरह ही वंचित वर्गों के लिए व्यवस्था न दिये जाने का विरोध किया। युद्ध के दौरान अंग्रेज़ों की मदद के एवज़ में सत्ता में जो अवसर और आर्थिक लाभ मिले थे उससे उत्साहित होकर मुस्लिम लीग ने 1940 में ऐतिहासिक 'लाहौर प्रस्ताव' पारित किया जिसमें भारतीय मुसलमानों के लिए अलग पाकिस्तान देश की माँग रखी गयी थी। अपने स्वभाव के अनुसार तर्क बुद्धि का परिचय देते हुए गहन शोध के आधार पर अम्बेडकर ने चार सौ पृष्ठ की एक किताब लिख डाली जिसका शीर्षक था 'थॉट्स ऑन पाकिस्तान (पाकिस्तान पर विचार)'। इस पुस्तक में उन्होंने उप-महाद्वीप में हिन्दू-मुस्लिम सम्बन्धों का विश्लेषण किया और पाकिस्तान के लिए अलग देश की संकल्पना के पक्ष और विपक्ष की समीक्षा की जिसमें मुस्लिम बहुल क्षेत्रों को स्वायत्तता दिये जाने का विकल्प भी शामिल था जो कि निराशाजनक रूप से राज्य को कमज़ोर ही करता। अम्बेडकर ने निष्कर्ष दिया कि एक बहु सांस्कृतिक राष्ट्र तार्किक रूप से बेहतर है, लेकिन चूँकि ऐसा लगता है कि मुस्लिम जनमत इस्लामिक सांस्कृतिक प्राधान्य वाले क्षेत्रों में पृथक् मुल्क चाहता है, तो हिन्दुओं को मुसलमानों को पाकिस्तान दे देना चाहिए। उन्होंने प्रस्ताव दिया कि पंजाब और बंगाल की प्रान्तीय सीमा दोबारा निर्धारित कर मुस्लिम और ग़ैर मुस्लिम बहुलता वाले क्षेत्रों को अलग कर दिया जाना चाहिए–बँटवारे की माँग की यह अनिवार्य परिणति है। अगर मुस्लिम प्रान्तीय सीमाओं के दोबारा निर्धारण का विरोध करते हैं तो इसका मतलब यह है कि वे 'अपनी ख़ुद की माँग की प्रकृति' नहीं समझते हैं।

अम्बेडकर का विश्लेषण राजनीतिक व्यावहारिकता पर आधारित था। भारत के लोगों को मिलाकर एक राष्ट्र का निर्माण मेल-मिलाप के एक सुनियोजित प्रयास द्वारा ही किया जा सकता था, ख़ासतौर से तब जबकि समुदायों के बीच समन्वय और सह-अस्तित्व के कई उदाहरण मौजूद थे, लेकिन मुसलमानों की बहुसंख्यक आबादी अगर ऐसा राष्ट्रनिर्माण नहीं चाहती तो पाकिस्तान के बनने को टाला नहीं जा सकता था। अम्बेडकर के ये विचार भारतीय मुख्यधारा के ग़ैर मुसलमानों से क़तई मेल नहीं खाते थे; हालाँकि कुछ वर्षों बाद आख़िरकार जो हुआ, उसमें से अधिकांश का संकेत अम्बेडकर के विचारों में पहले ही मिल गया था।

अप्रैल 1941, में प्रसिद्धि के शिखर पर पहुँचे अम्बेडकर 50 वर्ष के हो गये। उन्हें सम्मानित करने के लिए पूना और बम्बई के चौपाटी बीच पर भव्य सार्वजनिक समारोहों का आयोजन किया गया। जून 1942 में उन्हें वायसराय की कार्यकारी परिषद में मनोनीत किया गया।[28] अंग्रेज़ी राज के अन्तर्गत आने वाले भू-भाग के लिये निर्णय लेने वाली ये सर्वोच्च संस्था थी। और अपने समुदाय से अम्बेडकर पहले व्यक्ति थे जिन्हें इतना बड़ा सम्मान मिला था। परिषद में श्रम मन्त्रालय का कार्यभार सँभालने की पेशकश को जब उन्होंने स्वीकार किया तो कांग्रेस ने इसे ख़ुद को बेचनेवाला क़दम बताकर निन्दा की। अम्बेडकर ने जवाब देते हुए कहा कि अगर देश के कामगारों और मेहनत मशक्कत करने वाले वर्गों के जीवन में सुधार लाने में वह नाकामयाब रहे तो पहले व्यक्ति होंगे जो अपने पद का त्याग कर देंगे। और वास्तव में श्रम, सिंचाई और ऊर्जा विभाग की ज़िम्मेदारी सँभाल रहे सदस्य के रूप में उन्होंने न केवल श्रमिक अधिकारों को बढ़ावा और समर्थन दिया, बल्कि जल प्रबन्धन के क्षेत्र में उन्नत तकनीक की शुरुआत की। जल संसाधन विकास, संरक्षण और वितरण की दिशा में नये प्रयोग किये जो कि समय के मानदण्डों पर खरे भी उतरे।[29]

अगस्त 1942 में कांग्रेस पार्टी ने 'भारत छोड़ो'[30] आन्दोलन की घोषणा की और माँग की कि ब्रिटेन भारत छोड़ दे। महात्मा गांधी के शब्दों में 'ईश्वर या अराजकता' के भरोसे। अंग्रेज़ों ने इसका जवाब दमन से दिया। बड़े पैमाने पर गिरफ़्तारियाँ हुईं। कांग्रेस के सभी नेता और बड़ी संख्या में कार्यकर्ताओं को जेलों में डाल दिया गया। अम्बेडकर ने भारत छोड़ो आन्दोलन का समर्थन नहीं किया था। ऑल इंडिया रेडियो पर बोलते हुए उन्होंने नाज़ियों के ख़िलाफ़ जंग का समर्थन किया और कहा कि यह लड़ाई एक नयी सामाजिक व्यवस्था के पुनर्जन्म के लिए है।[31] उन्होंने कहा

कि नाज़ीवाद की जीत से स्वतन्त्रता, समानता और भाईचारे के मूल्यों का अन्त हो जायेगा; स्वतन्त्रता के लिए इसे हराया जाना अनिवार्य है।

जब फ़रवरी 1943 में महात्मा गांधी ने जेल में 'आत्मशुद्धि' के लिए 21 दिन का उपवास किया,[32] तब कार्यकारी परिषद के भारतीय सदस्य जनमत की वजह से दबाव में आ गये कि वे अंग्रेज़ों के साथ सहयोग करना बन्द कर दें, और दो सदस्यों ने तो इस्तीफ़ा भी दे दिया। लेकिन अम्बेडकर एक बार फिर दबाव में नहीं आये। उन्होंने सोचा कि अपने पद का इस्तेमाल वह भारत के मज़दूरों के हित के लिए कर सकते हैं। श्रम पर कार्यकारी परिषद की स्थायी समिति की बैठकों की अध्यक्षता करते हुए वे कई नये प्रस्तावों को आगे बढ़ा सके—जैसेकि युद्ध के लिए ज़रूरी सामान बनाने वाले सभी उद्योगों में संयुक्त श्रमिक प्रबन्धन समिति का गठन, रोज़गार कार्यालय की स्थापना और औद्योगिक श्रमिकों के लिए प्रदत्त अवकाश का प्रावधान। ख़राब स्वास्थ्य की वजह से महात्मा गांधी को जेल से रिहा कर दिया गया।[33] उन्होंने राष्ट्र के सामने खड़े सबसे बड़े प्रश्न के हल के लिए चक्रवर्ती राजगोपालाचारी के ज़रिये मुस्लिम लीग के जिन्ना के सामने समझौते का प्रस्ताव रखा। अम्बेडकर ने इस पहल का समर्थन करते हुए महात्मा को चिट्ठी लिखी, लेकिन साथ ही जोड़ा कि हिन्दू-मुस्लिम प्रश्न को सुलझाने के लिए ये काफ़ी नहीं है; सवर्ण हिन्दुओं और अस्पृश्यों की समस्याओं को भी सुलझाने की ज़रूरत है। महात्मा ने जवाब में अम्बेडकर को लिखा कि वे उनसे असहमत हैं :

हरिजनों की समस्याएँ धार्मिक और सामाजिक प्रकृति की हैं और उनका समाधान हिन्दू धर्म और समाज के दायरे के भीतर ही किया जाना चाहिए।[34] इस तरह दोनों शख़्सियतों के बीच की दरार और चौड़ी होकर अब खाई बन गयी थी।

इस बीच पत्नी को खो चुके अम्बेडकर के सामने परिवार से जुड़ी चिन्ता आ खड़ी हुई : वह अब तक एक लापरवाह पिता रहे थे, अब वह अपने पुत्र और भतीजे के आर्थिक भविष्य को लेकर चिन्तित थे। सम्भवत: न चाहते हुए भी, एक बार फिर उन्होंने अपने उस मित्र की ओर देखा जिन पर माली ज़रूरत के समय वह अक्सर निर्भर रहे थे। वह थे नवल भथेना। उन्होंने भथेना को चिट्ठी लिखकर आग्रह किया कि 'वह किसी ऐसे उद्योग की योजना बनायें जिसे वह अपने पुत्र और भतीजे को सुझा सकें, ताकि बच्चों के पास ईमानदारी से आजीविका कमाने का साधन हो और वो शान्तिपूर्वक अन्तिम साँस ले सकें।' अम्बेडकर ने भथेना से यह भी निवेदन किया कि वह उनके बच्चों को कोई ऐसा सुरक्षित कारोबार सिखायें जिससे वह अपना जीवन चला सकें।[35]

जब विश्वयुद्ध ख़त्म होने लगा तो अंग्रेज़ों और भारतीय नेताओं का ध्यान एक बार फिर भारत के भविष्य के ज्वलन्त सवाल पर गया। जुलाई 1942 में, अम्बेडकर ने इंडिपेंडेंट लेबर पार्टी को भंग कर दिया और अपने राजनीतिक मंच को रूपान्तरित कर शेड्यूल्ड कास्ट्स फ़ेडरेशन (अनुसूचित जाति संघ) स्थापित किया। मई 1943[36], में फ़ेडरेशन को सम्बोधित करते हुए उन्होंने एक ऐसे एकजुट भारत की संकल्पना की जिसमें विभिन्न अल्पसंख्यक समुदायों को एक समान हक़ दिया जाना था ताकि ये सुनिश्चित किया जा सके कि बहुसंख्यक हिन्दू उनके हितों का हनन न कर दें। उनकी सांविधानिक व्यवस्था में वंचित वर्गों को सवर्ण हिन्दुओं और मुसलमानों के बीच सन्तुलन लाना था। यह ज़ाहिर ही था और समझा भी जा सकता था कि कांग्रेस ने उनके भाषण की निन्दा की। अंग्रेज़ों ने भी उसे तवज्जो नहीं दिया। जब जेल में बन्द राष्ट्रवादियों को रिहा कर जुलाई 1945 में वायसराय की तरफ़ से बातचीत के लिए शिमला बुलाया गया तो वायसराय की कार्यकारी परिषद के सदस्य के रूप में अम्बेडकर उसमें हिस्सा न ले सके।

इस बीच उन्होंने क़रारा प्रहार करने वाली उनकी किताब *'व्हाट कांग्रेस एंड गांधी हैव डन टू द अनटचेबल्स'* (कांग्रेस और गांधी ने अछूतों के साथ क्या किया है) प्रकाशित करवायी। इससे बड़े पैमाने पर उन पर लोगों का ध्यान गया, प्रसिद्धि मिली और कुछ दुश्मन भी पैदा हो गये। महात्मा गांधी के अमेरिकी जीवनीकार ने 1946 में प्रकाशित अपनी किताब में अम्बेडकर के बारे में लिखा, 'सबसे ज़्यादा कड़वाहट से भरा शख़्स जिससे मैं भारत में मिला।' उन्होंने आगे लिखा, कि अम्बेडकर 'गांधी विरोधी, पाकिस्तान समर्थक और सबसे ज़्यादा ब्रिटिश समर्थक भारतीय थे जिनसे मेरा सामना हुआ।'[37]

जब असंगठित महार सेना में दोबारा भर्ती के लिए आन्दोलन कर रहे थे, तब अम्बेडकर ने कार्यकारी परिषद में अपने प्रभाव का इस्तेमाल कर वंचित वर्गों के लिए फिर से भर्ती के दरवाज़े खुलवाये। 1893 में समुदाय के लिए भर्ती की प्रक्रिया बन्द होने के बाद ये पहली बार था जब महारों की तीन मिलिट्री बटालियन खड़ी की गयी।

जुलाई में ब्रितानी मतदाताओं ने चर्चिल और उनकी सरकार को हटा कर लेबर पार्टी के हाथों में सत्ता सौंपी। विश्वयुद्ध से थक चुकी और रॉयल इंडियन नेवी की बग़ावत से घबराई नयी ब्रितानी सरकार अनिश्चित काल तक अब भारत में अपने अस्थिर साम्राज्य को सँभालने के लिए संसाधन ख़र्च नहीं करना चाहती थी और जल्द से जल्द उसे आज़ादी दे देना चाहती थी। सितम्बर 1945 में, अगले साल होने

वाले आम चुनाव का एलान कर दिया गया। सभी पार्टियाँ ये समझ गयी थीं कि इन चुनावों से ही तय होगा कि किन शर्तों के आधार पर भारत में ब्रितानी शासन ख़त्म होगा। कांग्रेस के सभी बड़े नेता सार्वजनिक मंच से अनुपस्थित थे और जेलों में बन्द थे। मुस्लिम लीग ने इस मौक़े का फ़ायदा उठाया और युद्ध के वर्षों में नाटकीय रूप से अपने सदस्यों की संख्या (20 लाख से 2 करोड़) और आर्थिक संसाधन में बढ़ोतरी कर ली। अलग पाकिस्तान की माँग पर ज़ोर देने के लिए पार्टी पूरी तरह तैयार थी। कांग्रेस ख़ुद को पुनर्संगठित करने और लोगों को यह बताने के लिए तत्पर हो गयी कि वही बहुसंख्यक जनता की आवाज़ है जो सबको साथ लेकर चलने वाले एक भारत के पक्ष में खड़ी है।

अम्बेडकर की राजनीतिक पार्टी शेड्यूल्ड कास्ट्स फ़ेडरेशन (अनुसूचित जाति संघ) आर्थिक तंगी का सामना कर रही थी। मार्च 1946 में जब क्रिप्स कैबिनेट मिशन के प्रमुख के रूप में भारत लौटे, जिसे भारत की स्वतन्त्रता का ऐसा फ़ॉर्मूला तलाशना था जो सभी दलों को स्वीकार्य हो तो वह अम्बेडकर से मिले जिन्होंने देश के नये संविधान में अनुसूचित जातियों का हित सुनिश्चित करने के लिए मिशन को एक ज्ञापन सौंपा। लेकिन हिन्दू-मुस्लिम सवालों में उलझे मिशन ने अपने प्रस्तावों में ऐसे किसी प्रावधान को शामिल करने को नज़रअन्दाज़ कर दिया। कैबिनेट मिशन ने एक सरकारी दस्तावेज़ जारी किया जिसमें एक भारतीय संघ, एक अन्तरिम सरकार और नये संविधान को अन्तिम रूप देने के लिए एक संविधान सभा के गठन का प्रस्ताव था। इसमें अनुसूचित जातियों का कोई ज़िक्र नहीं था।

सरकारी दस्तावेज़ प्रकाशित करने के साथ ही वायसराय ने अपनी कार्यकारी परिषद भंग कर दी और मई 1946 में अम्बेडकर अपने लोगों के लिए लड़ने के मक़सद से बम्बई लौट आये। जहाँ तक अंग्रेज़ों का सम्बन्ध था उनके अन्त की शुरुआत हो चुकी थी। पर अम्बेडकर के लिए असल चुनौती बस शुरू ही हुई थी।[38]

सन्दर्भ सूची

1. ये सारा पत्र-व्यवहार 'प्रोलोग (ये भाषण कैसे तैयार हुआ–और दिया नहीं गया)' में पाया जा सकता है, कोलम्बिया सेंटर फ़ॉर टीचिंग एंड लर्निंग (सीटीएल).
2. घनश्याम शाह (सं.), *कास्ट एंड डेमोक्रेटिक पॉलिटिक्स इन इंडिया,* नयी दिल्ली : परमानेंट ब्लैक, 2004, पृ. 103.
3. मून, 'एनिहिलेशन ऑफ़ कास्ट', *राइटिंग्स एंड स्पीचेज़,* खण्ड 1, पृ. 55.
4. वही, पृ. 83
5. शहारे, *डॉ. भीमराव अम्बेडकर,* पृ. 114.

6. 'द कर्स ऑफ़ अनटचेबिलिटी', आर. के. प्रभु एंड यू. आर. राव (सं.), *द माइंड ऑफ़ महात्मा गांधी,* अहमदाबाद : नवजीवन ट्रस्ट, 1960.
7. 'वर्ण' और 'जाति' दोनों शब्दों का प्रयोग 'जाति' के लिए किया जाता है, लेकिन दोनों समान नहीं हैं। वर्ण, जाति व्यवस्था के शुरुआती दौर की बात थी जब आमतौर पर समाज को कार्य के आधार पर चार जातियों में बाँटा गया था : ब्राह्मण (पुरोहित और विद्वान); क्षत्रिय (योद्धा और शासक); वैश्य (व्यापारी और किसान); और शूद्र (हाथ से काम करने वाले मज़दूर), और दलित जैसे अन्य लोगों को जाति बहिष्कृत माना जाता था। जाति कहने से जातियों के विकास का पता चलता है और जन्म के आधार पर पेशेवर पहचान भी ज़ाहिर होती है, साथ ही जाति के अन्तर्गत आने वाली उप-जातियों पर भी जातिगत पहचान से जुड़ी बातें लागू होती हैं जैसेकि मोची, कुम्हार और मुंशी इत्यादि। अगर कोई व्यक्ति अपने पुश्तैनी पेशे को छोड़ भी दे तब भी वह अपनी जातिगत पहचान से बच नहीं सकता है।
8. बी. आर. अम्बेडकर, 'ए रिप्लाई टू महात्मा', राउंड टेबल इंडिया।
9. बी. आर. अम्बेडकर, 'गांधी एंड हिज़ फ़ास्ट', *राइटिंग्स एंड स्पीचेज़,* खण्ड 5, पृ. 353-54.
10. बी. आर. अम्बेडकर, 'फ़ेडरेशन वर्सेज़ फ्रीडम', गोखले इंस्टीट्यूट ऑफ़ पॉलिटिक्स एंड इकोनॉमिक्स, काले मेमोरियल लेक्चर, 1939, पृ. 154.
11. 'भारत सरकार अधिनियम, 1935', भारत का संविधान।
12. कीर, *डॉ. अम्बेडकर,* पृ. 285-86.
13. अरुणा रॉय, 'इज़ अनब्राइडल्ड कैपिटलिज़्म ए थ्रेट टू कॉन्स्टीट्यूशनल डेमोक्रेसी इन इंडिया?', डॉ. अम्बेडकर मेमोरियल लेक्चर, 2015. पृ. 15.
14. जगन्नाथम बेगारी (सं.) *बी. आर. अम्बेडकर एंड सोशल ट्रांसफ़ॉर्मेशन : रीविज़िटिंग द फ़िलॉसफ़ी एंड रीक्लेमिंग सोशल जस्टिस,* नयी दिल्ली : रॉटलेज, 2021.
15. बी. आर. अम्बेडकर, *द एनिहिलेशन ऑफ़ कास्ट,* जेनरल प्रेस, 2020, पृ. 90.
16. निशिकान्त कोलगे, *गांधी अगेन्स्ट कास्ट,* नयी दिल्ली : ऑक्सफ़ोर्ड यूनिवर्सिटी प्रेस, 2017.
17. ध्रुबो ज्योति, 'इंडियाज़ फ़र्स्ट दलित क्रिकेटर पलवनकर बालू फ़ॉट अगेन्स्ट कास्ट बैरियर्स ऑन द फ़ील्ड एंड ऑफ़ इट', *हिन्दुस्तान टाइम्स,* 16 सितम्बर, 2018.
18. सिद्धार्थ स्वपन रॉय, 'द लेक ऑफ़ लिबरेशन', *आउटलुक,* 8 अप्रैल, 2016.
19. बी. आर. अम्बेडकर, *व्हाट द कांग्रेस एंड गांधी हैव डन टू द अनटचेबल्स,* नयी दिल्ली : गौतम बुक सेंटर, 1946, पृ. 238.
20. कीर, *डॉ. अम्बेडकर,* पृ. 295.
21. वही, पृ. 296, 300.
22. दत्त, *कमिंग आउट ऐज़ दलित,* पृ. 120.
23. कीर, *डॉ. अम्बेडकर,* पृ. 302.
24. अर्जुन राम मेघवाल, 'बी. आर. अम्बेडकर लेड द फ़ाउंडेशन फ़ॉर वर्कर्स राइट्स, सोशल सिक्योरिटी इन इंडिया', *इंडियन एक्सप्रेस,* 1 मई, 2020.
25. शहारे, *डॉ. भीमराव अम्बेडकर,* पृ. 75.

26. कीर, *डॉ. अम्बेडकर,* पृ. 330.
27. श्याम रत्न गुप्ता, 'न्यू लाइट ऑन द क्रिप्स मिशन', *इंडिया क्वार्टरली,* खण्ड 28, नं. 1, 1972, पृ. 69-74.
28. शहारे, *डॉ. भीमराव अम्बेडकर,* पृ. 77.
29. उत्तम कुमार सिन्हा, 'बी.आर. अम्बेडकर्स पायोनियरिंग रोल इन वाटर मैनेजमेंट', *हिन्दुस्तान टाइम्स,* 16 अप्रैल, 2022.
30. '1942 क्विट इंडिया मूवमेंट', मेकिंग ब्रिटेन, ओपन यूनिवर्सिटी।
31. शहारे, *डॉ. भीमराव अम्बेडकर,* पृ. 78.
32. अनिन्दिता बसु, 'गांधी एंड हिज़ फ़ैक्ट्स', *स्वराज्य,* 2 अक्टूबर, 2015.
33. शहारे, *डॉ. भीमराव अम्बेडकर,* पृ. 79.
34. वही।
35. कीर, *डॉ. अम्बेडकर,* पृ. 404.
36. शहारे, *डॉ. भीमराव अम्बेडकर,* पृ. 80.
37. ओम्वेट साइटिंग सी. बी. खैरमोडे, 1999, 8: 17 इन अम्बेडकर, पृ. 100.
38. शहारे, *डॉ. भीमराव अम्बेडकर,* पृ. 82.

पंचम

विजय और भ्रम

(1946-1956)

मशहूर फ़िल्म स्टार दिलीप कुमार औरंगाबाद में थे और उसी होटल में ठहरे थे जहाँ शहर में एक शैक्षणिक संस्थान स्थापित कर रहे अम्बेडकर ठहरे थे। अपनी शोहरत की बुलन्दियों पर चल रहे दिलीप कुमार सिनेमा के पर्दे के केवल एक जगमगाते सितारे नहीं थे, वह पण्डित जवाहरलाल नेहरू के क़रीबी मित्र भी थे, जो कि सांस्कृतिक मामलों, सिनेमा और कला जगत से जुड़े मसलों पर उनकी राय लिया करते थे। दिलीप कुमार की विभिन्न राजनीतिक दलों के नेताओं से दोस्ती थी; वह उनकी विचारधारा पर ध्यान दिये बिना उनमें रुचि रखते थे और वे भी उस दौर के अहम मुद्दों पर दिलीप कुमार की जानकारी की अत्यधिक सराहना करते थे। जब उन्होंने सुना कि डॉक्टर अम्बेडकर उसी होटल में हैं, तो उन्होंने संविधान निर्माता से मुलाक़ात की इच्छा ज़ाहिर की और अम्बेडकर जो कॉलेज स्थापित कर रहे थे उसके लिए डोनेशन (दान) की भी पेशकश की।

दोनों की मुलाक़ात तय हुई और फ़िल्म स्टार संविधान निर्माता से मिलने पहुँचे। हालाँकि उन दोनों की मुलाक़ात के बारे में अलग-अलग मत हैं, पर ज़्यादातर इस बात पर सहमत हैं कि मशहूर वकील ने फ़िल्म अभिनेता को ख़ास तवज्जो नहीं दी और उनके साथ बेहद रूखा व्यवहार किया। एक विवरण यह है कि अम्बेडकर ने फ़िल्म इंडस्ट्री पर हमला करते हुए बातचीत की शुरुआत की : वह मानते थे कि फ़िल्म इंडस्ट्री में काम करने वाले स्त्री और पुरुष 'अच्छे लोग नहीं होते और उनमें नैतिकता और मूल्यों का भी अभाव होता है'। अम्बेडकर कुछ और कहते इससे पहले ही दिलीप कुमार ने उन्हें रोका और अपने आकर्षक व्यक्तित्व के सम्मोहन के साथ आत्मविश्वास से भरकर उनसे कहा कि उन्हें ग़लत जानकारी दी गयी है और फ़िल्म इंडस्ट्री के बारे में अपने ज़ेहन में उन्होंने 'ग़लत तस्वीर' बना रखी है। आगे कहानी यह है कि अम्बेडकर को आसानी से समझाया नहीं जा सका, और उन्होंने फ़िल्म उद्योग से जुड़ी कई 'अप्रिय घटनाओं' का हवाला देकर कहा कि

फ़िल्म इंडस्ट्री कोई तारीफ़ के क़ाबिल जगह नहीं है। कुछ बोलने का मौक़ा ना मिल पाने की वजह से दिलीप कुमार वहाँ से निकल गये। इस मुलाक़ात के बारे में एक और कहानी प्रचलित है। इसके अनुसार, अम्बेडकर ने उन मित्रों को ख़ूब सुनाया जिन्होंने इस मुलाक़ात की व्यवस्था की थी, 'मुझे फ़िल्मी कलाकारों, उद्योगपतियों और कारोबारियों से दान लेने की ज़रूरत नहीं।' जब दिलीप कुमार को अम्बेडकर के जवाब के बारे में बताया गया तो उन्होंने कहा, 'डॉक्टर अम्बेडकर मेरे लिए पिता तुल्य हैं। मैं उनके विचारों का पूरी तरह सम्मान करता हूँ।'[1]

डॉक्टर अम्बेडकर के जिन मित्रों ने इस मुलाक़ात की व्यवस्था करवायी थी, उन्होंने उनसे कहा कि उन्हें दिलीप कुमार के साथ ऐसा व्यवहार नहीं करना चाहिए था, क्योंकि वह केवल अम्बेडकर के प्रति सम्मान प्रकट करने ही नहीं आये थे, बल्कि उनके उद्देश्यों के लिए अच्छी-ख़ासी रक़म भी दान में देना चाहते थे। इस पर अम्बेडकर ने खीझ कर दोस्तों से कहा : वह पैसे के लिए कभी अपने विचार, फ़ैसले और मूल्यों को नहीं बदलेंगे। दोनों लोगों की फिर कभी मुलाक़ात नहीं हुई।[2]

मैंने इस कहानी के दोनों विवरणों का उल्लेख किया है क्योंकि दोनों ही अम्बेडकर की एक ख़ासियत के बारे में बताते हैं और वह है–किसी भी क़ीमत पर अपने विचारों के अनुरूप कार्य करने का दृढ़ संकल्प, इसके लिए चाहे शुभ चिन्तकों को खोना पड़े या फिर आर्थिक मदद गँवानी पड़े। उस समय दिलीप कुमार के साथ असफल मुलाक़ात के अलावा भी अम्बेडकर के जीवन में कई ऐसी घटनाएँ हुईं जो और ज़्यादा महत्त्वपूर्ण थीं। 1946 के चुनाव में द *शेड्यूल्ड कास्ट्स फ़ेडरेशन* का प्रदर्शन बेहद ख़राब रहा; दो को छोड़कर (मद्रास और पंजाब में एक-एक) इसके सभी उम्मीदवार चुनाव हार गये, अम्बेडकर ख़ुद भी एक कांग्रेसी से चुनाव हार गये।[3] अनुसूचित जातियों के लिए आरक्षित 151 सीटों में से 141 पर कांग्रेस को जीत हासिल हुई। पाकिस्तान की माँग को लेकर हुए मज़हबी ध्रुवीकरण का नतीजा यह हुआ कि लीग को सभी मुस्लिम सीटों पर जीत मिली और कांग्रेस ने सभी सामान्य सीटें जीत लीं। हिन्दू-मुस्लिम प्रश्न ने मतदाताओं की प्राथमिकताओं में साफ़ तौर पर जाति और वर्ग समेत तमाम मुद्दों को पीछे छोड़ दिया था।

अम्बेडकर के जीवन के आख़िरी दशक में उन्हें कई सफलताएँ भी देखने को मिलीं। अपने पेशेवर जीवन में पूरी तरह व्यस्त रहते हुए भी अम्बेडकर ने वर्ष 1946 में कुछ समय अपने आदर्शों पर आधारित उच्च शिक्षा के दो संस्थान स्थापित करने में बिताये–बम्बई में सिद्धार्थ कॉलेज ऑफ़ आर्ट्स (बुद्ध के नाम पर) और औरंगाबाद में मिलिन्द कॉलेज (प्राचीन राजा मिलिन्द के नाम पर जिन पर बौद्ध

श्रद्धा रखते थे)। ये वही संस्थान थे जिनके लिए महान फ़िल्म स्टार दिलीप कुमार आर्थिक मदद करना चाहते थे। इन नामों से बौद्ध धर्म के प्रति अम्बेडकर के बढ़ते आकर्षण का संकेत मिलता है। इस धर्म से उनका पहला परिचय उनके मार्गदर्शक रहे प्रोफ़ेसर केलुस्कर[4] ने कराया था। इन दोनों संस्थानों को कुछ पैसे सरकार से भी मिले थे। अम्बेडकर ने इनकी स्थापना पीपुल्स एजुकेशन सोसायटी के तत्वावधान में की थी, जिसका मक़सद था और आज भी है–'केवल शिक्षा देना ही नहीं बल्कि इस प्रकार शिक्षा देना ताकि बौद्धिक, नैतिक और सामाजिक लोकतन्त्र को बढ़ावा मिल सके।'[5] इन संस्थानों के प्रति उनका लगाव ही था कि उन्होंने पचास हज़ार से ज़्यादा पुस्तकों वाली अपनी भव्य लाइब्रेरी सिद्धार्थ कॉलेज को दान कर दी, और इसके लिए उद्योगपति जी.डी. बिड़ला उन्हें जो रक़म देना चाहते थे, उन्होंने उसके आधे से भी कम राशि ली।[6]

वंचित वर्गों के अधिकारों की कड़ी वकालत करने वाले शख़्स की छवि होने के बावजूद–ख़ासतौर से शिक्षा के क्षेत्र में–अम्बेडकर ने ज़ोर दिया कि दोनों ही कॉलेजों के दरवाज़े सभी समुदायों के लिए खुले रहेंगे, और वहाँ पढ़ाने वाले शिक्षक भी सभी जातियों और धर्मों से रखे जायेंगे। उन्होंने ज़ोर देकर कहा कि अच्छी शिक्षा सुनिश्चित करने के लिए योग्यता एकमात्र आधार होनी चाहिए। इसका परिणाम यह हुआ कि दोनों ही संस्थानों की प्रतिष्ठा उत्कृष्ट शिक्षण केन्द्र के रूप में तेज़ी से बढ़ी और अच्छे स्कूलों के छात्र भी इसके प्रति आकर्षित होने लगे। वंचित वर्गों के छात्रों के लिए तो यह शिक्षा का मन्दिर था ही। इन संस्थानों में पढ़ाई करने वाले कई छात्र ऊँचे-ऊँचे ओहदों पर पहुँचे और उन्होंने बार-बार यह कहा कि अम्बेडकर के बिना उन्हें कभी वह मकाम हासिल करने का मौक़ा नहीं मिलता।

इन दोनों कॉलेजों की स्थापना, निर्माण और उसकी कार्य-पद्धति में अम्बेडकर के निजी जुड़ाव के बारे में कई कहानियाँ कही जाती हैं। अम्बेडकर बिना थके लगातार तरह-तरह के कार्यों को करने की कोशिश करते थे और उन्हें पूरा करने के लिए एकचित्त होकर और पक्के इरादे के साथ ख़ुद को पूरी तरह झोंक देते थे। एक संस्थान निर्माता के रूप में उन्होंने जिन सामाजिक संगठनों और राजनीतिक दलों की स्थापना की और उनका नेतृत्व किया, वे बहुत लम्बे समय तक कायम नहीं रह सके, क्योंकि उनकी बेचैन-सी रहने वाली प्रकृति उन्हें अगले संस्थान की स्थापना के लिए प्रेरित कर देती थी। लेकिन उनके दो कॉलेज उनके आदर्श और आकांक्षा के जीवन्त स्मारक के रूप में शेष रह गये।

अगस्त 1946 में कांग्रेस पार्टी के जवाहरलाल नेहरू के नेतृत्व में स्वतन्त्रता की ओर अग्रसर देश को चलाने के लिए एक अन्तरिम सरकार की स्थापना हुई।[7] इस सरकार में अनुसूचित जाति के केवल एक मन्त्री जगजीवन राम थे जो कि कांग्रेस से थे। अपने समर्थकों और शुभचिन्तकों के उकसावे पर अम्बेडकर अक्टूबर में प्रधानमन्त्री और अन्य उच्चाधिकारियों से मिलने के लिए इंग्लैंड गये ताकि अपने समुदाय के लिए और अधिक प्रतिनिधित्व के मसले पर दबाव बना सकें।[8] अम्बेडकर ब्रितानी सरकार को व्यवस्था में परिवर्तन के लिए समझाने में नाकाम रहे –अंग्रेज़ों को लगा कि हाल में हुए चुनावों में शेड्यूल्ड कास्ट्स फ़ेडरेशन के ख़राब प्रदर्शन को देखते हुए अतिरिक्त प्रतिनिधित्व दिए जाने की क़तई ज़रूरत नहीं है– और नवम्बर में उन्हें ख़ाली हाथ लौट जाना पड़ा। अम्बेडकर ठीक उसी समय लौटे जब नयी संविधान सभा का उद्घाटन सत्र शुरू होने वाला था। इसी संविधान सभा को स्वतन्त्र भारत के लिए संविधान का निर्माण करना था। संविधान सभा के लिए हुए चुनाव में वह बम्बई से हार गये, पर बंगाल से चुन लिए गये। वहाँ मुस्लिम लीग के वर्चस्व वाली असेम्बली ने अम्बेडकर के चुनाव का समर्थन किया था।

देश बुरी तरह बँट चुका था। आम चुनाव में मुस्लिम सीटों पर चुनाव जीतने वाली मुस्लिम लीग ने अपनी भारी जीत को अलग मुल्क पाकिस्तान बनाने के जनादेश के रूप में देखा और कांग्रेस के मन्त्रियों के साथ असहयोग और संविधान सभा का बहिष्कार कर अन्तरिम सरकार को ठीक से चलने नहीं दिया। 9 दिसम्बर 1946 को डॉक्टर राजेन्द्र प्रसाद की अध्यक्षता में जब संविधान सभा की पहली बैठक हुई तो प्रधानमन्त्री जवाहरलाल नेहरू ने एक उत्तेजक भाषण दिया और संविधान सभा के उद्देश्यों और प्रस्तावित संविधान को रेखांकित करता एक प्रस्ताव पेश किया। इस मौक़े पर असम्बद्ध उदारवादी नेता डॉक्टर एम.आर. जयकर, जिन्होंने अतीत में न्याय के लिए लड़ी गयी तमाम लड़ाइयों में अम्बेडकर का समर्थन किया था, उन्होंने प्रस्ताव रखा कि जब तक मुस्लिम लीग और भारतीय रियासतें संविधान सभा के कार्य में सम्मिलित नहीं हो जातीं तब तक बहस निलम्बित रखी जाये।[9] हालाँकि तब तक प्रत्याशित भविष्य में दोनों की ही कोई सम्भावना नहीं देखी जा रही थी, पर तमाम आशंकाओं के बीच जयकर के सुझाव को स्वीकार कर लिया गया। उसके बाद डॉक्टर राजेन्द्र प्रसाद ने एक अन्य असम्बद्ध सदस्य अम्बेडकर के विचारों को जानना चाहा।

'मैं जानता हूँ कि आज हम राजनीतिक, सामाजिक और आर्थिक रूप से बँटे हुए हैं', अम्बेडकर ने यह बात वहाँ उपस्थित गण्यमान्य व्यक्तियों और तत्कालीन

श्रेष्ठ भारतीयों से कही। 'हम जंगी ख़ेमों में बँटे हैं और मैं शायद ऐसे ही एक ख़ेमे का नेता हूँ। लेकिन इन सबके बावजूद, समय और परिस्थितियों को देखते हुए मैं इस बात से सहमत हूँ कि दुनिया में कोई भी चीज़ इस देश को एक होने से नहीं रोक सकती। और हमारी तमाम जातियों और धर्मों के बावजूद, मुझे यह कहने में ज़रा भी हिचक नहीं कि भविष्य में हम एकता के सूत्र में बँधे हुए लोग होंगे। मुझे यह कहने में थोड़ा भी संकोच नहीं कि भारत के विभाजन के लिए लीग के आन्दोलन के बावजूद, एक दिन मुसलमानों में पर्याप्त समझदारी आयेगी और वे भी इस बात को समझेंगे कि एकीकृत भारत सभी के लिए अच्छा है।'[10] फिर उन्होंने कांग्रेस पार्टी का रुख़ किया जो मुस्लिम लीग की अनुपस्थिति के बावजूद बँटवारे के पक्ष में नज़र आ रही थी। 'मैं प्रश्न पूछता हूँ कि आप जो कर रहे हैं वह क्या बुद्धिमानी है? क्या ऐसा करना समझदारी होगी? ताक़त एक बात है और समझदारी और विवेक एक एकदम अलग बात। लोगों की नियति का फ़ैसला करने के कार्य में नेताओं, लोगों या पार्टियों की प्रतिष्ठा क़तई मायने नहीं रखती। आइये अपने आचरण और व्यवहार से हम यह साबित करें कि हममें देश के सभी वर्गों और समुदायों को साथ लेकर चलने की न केवल शक्ति है बल्कि विवेक भी है और उसके बल पर हम उन्हें वह मार्गदर्शन देंगे जो निश्चित तौर पर हमें एकता के लक्ष्य तक पहुँचायेगा।'[11]

अम्बेडकर का भाषण सफल रहा और संविधान सभा ने इस उम्मीद में सभा की बहस को जनवरी तक टालने का फ़ैसला किया कि तब तक चर्चा में सभी पक्षों के मतों को शामिल कर लिया जायेगा। इस बीच देश में अव्यवस्था और हिंसा बढ़ती जा रही थी, हिन्दुओं और मुसलमानों ने एक-दूसरे पर हमला करना शुरू कर दिया था, और हर दिन हिंसा, हत्या और आगजनी की भयंकर घटनाएँ दर्ज होती जा रही थीं। दंगों और क़ानून-व्यवस्था के बुरी तरह चरमरा जाने की वजह से कांग्रेस नेतृत्व ने देश में विभाजन की लीग की माँग स्वीकार कर ली। संविधान सभा ने, लीग की अनुपस्थिति में, जो कि अब उतनी प्रासंगिक ही नहीं रह गयी थी, अपनी कार्यवाही शुरू की। अप्रैल 1947 में संविधान सभा ने मौलिक अधिकारों पर अपनी रिपोर्ट को स्वीकार कर लिया और साहसी कांग्रेसी नेता सरदार पटेल ने किसी भी रूप में मौजूद अस्पृश्यता के उन्मूलन का प्रस्ताव पेश किया।[12] अम्बेडकर इस मौक़े पर मौजूद थे जब उनके समुदाय के लोगों को न्याय दिलाने का उनका जीवन भर का संघर्षपूर्ण अभियान अपने अंजाम तक पहुँच रहा था।

ब्रितानी संसद द्वारा भारतीय स्वतन्त्रता अधिनियम पारित होने के साथ ही[13], देश का बँटवारा होना था, और संविधान सभा जल्दी ही स्वतन्त्र होने वाले भारत

की संसद बन गयी। अम्बेडकर अविभाजित बंगाल से चुने गये थे। पर बंगाल के विभाजन की वजह से उनकी सीट चली गयी थी और संविधान सभा के लिए उन्हें फिर से चुने जाने की ज़रूरत थी। देश के विभाजन की निराशा से डॉक्टर जयकर ने इस्तीफ़ा दे दिया था और उनकी ख़ाली की गयी सीट से अम्बेडकर ने चुनाव की इच्छा जतायी। बम्बई विधानसभा में कांग्रेस का वर्चस्व था। पार्टी ने अम्बेडकर की इच्छा का सम्मान किया और वह सदस्य के रूप में सभा में लौटे।

इस बीच जुलाई 1947 के आख़िर में प्रधानमन्त्री नेहरू को स्वतन्त्र भारत की पहली कैबिनेट में शामिल मन्त्रियों के नाम का एलान करना था और वह चाहते थे कि उनकी कैबिनेट में भारतीय जनमत के हर तबके को यथासम्भव प्रतिनिधित्व मिले। कांग्रेस पार्टी और अम्बेडकर के बीच विरोध के लम्बे इतिहास के बावजूद नेहरू ने उन्हें कैबिनेट में क़ानून मन्त्री के रूप में शामिल होने का न्योता दिया। अम्बेडकर तैयार हो गये।[14] अम्बेडकर हमेशा बाहरी रहे और उन्होंने ख़ुद को गर्व से 'बहिष्कृत' कहलाना स्वीकार किया था, लेकिन अब वे एक नये आज़ाद मुल्क की सत्ता के केन्द्र में 'शामिल' हो गये थे। इतना ही नहीं एक महीने बाद, अम्बेडकर को संविधान सभा की मसौदा समिति का अध्यक्ष घोषित किया गया जिसमें एक से बढ़कर एक क़ानून के जानकार मौजूद थे और उनमें से कम से कम पाँच को क़ानून के पेशे में उनके सर्वोत्कृष्ट योगदान के लिए सम्राट ने नाइटहुड से सम्मानित किया था। भारत के नये संविधान के अम्बेडकर प्रधान लेखक होने वाले थे–भारत के जेम्स मेडिसन (अमेरिकी संविधान निर्माता)। महू के महार सूबेदार के पुत्र के लिए यह एक असाधारण सम्मान था जो राष्ट्रीय फलक पर उनके समकक्षों के बीच अम्बेडकर के अचुनौतीपूर्ण सर्वोच्च स्थान को उजागर कर रहा था।[15]

अत्यधिक प्रतिभाशाली और बहुसर्जक अम्बेडकर ने उसी दौरान दो बड़ी पुस्तकें भी लिखीं। 1947 में प्रकाशित पहली किताब थी–*हू वेयर द शूद्राज़?* (शूद्र कौन थे?)[16], इस पुस्तक में अस्पृश्यता की अवधारणा के आरम्भ को समझाने और अछूतों की उत्पत्ति की खोज करने का प्रयास किया गया था। अम्बेडकर के अनुसार, हिन्दू समाज के अनुष्ठान पर आधारित पदानुक्रम में सबसे निचली जाति के रूप में सम्मिलित शूद्र और अति शूद्र अछूतों से भिन्न थे, और जाति व्यवस्था से पूरी तरह बाहर थे। 1948 में प्रकाशित अम्बेडकर की दूसरी किताब थी, द *अनटचेबल्स : हू वेयर दे एंड व्हाई दे बिकेम अनटचेबल्स* (अस्पृश्य : वे कौन थे और क्यों अछूत बन गये) जिसमें अम्बेडकर ने अस्पृश्यता की उत्पत्ति पर अपने विचार व्यक्त किये थे। अपनी किताब में अम्बेडकर ने आर्यों के आक्रमण के सिद्धान्त को ख़ारिज कर

दिया, जिसका उल्लेख जाति व्यवस्था की उत्पत्ति की व्याख्या के लिए किया जा रहा था। दरअसल भारतीय इतिहास-लेखन में पचास वर्ष बाद जो विमर्श होने वाले थे, उसका पूर्वाभास अम्बेडकर के मत में मिल जाता है। बाद में उन्होंने तर्क दिया कि भारतीय इतिहास का मुख्य द्वन्द्व दरअसल ब्राह्मण और बौद्ध धर्म के बीच का विचारधारात्मक संघर्ष है जिसमें पूर्ववर्ती, परवर्ती की प्रतिक्रिया में ख़ुद में सुधार ला रहा था। इन्हीं दो धर्मों में सर्वोच्चता के संघर्ष की वजह से अस्पृश्यता का जन्म हुआ। अम्बेडकर ने लिखा, 'कुछ ने दरवाज़े बन्द कर दिये, कुछ ने पाया कि उनके लिए दरवाज़े बन्द कर दिये गये।'[17] अम्बेडकर ने घोषित किया, 'ब्राह्मणवाद स्वतन्त्रता, समानता और बन्धुत्व की भावना को पूरी तरह नकारता है।' अम्बेडकर ने जब इस जटिल मसले को जिसे पुष्ट करने के लिए दोनों ही पक्षों की तरफ़ से थोड़े ही प्रमाण मौजूद थे, समझाने की कोशिश की तो स्वाभाविक ही था कि विवाद हो गया। लेकिन हमेशा की तरह उनके विश्लेषण में उनकी विलक्षण तार्किक प्रतिभा और विचारों की स्पष्टता की छाप थी।

जब 30 जनवरी, 1948 को एक कट्टरपन्थी हिन्दू ने महात्मा गांधी की हत्या कर दी, तब अम्बेडकर असामान्य रूप से शान्त रहे। दुनिया भर से महात्मा गांधी के लिए श्रद्धांजलि और शोक सन्देश आ रहे थे, लेकिन अम्बेडकर ने इस बारे में कुछ भी न कहने का चुनाव किया। महात्मा गांधी की हत्या की राष्ट्रीय त्रासदी पर अम्बेडकर ने सार्वजनिक रूप से एक शब्द भी नहीं कहा, और न ही उन्होंने कोई शोक सन्देश जारी किया। गांधी की अन्तिम यात्रा में वह बस थोड़ी देर के लिए शामिल हुए और फिर अपने अध्ययन कक्ष में बन्द हो गये। लेकिन उन्होंने इस विषय पर कुछ भी नहीं लिखा।[18]

1948 तक संविधान मसौदा समिति अपनी ही समस्याओं में उलझी रही। नवम्बर 1948 में संविधान सभा में मद्रास से एक प्रमुख सदस्य टी.टी. कृष्णामाचारी ने सभा को बताया कि समिति के सात सदस्यों में से एक की मृत्यु हो गयी है और उनका स्थान अभी भी ख़ाली है; एक सदस्य अमेरिका में सरकारी दौरे पर हैं; एक अन्य प्रान्त के दूसरे कामों में व्यस्त हैं; और दो अन्य ख़राब स्वास्थ्य की वजह से दिल्ली से दूर हैं। एक नये मुल्क के लिए संविधान तैयार करने की अहम ज़िम्मेदारी अब पूरी तरह से मसौदा समिति के अध्यक्ष पर आ गयी थी, और अम्बेडकर ने सम्पूर्ण एकाग्रता से इस कार्य के लिए ख़ुद को दिन-रात झोंक दिया था। इस प्रक्रिया में अम्बेडकर ने ख़ुद को पूरी तरह थका दिया, लेकिन एक ऐसा दस्तावेज़ तैयार

कर दिया जिसकी दुनिया भर में प्रशंसा होने वाली थी।[19] (अगले भाग में हम इसकी मूल विषयवस्तु और राजनीतिक प्रभाव की चर्चा करेंगे।)

मार्च 1948 में अम्बेडकर डॉक्टरी सलाह के लिए बम्बई लौटे। वह बुरी तरह थक गये थे, पैरों की नसों में दर्द से पीड़ित थे, मधुमेह की बीमारी को नियन्त्रित करने के लिए ज़्यादा मात्रा में इंसुलिन ले रहे थे, और सो नहीं पा रहे थे। डॉक्टरों ने उन्हें सलाह दी कि वह अपने स्वास्थ्य की और अवहेलना नहीं कर सकते और ख़ुद को इसी तरह नहीं चला सकते; उन्होंने सलाह दी कि वह घर बसा लें और एक ऐसा जीवन साथी ढूँढ़ें जो कि उनका ख़याल रख सके। इन्हीं परिस्थितियों में उनकी मुलाक़ात 38 वर्ष की डॉक्टर शारदा कबीर से हुई। वो एक ब्राह्मण चिकित्सक और अम्बेडकर की प्रशंसक थीं। 15 अप्रैल 1948 को अपने 57वें जन्मदिन के ठीक एक दिन बाद अम्बेडकर ने डॉक्टर शारदा कबीर के साथ कोर्ट में शादी कर ली। महाराष्ट्र की परम्परा का अनुसरण करते हुये उन्होंने अपना नाम सविता भीमराव अम्बेडकर रख लिया और आजीवन पत्नी, चिकित्सक, साथी, रसोइया, परिचारिका और सहायक की भूमिका निभाने वाली अम्बेडकर की जीवन-संगिनी बनी रहीं। अम्बेडकर के तमाम अनुयायी उन्हें 'माई' या माँ कहकर सम्मान देते थे। वह 93 वर्ष की अवस्था तक जीवित रहीं, यानी अम्बेडकर के निधन के बाद लगभग आधी सदी तक।[20]

काम के जुनूनी और तेरह वर्ष से विधुर का जीवन बिता रहे अम्बेडकर किसी भी महिला के लिए सहज हमसफ़र नहीं थे, जैसाकि उन्होंने अपनी होने वाली सास को चिट्ठी में लिखा था :

मैं एक मुश्किल व्यक्ति हूँ। वैसे तो मैं जल की तरह शान्त और कुश की तरह सरल हूँ। लेकिन अगर मुझे ग़ुस्सा आ जाये तो मैं बेक़ाबू हो जाता हूँ। मैं शान्ति पसन्द करने वाला व्यक्ति हूँ। मेरे ऊपर आरोप लगाया जाता है कि मैं महिलाओं से बात नहीं करता। लेकिन अगर कोई मेरा घनिष्ठ ना हो तो मैं पुरुषों से भी बात नहीं करता। मैं विचित्र स्वभाव वाला व्यक्ति हूँ। कई बार मैं लगातार बातें करता हूँ, और कई बार एक शब्द भी नहीं बोलता। कई बार मैं बहुत गम्भीर रहता हूँ और कई बार हास्य से भरपूर होता हूँ। मैं कोई समलैंगिक व्यक्ति नहीं हूँ; पर जीवन के राग-रंग मुझे आकर्षित नहीं करते। मेरी जीवन-संगिनी को मेरे आत्मसंयम और वैराग्य का बोझ उठाना होगा। मेरी किताबें मेरी सखा बन गयी हैं। वे मुझे मेरी पत्नी और बच्चों से ज़्यादा प्रिय हैं।[21]

इस बेबाक स्वीकारोक्ति से अम्बेडकर के व्यक्तित्व के निजी और भीतरी परतों को समझने का मौक़ा मिलता है जो कि आमतौर पर अपनी सार्वजनिक अभिव्यक्तियों के लिए जाने जाते थे।

* * * * *

संविधान के मसौदे को संविधान सभा में तीन बार पढ़ा गया और उस पर गहन चर्चा हुई। सभा में हर अनुच्छेद पर चर्चा हुई, वाद-विवाद हुआ, उसकी भाषा बदली गयी और राजनीतिक समझौतों को दुरुस्त किया गया। अम्बेडकर के कुछ क्रान्तिकारी सुझावों, जैसेकि कृषि और मुख्य उद्योगों के राष्ट्रीयकरण के सुझाव को ख़ारिज कर दिया गया। सदस्यों ने क़रीब सात हज़ार छह सौ संसोधन प्रस्ताव दिये जिन पर विचार करने और उनका समाधान किये जाने की ज़रूरत थी। हर अनुच्छेद और संशोधन ने प्रश्नों और वक्तव्यों की श्रृंखला खड़ी कर दी, और संविधान सभा के अध्यक्ष के रूप में अम्बेडकर ने उनका जवाब और स्पष्टीकरण दिया। चर्चा को संचालित और नियन्त्रित करने का उनका प्रदर्शन इतना आधिकारिक, तार्किक और प्रभावशाली था कि संविधान ने जनता की कल्पना में अम्बेडकर के शब्दों में ही आकार लिया। इसमें कोई सन्देह नहीं कि सामाजिक बदलाव के लिए अम्बेडकर की जुनूनी प्रतिबद्धता संविधान की मूल अवधारणा में समाहित थी। संविधान सभा में समर्थकों और आलोचकों ने समान भाव से अम्बेडकर के प्रयास की सराहना और प्रशंसा की; कई लोगों ने कहा कि अनथक कठोर परिश्रम का उनके पहले से ही ख़राब स्वास्थ्य पर गम्भीर असर पड़ा है, पर उसके बावजूद वह बिना विश्राम किये जुटे रहे। कई लोगों ने उन्हें 'आधुनिक मनु' कहा, एक अस्पृश्य के लिए इस शब्द के प्रयोग को विडम्बना ही कहा जायेगा। (मनु प्राचीन विधि निर्माता थे जिन्होंने अन्य विधियों के साथ ही अस्पृश्यता को संहिताबद्ध किया था।)[22]

भारत का संविधान दुनिया का सबसे लम्बा संविधान और एक असाधारण दस्तावेज़ था। संविधान सभा में 4 नवम्बर, 1948 के अपने वक्तव्य में अम्बेडकर ने कहा :

यह व्यवहार्य, लचीला और पर्याप्त मज़बूत संविधान है जो शान्ति और युद्ध दोनों काल में देश को एकजुट रख सकता है। अगर मैं यह कहूँ कि नये संविधान के अन्तर्गत यदि चीज़ें ग़लत दिशा में जाती हैं तो वह इस वजह से नहीं होगा कि हमारा संविधान ख़राब है। तब हमें कहना होगा कि लोग अच्छे नहीं।[23]

अम्बेडकर के संविधान में हर नागरिक के लिए कई तरह के मौलिक अधिकार और स्वतन्त्रता का प्रावधान किया गया था और उनकी सांविधानिक सुरक्षा सुनिश्चित की गयी थी; जैसेकि अभिव्यक्ति और सार्वजनिक स्थान पर एकत्र होने की स्वतन्त्रता, धर्म की स्वतन्त्रता, यहाँ तक कि अपने धर्म के प्रचार की भी स्वतन्त्रता का प्रावधान था। इस संविधान में अस्पृश्यता के उन्मूलन की दोबारा पुष्टि की गयी और सभी प्रकार के भेदभाव को ग़ैर-क़ानूनी क़रार दिया गया। ये अम्बेडकर ही थे जिन्होंने सुनिश्चित किया कि संविधान में महिलाओं को व्यापक आर्थिक और सामाजिक अधिकार मिलें। लेकिन वह प्रावधान जिस पर उनकी ख़ास छाप थी और जो इतिहास में हमेशा के लिए दर्ज हो गया, वह था दुनिया का सबसे पुराना और दूरगामी परिणाम वाला वह सकारात्मक क़दम जिसके तहत अनुसूचित ज़ाति और जनजाति के लोगों के लिए शैक्षणिक संस्थानों, विधायिका, सरकारी संस्थानों और सिविल सेवा में रोज़गार की गारंटी की व्यवस्था की गयी थी।[24]

दलित विद्वान के. राजू ने इसके बारे में लिखा :

संविधान सभा ने भारतीय संविधान में कई महत्त्वपूर्ण अधिकार शामिल किये ताकि समानता और सामाजिक न्याय के सिद्धान्त को भविष्य में भारत में होने वाले हर विकास का आधार बनाया जा सके। मौलिक अधिकारों के तहत अनुच्छेद 14 ने क़ानून के समक्ष समानता प्रदान की; अनुच्छेद 15 ने धर्म, वर्ग, जाति, लिंग, जन्मस्थान के आधार पर भेदभाव का निषेध किया और बिना भेदभाव के सार्वजनिक स्थानों पर सबका प्रवेश सुनिश्चित किया; अनुच्छेद 16(4) ने राज्य के लिए मूल सिद्धान्त का काम किया ताकि पिछड़े वर्ग के नागरिकों के लिए नियुक्तियों और रोज़गार में राज्य आरक्षण का प्रावधान कर सके; अनुच्छेद 17 ने अस्पृश्यता का निषेध किया। अनुच्छेद 46 के ज़रिये नीति निर्देशक सिद्धान्तों ने राज्य पर यह ज़िम्मेदारी डाली कि वह अनुसूचित जातियों के आर्थिक और शैक्षणिक विकास के लिए नीतियाँ बनाये और सामाजिक अन्याय से उनकी रक्षा करे।[25]

अम्बेडकर ने महात्मा गांधी के कुछ विचारों का विरोध किया जिसकी पैरवी संविधान सभा में मौजूद कुछ कट्टरपन्थी कर रहे थे। ख़ासतौर से उन्होंने भारतीय गाँवों को भारत के संवैधानिक स्थापत्य का मूल सिद्धान्त बनाने की गांधीवादियों की कामना को पुरज़ोर तरीक़े से ख़ारिज कर दिया : उन्होंने कहा, 'संविधान के मसौदे की एक और आलोचना ये है कि इसके किसी भी भाग में भारत की प्राचीन राजनीति का प्रतिनिधित्व नहीं है। ये कहा जाता है कि नये संविधान को राज्य की प्राचीन हिन्दू मॉडल की अवधारणा पर आधारित होना चाहिए और पश्चिमी सिद्धान्तों को

शामिल करने की बजाय नये संविधान का निर्माण ग्राम पंचायत और ज़िला पंचायत पर आधारित होना चाहिए। कुछ अन्य लोग भी हैं जिनके विचार और भी उग्र हैं। वे कोई केन्द्रीय या प्रान्तीय सरकार नहीं चाहते। वे चाहते हैं कि भारत में केवल ग्रामीण सरकारें हों। ग्रामीण समुदाय के लिए भारतीय बुद्धिजीवियों का प्रेम निश्चित तौर पर काफ़ी ज़्यादा है,...लेकिन स्थानीयता की सड़ाँध के अलावा गाँवों में क्या है, अज्ञान का अँधेरा, संकुचित मानसिकता और साम्प्रदायिकता? मैं प्रसन्न हूँ कि संविधान के मसौदे में गाँव को नकारा गया है और व्यक्ति को इसकी इकाई के रूप में स्वीकार किया गया है।'[26] गांधीवादी इस बात से बेहद नाराज़ हो गये कि उनके विचारों का तिरस्कार किया गया है, लेकिन स्पष्ट दृष्टिकोण वाले अम्बेडकर के आधुनिक विचारों की जीत हुई।

पर अम्बेडकर हर मुद्दे पर अपनी बात मनवा नहीं सके। वह समान आचार संहिता पर लोगों को सहमत करा पाने में असमर्थ रहे, जो कि संविधान के वांछित उद्देश्यों में शामिल थी। वह अनुच्छेद 370 के पक्ष में नहीं थे, जो कश्मीर को विशेष संवैधानिक दर्जा प्रदान करता था, लेकिन उन्हें नेहरू और पटेल की इच्छा का समर्थन करना पड़ा। वह चाहते थे कि संविधान कृषि भूमि, शिक्षा, स्वास्थ्य और बीमा का स्वामित्व राज्य को सौंप दे। ऐसा सोचने के पीछे उनकी मान्यता यह थी कि समाज के आर्थिक ढाँचे से निकले मौलिक अधिकार, और ऊँची जातियों के वर्चस्व वाले ग़ैर बराबरी वाले समाज में अनुसूचित जातियों के मूल अधिकारों को गारंटी नहीं दी जा सकेगी। भारत के लिए अम्बेडकर राष्ट्रपति शासन प्रणाली चाहते थे,[27] लेकिन संसदीय शासन प्रणाली के प्रति बहुमत का तगड़ा झुकाव देख उन्होंने अपनी माँग छोड़ दी। भारतीय राष्ट्रवादी वह व्यवस्था चाहते थे जिसे औपनिवेशिक शासकों ने उन्हें देने से इनकार कर दिया था–वो थी वेस्टमिंस्टर व्यवस्था जिसका लाभ ब्रितानी लोग ले रहे थे। विवाद के हर एक मुद्दे पर जब सर्वसम्मति बन गयी तो संविधान को स्वीकार करने की अम्बेडकर ने मुखर रूप से वकालत की। 25 नवम्बर, 1949 को संविधान के मसौदे को सर्वसम्मति से अंगीकार करने के लिए उन्होंने एक प्रभावशाली भाषण दिया। उनके भाषण को आज भी उद्धृत किया जाता है जिसमें उन्होंने कहा था कि अत्यधिक संघर्ष से हासिल की गयी भारत की आज़ादी और लोकतन्त्र को सँभाल कर रखना ज़रूरी है, 'अराजकता के व्याकरण' (ग्रामर ऑफ़ अनार्की) का परित्याग करना होगा, व्यक्ति पूजा छोड़नी होगी और केवल राजनीतिक ही नहीं बल्कि सामाजिक लोकतन्त्र के लिए भी काम करना होगा।[28]

उन्होंने बार-बार स्पष्ट किया कि लोकतन्त्र शासन का एक तरीक़ा ही नहीं बल्कि सामाजिक संगठन की एक व्यवस्था भी है।

'क्या इतिहास ख़ुद को दोहरायेगा?' अम्बेडकर ने संविधान सभा से पूछा। 'क्या भारत अपनी आज़ादी को क़ायम रख पायेगा या फिर इसे फिर से खो देगा? ये पहला विचार है जो मेरे ज़ेहन में आता है। ऐसा नहीं है कि भारत कभी एक स्वतन्त्र देश नहीं था। मुद्दा ये है कि एक बार भारत ने अपनी आज़ादी खो दी थी। क्या वह उसे दोबारा खो देगा? यही वह विचार है जो भविष्य के लिए मुझे बहुत चिन्ता में डाल देता है,' अम्बेडकर ने अपने भाषण की शुरुआत में ये बातें कहीं। 'जो बात मुझे बहुत ज़्यादा परेशान करती है वह यह कि भारत ने केवल एक बार अपनी स्वतन्त्रता नहीं खोयी, बल्कि इसने अपनी आज़ादी अपने ही कुछ लोगों के धोखे और विश्वासघात की वजह से खोयी।'[29] धोखे और छल के कई ऐतिहासिक उदाहरण देकर उन्होंने चेतावनी दी : 'ये निश्चित है–कि अगर राजनीतिक दलों ने धर्म को देश से ऊपर रखा तो हमारी आज़ादी दूसरी बार ख़तरे में पड़ जायेगी और शायद हमेशा के लिए चली जायेगी। हमें पूरे दृढ़संकल्प के साथ ऐसा नहीं होने देना है। हमें अपने ख़ून के आख़िरी क़तरे तक अपनी आज़ादी की रक्षा के लिए कृतसंकल्प होना होगा।'[30]

बौद्ध संघों के दौर की ख़त्म हो चुकी लोकतान्त्रिक परम्पराओं का उदाहरण देते हुए अम्बेडकर ने भारतीय लोकतन्त्र के तानाशाही हुकूमत के हाथों में चले जाने के ख़तरों की आशंका जतायी। उन्होंने कहा कि इससे बचने के लिए तीन बातों की ज़रूरत है। पहली, 'अपने सामाजिक और आर्थिक लक्ष्यों को हासिल करने के लिए संवैधानिक तरीक़ों का ईमानदारी से पालन किया जाये,' 'क्रान्ति के हिंसक तरीक़े का परित्याग किया जाये' जिसमें 'सविनय अवज्ञा, असहयोग, सत्याग्रह' भी शामिल हैं। अम्बेडकर जानते थे कि उनके इस कथन से गांधीवादी परेशान हो जायेंगे क्योंकि इसमें महात्मा गांधी के अपनाये तरीक़ों की एक तरह से निन्दा हो रही थी, इसलिए उन्होंने समझाया : 'जब आर्थिक और सामाजिक उद्देश्यों को हासिल करने के लिए सभी संवैधानिक रास्ते बन्द हो जाते हैं, तब असंवैधानिक तरीक़ों के अनुसरण का औचित्य समझ में आता है। लेकिन जहाँ संवैधानिक रास्ते खुले हों, वहाँ इन असंवैधानिक तरीक़ों को क़तई सही नहीं ठहराया जा सकता है। ये तरीके और कुछ नहीं बल्कि 'ग्रामर ऑफ़ अनार्की' (अराजकता फैलाने वाले तत्त्व) हैं और जितनी जल्दी इनका परित्याग कर दिया जाये, हमारे लिए उतना ही अच्छा होगा।'[31]

दूसरी बात जो अम्बेडकर ने जोड़ी वह थी देश के भाग्य को किसी 'महान व्यक्ति के हाथों में नहीं सौंपना, या फिर उसे इतनी शक्ति नहीं देना जिससे

वह संस्थानों को नष्ट करने में सक्षम हो जाये।' भारत के कई लोग उन महान शख़्सियतों के आभारी हैं जिन्होंने देश की सेवा की, लेकिन आभार जताने का मतलब अनुनय-विनय नहीं होना चाहिए। आयरिश देशभक्त डेनियल ओ'कोनेल को उद्धृत करते हुए उन्होंने कहा, 'अपनी प्रतिष्ठा की क़ीमत पर कोई व्यक्ति कृतज्ञ नहीं हो सकता, अपनी लाज की क़ीमत पर कोई स्त्री कृतज्ञ नहीं हो सकती और अपनी स्वतन्त्रता की क़ीमत पर कोई देश कृतज्ञ नहीं हो सकता।'[32] अम्बेडकर के लिए, 'भारत के मामले में यह चेतावनी किसी अन्य देश की तुलना में ज़्यादा ज़रूरी थी। भारत के मामले में भक्ति या फिर समर्पण या व्यक्ति पूजा, यहाँ की राजनीति में जैसी बड़ी भूमिका निभाते हैं वैसी दुनिया के किसी अन्य देश की राजनीति में नहीं निभाते। धर्म के क्षेत्र में भक्ति आत्मा की मुक्ति का मार्ग हो सकती है। लेकिन राजनीति में, भक्ति या व्यक्ति-पूजा निश्चित रूप से दुर्दशा का मार्ग है जिसकी परिणति तानाशाही में होगी।'[33]

(निस्सन्देह वह सही थे, और उनकी चेतावनी इक्कीसवीं सदी के समकालीन भारत में प्रतिध्वनित होती नज़र आ रही है, लेकिन इस परिप्रेक्ष्य में इसे विडम्बना कहेंगे कि अम्बेडकर ख़ुद आज अपने अनुयायियों के लिए आलोचना से परे भक्ति का विषय बन गये हैं।)

तीसरी बात जिसकी अम्बेडकर ने वकालत की वह यह थी कि भारत को महज़ राजनीतिक लोकतन्त्र की बजाय 'सामाजिक लोकतन्त्र' की ओर बढ़ना चाहिए। उनका अभिप्राय था कि 'एक ऐसी जीवन पद्धति हो जिसमें स्वतन्त्रता, समानता और भाईचारा जीवन का मौलिक सिद्धान्त हों...और इनमें से एक का दूसरे से अलग होने का अभिप्राय लोकतन्त्र के मूल उद्‌देश्य का पराजित होना हो।'[34] यह बात उस विषय से जुड़ी थी जिसके प्रति उनमें सबसे ज़्यादा जुनून था, यानी भारतीय समाज में गहराई तक बैठी हुई असमानताएँ।'

26 जनवरी, 1950 (वह तारीख़ जब संविधान लागू होना था) को हम विरोधाभासों से भरी ज़िन्दगी में प्रवेश करने जा रहे हैं। राजनीति में हमारे पास समानता होगी और सामाजिक और आर्थिक जीवन में हम असमान होंगे। राजनीति में हम एक व्यक्ति और एक मत और एक मत एक मूल्य के सिद्धान्त को मान्यता देंगे। लेकिन अपने सामाजिक और आर्थिक जीवन में, हमारे सामाजिक और आर्थिक ढाँचे की वजह से, हम एक व्यक्ति एक मूल्य के सिद्धान्त को नकारना जारी रखेंगे। हम विरोधाभासों से भरी ऐसी ज़िन्दगी कब तक जीते रहेंगे? कब तक हम अपने सामाजिक और आर्थिक जीवन में समानता को नकारते रहेंगे। अगर हम और लम्बे

अरसे तक इसे नकारते रहे, तो ऐसा कर हम अपने राजनीतिक लोकतन्त्र को संकट में डाल देंगे। हमें जितनी जल्दी सम्भव हो इस विरोधाभास को मिटाना होगा, नहीं तो जो लोग असमानता का दंश झेल रहे हैं वे इस राजनीतिक लोकतन्त्र के ढाँचे को उड़ा देंगे जिसे संविधान सभा ने बहुत परिश्रम से खड़ा किया है।[35]

जाति के पूरे ढाँचे को 'राष्ट्र विरोधी' क़रार देते हुये अम्बेडकर ने अपील की कि 'अगर भारत को सच में एक राष्ट्र के रूप में सफल होना है तो इसकी जनता के बीच सच्चा बन्धुत्व स्थापित किया जाना चाहिए। 'वंचित वर्गों' के लोग शासित होते-होते थक गये हैं। अब वे ख़ुद पर शासन करने के लिए बेक़रार हैं। दबे-कुचले वर्गों में आत्म-साक्षात्कार की इस भावना को वर्ग संघर्ष या वर्ग युद्ध में तब्दील नहीं होने देना चाहिए...जितनी जल्दी उनकी आकांक्षाओं को पूरा करने की व्यवस्था की जायेगी...वह देश के लिए उतना ही अच्छा होगा, उसकी आज़ादी के क़ायम रहने के लिये अच्छा होगा और इसके लोकतान्त्रिक ढाँचे के बरक़रार रहने के लिए उपयुक्त होगा।'[36]

ये एक गौरवशाली प्रदर्शन था, जिस संविधान के अंगीकरण का प्रस्ताव उन्होंने अभी ही दिया था, उसे उन सिद्धान्तों से बाँधने का जिससे कोई भी प्रतिनिधि असहमत नहीं हो सकता था, और इसे समाज में सुधार लाकर ही हासिल किया जा सकता था। इसके लिए अम्बेडकर ने अपना पूरा जीवन लगा दिया था। संविधान सभा में मौजूद प्रतिनिधि अम्बेडकर के भाषण को मन्त्रमुग्ध होकर सुन रहे थे, और जब उन्होंने अपनी वाणी को विराम दिया तो सभा में फैली शान्ति प्रशंसा की गर्जना में तब्दील हो गयी।

* * * * *

संविधान निर्माण के काम पर प्रमुखता से ध्यान देने के अलावा अम्बेडकर के पास भारत के क़ानून मन्त्री की भी ज़िम्मेदारी थी, और इस भूमिका में, अक्टूबर 1948 में उन्होंने संविधान सभा में, जो कि भारतीय संसद के रूप में काम कर रही थी, हिन्दू कोड बिल का मसौदा पेश किया।[37] ये बिल हिन्दू विधि को संशोधित और संहिताबद्ध करने के लिए अंग्रेज़ों द्वारा बनायी समिति के सात वर्ष के परिश्रम का फल था; अंग्रेज़ों ने हर भारतीय समुदाय को अपने व्यक्तिगत क़ानून (पर्सनल लॉ) द्वारा शासित होने की अनुमति दी थी, न कि एक समान आचार संहिता द्वारा, लेकिन भारत के विभिन्न क्षेत्रों में हिन्दू विधि के कई प्रकार होने की वजह से, जिनमें कई पश्चगामी थे (पीछे ले जाने वाले), हिन्दुओं के लिए एक आधुनिक संहिता

की ज़रूरत महसूस की गयी। समिति के चेयरमैन सर बेनेगल नरसिंह राव ने जब मसौदा क़ानून मन्त्री अम्बेडकर को सौंपा तो उन्होंने इसमें कई संशोधन किये। उनके संशोधनों में हिन्दू महिला को पैतृक सम्पत्ति में हक़, तलाक़ की पहल और आय और व्यय की ख़ुद व्यवस्था करने का अधिकार देना शामिल था। अम्बेडकर के इस विचार में समानता और महिला अधिकार को लेकर उनकी गम्भीर प्रतिबद्धता नज़र आयी जो कि लैंगिक समानता सम्बन्धी उनके विश्वास का ही हिस्सा थी। पर इसे और अन्य प्रावधानों को लेकर विवाद हो गया और परम्परावादियों ने इसे अत्यधिक उग्र सुधार क़रार दिया। देश बँट गया था और सरकार ने भी बिल पर बहस और उसे पारित कराने के लिए जल्दबाज़ी से परहेज़ किया।

अम्बेडकर ने आलोचना का डट कर जवाब दिया, और 1950 में सिद्धार्थ कॉलेज 38 में दिये भाषण में कहा कि बिल में कुछ भी क्रान्तिकारी नहीं है; इसका मक़सद केवल मौजूदा क़ानूनों के अस्पष्ट प्रावधानों को तर्कसंगत और कारगर बनाना है और एक आचार संहिता का निर्माण करना है। बिल के विशेष प्रावधानों पर अपने तर्कों के समर्थन में अम्बेडकर ने प्राचीन हिन्दू ग्रन्थों, शास्त्रों और स्मृतियों से कई उदाहरण दिये। अपने आलोचकों को शान्त करने के लिए अम्बेडकर ने बिल के कुछ हिस्से को दोबारा तैयार किया, और नवम्बर 1950 में, इसके प्रावधानों का विश्लेषण करते हुए एक विवरणिका संसद में वितरित की, इस उम्मीद में कि सदस्य बिल पर चर्चा के लिए प्रेरित होंगे और बिना और देरी किये इसे पारित कर देंगे। हालाँकि सरकार बिल पर चर्चा के लिए संसद पर दबाव डालने के पक्ष में नहीं थी; सत्ताधारी दल के भीतर और बाहर परम्परावादियों ने इसका जिस प्रकार विरोध किया था, उससे प्रधानमन्त्री नेहरू, जो कि हमेशा सुधारों के पक्षधर रहे थे, वह भी इस मसले पर ज़्यादा संघर्ष के पक्ष में नहीं थे क्योंकि उस वक़्त दूसरे कई अहम मुद्दे भी थे जिन पर ध्यान दिये जाने की ज़रूरत थी।

आख़िरकार, फ़रवरी 1951 में अम्बेडकर ने संसद में बिल पेश किया। उस पर नौ घण्टे तक ज़ोरदार बहस हुई, पर बिल के विरोधियों की संख्या समर्थकों से ज़्यादा थी। बिल के तमाम प्रावधानों का विरोध किया गया, पर चार आपत्तियाँ प्रमुख थीं। पहली आपत्ति हिन्दू विवाह की पवित्रता से जुड़ी थी और कहा गया कि इस बिल से पश्चिम के समाज की सभी असफलताएँ भारतीय पारिवारिक जीवन में शामिल हो जायेंगी। दूसरी आपत्ति सरदार हुकुम सिंह की थी जो बाद में लोकसभा के स्पीकर भी बने। उन्होंने बिल के आधार पर ये आशंका जताई कि इसमें सिख धर्म

के हिन्दू धर्म में सम्मिलित कर लिए जाने का प्रयास नज़र आता है। तीसरी आपत्ति कई लोगों ने उठायी कि ऐसे बिल को पारित करना संविधान की धर्मनिरपेक्ष प्रकृति और देश की बहुलतावादी व्यवस्था का उल्लंघन है। चौथी आपत्ति जिस पर काफ़ी आवाज़ उठी वह ये थी कि बिल दूरगामी परिणाम लाने वाला है और इसे अप्रत्यक्ष रूप से चुनी गयी वैसी सभा द्वारा पारित किया जाना ठीक नहीं जिसे संविधान निर्माण के लिए प्रान्तीय विधानमण्डलों ने चुना था, और आदर्श स्थिति तो यह होनी चाहिए कि जनता द्वारा चुनी हुई नयी संसद का इन्तज़ार कर लिया जाये।[39]

अम्बेडकर ने संसद में इन और दूसरी सभी आपत्तियों का धैर्यपूर्वक जवाब दिया, लेकिन यह स्पष्ट था कि बहुमत उनके साथ नहीं है और बिल पर वोटिंग टाल दी गयी। उन्होंने बिल को कुछ महीनों के लिए किनारे कर दिया और अपनी ऊर्जा को जनप्रतिनिधित्व अधिनियम को पारित करवाने में लगाया। इस अधिनियम में संसद सदस्यता के लिए उम्मीदवारों की योग्यता सम्बन्धी नियम व शर्तें निर्धारित की गयी थीं। (क्या ब्रितानी संसद के निचले सदन हाउस ऑफ़ कॉमन्स की सदस्यता के लिए राजनीतिक क़ैदियों को अयोग्य क़रार दिया गया था?, एक सदस्य यह जानना चाहते थे। नहीं, 'केवल लार्ड्स और पागलों' को अयोग्य माना गया था, सदन में हँसी के शोर के बीच अम्बेडकर ने जवाब दिया था।[40]) उनका बिल बिना किसी व्यवधान के पारित हो गया।

अगस्त 1951 में स्वास्थ्य की समस्या से जूझते अम्बेडकर ने प्रधानमन्त्री को पत्र लिखकर आग्रह किया कि हिन्दू कोड बिल अब बिना किसी देरी के पारित कर दिया जाना चाहिए। नेहरू ने सितम्बर के अगले महीने तक का समय माँगा और इस मुद्दे को कांग्रेस संसदीय दल में उठाया, जिसके अम्बेडकर सदस्य नहीं थे, और उसे जल्द पारित करने की अपील की। हालाँकि इस सुधार को लेकर कांग्रेस सदस्य उतने उत्साहित नहीं थे, जितनी नेहरू उम्मीद कर रहे थे। 1951 का शीतकालीन सत्र 1952 के आम चुनाव से पहले संसद का आख़िरी सत्र होने वाला था, और कांग्रेस सांसदों ने ज़ोर देकर कहा कि इतने महत्त्वपूर्ण विधेयक को सदन के समक्ष लाये जाने के लिए ये समय अनुकूल नहीं है। नेहरू को महसूस हो गया कि इस बिल को वह आसानी से पारित नहीं करवा पायेंगे। अन्त में, अम्बेडकर अनिच्छा से बिल से केवल विवाह और तलाक़ से जुड़े प्रावधान को संसद के समक्ष बहस और पारित करने के लिए रखने पर सहमत हुए, बिल के अन्य प्रावधानों को समय मिलने पर विचार करने के लिए स्थगित कर दिया गया।[41]

विवाह और तलाक़ के प्रावधान पर 17 सितम्बर की चर्चा ने अप्रिय रूप ले लिया। कांग्रेस पार्टी ने बिल के समर्थन के लिए अपने सदस्यों को व्हिप जारी नहीं किया था और सांसद अपने दिल की बात रखने के लिए स्वतन्त्र थे; उन्होंने प्रस्तावित सुधार के ख़िलाफ़ जमकर बोला जिसका विवाह और तलाक़ सम्बन्धी प्रावधान अंग था। श्यामा प्रसाद मुखर्जी जिन्होंने कैबिनेट से इस्तीफ़ा दे दिया था और हिन्दू हितों की वकालत के लिए भारतीय जनसंघ की स्थापना की थी, उन्होंने घोषणा की कि ये बिल हिन्दू समाज के मूल आधार पर प्रहार है। इसके जवाब में सुधार के ख़िलाफ़ रखे गये कुछ बिन्दुओं का अम्बेडकर ने खीझकर जवाब दिया, और ये बहस इतनी कड़वी हो गयी कि प्रधानमन्त्री नेहरू ने ख़ुद हस्तक्षेप करते हुए सलाह दी कि विवाह और तलाक़ सम्बन्धी प्रावधान पर एक अलग बिल के रूप में विचार किया जाना चाहिए, और हिन्दू कोड बिल पर हुए बड़े विवाद से अलग इसकी योग्यता पर स्वतन्त्र रूप से विचार किया जाना चाहिए। अम्बेडकर इस समझौते के लिए राज़ी हो गये और उन्होंने खण्डित विधेयक सदन में इस उम्मीद में पेश किया कि अपेक्षाकृत इसके ग़ैर-विवादास्पद प्रावधानों को पारित करने के लिए पर्याप्त समर्थन मिल जायेगा। अम्बेडकर सदन में मौजूद विरोध के स्वर को ठीक से समझ नहीं पाये, और अधिकतर सांसदों के कठोर विरोध, राष्ट्रपति राजेन्द्र प्रसाद की अनिच्छा (उन्होंने उस बिल के प्रति उत्साह की कमी दिखायी थी जिसे उन्हें ही दस्तख़त कर क़ानून बनाना था), संसद की हिन्दू सन्तों द्वारा घेरेबन्दी और अग्रणी उद्योगपति और कारोबारियों की इस चेतावनी से कि 1952 के चुनावों में वह कांग्रेस का समर्थन नहीं करेंगे, प्रधानमन्त्री नेहरू ने अम्बेडकर से कहा कि वह बिल को पूरी तरह ख़ारिज कर दें।[42]

पाँच सितम्बर को विवाह और तलाक़ सम्बन्धी धारा के एक मामूली प्रावधान को–पूरी धारा को नहीं–पारित कर दिया गया, और तमाम व्यावहारिक कारणों से शेष हिन्दू कोड बिल का त्याग कर दिया गया। इस कड़वे अनुभव से व्यथित, और कष्टसाध्य प्रकरण से शारीरिक और मानसिक रूप से बुरी तरह थक चुके, साथ ही प्रधानमन्त्री और उनके सहकर्मियों द्वारा विश्वासघात की अनुभूति करते हुए 27 सितम्बर, 1951 को अम्बेडकर ने कैबिनेट से इस्तीफ़ा दे दिया।[49] वह इस बात से पहले ही निराश थे कि नयी बनायी गयी बड़ी आर्थिक संस्था योजना आयोग के प्रमुख के पद के लिए उनका नाम छोड़ दिया गया था; इससे भी ज़्यादा उन्हें लगा कि सरकार अनुसूचित जातियों की लगातार अवहेलना

कर रही है। विदेश नीति को लेकर भी वह सरकार से असहमत थे, उनका तर्क था कि चीन से भारत की मित्रता के लिए लोकतान्त्रिक अमेरिका से रिश्तों की अवहेलना नहीं की जानी चाहिए। कश्मीर के मसले के समाधान के लिए उन्होंने एक और विभाजन की वकालत की, जो उनके कैबिनेट के सहकर्मियों को कतई मान्य नहीं था। इन सभी मसलों पर बढ़ते असन्तोष के क्रम में हिन्दू कोड बिल बीमार अम्बेडकर के लिए आख़िरी आघात था। उन्होंने घोषणा की, 'वर्गों और लिंगों के बीच असमानता को यूँ ही छोड़ देना जो कि हिन्दू समाज की आत्मा है, और आर्थिक समस्याओं पर विधेयक पारित करना दरअसल हमारे संविधान का मज़ाक़ उड़ाना है, कूड़े पर महल खड़ा करना है'[44], हिन्दू समाज में सामाजिक समानता लाये बिना आर्थिक क़ानून पारित करने की प्रक्रिया में उनकी कोई रुचि नहीं थी।

इस प्रकरण का परिणाम यह हुआ कि नेहरू और उनकी सरकार के साथ अम्बेडकर के सम्बन्ध हमेशा के लिए ख़राब हो गये। संसदीय परम्परा इस्तीफ़ा देने वाले मन्त्री को यह अवसर देती है कि वह सदन को सम्बोधित कर सरकार को छोड़ने की अपनी वजहें बताये। अम्बेडकर की असाधारण सेवा के लिए उनका धन्यवाद करने और यह अफ़सोस जताने के लिए कि वह जिस बिल के लिए सरकार का साथ छोड़ रहे हैं उसका वह (नेहरू) ख़ुद भी पुरज़ोर समर्थन करते हैं, नेहरू ने अम्बेडकर को चिट्ठी लिखी और साथ ही उन्होंने उनसे इस्तीफ़े के भाषण की प्रति भी माँगी जो वह सदन में देने वाले थे। 4 अक्टूबर को दिये अपने जवाब में अम्बेडकर ने नेहरू को आश्वस्त किया कि अगर उन्हें अपने भाषण को तैयार करने का मौक़ा मिला तो वह उसे प्रधानमन्त्री को ज़रूर भेज देंगे। साथ ही उन्होंने यह भी जोड़ा कि उन्हें अपने वक्तव्य के लिए 11 अक्टूबर की अपनी सारी संसदीय ज़िम्मेदारियों के निर्वहन के बाद का समय दिया गया है।[45]

11 अक्टूबर को अम्बेडकर जब बोलने के लिए खड़े हुए तो सदन की अध्यक्षता कर रहे उपाध्यक्ष ने इस आधार पर उन्हें रोक दिया कि उन्होंने अपने भाषण की प्रति अध्यक्ष को अब तक नहीं सौंपी है, जो कि संसदीय नियमों के तहत अनिवार्य है। उन्होंने अम्बेडकर को सूचित किया कि भाषण की प्रति उपलब्ध कराने के बाद वह उसी शाम छह बजे सदन को सम्बोधित कर सकते हैं। जब कुछ सांसदों ने हस्तक्षेप करते हुए पूछा कि ये 'पहले ही सेंसर करने की कार्रवाई नहीं है,' तो उपाध्यक्ष ने रूखेपन से जवाब दिया कि वह केवल यह सुनिश्चित कर रहे हैं कि जो

भाषण अम्बेडकर देने वाले हैं वह कहीं 'अप्रासंगिक या आपत्तिजनक (क़ानूनन)' न हो। इस पर आपे से बाहर हो चुके अम्बेडकर चीख़ते हुए सदन से बाहर निकल आये और इन शर्तों पर भाषण देने से इनकार कर दिया। अगले दिन से वह विपक्ष के लिए निर्धारित स्थान पर बैठने लगे।[46]

अपने इस्तीफ़े पर मीडिया से बात करते हुए अम्बेडकर ने 'प्रधानमन्त्री से गहरे मतभेद' के बारे में बताया। जिन परिस्थितियों में उनकी विदाई हुई थी उसकी कड़वाहट उनमें साफ़-साफ़ नज़र आ रही थी, और नेहरू के हिसाब से अम्बेडकर की कड़वाहट अनुचित थी क्योंकि प्रधानमन्त्री को लग रहा था कि अपने क़ानून मन्त्री के समर्थन के लिए उन्होंने हर सम्भव प्रयास किया था। पर वे दोनों लोग फिर कभी क़रीब नहीं हो सके।

* * * * *

1952 का आम चुनाव अम्बेडकर के लिए अच्छा नहीं रहा। इसकी कुछ वजह यह थी कि उन्होंने कांग्रेस पार्टी की पकड़ के बारे में सही आकलन नहीं किया था, जो कि मतदाताओं के मानस में भारत के राष्ट्रवादी आन्दोलन का राजनीतिक रूप से मूर्त रूप थी और कुछ वजह यह रही कि अम्बेडकर यह नहीं समझ सके कि कुछ मुद्दों पर उनके विचार और उनका रुख़ आम जनता की नज़रों में कितने अलोकप्रिय हो गये थे। जब उन्होंने बम्बई नॉर्थ (बम्बई (उत्तर)) सीट से चुनाव लड़ा, तब वह संविधान के प्रधान रचनाकार थे, और कामगार वर्ग एवं अनुसूचित जातियों के प्रमुख नेता थे; फिर भी वह अपने पूर्व सहायक और कांग्रेस पार्टी के उम्मीदवार नारायण सदोबा कजरोलकर से चुनाव हार गये। हालाँकि कांग्रेस ने फिर भी अम्बेडकर को संसद के उच्च सदन, राज्यसभा में भेजा। अम्बेडकर को इस पद पर बैठना रास नहीं आ रहा था क्योंकि वहाँ वो अपने पुराने विरोधियों पर निर्भर थे। ऐसे में 1954 के उपचुनाव में उन्होंने भंडारा सीट से लोकसभा में प्रवेश करना चाहा। इस बार उनका प्रदर्शन और भी बुरा रहा और वह तीसरे स्थान पर आये। एक बार फिर कांग्रेस पार्टी ने उस सीट पर जीत हासिल की।[47] खिन्न मन:स्थिति के साथ अम्बेडकर राज्यसभा में बने रहे।

इन सबके बावजूद भारत के सार्वजनिक जीवन में अम्बेडकर एक प्रमुख उपस्थिति के रूप में विद्यमान रहे, उनकी हर अभिव्यक्ति ने राष्ट्रीय संवाद में एक बड़ा योगदान दिया। 1952 में पूना में लाइब्रेरी के एक कार्यक्रम में उन्होंने दुनिया

को लोकतन्त्र की एक उल्लेखनीय परिभाषा दी : उन्होंने कहा कि लोकतन्त्र 'शासन का एक ऐसा स्वरूप और प्रणाली है जहाँ लोगों के आर्थिक और सामाजिक जीवन में बिना ख़ूनख़राबे के क्रान्तिकारी बदलाव लाये जाते हैं।'[48]

जून 1952 में भारतीय संविधान पर उनके काम की अन्तरराष्ट्रीय स्तर पर सराहना हुई और कोलम्बिया यूनिवर्सिटी ने डॉक्टरेट ऑफ़ लॉ की मानद उपाधि से सम्मानित करते हुए उन्हें 'भारत के प्रमुख नागरिकों में एक, महान समाज सुधारक और मानवाधिकार का साहसी समर्थक घोषित किया।'[49] अम्बेडकर कोलम्बिया में विशेष रूप से जॉन डेवी से मिलने को उत्सुक थे, लेकिन जब वह अमेरिका के रास्ते में ही थे तब 2 जून, 1952 को डेवी का निधन हो गया। अम्बेडकर ने डेवी की पत्नी को एक हृदयस्पर्शी पत्र लिखा। उन्होंने लिखा, 'मुझे बहुत ख़ेद है। मैं अपनी पूरी बौद्धिक ज़िन्दगी के लिए उनका आभारी हूँ। वह एक बेहतरीन इन्सान थे।'[50] और वाक़ई अम्बेडकर ने डेवी से बहुत कुछ सीखा था। जैसाकि एक विद्वान ने लिखा :

अम्बेडकर ने डेवी से केवल संकल्पना और विचार नहीं लिए बल्कि उनके प्राविधिक दृष्टिकोण और तर्क के तरीक़े में भी डेवी का प्रभाव नज़र आता है। अतीत का वर्तमान की चिन्ताओं और समस्याओं पर क्या असर होता है और उसके अवशेष आज के समय के लिए कितने लाभदायक या हानिकारक हैं, इसके अध्ययन के प्रति दोनों विचारकों का झुकाव था। दोनों का यक़ीन था कि परिवर्तन जीवन का मूलभूत तत्त्व है और किसी भी समय का चिन्तन प्राय: उस समय के जीवन की परिस्थितियों से संचालित होता है। इसलिए दोनों ही विचारक परम्परा पूजन और शाश्वत सत्य को सन्देह की दृष्टि से देखते हैं...उनका मनुष्य प्रबुद्ध विचारों वाला अकेला और अलग-थलग प्राणी नहीं था बल्कि वह समाज का अभिन्न अंग था, उसमें ही रचा-बसा था। और अन्त में, दोनों ही विचारक ये मानते थे कि एक सामाजिक व्यक्ति के भरण-पोषण और विकास के लिए लोकतन्त्र सर्वोत्तम सामाजिक व्यवस्था है।[51]

वर्ष 1953 में, अम्बेडकर ने अपने ही बनाये संविधान को ख़ारिज करते हुए एक विवाद खड़ा कर दिया जब राज्यसभा में दिये अपने नाराज़गी भरे और भावनात्मक वक्तव्य में उन्होंने ख़ुद को संविधान का मसौदा तैयार करने वाला 'हैक' (दबाव डाल कर करवाना) बता दिया।[52] 'हम वकील कई चीज़ों का बचाव करते हैं।' सांसदों के साथ गरमागरम बहस में अम्बेडकर ने कहा कि उन्होंने वही किया जो उन्हें करने को कहा गया था। 'लोग अक्सर मुझसे पूछते हैं, 'ओह! आप संविधान के निर्माता हैं।' मेरा जवाब होता है कि मैंने केवल वही लिखा जैसा मुझसे

लिखवाया गया। जो मुझे करने को कहा गया था, उसमें से अधिकांश मैंने अपनी इच्छा के विरुद्ध किया।' फिर उन्होंने क्रोध में कहा, 'श्रीमान्, मेरे मित्र मुझसे कहते हैं कि मैंने संविधान बनाया है। लेकिन मैं ये कहने के लिए पूरी तरह तैयार हूँ कि मैं पहला व्यक्ति होऊँगा जो इसे जला डालना चाहता है। मैं ये संविधान नहीं चाहता। ये किसी के लिए भी काम का नहीं है।'[53]

उनके आवेगपूर्ण वक्तव्य से दरअसल उनकी मन:स्थिति और स्वास्थ्य की हालत का ज़्यादा पता चल रहा था बनिस्बत कि उस दस्तावेज़ को ख़ारिज करने के जिसे उन्होंने बहुत परिश्रम से विस्तृत रूप में तैयार किया था और चार वर्ष पहले ही राष्ट्र को समर्पित किया था। उनकी सेहत उनके लिए प्रमुख समस्या बन गयी थी : मधुमेह से जुड़ी परेशानियों की वजह से अम्बेडकर साल 1954 में जून से अक्टूबर तक बिस्तर पर रहे। हालाँकि उसके बाद वह सक्रिय हो गये थे, पर अधिकांश समय में वह बीमार ही नज़र आये। मार्च 1955 में उन्होंने राज्यसभा में बताया कि वह इस बात से सहमत हैं कि संविधान को और बेहतर तरीक़े से कार्यरूप में लाया जा सकता था: 'संविधान एक पावन मन्दिर था जिसे हमने देवताओं के लिए बनाया था, पर इससे पहले कि उनकी स्थापना होती, दानवों ने उस पर क़ब्ज़ा कर लिया।'[54]

मन्त्री पद छोड़ने के बाद अम्बेडकर सरकारी कामकाज से मुक्त हो गये और एक बार फिर उन्होंने लेखन कार्य शुरू किया और 1955 में उनकी किताब 'थॉट्स फ़ॉर लिंग्विस्टिक स्टेट्स' प्रकाशित हुई। उन्होंने लिखा, 'अंग्रेज़ों ने भारत पर 150 वर्ष से ज़्यादा शासन किया पर कभी भाषा के आधार पर प्रान्तों के गठन के बारे में नहीं सोचा, हालाँकि समस्या हमेशा से मौजूद थी।' 'उनका ज़्यादा ध्यान पूरे देश में एक स्थिर प्रशासन और क़ानून-व्यवस्था क़ायम रखने पर केन्द्रित रहा, बजाय इसके कि बहुभाषायी इलाक़ों के लोगों की साँस्कृतिक आकांक्षाओं को पूरा किया जाये।' भाषायी स्तर पर भारत में ऐसे प्रान्तों के गठन से एक साल पहले ही उन्होंने ऐसा करने की बात कही थी; हालाँकि उन्होंने यह तर्क भी दिया था कि जब भाषायी स्तर पर राज्य बनाये जायें तो बड़े प्रान्तों में जिनमें तीन बड़े प्रान्त (उत्तर प्रदेश, मध्य प्रदेश और बिहार) भी शामिल हैं, उनको छोटे हिस्सों में बाँट दिया जाना चाहिए। उन्होंने कहा, 'एक राज्य एक भाषा' का मतलब 'एक भाषा एक राज्य' नहीं है। उन्होंने समझाया कि छोटे राज्यों में बेहतर प्रशासन सम्भव हो सकेगा और निश्चित क्षेत्रों पर ध्यान दिया जा सकेगा। इसके साथ ही स्थानीय अनुसूचित जाति समुदायों को संख्या बल में ज़्यादा बड़े समुदायों के समक्ष खड़े होने के लिए तरक़्क़ी के समान अवसर दिये जा सकेंगे।[55] इस मामले में भी वह सही थे।

आधिकारिक भाषाओं के सवाल पर उनका पक्ष कुछ ज़्यादा ही पेचीदा था। उन्होंने ज़ोर देकर कहा कि भाषा के स्तर पर प्रान्तों के गठन के लिए उनका समर्थन इस समझ पर आधारित था कि 'हर प्रान्त की आधिकारिक भाषा वही होगी जो केन्द्र सरकार की आधिकारिक भाषा है।' अम्बेडकर का कहना था कि अगर हर प्रान्त की भाषा उसकी आधिकारिक भाषा बन जायेगी तो 'इसकी परिणति प्रान्तीय राष्ट्रीयताओं के रूप में होगी। अगर प्रान्तीय भाषाओं को आधिकारिक भाषा बना दिया जायेगा तो प्रान्तीय संस्कृतियाँ अलग-थलग पड़ जायेंगी, कठोर हो जायेंगी, स्थिर हो जायेंगी, कृस्टलीकृत हो जायेंगी।' भाषा के मसले पर अम्बेडकर ने अपना मत व्यक्त करते हुए कहा कि प्रशासन और न्याय व्यवस्था में पूरे देश में एक ही भाषा होनी चाहिए और व्यावहारिक सहूलियत के लिए वह भाषा अंग्रेज़ी ही बनी रहनी चाहिए।[56] इसका अभिप्राय यह था कि सभी प्रान्त (बाद में राज्य) और केन्द्र सरकार अपने कामकाज में और एक-दूसरे के साथ व्यवहार में अंग्रेज़ी का प्रयोग करेंगे–और असल में ऐसा हुआ भी, पर इससे पहले इस मुद्दे को लेकर काफ़ी बहस, प्रदर्शन और दंगे हुए। हिन्दी के हिमायतियों ने आरोप लगाया कि अंग्रेज़ी, ग़ैर-अंग्रेज़ी भाषियों पर थोपी जा रही है।

अम्बेडकर ने आगे ज़ोर देकर कहा कि भारतीय संघ का निर्माण महत्त्वपूर्ण विविधताओं के आधार पर होगा : 'उत्तर और दक्षिण के बीच काफ़ी अन्तर है। उत्तर रूढ़िवादी है। दक्षिण प्रगतिवादी है। उत्तर अन्धविश्वासी है, जबकि दक्षिण विवेकशील है। दक्षिण शैक्षणिक रूप से आगे है जबकि उत्तर शिक्षा के क्षेत्र में पिछड़ा है। दक्षिण की संस्कृति आधुनिक है। उत्तर की संस्कृति प्राचीन है।'[57] उन्होंने शायद ही सोचा होगा कि उनके द्वारा इन शब्दों के लिखने के छह दशक से भी ज़्यादा समय बाद भारतीय राजनीति में उत्तर-दक्षिण का मुद्दा फिर से उभर जायेगा।

अम्बेडकर ने एक और किताब पर काम करना शुरू किया जिसे वह लम्बे समय से लिखना चाह रहे थे। यह किताब बुद्ध और उनके अनुयायियों पर थी और यह दरअसल भविष्य में होने वाली घटना की पूर्वपीठिका तैयार कर रही थी। उन्होंने अपने निजी कारणों से धर्म का अध्ययन करना भी शुरू कर दिया।

अम्बेडकर बहुत पहले ही समझ गये थे कि अपने लोगों को इंसाफ़ दिलाने के लिए उन्हें हिन्दू धर्म का परित्याग करना होगा। और हिन्दू कोड बिल पर हिन्दू परम्परावादियों के ख़राब व्यवहार ने उन्हें आश्वस्त कर दिया था कि उनकी तरफ़ से किसी सार्थक सामाजिक सुधार की कोई उम्मीद नहीं है। इसलिए उन्होंने बौद्धिक जिज्ञासा और जीवनानुभवों के आधार पर दूसरे धर्मों का अन्वेषण शुरू कर दिया।

इसके लिए उन्होंने गहन अध्ययन किया और विभिन्न धर्मों के धार्मिक नेताओं के साथ संवाद किया। त्रिवेन्द्रम की एक यात्रा के दौरान अम्बेडकर को शहर के कुछ मन्दिरों में ले जाया गया और वहाँ किये जा रहे आचरण और कर्मकाण्डों को बारीकी से देखने के बाद हैरान होकर उन्होंने कहा : 'ओह! भोजन और सम्पत्ति की क्या बर्बादी है!'[58]

इस्लाम को अम्बेडकर ने सम्भवत: ज़्यादा तवज्जो नहीं दिया क्योंकि वह एक 'बन्द धार्मिक व्यवस्था' थी और अम्बेडकर मुसलमानों और ग़ैर मुसलमानों में 'भेद करनेवाली समझ' का विरोध करते थे। ये उनकी ऐसी अनुभूति थी जिसके प्रमाण बँटवारे के बाद पाकिस्तानी मुसलमानों के व्यवहार से मिल गये थे। बँटवारे ने अनुसूचित जातियों को भी अप्रभावित नहीं छोड़ा था। नये बने पाकिस्तान में अनुसूचित जाति समुदाय के लोगों पर भारी दबाव था कि या तो वे धर्म परिवर्तन करें या फिर जान दे दें। 1947-48 में जब पाकिस्तान में उत्पीड़न और अत्याचार की तमाम ख़बरें आने लगीं तो उस समय कैबिनेट मन्त्री के पद पर आसीन अम्बेडकर ने कड़ी निन्दा करते हुए एक बयान जारी किया जिसमें अनुसूचित जातियों से कहा गया कि पाकिस्तानी मुसलमान उनके दोस्त नहीं, और अपनी सलामती के लिए वे भागकर भारत चले आयें। उन्होंने सार्वजनिक रूप से नेहरू से अपील की कि वे उनकी भारत वापसी की व्यवस्था करें। इस प्रकरण के बाद अम्बेडकर के इस्लाम स्वीकार करने की सम्भावना ना के बराबर रह गयी थी।

ईसाई धर्म ने भी अम्बेडकर को प्रभावित नहीं किया। उनका कहना था कि यह धर्म अन्याय के ख़िलाफ़ लड़ाई में असमर्थ है : अमेरिका के नीग्रो लोगों को दासता और उत्पीड़न से बाहर निकालने में यह असफल रहा है।[59] 'ईसाइयों ने नीग्रो लोगों की जिस आज़ादी को नकार दिया था उसे देने के लिए गृहयुद्ध ज़रूरी हो गया था।' इससे पहले अम्बेडकर ने ईसाई धर्म में परिवर्तन का इस आधार पर विरोध किया था कि इससे 'भारत पर ब्रिटेन की पकड़ और मज़बूत ही होगी।'

अपने समतावादी दर्शन की वजह से सिख धर्म ज़्यादा आकर्षक था। कई वर्ष पूर्व साल 1935 में जब उन्होंने पहली बार सार्वजनिक रूप से धर्म परिवर्तन की धमकी दी थी, तब उन्होंने इस विषय पर काफ़ी गम्भीरता से विचार किया था कि वंचित वर्गों के धर्म परिवर्तन के लिए सबसे अच्छा धर्म कौन-सा होगा। उन्होंने कहा कि अगर वे इस्लाम या ईसाई धर्म स्वीकार करते हैं तो 'वे न केवल हिन्दू धर्म से बाहर निकल जायेंगे, बल्कि हिन्दू संस्कृति से भी बाहर निकल जायेंगे। दूसरी तरफ़ अगर वे सिख बन जाते हैं तो वे हिन्दू संस्कृति के भीतर ही रहेंगे। ये हिन्दुओं

के लिए कोई मामूली फ़ायदा नहीं। इस्लाम या ईसाई धर्म में परिवर्तन वंचित वर्गों की राष्ट्रीयता को ख़त्म कर देगा। अगर वे इस्लाम धर्म में जाते हैं तो मुस्लिमों की संख्या दोगुनी हो जायेगी और मुस्लिमों के वर्चस्व का ख़तरा भी वास्तविक हो जायेगा। अगर वे ईसाई धर्म स्वीकार करते हैं तो इससे भारत पर ब्रिटेन की पकड़ और मज़बूत होगी।' लेकिन इसी दौरान सिख धर्म गुरुओं से अम्बेडकर के संवाद ने उनके मन में सन्देह पैदा किये। उन्होंने पाया कि अस्पृश्यता पंजाब में अभी भी मौजूद थी, यहाँ तक कि सिखों में भी, और वह सिख धर्म में परिवर्तन कर ख़ुद को 'दूसरे दर्जे के सिख' के रूप में नहीं देखना चाहते थे।[60]

इसके बाद एक ही धर्म शेष रह गया जिसके प्रति वह लम्बे अरसे से आकर्षित रहे थे, और वह था बौद्ध धर्म। जब अम्बेडकर को यक़ीन हो गया कि उनके लोगों को हिन्दू व्यवस्था में कभी भी समान दर्जा नहीं मिल पायेगा तब वह उस वैकल्पिक धर्म की तलाश करने लगे जिसमें धार्मिक और आध्यात्मिक मूल्यों के लिए जगह हो, और एक ऐसी नैतिक सामाजिक व्यवस्था की अवधारणा हो जिसमें भेदभाव और शोषण को स्वीकृति न दी जाती हो, जहाँ जन्म के आधार पर सामाजिक वर्गीकरण न किया गया हो। इस प्रकार बौद्ध धर्म के प्रति अम्बेडकर की रुचि पैदा हुई और वह इससे जुड़ी कई गतिविधियों में शामिल हो गये। उन्होंने दूसरे और तीसरे 'वर्ल्ड फ़ेलोशिप ऑफ़ बुद्धिस्ट्स' के सम्मेलन में हिस्सा लिया, 1950 में सिलोन में और 1954 में बर्मा में। सन् 1955 में उन्होंने भारतीय बौद्ध महासभा या बुद्धिस्ट सोसायटी ऑफ़ इंडिया की स्थापना की। उनकी महत्त्वपूर्ण पुस्तक 'द बुद्धा एंड हिज़ धम्मा' (बुद्ध और उनका धम्म) का लेखन जैसे-जैसे आगे बढ़ा, बौद्ध धर्म में उनकी रुचि उतनी ही बढ़ने लगी। अपने फ़ैसले के बारे में उन्होंने लिखा : 'मेरा धर्म परिवर्तन किसी भौतिक लाभ के लिए नहीं है। ऐसा कुछ भी नहीं जो मैं एक अछूत रहकर भी हासिल नहीं कर सकता। हिन्दू धर्म मेरी अन्तश्चेतना को प्रभावित नहीं करता। ये मेरे आत्मसम्मान को प्रभावित नहीं करता।'[61] मई 1956 में उन्होंने एलान कर दिया कि अपने परिवार और समर्थकों के साथ वह उसी साल अक्टूबर के महीने में बौद्ध धर्म स्वीकार कर लेंगे।

अपने धर्म परिवर्तन की पूर्व संध्या पर अम्बेडकर ने प्रेस को सम्बोधित किया और बताया कि उन्होंने बौद्ध धर्म को ख़ासतौर से इसलिए चुना है क्योंकि इस धर्म का जन्म भारत की धरती पर हुआ और यह भारतीय संस्कृति का एक प्रामाणिक अंग है। उन्होंने इच्छा जताई कि वह बुद्ध द्वारा दिये गये मूल सिद्धान्तों का पालन करेंगे और बौद्ध धर्म के दो परस्पर विरोधी पन्थों हीनयान और महायान के आपसी

विवाद में शामिल होने का उनका कोई इरादा नहीं।[62] उन्होंने उम्मीद जताई कि आगामी दस से पन्द्रह वर्षों में, भारत एक बौद्ध राष्ट्र बन जायेगा।

14 अक्टूबर, 1956 को एक समय बौद्ध धर्म के ऐतिहासिक केन्द्र रहे नागपुर में तत्कालीन भारत के वयोवृद्ध बौद्ध संन्यासी जो कि उत्तर प्रदेश से थे, भिक्खू चन्द्रामणि ने अम्बेडकर को बौद्ध धर्म में दीक्षित किया। इस मौक़े पर अम्बेडकर के लाखों समर्थक नागपुर पहुँचे थे। उस दिन बुराई पर अच्छाई और भगवान राम की विजय का त्योहार दशहरा भी मनाया जा रहा था। सिल्क की सफ़ेद धोती और कोट पहने अम्बेडकर ने भिक्षु के समक्ष 'त्रिरत्न' और 'पंचशील' दोहराकर बुद्ध की प्रतिमा के सामने साष्टांग नमन की मुद्रा में प्रतिमा के चरणों में सफ़ेद कमल के फूल अर्पित कर दिये थे और इस तरह अम्बेडकर ने बौद्ध धर्म की दीक्षा ले ली थी। उसके बाद उन्होंने धर्म परिवर्तन के साक्षी बनने आये अपने पाँच लाख समर्थकों की विशाल जनसभा को सम्बोधित किया। अपनी 22 प्रतिज्ञाओं को दोहराते हुए अम्बेडकर ने औपचारिक रूप से कहा, 'मैं हिन्दू धर्म का परित्याग करता हूँ।'[63]

यह एक भावुक पल था। वहाँ मौजूद पर्यवेक्षकों ने ग़ौर किया कि अम्बेडकर ख़ुद तो उस बेहद जज़्बाती पल में क़ाबू रख पा रहे थे, लेकिन जब उन्होंने अपने पूर्वजों के धर्म का परित्याग करने का एलान किया तो उनका गला रुँध आया था। उन्होंने ख़ुद को सँभाला और फिर वहाँ मौजूद लोगों से पूछा कि जो लोग उनके साथ बौद्ध धर्म स्वीकार करना चाहते हैं, वे खड़े हो जायें। नागपुर हाईकोर्ट के एक पूर्व मुख्य न्यायाधीश समेत वहाँ मौजूद सभी लोगों ने बौद्ध धर्म स्वीकार कर लिया। अम्बेडकर ने सभी लोगों को बौद्ध धर्म की शपथ दिलायी। उन्होंने कहा कि अपने प्राचीन धर्म का त्याग कर, जो कि असमानता और अत्याचार का समर्थन करता है, मेरा नया जन्म हुआ है। 'मैं जाति व्यवस्था का परित्याग कर दूँगा और मनुष्यों के बीच समानता का प्रचार करूँगा। मैं बुद्ध के आष्टांगिक मार्ग का सख़्ती से पालन करूँगा। बौद्ध धर्म सच्चा धर्म है और मैं ज्ञान, सन्मार्ग और करुणा के तीन सिद्धान्तों द्वारा निर्देशित होऊँगा।'[64] वहाँ मौजूद सभी लोगों के लिए ये बेहद नाटकीय पल था। मीडिया ने उस घटना को महाधर्मपरिवर्तन नाम दिया।

अम्बेडकर के इस क़दम पर जनप्रतिक्रिया अपेक्षा से ज़्यादा सहानुभूतिपूर्ण थी। ज़्यादातर टिप्पणियाँ इस तथ्य पर केन्द्रित थीं कि धर्म परिवर्तन के लिए अम्बेडकर ने एक भारतीय धर्म का चुनाव किया है न कि विदेशी उत्पत्ति वाले ईसाई या इस्लाम धर्म का। हिन्दुत्ववादी विचारक वी.डी. सावरकर ने अम्बेडकर की यह कहकर प्रशंसा

की कि उन्होंने मातृधर्म पर ही अपना विश्वास दोहराया है। सावरकर के अनुसार, अम्बेडकर ने बस यही किया है कि हिन्दुत्व के एक अवैदिक रूप को स्वीकार कर लिया है।[65]

अम्बेडकर ने ख़ुद भी हिन्दू और बौद्ध धर्म को एक ही वृक्ष की शाखाओं के रूप में देखा, कुछ-कुछ ईसाई धर्म के कैथोलिक और प्रोटेस्टेंट चर्चों की तरह; उनका कहना था कि बौद्ध धर्म एक तरह से हिन्दू प्रोटेस्टेंटवाद है। एक बार अम्बेडकर ने वेल्स के भारतविद् टी. डब्ल्यू. रीस डेविड्स के शब्दों को उद्धृत किया था जिन्होंने लिखा था : 'हमें यह कभी नहीं भूलना चाहिए कि गौतम का जन्म और लालन-पालन एक हिन्दू के रूप में हुआ था और उन्होंने अपना जीवन हिन्दू के रूप में बिताया था और उनकी मृत्यु भी एक हिन्दू के रूप में ही हुई थी। उनकी शिक्षा दूरगामी और मौलिक थी, तत्कालीन मौजूदा धर्म पर प्रहार करती थी, और हमेशा भारतीय बनी रही। वह हिन्दुओं में सबसे महान, बुद्धिमान और श्रेष्ठ थे।'[66] ऐसे वक्तव्य का समर्थन कर अम्बेडकर दरअसल अपने आलोचकों को यह सन्देश दे रहे थे कि बौद्ध धर्म को अपनाकर वह वृहत् हिन्दू धर्म से दूर नहीं गये हैं। अम्बेडकर ने दरअसल एक ऐसे प्रबुद्ध भारत की कल्पना की थी जिसमें सर्वोच्च हिन्दू परम्पराओं और यूरोपीय प्रबोधन के विचारों में बौद्ध धर्म के चिन्तन की विशेषताएँ भी शामिल हों। पर्याप्त लेखन और सम्पादन वाले अपने जीवन में उन्होंने जिन चार समाचार पत्रों का सम्पादन किया उसमें से आख़िरी का नाम उन्होंने 'प्रबुद्ध भारत' ही रखा।

15 नवम्बर, 1956 को,[67] अम्बेडकर वर्ल्ड फ़ेलोशिप ऑफ़ बुद्धिस्ट्स के चौथे सम्मेलन को सम्बोधित करने नेपाल के शहर काठमांडू गये। वहाँ भावुक होकर अम्बेडकर ने बौद्ध धर्म को दुनिया के सभी धर्मों में सबसे महान और सबसे अच्छी सामाजिक व्यवस्था वाला धर्म घोषित किया। पाँच दिन बाद अपने एक भाषण से उन्होंने कई लोगों को चौंका दिया जब उन्होंने बुद्ध और कार्ल मार्क्स में समानता पायी और कहा कि दोनों की यही इच्छा थी कि धरती से दुख और पीड़ा ख़त्म हो जाये। लेकिन बौद्ध धर्म और साम्यवाद के बीच साधन के अहम सवाल को लेकर अन्तर था; कम्युनिस्ट ज़रूरी होने पर हिंसा का मार्ग अपनाने में संकोच नहीं रखते थे, जबकि बौद्ध अहिंसा को अपना आधारभूत सिद्धान्त मानते थे। ऐसा इसलिए था क्योंकि बौद्ध धर्म ने सर्वोच्च नैतिक मूल्यों का उदाहरण पेश किया था। यह सत्य था कि बौद्ध धर्म में कोई ईश्वर नहीं था, लेकिन ऐसा इसलिए था क्योंकि बौद्ध धर्म

में ईश्वर का स्थान धर्माचरण ने ले लिया था।[68] नेपाल से लौटते हुए अम्बेडकर इसी विषय पर केन्द्रित रहे और बनारस हिन्दू यूनिवर्सिटी और काशी विद्यापीठ में दिये भाषणों में उन्होंने बौद्ध धर्म के सारतत्व पर बात की। ज्ञान के इन केन्द्रों और हिन्दू धर्म के सबसे पवित्र शहर में अम्बेडकर ने तर्क दिया कि जहाँ वेदों में प्रार्थना, प्रशस्ति और पूजा-अर्चना पर ज़ोर दिया गया है, वहीं बौद्ध धर्म में आत्मानुभूति के लिए मनुष्यों को अपने अन्तर्दर्शन का निर्देश दिया गया है।[69]

नागपुर में अम्बेडकर ने इस बात पर ज़ोर दिया था कि 'बौद्ध धर्म का मौलिक सिद्धान्त समानता है। हे भिक्खुजनो, आप अलग-अलग जातियों से हैं और विभिन्न प्रदेशों से यहाँ आये हैं। जैसे महान नदियाँ महान समन्दर में मिलकर अपनी पहचान खो देती हैं; वैसे ही, मेरे भाइयों, क्षत्रिय, ब्राह्मण, वैश्य और शूद्र, ये चार जातियाँ जब तथागत (भगवान बुद्ध) के दिये सिद्धान्तों और अनुशासन का पालन करना शुरू करती हैं, तब ये अपनी जातियों के विभिन्न नाम और पद का परित्याग कर देती हैं और फिर एक, और समान समाज की सदस्य बन जाती हैं। ये बुद्ध के वचन हैं।'[70] बौद्ध धर्म के केन्द्र में निहित समानता और भाईचारे की भावना से अम्बेडकर सबसे ज़्यादा प्रभावित थे। अपनी स्वाभाविक अशान्त ऊर्जा से प्रेरित अम्बेडकर ने नागपुर में अपने इस इरादे को भी प्रकट कर दिया कि आगामी आम चुनाव से पहले जो कि अगले साल होनेवाले थे, वे एक दूसरे राजनीतिक दल की शुरुआत करेंगे। जैसा कि उन्होंने स्पष्ट किया :

मरने से पहले मुझे अपने लोगों को एक निश्चित राजनीतिक दिशा देनी चाहिए। वे लोग ग़रीब, उत्पीड़ित और वंचित रहे हैं, और उसकी वजह से अब उनमें एक नयी चेतना और नया आक्रोश बढ़ रहा है। ये स्वाभाविक है। लेकिन ये भी स्वाभाविक है कि ऐसा समुदाय साम्यवाद की ओर आकर्षित हो जाये। मैं नहीं चाहता कि मेरे लोग कम्युनिस्टों के प्रभाव में आ जायें।[71] द रिपब्लिकन पार्टी ऑफ़ इंडिया–ऐसे ही नाम की पार्टी ने अमेरिका में दासता ख़त्म की थी और अम्बेडकर को यक़ीन था कि ये अनुसूचित जातियों की 'दासता' को ख़त्म कर देगी–के दरवाज़े उन सभी लोगों के लिए खुले रहेंगे जो स्वतन्त्रता, समानता और भाईचारे में विश्वास करते हैं।

लेकिन अम्बेडकर का पहले से ही ख़राब 'स्वास्थ्य' उनकी व्यस्तता और अनवरत परिश्रम की वजह से तेज़ी से गिरने लगा। यात्राओं और भाषणों के अत्यधिक व्यस्त कार्यक्रमों, लगातार नयी योजनाओं की शुरुआत, और काम के प्रति उनकी अदम्य भूख, देर रात तक लिखते रहना–इन सबका उनके स्वास्थ्य

पर बुरा असर पड़ा। वह वर्षों से डायबिटीज़, गठिया, हाई ब्लड प्रेशर और पैर के पुराने भारी दर्द से पीड़ित रहे थे। जब वह काठमाण्डू और बनारस से नयी दिल्ली लौटे, तो वह बहुत बीमार लग रहे थे, बहुत कम खा रहे थे और भारी थकान की शिकायत कर रहे थे। अम्बेडकर ने पत्नी के साथ बम्बई के अपने घर जाने के लिए 14 दिसम्बर का हवाई जहाज़ का टिकट लिया। पर 6 दिसम्बर, 1956 को अपनी ऐतिहासिक पुस्तक 'द बुद्धा एंड हिज़ धम्मा' की पाण्डुलिपि ख़त्म करने के तीन दिन बाद भीमराव रामजी अम्बेडकर का रात्रि में निधन हो गया। उस समय अपने डेस्क पर वह जिन काग़ज़ातों पर काम कर रहे थे, उन्हीं पर झुके हुए मृत पाये गये। उनकी अवस्था केवल 65 वर्ष थी।[72]

जैसे ही उनकी मृत्यु का समाचार फैला, अम्बेडकर के सरकारी आवास 26, अलीपुर रोड पर लोगों की भारी भीड़ उमड़ पड़ी। प्रधानमन्त्री नेहरू और उनकी कैबिनेट के वरिष्ठ सदस्य व्यक्तिगत रूप से उन्हें श्रद्धांजलि देने पहुँचे। शव यात्रा को आवास से दिल्ली एयरपोर्ट तक पहुँचने में प्रशंसकों की भारी भीड़ की वजह से 45 मिनट के स्थान पर पाँच घण्टे लग गये। अम्बेडकर के पार्थिव शरीर को हवाई जहाज़ से बम्बई और फिर उनके बनाये दादर के घर पर ले जाया गया। कारख़ानों, टेक्सटाइल मिलों, बन्दरगाहों और रेलवे वर्कशॉप में काम करने वाले बम्बई और आसपास के कामगारों ने अम्बेडकर को श्रद्धांजलि देते हुए अपने औज़ार सहज ही नीचे रख दिये। अम्बेडकर को जिस श्मशान में बौद्ध रीति से अग्नि के सुपुर्द किया गया वहाँ पाँच लाख लोग जमा हुए थे। पुलिस के एक बैंड ने 'लास्ट पोस्ट' धुन बजायी, ये ऐसा सम्मान था जो सामान्यत: सरकार में कार्यरत अधिकारियों को दिया जाता है।

अम्बेडकर के निधन के बाद कई दिन और हफ़्तों तक देश भर में भावुक और प्रेरित करने वाले भाषण दिये गये। प्रधानमन्त्री नेहरू ने राष्ट्र और सरकार के प्रति अम्बेडकर के महान योगदान का संसद में गहरी संवेदना के साथ बखान किया; उन्होंने कहा कि आने वाली पीढ़ियाँ उन्हें हिन्दू समाज के उत्पीड़क तत्त्वों के ख़िलाफ़ आवाज़ बुलन्द करनेवाले प्रतीक के रूप में याद करेंगी। उन्होंने प्रस्ताव दिया कि अम्बेडकर के सम्मान में संसद की कार्यवाही एक दिन के लिए स्थगित कर दी जाये। बम्बई सरकार ने अम्बेडकर के जन्मदिन को सार्वजनिक अवकाश घोषित कर दिया और अम्बेडकर ने जहाँ बौद्ध धर्म स्वीकार किया था, वहाँ की 11 एकड़ ज़मीन बुद्धिस्ट सोसायटी (बौद्ध समाज) को दे दी।

अपनी मृत्यु से दो महीने पहले अक्टूबर 1956 में अम्बेडकर अपने 'एकमात्र प्रिय मित्र' नवल भथेना से आख़िरी बार मिले थे। भथेना कोलम्बिया में 1913 में अम्बेडकर के साथ एक कमरे में रहे थे और उन्होंने हमेशा उनकी मदद की थी। उन्होंने अम्बेडकर के साथ अपनी आख़िरी मुलाक़ात को याद किया :

उनकी मृत्यु से दो महीने पहले हमारी सबसे लम्बी मुलाक़ात उनके घर पर हुई थी। हम दोपहर बाद तीन बजे से लेकर शाम छह बजे तक साथ थे और किसी को कमरे में आने की इजाज़त नहीं थी। उस दिन अम्बेडकर अपने दिल की बातें कह रहे थे। उन्होंने अपने पुत्र और भतीजे की भी निन्दा की और मैं जब उनसे मिल कर निकला तो मुझे अनुमान भी नहीं था कि मेरे मित्र अपनी जीवन यात्रा के आख़िरी पड़ाव पर थे। मैं इस बात से बहुत दुखी हूँ। मुझे तो अब भी मुश्किल से यक़ीन हो पा रहा है कि उसके बाद वह कुछ ही महीने और जीवित रहे।[73]

ख़राब सेहत के बावजूद अम्बेडकर को परिश्रम करते हुए देखने के लोग इतने अभ्यस्त हो गये थे कि बीमारी से हुई उनकी मौत लोगों के लिए वाक़ई बड़ा आघात थी। उनकी असाधारण स्तर की उपलब्धियाँ कितनी महान थीं इसका अन्दाज़ा उनके निधन के बाद उन्हें दी गयी श्रद्धांजलि से लग जाता है।

ये अम्बेडकर की शख़्सियत के अनुरूप ही था कि मृत्यु के उपरान्त भी उनका काम सामने आया, मृत्यु उस पर रोक नहीं लगा सकी। द *बुद्धा एंड हिज़ धम्मा* उनके निधन के बाद प्रकाशित हुई। उसी तरह *वेटिंग फ़ॉर ए वीज़ा* एक आत्मकथात्मक लेखन था जो उनके डेस्क पर रखे काग़ज़ों के बीच से निकल आया। *रिडल्स ऑफ़ रेलिजन* में धर्म पर प्रहार किया गया था और अम्बेडकर ने इसका लेखन छोड़ देने का फ़ैसला किया था। अम्बेडकर के निधन के वर्षों बाद भी उनके विचारों पर बहस जारी रही और विवाद खड़े होते रहे।

अम्बेडकर के विचारों का विषय और विषय-वस्तु असाधारण और विविधतापूर्ण हैं—जाति व्यवस्था की उत्पत्ति और स्वरूप; अस्पृश्यता का उन्मूलन और शोषितों-पीड़ितों का उत्थान; मुद्रा और विनिमय दर नीति और वृहत् मात्रा में मुद्रा का लेन-देन; कृषि और छोटी जोत की व्यावहारिकता; धर्म और नैतिक दर्शन; अल्पसंख्यकों की भूमिका; विभाजन और पाकिस्तान का निर्माण; संवैधानिक व्यवस्था जिसमें केन्द्र-राज्य सम्बन्ध और भारत को भाषायी राज्यों में विभाजित करने का औचित्य भी सम्मिलित थे। ये कुछ ही विषय हैं जिनका यहाँ उल्लेख किया गया है, इसमें उनकी सभी प्रमुख चिन्ताएँ शामिल नहीं हैं। वैविध्यपूर्ण विषयों पर अम्बेडकर का लेखन और भाषण, उनकी सर्जनात्मक बौद्धिकता, पाण्डित्य, शोध के विस्तार और

गहराई, उनके अनथक परिश्रम, लगातार काम करने की प्रवृत्ति, एक लेखक के रूप में उनकी अनवरत सक्रियता का उदाहरण पेश करते हैं। अम्बेडकर अपनी लेखकीय विरासत के रूप में इतना कुछ यादगार छोड़ गये हैं कि अगर उन्होंने अपने जीवन में और कुछ नहीं भी किया होता तो भी वह अपने समय के सबसे प्रसिद्ध बुद्धिजीवियों में से एक के रूप में याद किये जाते।

यह भी बताया जाना ज़रूरी है कि अम्बेडकर को सभी लोग पसन्द या स्वीकार नहीं करते थे। उनकी ज़ुबान तेज़ और तीखी थी और किसी के साथ असहमत होने पर वह अपने उद्गार व्यक्त करने में देर नहीं करते थे; उनका कुशाग्र मस्तिष्क साधारणता, पाखण्ड और चापलूसी को सहन नहीं कर पाता था और वह हमेशा इसके प्रति अपनी नफ़रत को छुपाने का प्रयास भी नहीं करते थे। एक ऐसे व्यक्ति के लिए जिसे अपने जीवन में पग-पग पर संघर्ष करना पड़ा हो, जिसकी कोई ग़लती न हो पर फिर भी उसे हर क़दम पर अपमान और अभाव का सामना करना पड़ा हो, वैसे व्यक्ति के रूप में अम्बेडकर उनके विश्वासों पर सवाल उठाने वालों या फिर चुनौती देने वालों को ख़ास तवज्जो नहीं देते थे। उन्हें किसी से कमतर समझा जाये यह अम्बेडकर को क़तई गवारा नहीं था और ऐसी बातों को ख़ारिज करने का अधिकार उन्होंने ख़ुद को दे रखा था, और निरर्थक और बेकार बातों को तो वह क़तई बर्दाश्त नहीं करते थे। अम्बेडकर मानते थे कि सब कुछ कारण और तर्क पर आधारित होना चाहिए; अतार्किक, भावनात्मक और अन्धविश्वास को वह बर्दाश्त नहीं कर पाते थे। नतीजा ये होता था कि कई लोगों को ये लगता था कि वे अभिमानी और असहिष्णु हैं। ऐसा प्रतीत होता था कि मानवीय सम्बन्ध उनके लिए बहुत मायने नहीं रखते थे; उनके लिए केवल विचारों का महत्त्व था। उन्होंने अपनी पत्नी और बच्चों की अवहेलना की जबकि उन्हें उनकी फ़िक्र भी थी। अम्बेडकर के प्रशंसकों की संख्या विशाल है, लेकिन उनके मित्र बहुत कम थे।

इसलिए कुछ हद तक वह राजनीति के लिए अनुपयुक्त थे। उन्होंने जिन संगठनों और राजनीतिक दलों की स्थापना की, उनमें से कोई भी बहुत दीर्घजीवी नहीं रहा या फिर उसने बड़ी कामयाबी हासिल नहीं की। जीतने से ज़्यादा अम्बेडकर चुनाव हारे, यहाँ तक कि 1954 का अपना आख़िरी चुनाव भी वह हार गये जब वह *शेड्यूल्ड कास्ट्स फ़ेडरेशन* (अनुसूचित जाति संघ) के उम्मीदवार के रूप में लड़े। *एनिहिलेशन ऑफ़ कास्ट* नाम की किताब में उन्होंने ख़ुद पर थोड़ी नरमी बरतते हुए अपने बारे में लिखा, 'एक ऐसा व्यक्ति जिसका लगभग पूरा सार्वजनिक जीवन ग़रीबों और उत्पीड़ितों के उत्थान के लिए अनवरत संघर्ष का रहा, और पुरस्कार के

रूप में उसे राष्ट्रीय पत्र-पत्रिकाओं और राजनेताओं से लगातार केवल निन्दा और अपशब्दों की सौगात मिली।'[74] उन्होंने ख़ुद अनेक उपलब्धियाँ और सम्मान हासिल किये, पर उनकी राजनीति दीर्घजीवी नहीं रही। ना ही उन्होंने अपने काम को आगे बढ़ाने के लिए नेताओं की दूसरी पंक्ति तैयार की। एक प्रशंसक जीवनीकार के रूप में धनंजय कीर ने लिखा :

अम्बेडकर ने आधुनिक मानदण्डों के अनुरूप अपनी राजनीतिक पार्टी को संगठित करने का प्रयास नहीं किया। संगठन को बढ़ाने और व्यवस्थित करने की उन्होंने कोई चिन्ता नहीं की। जिन संगठनों से वह जुड़े थे, उनका नियमित रूप से कोई वार्षिक सम्मेलन या आम बैठक नहीं होती थी। जहाँ कहीं और जब भी वह बैठ जाते थे वही सम्मेलन स्थल और फ़ैसले का समय हो जाता था। कार्यकारी समिति का अध्यक्ष हो या सचिव, उसे अम्बेडकर के बताये रास्ते पर चलना होता था(...) जब भी वह चाहते कि उनके लोग उनके बैनर तले इकट्ठे हो जायें तो वह उनका आह्वान करते थे और फिर संगठन ठीक उसी तरह खड़ा हो जाता था जैसे बारिश के मौसम में फ़सल खड़ी हो जाती है।[75]

23 मई, 1954 को टाइम्स ऑफ़ इंडिया में एक टिप्पणीकार ने अम्बेडकर के बारे में अपनी राय ठीक ही रखी थी :

डॉक्टर अम्बेडकर का राजनीतिक जीवन उस व्यक्ति की त्रासदी है जो सोचता है कि राजनीति में सही-ग़लत का विवेक काम करता है। वह कहते हैं कि एक चीज़ सही है क्योंकि वह तर्कसंगत है। अस्पृश्यता ग़लत है क्योंकि वह अतार्किक है। एक तर्कशील व्यक्ति के रूप में अम्बेडकर आधार वाक्य से निष्कर्ष की ओर बढ़ते हैं। लेकिन राजनेताओं की भारी जमात तार्किक नहीं है। वे उल्टा तर्क गढ़ते हैं। वे अपने निष्कर्षों के समर्थन के लिए आधार वाक्य में बदलाव कर देते हैं।

हालाँकि अम्बेडकर की मृत्यु के बाद से उनका क़द आश्चर्यजनक रूप से बढ़ा है। विवादास्पद रूप से आज वह सबसे ज़्यादा सम्मानित भारतीयों में एक हैं, उनके जन्मदिन पर उनके समर्पित समर्थक उनकी प्रतिमा की पाँच रात तक निगरानी करते हैं, और देश भर में उनकी प्रतिमाओं की संख्या महात्मा गांधी के बाद सबसे ज़्यादा है (सम्भवत: गांधी से भी ज़्यादा)। हर गाँव और हर चौराहे पर अमूमन उनकी एक प्रतिमा मिल जायेगी जिसमें सूट और टाई में एक गठीले शरीर और खल्वाट सिर वाला व्यक्ति हाथ में संविधान का प्रतिनिधित्व करती क़ानून की एक किताब पकड़े हुए नज़र आता है। (उनके क़द का अन्दाज़ा इसी बात से लगाया जा सकता है कि संसद (पुरानी) के सामने की ज़मीन पर केवल उनकी और गांधीजी की ही प्रतिमा

खड़ी है।) अम्बेडकर के प्रशंसक और समर्थक अभिवादन के लिए 'जय भीम' का व्यापक रूप से इस्तेमाल करते हैं और वंचित, उत्पीड़ित, सम्पत्तिहीन निम्न वर्ग के लिए ये एक नारा बन गया है। उत्तर भारत के एक हिस्से में 'भीम आर्मी' दलित प्रतिरोध से जुड़े कार्यक्रमों का आयोजन करती है। दिल्ली में अम्बेडकर के सरकारी आवास को स्मारक बना दिया गया है जहाँ हर साल उनके हज़ारों प्रशंसक आते हैं। लन्दन में अपने छात्र जीवन के दौरान 1920 के दशक में अम्बेडकर जिस घर में रहे थे उसे महाराष्ट्र सरकार ने ले लिया है और उसे भी मेमोरियल में तब्दील कर दिया गया है।[76] 1990 में जब उन्हें मरणोपरान्त भारत का सर्वोच्च नागरिक सम्मान 'भारत रत्न' दिया गया तो उसकी एक ही आलोचना थी कि इसमें इतनी देर क्यों हुई।

एक बार उन्होंने कहा था कि 'जीवन लम्बा होने की बजाय महान होना चाहिए।' 65 वर्ष कोई लम्बा जीवनकाल नहीं, पर उनकी महानता को लेकर कोई सन्देह नहीं हो सकता। 2012 में दो प्रतिष्ठित टेलीविज़न चैनलों ने एक सर्वे कराया जिसमें दो करोड़ से ज़्यादा वोट पड़े और इसमें गांधी, नेहरू, पटेल को पीछे छोड़ते हुए 'ग्रेटेस्ट इंडियन'' (महानतम भारतीय) की सूची में अम्बेडकर पहले स्थान पर रहे।[77]

भारत के हर राजनीतिक दल–चाहे वह कांग्रेस हो जिसका अम्बेडकर ने विरोध किया, या फिर हिन्दुत्व के सिपाही जिन्होंने उनकी जमकर निन्दा की–को उनकी प्रशंसा करनी ही पड़ती है; वह सुप्रसिद्ध व्यक्तियों के ऐसे दुर्लभ समूह में शामिल हो गये हैं जिन पर सवाल नहीं उठाये जाते। आज अम्बेडकर जीवन से भी बड़े हो गये हैं, और निधन के क़रीब सात दशक बाद भी वह क़द में और बढ़ते ही जा रहे हैं।

सन्दर्भ सूची

1. शहारे, *डॉ. भीमराव अम्बेडकर*, पृ. 85-86.
2. 'व्हेन दिलीप कुमार मेट डॉ. भीमराव अम्बेडकर', *Bollyy.com*, 11 जनवरी, 2021.
3. कीर, *डॉ. अम्बेडकर*, पृ. 487-88.
4. शहारे, *डॉ. भीमराव अम्बेडकर*, पृ. 9.
5. सिद्धार्थ कॉलेज ऑफ़ आर्ट्स, साइंस एंड कॉमर्स, मुम्बई की ऑफ़िशियल वेबसाइट.
6. कीर, *डॉ. अम्बेडकर*, पृ. 475.
7. शहारे, *डॉ. भीमराव अम्बेडकर*, पृ. 90-91.
8. कीर, *डॉ. अम्बेडकर*, पृ. 385.
9. शहारे, *डॉ. भीमराव अम्बेडकर*, पृ. 91.
10. वही।
11. वही।

12. वही, पृ. 92.
13. वही।
14. वही, पृ. 93.
15. कीर, डॉ. *अम्बेडकर*, पृ. 397.
16. वसन्त मून (सं.), *डॉ. बाबासाहेब अम्बेडकर : राइटिंग्स एंड स्पीचेज़*, खण्ड 7, बम्बई एजुकेशन डिपार्टमेंट : गवर्नमेंट ऑफ़ महाराष्ट्र, 1979.
17. 'कास्ट्स इन इंडिया : देयर मैकेनिज़्म, जेनेसिस एंड डिवेलपमेंट', मून, *डॉ. बाबासाहेब अम्बेडकर*, खण्ड 1, पृ. 5-22; ऐज़ साइटेड इन हिरण्य सेन, 'ऐडवेंट एंड एवोल्यूशन ऑफ़ द कास्ट सिस्टम : ए क्लोज़ रीडिंग ऑफ़ अम्बेडकर्स ''कास्ट्स इन इंडिया'' ', *ऑल अबाउट अम्बेडकर*।
18. कीर, डॉ. *अम्बेडकर*, पृ. 402.
19. शहारे, *डॉ. भीमराव अम्बेडकर*, पृ. 94.
20. वही, पृ. 95; पिया कृष्णाकुट्टी, 'सविता अम्बेडकर, ए ''सोशल वर्कर इन हर ओन राइट'' हू केप्ट अम्बेडकर्स लेगेसी अलाइव', *द प्रिंट*, 27 जनवरी, 2021.
21. ओम्वेट, *अम्बेडकर*, पृ. 108.
22. शहारे, *डॉ. भीमराव अम्बेडकर*, पृ. 97.
23. कीर, डॉ. *अम्बेडकर*, पृ. 410.
24. 'शेड्यूल्ड कास्ट्स एंड शेड्यूल्ड ट्राइब्स', यूनाइटेड नेशन्स इन इंडिया।
25. के. राजू, (सं.), रीथिंकिंग इंडिया सीरिज़, *द दलित ट्रुथ : द बैटल्स फ़ॉर रियलाइज़िंग अम्बेडकर्स विज़न*, नयी दिल्ली : पेंगुइन रैंडम हाउस, 2022, पृ. xxvi.
26. जैफ़रलॉट, *डॉ. अम्बेडकर एंड अनटचेबिलिटी*, पृ. 110.
27. भानु धमिजा, 'इंडियाज़ कॉन्स्टीट्यूशन मेकर्स नेहरू, पटेल, अम्बेडकर वेयर डिवाइडेड ऑन पार्लियामेंट्री सिस्टम', *द प्रिंट*, 25 जनवरी, 2019.
28. बी. आर. अम्बेडकर इन द *कॉन्स्टीचुएंट असेम्बली डिबेट्स*, 25 नवम्बर, 1949, साथ ही उपलब्ध है 'व्हाई बी.आर. अम्बेडकर्स थ्री वॉर्निंग्स इन हिज़ लास्ट स्पीच टू द कॉन्स्टीचुएंट असेम्बली रेज़ोनेट इवेन टूडे', *scroll.in*, 26 जनवरी, 2016.
29. कीर, डॉ. *अम्बेडकर*, पृ. 413.
30. वही, पृ. 414.
31. बी.आर. अम्बेडकर, 'व्हाई बी.आर. अम्बेडकर्स थ्री वॉर्निंग्स इन हिज़ लास्ट स्पीच टू द कॉन्स्टीचुएंट असेम्बली रेज़ोनेट इवेन टूडे', *scroll.in*, 26 जनवरी, 2016.
32. कीर, डॉ. *अम्बेडकर*, पृ. 414.
33. वही, पृ. 414-15.
34. 'व्हाई बी.आर. अम्बेडकर्स थ्री वॉर्निंग्स इन हिज़ लास्ट स्पीच टू द कॉन्स्टीचुएंट असेम्बली रेज़ोनेट इवेन टूडे', *scroll.in*, 26 जनवरी, 2016.
35. वही।

36. सारा भाषण एक बार फिर छपा, 'अम्बेडकर्स लास्ट वर्ड्स ऑफ़ विज़डम', द *ट्रिब्यून*, 14 अप्रैल, 2017.
37. कीर, *डॉ. अम्बेडकर*, पृ. 417.
38. शहारे, *डॉ. भीमराव अम्बेडकर*, पृ. 98.
39. वही, 100.
40. वही, पृ. 101.
41. वही, पृ. 101-102.
42. वही, पृ. 103.
43. वही।
44. ओम्वेट, *अम्बेडकर*, पृ. 121.
45. शहारे, *डॉ. भीमराव अम्बेडकर*, पृ. 103.
46. वही, पृ. 103-104.
47. कीर, *डॉ. अम्बेडकर*, पृ. 440.
48. वही, पृ. 445.
49. कौकब चेबारो, 'डॉ. अम्बेडकर एंड कोलम्बिया यूनिवर्सिटी : ए लेगेसी टू सेलीब्रेट', कोलम्बिया यूनिवर्सिटी लाइब्रेरी, 15 अप्रैल, 2019.
50. नानक चन्द रत्तू, *लास्ट फ़्यू ईयर्स ऑफ़ डॉ. अम्बेडकर*, नयी दिल्ली : अमृत पब्लिशिंग हाउस, 1997, पृ. 35.
51. अरुण पी. मुखर्जी, 'बी. आर. अम्बेडकर, जॉन डेवी, एंड द मीनिंग ऑफ़ डेमोक्रेसी', *न्यू लिटररी हिस्ट्री*, खण्ड 40, नं. 2, 2009, पृ. 345-70.
52. कीर, *डॉ. अम्बेडकर*, पृ. 449.
53. भानु धमिजा, 'व्हाई अम्बेडकर डिड नॉट लाइक इंडियाज़ कॉन्स्टीट्यूशन', द *क्विंट*, 14 अप्रैल, 2018.
54. हीरा सिंह, 'रेज़िंद द बार ऑर ए मिस्ड ऑपर्च्यूनिटी', *इकोनॉमिक एंड पोलिटिकल वीकली*, खण्ड 1, नं. 45, 7 नवम्बर, 2015.
55. बी. आर. अम्बेडकर, 'आर्टिकल ऑन लिंग्विस्टिक स्टेट्स', *टाइम्स ऑफ़ इंडिया*, 23 अप्रैल, 1953.
56. स्वराज्य आर्काइव्स, 'राजाजी इन 1968 : ''हिन्दी इज़, ऐट बेस्ट, द लैंग्वेज ऑफ़ ए लार्ज माइनॉरिटी'' ', *स्वराज्य*, 14 सितम्बर, 2016.
57. ए. जी. नूरानी, 'लिंगुइज़्म ट्रैप', *फ्रंटलाइन*, 23 अप्रैल, 2010.
58. कीर, *डॉ. अम्बेडकर*, पृ. 423.
59. आनन्द तेलतुम्बड़े एंड चक्रधर हडके (सं.), *डॉ. बी. आर. अम्बेडकर्स कम्पलीट वर्क्स*, Archive.org.
60. मीना बार्डिया, 'डॉ. बी. आर. अम्बेडकर : हिज़ आइडियाज़ अबाउट रेलीजन एंड कन्वर्ज़न टू बुद्धिज़्म', *इंडियन जर्नल ऑफ़ पोलिटिकल साइंस*, खण्ड 70, नं. 3, 2009, पृ. 737-49.

61. बम्बई प्रेसिडेंसी महार कॉन्फ्रेंस में दिया डॉ. अम्बेडकर का भाषण, 31 मई, 1936, बम्बई, वसन्त डब्ल्यू. मून ने मराठी से अनुवाद किया, 25 जनवरी, 1988, उपलब्ध है 'व्हाट पाथ टू साल्वेशन?', Columbia.edu.
62. अम्बेडकर के *द बुद्धा एंड हिज़ धम्मा*, 2011 के हाल के एक आलोचनात्मक संस्करण में सम्पादकों (सिंह, राठौर, एंड वर्मा) ने अपनी सम्पूर्ण पूर्वपीठिका में भारत में होने वाले बौद्ध धर्म से जुड़े विमर्श में अम्बेडकर की अनुपस्थिति से जुड़ी चर्चा पर केन्द्रित किया है, उसका आधार ये है कि अम्बेडकर के लेखन में एक 'राजनीतिक सन्देश' दिया गया है ('थियोलाइज़िंग हिज़ ओन पोलिटिकल व्यू एंड पोलिटिसाइज़िंग बुद्धाज़ व्यूज़'–पृ. Xi), और ऐसा करते हुए ये मान लिया गया है 'धर्म' अपनी प्रकृति में अराजनीतिक होता है। ये लेखक कुछ लोगों के कटाक्ष की निन्दा करते हैं –... जो अम्बेडकर के *द बुद्धा एंड हिज़ धम्मा* को 'मुक्तिदायक धर्मशास्त्र' कहते हुए उसका उपहास करते हैं (शौरी 1997)... और दूसरों की उनकी ख़ामोशी के लिए आलोचना करते हैं।
63. शहारे, *डॉ. भीमराव अम्बेडकर*, पृ. 106.
64. सुदर्शन अग्रवाल, *बी. आर. अम्बेडकर, द मैन एंड हिज़ मैसेज : ए कमेमोरेटिव वॉल्यूम*, इंट्रोडक्शन, राज्य सभा सेक्रेटेरियट, 1991, पृ. 2.
65. शहारे, *डॉ. भीमराव अम्बेडकर*, पृ. 106.
66. टी. डब्ल्यू. रीस-डेविड्स : बुद्धिज़्म, पृ. 116-17, कीर, *डॉ. अम्बेडकर*, पृ. 5-22 में उद्धृत। कोनराड एल्स्ट से उद्धृत, *हू इज़ ए हिन्दू? हिन्दू रिवाइवलिस्ट व्यूज़ ऑफ़ अनिमिज़्म, बुद्धिज़्म, सिखिज़्म, एंड अदर ऑफ़शूट्स ऑफ़ हिन्दुइज़्म*, नयी दिल्ली : वॉइस ऑफ़ इंडिया, 2002.
67. शहारे, *डॉ. भीमराव अम्बेडकर*, पृ. 106.
68. वही, पृ. 107.
69. वही।
70. वही।
71. जैफ़रलॉट, *डॉ. अम्बेडकर एंड अनटचेबिलिटी*, पृ. 86.
72. शहारे, *डॉ. भीमराव अम्बेडकर*, पृ. 108.
73. डॉ. सविता भीमराव अम्बेडकर, *अम्बेडकराच्या सहवासत*, मुम्बई : डॉ. बाबासाहेब अम्बेडकर फ़ाउंडेशन, 2013, पृ. 354.
74. बी. आर अम्बेडकर, 'एनिहिलेशन ऑफ़ कास्ट', मून, *बाबासाहेब अम्बेडकर*, खण्ड 1, पृ. 80.
75. कीर, *डॉ. अम्बेडकर*, पृ. 480.
76. टाइम्स नेटवर्क, 'महाराष्ट्र गवर्नमेंट बाइज़ अम्बेडकर्स लन्दन हाउस', *टाइम्स ऑफ़ इंडिया*, 26 सितम्बर, 2015.
77. मीनाक्षी वर्मा अम्बवानी, 'डॉ. बी. आर. अम्बेडकर वोटेड ऐज़ ग्रेटेस्ट इंडियन', *हिन्दू बिज़नेस लाइन*, 14 अगस्त, 2012.

खण्ड दो

विरासत

छठा

एक सार्थक जीवन

साल 1959 की एक दोपहर में, महान अफ़्रीकी-अमेरिकी उपदेशक और नागरिक अधिकारों के लिए संघर्ष करने वाले नेता मार्टिन लूथर किंग और उनकी पत्नी अपनी एक महीने की भारत यात्रा के दौरान केरल की राजधानी त्रिवेन्द्रम में दलित हाई स्कूल के छात्रों से मिलने गये। पुरस्कार प्राप्त अमेरिकी पत्रकार इसाबेल विल्करसन, जिन्होंने अपनी किताब *कास्ट : द लाइज़ दैट डिवाइड अस* में उस घटना का ज़िक्र किया है जब स्कूल के प्रिंसिपल ने मार्टिन लूथर किंग का परिचय कराते हुए कहा : 'युवाजनो, मैं आपके समक्ष संयुक्त राज्य अमेरिका के हमारे अछूत साथी को पेश करने जा रहा हूँ।' विल्करसन लिखती हैं कि ये सुनकर मार्टिन लूथर किंग 'हैरान' रह गये थे :

उन्होंने नहीं सोचा था कि ये शब्द उनके लिए इस्तेमाल किये जायेंगे। असल में पहले तो उन्हें ज़्यादा कुछ समझ में नहीं आया। वह एक दूसरे महाद्वीप से आये थे, उन्होंने प्रधानमन्त्री के साथ भोजन किया था। वह बताये गये सम्बन्ध को समझ नहीं पाये। वह यह नहीं समझ पाये कि भारतीय जाति व्यवस्था का उनसे क्या सम्बन्ध है, वह तुरन्त यह नहीं देख पाये कि क्यों भारत के सबसे निम्न जाति के लोग एक अमेरिकी नीग्रो और भारत आये एक प्रसिद्ध मेहमान को अपनी तरह नीची जाति के रूप में देख रहे हैं, उन्हें अपनों में से एक समझ रहे हैं।

मार्टिन लूथर ने लिखा, 'एक पल के लिए मैं थोड़ा सदमे में था और नाराज़ भी कि मेरा परिचय एक अस्पृश्य के रूप में कराया गया।' उसके बाद उन्होंने उन लोगों की ज़िन्दगी की सच्चाई के बारे में सोचना शुरू किया जिनके लिए वह लड़ रहे थे–दो करोड़ लोग, जिन्हें सदियों से अमेरिका में सबसे निम्न स्तर का माना गया था, 'वे अब भी ग़रीबी के वायुरोधी पिंजरे में घुट रहे थे,' अलग बस्तियों में रहने को मजबूर थे, अपने ही देश में निर्वासित थे। और फिर उन्होंने ख़ुद से कहा, 'हाँ, मैं एक अछूत हूँ, और संयुक्त राज्य अमेरिका का हर नीग्रो एक अछूत है।'

उस पल में, उन्होंने महसूस किया कि आज़ाद लोगों की भूमि अमेरिका ने भारत की तरह ही उन पर जाति व्यवस्था लाद रखी है और उन्होंने अपनी पूरी ज़िन्दगी

उसी व्यवस्था के अन्तर्गत रहकर बितायी है। यही अमेरिका की दबी हुई हक़ीक़त थी जिसके ख़िलाफ़ वह लड़ रहे थे।[1]

मार्टिन लूथर किंग पर अम्बेडकर का प्रभाव दूर-दूर तक फैली उनकी विरासत का एक उदाहरण है। डॉक्टर भीमजी राव अम्बेडकर ने जितनी उपलब्धियाँ हासिल कीं उनके बारे में आज कल्पना करना भी मुश्किल लगता है। 1891 में वह एक 'अछूत' परिवार में पैदा हुए और वह भी सेना की छावनी में ग़रीब महार सूबेदार के घर में। 14वीं और आख़िरी सन्तान के रूप में पैदा होना सामान्यत: एक तिरस्कार, ग़रीबी, अभाव और भेदभाव भरी ज़िन्दगी की ही गारंटी दे सकता था। पर अम्बेडकर ने न केवल अपनी जन्मजात परिस्थितियों को पीछे छोड़ दिया, बल्कि सफलता की उन बुलन्दियों तक पहुँचे जो कि एक सुविधासम्पन्न बच्चे के लिए भी शानदार उपलब्धि मानी जाती। अम्बेडकर उन पहले दलितों में थे जो भारत के कॉलेज में दाख़िल हुए, प्रोफ़ेसर बने (प्रतिष्ठित सिडेनहम कॉलेज में) और प्रिंसिपल भी बने (किसी छोटे-मोटे संस्थान के नहीं बल्कि बम्बई के गवर्नमेंट लॉ कॉलेज के)। अम्बेडकर अमेरिका के शुरुआती भारतीय छात्रों में से एक थे, उन्होंने कोलम्बिया यूनिवर्सिटी और यूनिवर्सिटी ऑफ़ लन्दन से अर्थशास्त्र, राजनीति विज्ञान और क़ानून में कई डिग्रियाँ (डॉक्टरेट) हासिल कीं। कई सदियों तक हुए भेदभाव के उत्तराधिकारी, अम्बेडकर लन्दन में बार के मेम्बर बने और संविधान मसौदा समिति के अध्यक्ष के रूप में 'भारत के जेम्स मेडिसन' बने। अशिक्षितों के घर पैदा हुए अम्बेडकर ने कई महत्त्वपूर्ण किताबें लिखीं जिनका विषय और विस्तार प्रमाणित करते हैं कि वे सर्वग्राही मस्तिष्क और कुशाग्र मेधा वाले अध्ययनशील बुद्धिजीवी थे। 1891 में महू की मिट्टी में खेलता एक मामूली बच्चा आज़ाद भारत का पहला क़ानून मन्त्री बना, वो भी नयी दिल्ली में बनी अब तक की सबसे प्रभावशाली कैबिनेट में। केवल 65 वर्ष की आयु में जब उनका निधन हुआ तो उन्होंने ऐसी-ऐसी उपलब्धियाँ और सम्मान हासिल कर लिये थे जिनका मुक़ाबला कुछ ही लोग कर सके; केवल 'भारत रत्न' बचा था, और वह सम्मान भी उनकी जन्मशती से पहले उन्हें मरणोपरान्त दे दिया गया।

डॉक्टर अम्बेडकर की महानता इनमें से किसी एक उपलब्धि पर आधारित नहीं हो सकती, बल्कि उनकी हर उपलब्धि समान रूप से असाधारण थी। सोचिए कि वह कहाँ पैदा हुए, उन्होंने क्या कुछ सहा और वह क्या बने, और उनके बारे में यह संक्षिप्त जानकारी भी किसी को हैरान करने के लिए काफ़ी है। कई लोगों को लगता है कि बाद की पीढ़ी में अम्बेडकर जैसी प्रतिभा का शायद ही कोई पैदा हुआ है।

उपन्यासकार अरुंधति रॉय लिखती हैं, 'इतिहास अम्बेडकर के प्रति अनुदार रहा है। पहले इसने उन्हें सीमित किया और फिर महिमामण्डित। इतिहास ने उन्हें भारत के अछूतों का नेता और ग़रीब बस्तियों का मसीहा बना दिया। इसने उनके लेखन को छुपाया और बौद्धिक कट्टरता और व्यवहार के ख़राब पक्षों को उभारा।'[2]

कुछ लोग जो आज अम्बेडकर की विरासत को आगे बढ़ाने की बात करते हैं वह स्वीकार करते हैं कि दलितों के ख़िलाफ़ भेदभाव की लड़ाई में अम्बेडकर की भूमिका थी, और कुछ लोग जो उनके संविधान निर्माण का सम्मान करते हैं, वह उनके सम्पूर्ण राजनीतिक और आर्थिक विज़न के बारे में बात नहीं करते। भारतीय लोकतन्त्र को लेकर अम्बेडकर की चिन्ताओं और सन्देहों, हिन्दू बहुसंख्यकवाद की आलोचना और राजनीतिक अर्थशास्त्र और श्रमिक अधिकारों के प्रति उनके वामपन्थी विचार को उनके कथित प्रशंसक अपनी सुविधानुसार अक्सर नज़रअन्दाज़ कर देते हैं। बल्कि वे वही करते हैं जिसके लिए अम्बेडकर ने मना किया था– उनकी प्रतिमा की पूजा करना जो कि 'भक्ति' थी न कि उनका आलोचनात्मक मूल्यांकन जिसे शायद अम्बेडकर ज़्यादा पसन्द करते।

अम्बेडकर की विशाल उपलब्धियों की समीक्षा के लिए ज़रूरी है कि हम न तो उनकी भूमिका को केवल भारतीय दलितों के महान उद्धारक तक सीमित कर दें, और न ही उन्हें एक ऐसे सन्त के रूप में प्रतिष्ठित कर दें जिसकी आलोचना ही न की जा सके, बल्कि ज़रूरत इस बात की है कि हम उनके जीवन और उनके विचारों (अम्बेडकर के लेखन और भाषण के रूप में साढ़े सत्रह हज़ार पन्नों को मिलाकर) को उसकी पूर्णता में देखें, उनकी सक्रियता, उनकी राजनीति, उनकी सफलता और असफलता इन सबका भारत की जनचेतना पर असाधारण प्रभाव पड़ा। और इनमें से अधिकांश का सम्बन्ध उन शब्दों से है जो उन्होंने कहे, उन विचारों से है जो उन्होंने अपने लेखन और भाषण में व्यक्त किये और उस जुनून से है जिसके दम पर उन्होंने यह सब किया। सन्त तुकाराम के स्मरणीय उपदेशों में भी ऐसा ही कहा गया है : 'हमारे पास शब्दों की दौलत है। शब्द रूपी हथियार से हम लड़ेंगे; शब्द हमारे जीवन की श्वास हैं, हम शब्दों की इस दौलत को लोगों के बीच बाँटेंगे। तुकाराम कहते हैं कि शब्द अपने आ" में ईश्वर हैं, हमारा गौरव हैं, हमें उनकी पूजा करनी चाहिए।'[3]

तुकाराम के भक्त अम्बेडकर ने इस सबक को अच्छी तरह आत्मसात कर लिया। उन्होंने तर्क दिया, 'जैसे मनुष्य मरणशील है, वैसे ही विचार भी।' 'एक विचार को वैसे ही फैलने की ज़रूरत होती है जैसे पौधे को पानी की। नहीं तो दोनों

ही कमज़ोर पड़ जायेंगे और नष्ट हो जायेंगे।' उनके विचारों में एक प्रमुख विचार था आत्मसम्मान और मानवीय प्रतिष्ठा को महत्त्व देना। विषय का हर कोण से विश्लेषण करने वाले विद्वान आकाश सिंह राठौड़ ने बताया कि 'सम्मान' शब्द अम्बेडकर के लेखन और भाषणों में 150 बार आया है;[4] भारत की आज़ादी की पीढ़ी के राष्ट्रवादी नेताओं में से शायद ही किसी ने इस शब्द पर उतना ज़ोर दिया जितना अम्बेडकर ने दिया था। राठौड़ के शब्दों में :

अम्बेडकर के मुताबिक़ जाति, प्रतिष्ठा हासिल करने में बाधा डालती है। ब्राह्मणवाद असमानता के अपने श्रेणीबद्ध सिद्धान्त के आधार पर, श्रेणी पर आधारित सम्मान का निर्धारण करता है–यानी अलग-अलग जातियों के लिये अलग दर्जा और ओहदा। लेकिन समानता की अवधारणा से भी ज़्यादा, सम्मान की अवधारणा श्रेणीकरण को स्वीकार नहीं करती; सम्मान का हर श्रेणीकरण दरअसल उसका मान घटाना है। इसकी निरपेक्षता ही इसकी कसौटी है। पर गांधी के लिए ऐसा नहीं था...अम्बेडकर तर्क देते हैं कि गांधी ने वर्ण के अपने आदर्श सिद्धान्त में जाति पृथक्करण के जिस सामाजिक और नैतिक परिणाम का समर्थन किया है...उस आदर्श व्यवस्था में दूसरे वर्णों की सेवा करने वाले और पीढ़ियों से सताये गये लोग, गिरकर और नीचे चले जाते हैं। यानी समाज में उनकी स्थिति और ख़राब हो जाती है : 'ये व्यवस्था उन्हें दास बने रहने की शिक्षा देती है और हर वह मनोवैज्ञानिक जटिलता पैदा करती है जो दास मानसिकता को बनाये रखने के लिए ज़रूरी है...एक तरफ़ जहाँ अनुवांशिक रूप से दूसरों से सेवा लेने वाले वर्णों में अत्याचार, अभिमान, गर्व, अहंकार, लालच व स्वार्थ की भावना प्रबल होती है; वहीं दूसरी तरफ़, सेवा देने के लिए अभिशप्त लोगों में असुरक्षा, ग़रीबी, अपमान, स्वतन्त्रता का अभाव, आत्मनिर्भरता की कमी, स्वाधीनता का अभाव और प्रतिष्ठा और आत्मसम्मान की कमी पायी जाती है।'[5]

अपने लोगों की प्रतिष्ठा अम्बेडकर के लिए उतनी ही ज़्यादा मायने रखती थी, जितनी आत्मसम्मान पाने के वे हक़दार थे। अम्बेडकर ने युवा दलितों से बम्बई में कहा था, 'इस दुनिया में आत्मसम्मान के साथ जीना सीखो।' और अपने जीवन में उन्होंने इस उक्ति को चरितार्थ किया।

संविधानवादी अम्बेडकर

अपने जीवनकाल में अम्बेडकर मुख्यत: दलित सशक्तीकरण के योद्धा के रूप में जाने जाते थे, लेकिन राष्ट्र के लिए उनकी सर्वाधिक महत्त्वपूर्ण विरासत एक

संविधानज्ञ, गणतन्त्र की स्थापना के दस्तावेज़ के प्रधान लेखक और दूसरे स्रोतों से लिए गये इसके प्रावधानों और संविधान की पेचीदगियों को समझाने वाले प्रमुख व्याख्याकार के रूप में थी।

अपने हैरान कर देने वाले और असाधारण कार्यों के दौरान, किसी भी अन्य भारतीय चिन्तक और राजनीतिक कार्यकर्ता के मुक़ाबले अम्बेडकर ने इस पर गहन अध्ययन, विचार और मन्थन किया कि भारत किस तरह का समाज है और इसे विकसित होकर कैसा आधुनिक समाज बनना चाहिए–और क्यों? पेशे से वकील और प्रवृत्ति से नैतिकतावादी अम्बेडकर ने गहन चिन्तन कर बताया कि किन आध्यात्मिक और राजनीतिक मूल्यों और सिद्धान्तों पर भारतीय समाज आधारित होना चाहिए। एक मुक्त सामाजिक व्यवस्था के लिए अनिवार्य तत्त्वों पर विचार करते हुए अम्बेडकर ने दो ज़रूरी जवाब तलाशे : पहला ये कि व्यक्ति अपने आप में साध्य है और समाज का लक्ष्य और उद्देश्य व्यक्ति की प्रगति और उसके व्यक्तित्व का विकास है। समाज व्यक्ति से ऊपर नहीं है और अगर व्यक्ति को समाज के मातहत होना है, तो यह उसकी बेहतरी के लिए होना चाहिए और वहीं तक होना चाहिए जहाँ तक यह बेहद ज़रूरी है। और दूसरी ज़रूरी बात यह कि समाज के सदस्यों के आपस के सम्बन्ध स्वतन्त्रता, समानता और भाईचारे की शर्तों पर आधारित होने चाहिए।[6]

अम्बेडकर ने तर्क दिया कि जैसे पानी की एक बूँद समन्दर से मिलकर अपनी पहचान खो देती है, वैसे ही एक मनुष्य समाज का हिस्सा बन कर अपनी वैयक्तिकता नहीं खोता। मनुष्य ने केवल समाज के विकास के लिए जन्म नहीं लिया है बल्कि सबसे पहले वह ख़ुद को आगे बढ़ाने के लिए पैदा हुआ है। सांविधानिक व्यवस्था को ऐसे वैयक्तिक विकास की सुविधा देनी और सुरक्षा करनी चाहिए। 'पहली अनिवार्यता' एक मौलिक विश्वास की थी : अम्बेडकर ने महसूस किया कि वह एक ऐसे समाज में रह रहे हैं जो कि उनकी योग्यता को पहचानने और उसका सम्मान करने में नाकाम रहा है, एक जाति विशेष में पैदा होने के दुर्योग की वजह से समाज ने उन्हें अयोग्य क़रार दिया है, और इन अयोग्यताओं का विरोध करने के लिए सक्षम अधिकार देने में समाज असफल रहा है। संविधान लिखते हुए यह मूल बात अम्बेडकर के ज़ेहन में रही : उन्होंने ये सुनिश्चित करना चाहा कि भारतीय संघ की स्थापना में व्यक्तिगत अधिकारों को मान्यता मिले और ये अधिकार इतने सक्षम हों जो कि भारत के भेदभावपूर्ण और वर्गीकृत समाज में चिरन्तन काल से चली आ रही अयोग्यताओं के ख़िलाफ़ खड़े हो सकें, उन्हें नकार सकें। 'दूसरी अनिवार्यता'

एक भावनात्मक विषय थी जिसने अम्बेडकर के संविधान लेखन के कार्य को दार्शनिक आधार प्रदान किया, जबकि पहले के लिए प्रतिबद्धता और क़ानून की सर्वोच्चता की ज़रूरत थी।

आधुनिक राष्ट्र के रूप में भारत का विचार मानव अधिकारों और नागरिकता की एक निश्चित अवधारणा पर आधारित है, जो कि पूरी तरह क़ानून के संरक्षण और उसके समक्ष समानता के सिद्धान्तों पर आधारित है और ये अपेक्षाकृत एक नया और सर्वथा आधुनिक विचार है। भारत की पूर्व की अवधारणाएँ पुराण और धर्मशास्त्र की प्रेरणा पर आधारित थीं। टैगोर के रहस्यवादी प्रभाव और गांधी के आध्यात्मिक और नैतिक प्रभावों के बावजूद भारत की आधुनिक अवधारणा धर्मनिरपेक्षता और क़ानून के शासन के आधार पर खड़ी है और इसमें संघ के संस्थापकों विशेष रूप से अम्बेडकर, नेहरू और पटेल (अंग्रेज़ी वर्णमाला के आधार पर) के विज़न और बौद्धिकता का प्रमुख योगदान रहा है। संविधान की प्रस्तावना इस विज़न को सबसे सटीक रूप से अभिव्यक्त करती है। इस प्रस्तावना में भारतीय संघ को परिभाषित करने वाले मूल तत्त्वों की व्याख्या करते हुए और न्याय, स्वतन्त्रता, समानता और भाईचारे की अवधारणा को महत्त्व देते हुए ज़ोर देकर कहा गया है कि राष्ट्र के कार्यों में क़ानून का पालन केन्द्र में रहेगा।

संविधान सभा में अम्बेडकर ने 25 नवम्बर, 1949 को जो 'द ग्रामर ऑफ़ अनार्की' वाला अन्तिम भाषण दिया था। एक संविधानविद् के रूप में वह उनके सिद्धान्तों को रेखांकित करनेवाला और लोकतान्त्रिक भारत के 'अन्तर्विरोधों से भरे जीवन' में शामिल विरोधाभासों को साफ़-साफ़ अभिव्यक्त करनेवाला एक महान वक्तव्य माना जाता है।

भेदभाव और अस्पृश्यता पर अम्बेडकर के तीखे प्रहार का ही असर है कि समय के साथ भारतीयता के विचार का काफ़ी विस्तार हुआ है और उसमें उत्पीड़ितों और वंचितों की बड़ी आबादी सम्मिलित होती गयी है। एक बार उन्होंने कहा था, 'क्या पतन है कि हिन्दू सभ्यता के हाथों ये दुर्भाग्यशाली लोग सामाजिक कुष्ठ रोगी के रूप में तब्दील कर दिये गये हैं।'[7]

जैसा अम्बेडकर ने संविधान सभा में ज़ोर देकर कहा था कि हमारे लोकतन्त्र को चलानेवाला उपकरण भारत का संविधान है। ये हमारे लोकतन्त्र का मूलभूत ढाँचा है। हमारे संविधान के अन्तर्गत राज्य के तीन प्रमुख अंग हैं–विधायिका, कार्यपालिका और न्यायपालिका। संविधान इनकी शक्तियों को परिभाषित करता है,

उनके न्यायक्षेत्र को सीमित करता है, उनकी ज़िम्मेदारियों का विभाजन करता है और पारस्परिक रूप से एक-दूसरे और जनता के साथ उनके सम्बन्धों का नियमन करता है। लेकिन भारतीय संविधान का सबसे महत्त्वपूर्ण योगदान है व्यक्ति पर आधारित प्रतिनिधित्व। जैसाकि विद्वान माधव खोसला क़ानून के इतिहास की अपनी प्रभावशाली किताब *इंडियाज़ फ़ाउंडिंग मोमेंट्स; दि कॉन्स्टीट्यूशन ऑफ़ ए मोस्ट सरप्राइज़िंग डेमोक्रेसी, दि पोलिटिकल एपेरेटस ऑफ़ इस्टैब्लिशिंग ए कॉन्स्टीट्यूशनल डेमोक्रेसी इन पोस्ट कोलोनियल इंडिया* में लिखते हैं–एक भूमि जो कि 'ग़रीब और अशिक्षित थी; जाति धर्म और भाषाओं में बँटी थी; और सदियों की परम्परा के भार से दबी थी';[8] उसके लोगों को तत्कालीन व्यापक ज्ञान और समझ से आज़ाद करने का प्रयत्न किये जाने की ज़रूरत थी, भारत के नागरिकों को अपनी इच्छा के अनुसार कार्य करने की आज़ादी देने की ज़रूरत थी जो कि स्वशासन के लिए उपयुक्त होती और एक-दूसरे के साथ जैसा पारस्परिक सम्बन्ध वह निभाते रहे थे, उसमें बदलाव लाने की ज़रूरत थी।'

अम्बेडकर ने माना कि गणतन्त्र के संस्थापकों ने एक ऐसे समाज पर जो कि उदार नहीं था, उस पर एक उदारवादी संविधान थोपना चुना, जो पारम्परिक रीति रिवाज़ों से बँधा था और जिसमें जाति, धर्म और सामाजिक पदानुक्रम से जुड़े पूर्वाग्रह मौजूद थे। गणतन्त्र के संस्थापकों ने उदार संविधानवाद के सिद्धान्त को–राज्य की केन्द्रीयता, ग़ैर-साम्प्रदायिक राजनीतिक प्रतिनिधित्व और अन्य तत्त्वों–लोकतन्त्र द्वारा दी गयी चुनौतियों के उत्तर के रूप में देखा। समकालीन उदारवादी विचारों के अनुरूप उन्होंने भारत में क़ानून के शासन के प्रति प्रतिबद्धता जताई, एक केन्द्रीकृत राज्य स्थापित किया, स्थानीयता को नकारा, और जन प्रतिनिधित्व के एक ऐसे मॉडल की स्थापना की जिसकी इकाई व्यक्ति था न कि समूह। खोसला के अनुसार, मुख्य लक्ष्य यह था कि 'भारतीयों को ऐसे परिणाम तक पहुँचने की अनुमति मिले जिस पर स्वतन्त्र और समान हैसियत रखने वाले व्यक्ति सहमत हो सकें।'[9] और यह आसान नहीं था।

संविधान (अम्बेडकर ने स्पष्ट रूप से ये बात रखी थी) दरअसल राज्य की शक्ति पर अंकुश लगाने वाले और उसे नियंत्रित करने वाले उपकरण होते हैं। चुनौती लोकप्रिय शासन और राज्य की शक्तियों पर अंकुश के बीच तालमेल बिठाने की होती है–अस्थायी बहुमत (क्योंकि लोकतन्त्र में बहुमत हमेशा अस्थायी होता है, हालाँकि कुछ सरकारें इसे भूल जाती हैं) को संवैधानिक प्रावधानों से पूरी तरह उलट कार्य करने से रोकने की होती है।

खोसला कहते हैं कि भारतीय गणतन्त्र के संस्थापकों ने लोकतन्त्र की एक ऐसी अवधारणा बनायी जो बहुमत के शासन से आगे जाती थी और उस विचार को त्याग दिया जिसे अमेरिकी दार्शनिक डोनाल्ड ड्वोर्किन ने बख़ूबी कहा था, 'बहुमत का आधार'।[10] उन्होंने राजनीति को क़ानून से नीचे रखा। जैसा कि अम्बेडकर ने लिखा है, भारतीय नागरिकों के अधिकार 'किसी भी सरकार द्वारा केवल इसलिए नहीं लिए जा सकते क्योंकि संसद में उसे बहुमत हासिल है'।[11]

भारत की आज़ादी की लड़ाई आख़िरकार केवल विदेशी शासन से मुक्ति का संघर्ष नहीं थी। ये क़ानून और व्यवस्था के वैसे शासन से बदलाव की लड़ाई थी जो औपनिवेशिक निरंकुशता पर केन्द्रित थी। इस तरह 'संवैधानिक नैतिकता' के विचार का जन्म हुआ, और इसकी वकालत अम्बेडकर ने 4 नवम्बर, 1948 के संविधान सभा के अपने भाषण में की थी, और जिसे बाद में भारत के सुप्रीम कोर्ट ने प्रचलित कर दिया। 'संवैधानिक नैतिकता' शब्द को परिभाषित करते हुए अंग्रेज़ इतिहासकार जॉर्ज ग्रोट ने कहा, 'ये संविधान के विविध रूपों में सबसे उत्कृष्ट है, जो अधिकारी को आज्ञाकारी बनाता है और संवैधानिक दायरे में रखता है, इसमें अभिव्यक्ति की स्वतन्त्रता होती है, इसके अन्तर्गत अधिकारी के कृत्यों पर क़ानून का नियन्त्रण रहता है, और अधिकारियों और उनके जनकार्यों की समीक्षा की जा सकती है, जिसमें हर नागरिक ये जानता है कि दलगत विरोध के बावजूद संविधान पक्ष और विपक्ष दोनों के लिए एक ही समान पवित्र है।'[12] अम्बेडकर की चिन्ता 'संवैधानिक नैतिकता' को भारतीय समाज की परम्परागत धार्मिक नैतिकता पर विशेष और क़ानूनी मान्यता देने की थी जिसने जाति व्यवस्था को अपना रखा था। इसकी जगह वह चाहते थे कि 'संवैधानिक साधनों, प्रक्रियाओं और ढाँचों के प्रति प्रतिबद्धता हो, और शक्ति के इस्तेमाल पर क़ानून का अंकुश हो।' अम्बेडकर मानते थे कि संवैधानिक नैतिकता वैसे ही प्रशासन में सम्भव है जो संविधान की आत्मा के अनुरूप हो, और जहाँ सामन्तवाद, जातिवाद, धर्मान्धता और संकीर्णता वाली ताक़तों को हराकर जनता के बीच संवैधानिक मूल्यों का विकास किया जाय।

इसी प्रकार अम्बेडकर भारत में स्वतन्त्रता का विस्तार देखना चाहते थे। अम्बेडकर ने यह महसूस किया कि यह पूरी तरह सम्भव है कि संविधान के स्वरूप को बदले बग़ैर और केवल प्रशासन के स्वरूप को बदलकर इसे बिगाड़ दिया जाय और संविधान की आत्मा के विरुद्ध और असंगत बना दिया जाय। अम्बेडकर ने तर्क दिया कि संवैधानिक नैतिकता कोई 'स्वाभाविक मनोवृत्ति नहीं है। इसे विकसित करने की ज़रूरत होती है। हमें ज़रूर समझना चाहिए कि हमारे लोगों

को इसे सीखना होगा। भारत में लोकतन्त्र केवल भारत भूमि के ऊपरी आवरण की तरह है जो कि अनिवार्यत: अलोकतान्त्रिक है।' उन्होंने ज़ोर देकर कहा कि नीति निर्देशक तत्त्व–...भारतीय संविधान की ऐसी विशेषता हैं जो कहीं और नहीं पाये जाते...ज़रूरी हैं क्योंकि यद्यपि लोकतन्त्र के नियमों के मुताबिक़ जनता को उनका चुनाव करना चाहिए जिनके हाथ में सत्ता होगी, पर नीति निर्देशक तत्त्व ये सुनिश्चित करते हैं कि 'जिनके भी हाथ में सत्ता होगी वह अपनी इच्छानुसार कुछ भी करने के लिए स्वतन्त्र नहीं होंगे।'[13]

इतिहासकार सुनील खिलनानी ने अम्बेडकर का वर्णन 'ऐसे जनप्रतीक के रूप में किया जिनको देख कर पता चलता है कि जाति सम्बन्धी बुराई से निबटने में हम कहाँ तक पहुँचे हैं, और उस उद्देश्य को हासिल करने में राज्य और राजनीति ने कितनी अहम भूमिका निभायी है।'[14] निश्चित तौर पर अम्बेडकर ने भारतीय लोकतन्त्र के संस्थानों में (जिसे बनाये रखने में वह मदद कर रहे थे) देखा कि अपने लोगों यानी वंचित और भारत के हाशिये के लोगों के भविष्य के विकास और कल्याण की वह सबसे अच्छी गारंटी की व्यवस्था करते हैं। प्रत्येक नागरिक को संविधान में मूलभूत सुरक्षा और नागरिक स्वतन्त्रता की गारंटी मिले इसके लिए अम्बेडकर ने कठिन संघर्ष किया। अम्बेडकर ने संविधान सभा को ये भी समझाया कि अस्पृश्यता का उन्मूलन कर देना पर्याप्त नहीं है : हज़ार वर्ष के भेदभाव और शोषण को ख़त्म करने के लिए, वंचितों के उत्थान के लिए दुनिया के पहले और दूरगामी सकारात्मक कार्यक्रम की ज़रूरत है जिसके तहत सिविल सेवा की नौकरी में, स्कूलों में, और विश्वविद्यालयों में आरक्षण का प्रावधान किया जाना चाहिए।

भारत के संविधान का लक्ष्य इसके सभी नागरिकों को न्याय की सुरक्षा प्रदान करना है। संविधान की प्रस्तावना न्याय के तीन प्रमुख घटकों का उल्लेख करती है... सामाजिक, आर्थिक और राजनीतिक। ये तीनों अन्तर्सम्बन्धित हैं; ये मूल रूप से एक ही हैं, लेकिन किसी निर्धारित पदानुक्रम के बिना वे अलग-अलग रूप में व्यक्त होते हैं। कोई इन्हें संवैधानिक त्रिमूर्ति के रूप में देख सकता है। विधिवेत्ता और फ़्रैंकफ़र्ट स्कूल ऑफ़ फ़िलॉसफ़ी के अधिवक्ता ओट्टो कर्चहाइमर ने 'राजनीतिक न्याय को विधिक संस्थानों के ज़रिये राजनीतिक शक्ति हासिल करने के रूप में देखा। हालाँकि राजनीतिक न्याय की भारतीय संवैधानिक अवधारणा का दायरा काफ़ी व्यापक है, ये नागरिकों के अधिकारों से जुड़े सिद्धान्तों का मूर्त रूप है, ख़ासतौर से वे अधिकार जो लोकतान्त्रिक सरकार से जुड़े हैं और राजनीतिक गतिविधियों में भागीदारी की बात करते हैं।'[15]

आधुनिक भारत के निर्माताओं और दलित व समाज के निर्धन तबकों के महत्त्वपूर्ण आइकन में से एक के रूप में अम्बेडकर ने राजनीतिक न्याय दिलाने में अहम भूमिका अदा की। इसके लिए उन्होंने ब्रिटिश राज के दौरान स्वाधीनता और स्वतन्त्रता के पक्षधर के रूप में संवैधानिक सिद्धान्तों और अधिकारों पर ज़ोर दिया, और बाद में संविधान मसौदा समिति के अध्यक्ष के रूप में भी उन्होंने इस पर काम किया। अम्बेडकर उन कुछ भारतीय नेताओं में शुमार हैं जिन्होंने भारत का संवैधानिक ढाँचा तैयार करने के लिए हुई सभी बैठकों में हिस्सा लिया, 1919 की सद्बरो कमिटी से लेकर 1946 के कैबिनेट मिशन तक। 1928 में कई देश सार्वभौमिक वयस्क मताधिकार दिये जाने को लेकर पसोपेश में थे, तब साइमन कमीशन के समक्ष अम्बेडकर ने मज़बूती से इसकी माँग रखी थी। वह मानते थे कि सभी नागरिकों को मौलिक रूप से मतदान का अधिकार मिलना चाहिए, न कि केवल भूस्वामियों और शिक्षितों को जिन्हें अंग्रेज़ ये अधिकार देने को तैयार थे। अम्बेडकर ने राजनीतिक गतिविधियों में समाज के वंचित वर्गों की भागीदारी के महत्त्व पर बल दिया, ताकि वे सामाजिक सशक्तीकरण के लिए राजनीतिक शक्ति का इस्तेमाल कर सकें। इस सिद्धान्त को आगे बढ़ाते हुए उन्होंने भारतीय संविधान में विधायिका और सरकारी सेवाओं में अनुसूचित जातियों और जनजातियों के लिए आरक्षण के प्रावधान को शामिल करवाया, ताकि उन्हें सदियों के शोषण की बेड़ियों से आज़ाद होने का मौक़ा मिल सके। (ये सच है कि 1947 में अम्बेडकर ने अपने ज्ञापन में आरक्षण को लेकर जो दूरगामी प्रस्ताव दिये थे, उनमें से कई अन्तिम प्रावधानों में शामिल नहीं किये गये, लेकिन उन्हें स्वीकार कर अम्बेडकर ने व्यावहारिक समझौते का वह उदाहरण पेश किया जो पहले कम ही नज़र आया था ...और आरक्षण के इस प्रावधान ने एक स्थायी बदलाव की शुरुआत की।)

अम्बेडकर ने ये बात पूरी प्रतिबद्धता के साथ कही कि सामाजिक लोकतन्त्र की अनुपस्थिति में राजनीतिक लोकतन्त्र का अस्तित्व नहीं हो सकता है। उन्होंने सामाजिक लोकतन्त्र को 'एक जीवन शैली के रूप में देखा जो स्वतन्त्रता, समानता और भाईचारे को जीवन के सिद्धान्त के रूप में स्वीकार करता है। स्वतन्त्रता, समानता और भाईचारे के इन सिद्धान्तों को ट्रिनिटी (त्रिमूर्ति) में अलग विषय के रूप में नहीं देखा जाना चाहिए। ये त्रिमूर्तियों के बीच ऐसी एकता स्थापित करते हैं कि इनमें से किसी एक को दूसरे से अलग करना लोकतन्त्र के मूलभूत उद्देश्य को ही पराजित कर देना है।'[16] इसलिए सामाजिक लोकतन्त्र का विकास संवैधानिक त्रिमूर्ति

(स्वतन्त्रता, समानता, भाईचारा) के लक्ष्य को हासिल करने के लिए अनिवार्य है, विशेष रूप से राजनीतिक न्याय के लिए।

लेकिन अम्बेडकर के विज़न में भाईचारे का विशेष स्थान है; ये शब्द दरअसल भारत के संवैधानिक विमर्श में अम्बेडकर की विशेष देन था। समाजशास्त्री दीपांकर गुप्ता कहते हैं कि भाईचारे पर अम्बेडकर का विशेष ज़ोर... जिसमें ये विचार छुपा हुआ था कि धनवान लोगों की सम्पत्ति का इस्तेमाल अस्पृश्य और दूसरे दुर्भाग्यशाली लोगों के जीवन में सुधार के लिए किया जायेगा... दरअसल उनका अहम योगदान था। (बाद में उन्होंने इसे बौद्ध विचार 'मैत्री' से जोड़ा, जो कि आनुवांशिक पदानुक्रम से भिन्न है।) इसके विपरीत, 1990 में मण्डल आयोग[17] ने आरक्षण का विस्तार कर (अम्बेडकर ने इसे केवल अनुसूचित जातियों और जनजातियों तक सीमित किया था) इसमें 'अन्य पिछड़े वर्गों' को शामिल कर दिया और इस तरह जाति को 'एक महत्त्वपूर्ण राजनीतिक संसाधन के रूप में लगभग स्थायी बना दिया'। गुप्ता कहते हैं कि 'मण्डल की योजना भाईचारे का विस्तार करने की भावना से प्रेरित नहीं थी, जैसाकि अम्बेडकर के प्रस्तावों में था।'[18] वह आगे कहते हैं कि 'अम्बेडकर ने जब अनुसूचित जातियों के आरक्षण का अभियान चलाया तो वह स्पष्ट थे कि उनका अन्तिम लक्ष्य इस अन्यायपूर्ण पदानुक्रमिक व्यवस्था को जड़ से ख़त्म करना है। जबकि दूसरी तरफ़ मण्डल की ऐसी कोई महत्त्वाकांक्षा नहीं थी। उनके अनुसार जाति का ''उन्मूलन'' करने की ज़रूरत नहीं है जैसाकि अम्बेडकर चाहते थे, बल्कि उसे ''प्रतिनिधित्व'' देने की ज़रूरत है।' मण्डल जाति को मज़बूत बनाना चाहते थे, न कि अम्बेडकर की तरह उसका उन्मूलन करना चाहते थे।[19]

ऐसा कुछ होगा, अम्बेडकर ने क़रीब-क़रीब इसका अनुमान लगा लिया था और ख़ुद कहा था कि बन्धुत्व संवैधानिक सिद्धान्त नहीं बन सकता; ये एक नैतिक और सामाजिक अवधारणा ज़्यादा है। अपनी प्रख्यात पुस्तक 'एनिहिलेशन ऑफ़ कास्ट' (जाति का उन्मूलन) में अम्बेडकर ने विस्तार से बताया कि बन्धुत्व (भाईचारा) 'अनिवार्यत: दूसरे मनुष्यों के प्रति सम्मान और आदर की भावना है'। एक विद्वान ने कहा है, 'व्यापक एकता स्थापित करने में प्रातिनिधिक राजनीति इसी सामाजिक पदानुक्रम की वजह से सीमित हो जाती है।'[20] भाईचारे की भावना इसी सामाजिक पदानुक्रम से उत्पन्न होगी और उसके क्षरण का कारण भी बनेगी।

अम्बेडकर इस बात को भलीभाँति जानते थे कि संविधान के द्वारा निर्मित सबसे शक्तिशाली संस्थानों में से एक है न्यायपालिका। उन्होंने 'संवैधानिक नैतिकता' की अवधारणा की बात की। इसके आधार पर न्यायपालिका ने मौलिक अधिकारों का

उल्लंघन करने वाले क़ानूनों को ख़ारिज कर दिया है, जैसेकि आईपीसी (भारतीय दण्ड संहिता) की धारा 377 द्वारा समलैंगिक सम्बन्धों का अपराधीकरण या वे क़ानून जो महिलाओं को पुरुषों की सम्पत्ति के रूप में देखते हैं। संवैधानिक नैतिकता को बढ़ावा देकर और मौलिक अधिकारों के संरक्षक के रूप में जिसका प्रावधान अम्बेडकर और दूसरे संविधान निर्माताओं ने संविधान के तीसरे हिस्से में किया है, न्यायपालिका राजनीतिक न्याय को मज़बूत करने में महत्त्वपूर्ण भूमिका अदा करती है। अम्बेडकर के अनुसार संविधान के सभी मौलिक अधिकारों में सबसे अहम अधिकार का उल्लेख अनुच्छेद 32 में है। इसके तहत भारत का हर नागरिक अपने अधिकारों की रक्षा के लिए सुप्रीम कोर्ट का दरवाज़ा खटखटा सकता है। अम्बेडकर ने इसे संविधान का हृदय और आत्मा कहा है। इसने सरकार के अंगों को ज़िम्मेदार बनाने की दिशा में लम्बी यात्रा की है और मौलिक अधिकारों के घोर उल्लंघन का निदान प्रदान किया है।

अम्बेडकर ने चेतावनी दी थी कि जो ताक़तें संविधान के आदर्शों में विश्वास नहीं रखतीं वे अगर प्रशासन सँभालेंगी तो उसका परिणाम क्या होगा। संविधान के पोषित मूल्यों और बुनियादी सिद्धान्तों के प्रति बढ़ती अवमानना के माहौल में जिसमें धर्मनिरपेक्षता, अभिव्यक्ति की स्वतन्त्रता और समानता के सिद्धान्त भी शामिल हैं, अम्बेडकर का लेखन और उनके विचार आज सबसे ज़्यादा प्रासंगिक हो गये हैं।

अम्बेडकर का लोकतान्त्रिक राष्ट्रवाद

अपनी निजी और सार्वजनिक आशंकाओं के बावजूद अम्बेडकर ने संविधान में भारतीय लोकतन्त्र को लेकर बेहद आशावादी विचार व्यक्त किया और भारतीयों से सत्ता के प्रति नयी समझ विकसित करने की बात कही। एक तटस्थ सत्ता के प्रति निष्ठा रखकर ही लोग ख़ुद को स्वतन्त्र महसूस करेंगे। ऐसी तटस्थ सत्ता सबको बराबरी की नज़र से देखेगी और उसके अन्तर्गत रहने वाले स्वतन्त्रता की चेतना वाले लोग सामाजिक और आर्थिक बदलाव लायेंगे। ये दोनों एक समान महत्त्वपूर्ण हैं। भारत के स्वतन्त्रता दिवस का मतलब केवल गीत-संगीत, झंडोत्तोलन, और राष्ट्रगान गाने की परम्परा का निर्वाह करना नहीं है, बल्कि 'आज़ादी का असल महत्त्व मस्तिष्क की आज़ादी में निहित है'। टैगोर ने अपने स्मरणीय शब्दों में कहा था कि दुनिया को 'सँकरी घरेलू दीवारों वाले छोटे-छोटे टुकड़ों में बाँट दिया गया है।'[21] भारतीयों से उम्मीद की गयी थी कि वह इसे समझेंगे और इससे उबरने में सक्षम होंगे।

संविधान के लक्ष्यों को आगे बढ़ाने के लिए, भारत को मज़बूत और विश्वसनीय संस्थानों की ज़रूरत है ताकि नियन्त्रण और सन्तुलन बरक़रार रहे, ऐसा न हो कि सत्ता एक व्यक्ति के चारों तरफ़ केन्द्रित हो जाये। एक स्वेच्छाचारी और निरंकुश सत्ता न विकसित हो जाये, इसके लिए संस्थानों का मज़बूत होना ज़रूरी है क्योंकि ऐसी निरंकुश सत्ता में भक्ति और नायकपूजा को बढ़ावा मिलता है। अम्बेडकर ने संविधान सभा में दिये अपने आख़िरी भाषण में भविष्य का अनुमान लगाते हुए मज़बूती से इसके ख़िलाफ़ चेतावनी दी थी... शक्ति के बढ़ते केन्द्रीकरण के इस दौर में उनके शब्द आज ज़्यादा प्रासंगिक हो गये हैं। इसके साथ ही संविधान का पालन करने का मतलब है क्रान्तिकारी और न्यायेतर तरीक़ों का बहिष्कार करना क्योंकि ये 'ग्रामर ऑफ़ अनार्की' का प्रतिनिधित्व करते हैं।

राजनीति में 'भक्ति' को अम्बेडकर नापसन्द करते थे और कालान्तर में उनके भीतर सभी नेताओं के प्रति अविश्वास की भावना भर गयी : 'नेताओं का ज़्यादा सम्मान जनता के आत्मविश्वास को कमज़ोर कर देता है, चुनौती की घड़ी में जब ऐसी जनता नेतृत्वहीन होती है या बेईमान नेता के नेतृत्व में होती है तो ख़ुद को असहाय महसूस करने लगती है।'[22]

हिन्दू धार्मिक मान्यता को लेकर भी अम्बेडकर के विचार कुछ ऐसे ही थे :

हिन्दू समाज के पतन और उसके उसी स्थिति में बने रहने की सबसे बड़ी वजह 'कृष्ण' का वह आदेश है जिसमें उन्होंने कहा था कि जब कभी लोग संकट में हों तो उन्हें ख़ुद को हताशा या असहायता से उबारने के लिए कृष्ण के 'अवतार' की ओर देखना चाहिए। इसी ने आपदा के समय हिन्दू समुदाय को असहाय बना दिया है...मैं नहीं चाहता कि आप ऐसी विनाशकारी शिक्षा का पालन करें। मैं नहीं चाहता कि आप अपनी मुक्ति के लिए किसी एक शख़्सियत पर निर्भर हो जायें। आपकी मुक्ति ख़ुद आपके हाथों और आपके प्रयासों से होनी चाहिए।[23]

कई राष्ट्रवादी जिन्होंने संविधान सभा के बाहर एक भारत (जिनमें आज़ाद और गांधी भी थे) के पक्ष में जमकर तर्क दिया था, यद्यपि वे यही सोचते थे कि भारत दरअसल विविध समुदायों का ऐसा समूह है जो कि एक साथ मिलकर सौहार्दपूर्ण सहअस्तित्व में कामयाबी की बुलन्दियाँ छू सकता है। लेकिन नेहरू और अम्बेडकर के नेतृत्व में संविधान सभा विपरीत दिशा में चली गयी, और सोच-समझकर राष्ट्रीयता की बुनियाद के लिए व्यक्तिगत नागरिकता का विकल्प चुना, ऐसा करते हुए भारत के समुदायों ने अपने सदस्यों पर जो सीमाएँ लाद रखी थीं, उसका अतिक्रमण कर दिया गया।

अम्बेडकर ने संविधान सभा के अपने भाषण में इसे स्पष्ट कर दिया : 'मुझे नहीं लगता कि इस देश में किसी एक संस्कृति के लिए कोई जगह है, चाहे वह हिन्दू संस्कृति हो, मुस्लिम संस्कृति, कन्नड़ संस्कृति या फिर गुजराती संस्कृति हो। कुछ बातें हैं जिन्हें हम नकार नहीं सकते, लेकिन उन्हें अच्छा बताकर उनका प्रचार-प्रसार नहीं किया जाना चाहिए, बल्कि उनकी कमियों को उजागर किया जाना चाहिए, ये बताया जाना चाहिए कि वह हमारी निष्ठा को विभाजित कर रही हैं और हमारे सामान्य लक्ष्य को हमसे दूर कर रही हैं।' 'सामान्य लक्ष्य है उस एहसास को बढ़ाना कि हम सब भारतीय हैं। मैं कुछ लोगों का ये कहना पसन्द नहीं करता कि हम भारतीय पहले हैं और फिर बाद में हिन्दू हैं या मुसलमान हैं। मैं उससे सन्तुष्ट नहीं...मैं नहीं चाहता कि एक भारतीय के रूप में हमारी निष्ठा किसी भी अन्य प्रतियोगी निष्ठा द्वारा थोड़ी भी प्रभावित हो, चाहे वह निष्ठा हमारे धर्म से पैदा हो, हमारी संस्कृति से या फिर हमारी भाषा से। मैं चाहता हूँ कि सभी लोग पहले भारतीय बनें, आख़िर में भी भारतीय रहें और कुछ नहीं बस भारतीय रहें...'।[24] अम्बेडकर ने लोगों के बीच मौलिक मतभेद को लेकर असमझौतावादी रुख़ अख़्तियार किया था...लोग पहले हिन्दू हैं या मुसलमान, या फिर भारतीय पहले हैं...ये बात आज भी हमारी राजनीति को परेशान कर रही है।

1942 में एक विवादास्पद रेडियो सम्बोधन में, अम्बेडकर ने अपनी कमज़ोर-सी लेबर पार्टी के तत्वावधान में अपना मत व्यक्त करते हुए कहा कि राष्ट्रीयता 'केवल एक साध्य का साधन है। ये अपने आप में साध्य नहीं कि लेबर पार्टी जीवन के ज़रूरी सिद्धान्तों का परित्याग करने पर सहमत हो जाये।'[25]

दूसरे शब्दों में राष्ट्रीय सम्बद्धता का अपने आप में कोई नैतिक महत्त्व नहीं है; राष्ट्रवाद भारतीयों को एक कर सकता है, लेकिन इससे केवल 'ज़रूरी सिद्धान्तों' का निर्वाह होगा। राजनीतिक सिद्धान्तकार भीखू पारेख ने अम्बेडकर के चिन्तन के बारे में लिखा है : 'राष्ट्र कोई आरम्भिक अवधारणा नहीं है, बल्कि एक राजनीतिक प्रोजेक्ट है, इसे प्रकृति ने नहीं प्रदान किया, बल्कि ये इसके सदस्यों के नैतिक चिन्तन द्वारा की गयी सामूहिक रचना है, और सदस्यों पर इसका दावा उतना ही है जितना ये उन्हें अपनी अवधारणा में पूरी तरह शामिल कर ले।'[26] अम्बेडकर का राष्ट्रवाद वास्तविक था, लेकिन ये उसी समझ पर आधारित नहीं था जैसी समझ उनके आलोचकों की थी।

'एक ऐसी दुनिया में जहाँ राष्ट्रीयता और राष्ट्रवाद को लोगों के बीच विशेष महत्त्व दिया जाता था,' अम्बेडकर ने थोड़े रूखेपन से 1940 में कहा, 'एच.

जी. वेल्स की भाषा में कहें तो हिन्दुओं के लिए ऐसा महसूस करना बेहद स्वाभाविक था कि भारत का राष्ट्रीयता के बिना होना उतना ही ग़लत होगा जैसे कि एक व्यक्ति का भीड़ के बीच कपड़ों के बिना होना।'[27] ये कटाक्षपूर्ण टिप्पणी उस व्यक्ति के द्वारा की गयी थी जिसे भारतीय संविधान की मसौदा समिति की अध्यक्षता करनी थी, लेकिन इस टिप्पणी से अम्बेडकर का आशय भारतीय राष्ट्रवाद के विचार को ख़ारिज करने का नहीं था। बल्कि राष्ट्रवादी विचार के मौजूदा निहितार्थों पर प्रश्न उठाने का उनका ये तरीक़ा था, ख़ासतौर से उस चुनौती के सन्दर्भ में जो भारत के विभाजन की मुस्लिम लीग की माँग की वजह से पैदा हुई थी।

अम्बेडकर जाति व्यवस्था की असमानता और कई दलितों के उस भय से बेहद परेशान थे कि राष्ट्रीय स्वतन्त्रता से केवल ऊँची जातियों का सामाजिक और राजनीतिक वर्चस्व क़ायम हो जायेगा। एक जाति विरोधी और राष्ट्रवादी के रूप में अम्बेडकर की मान्यता थी कि दलितों को अंग्रेज़ों से भारत की आज़ादी का समर्थन ज़रूर करना चाहिए, लेकिन साथ ही उन्हें नये संविधान के ढाँचे के अन्तर्गत जिसका मसौदा तैयार करने में उनकी मुख्य भूमिका थी, समान अधिकार की अपनी लड़ाई भी जारी रखनी चाहिए।

अम्बेडकर ने यह महसूस किया कि वह एक साथ दो शक्तिशाली शत्रुओं का मुक़ाबला नहीं कर सकते...एक अंग्रेज़ और दूसरे ऊँची जाति के हिन्दू जिनकी वजह से दलित और वंचित समुदाय के लोग परेशान थे। अम्बेडकर को चुनना था कि उनकी प्राथमिकता क्या है, और उन्हें कोई सन्देह नहीं था कि उनका कर्तव्य क्या है : वह जानते थे कि सामाजिक सुधार उनके लोगों के अस्तित्व और विकास के लिये बेहद ज़रूरी थे। इसी वजह से उन्होंने अंग्रेज़ों के साथ युक्तिसंगत गठबन्धन किया ताकि ऊँची जाति के हिन्दुओं के अत्याचार को सीमित और नियन्त्रित किया जा सके।

अंग्रेज़ शासकों के साथ सहयोग के अम्बेडकर के चुनाव को लेकर आलोचक परेशान हैं, क्योंकि ब्रिटिश राज में उन्हें उनके लोगों की मुक्ति का मार्ग नज़र आया। पूर्व सम्पादक और बीजेपी के मन्त्री रहे अरुण शौरी ने अम्बेडकर की गम्भीर आलोचना वाली एक पुस्तक लिखी, *वर्शिपिंग फ़ॉल्स गॉड्स : अम्बेडकर एंड द फ़ैक्ट्स दैट हैव बिन इरेज़्ड*, जिसमें उन्होंने अम्बेडकर पर मुख्यत: साम्राज्यवादी उत्पीड़कों के साथ सहयोग करने का आरोप लगाया।[28] ये सच है कि अम्बेडकर ने ...ब्रिटिश राज में अकाल, कुशासन, और असमानता की भारतीय और अन्तरराष्ट्रीय

श्रोताओं के बीच उनकी कठोर अभिव्यक्ति के बावजूद, जिसमें गोलमेज़ सम्मेलन भी शामिल है...अंग्रेज़ों के शासन के ज़्यादा समय तक बने रहने में अपने समुदाय के लोगों के लिए बेहतर अवसर देखा। उन्हें लगा कि अंग्रेज़ी शासन में उनके समुदाय के लोग उन पर थोपी गयी अस्पृश्यता और जातिगत भेदभाव की अपंगता से उबर सकेंगे। अगर विदेशी शासन का इस्तेमाल इस लक्ष्य को हासिल करने में किया जा सकता है तो अम्बेडकर को लगा कि जब तक अस्पृश्यता का उन्मूलन नहीं हो जाता, जातिगत भेदभाव ख़त्म नहीं हो जाता तब तक ब्रिटिश शासन को बने रहना चाहिए। अम्बेडकर का यह पक्ष राष्ट्रवादियों को क़तई पसन्द नहीं आया। उन्होंने अम्बेडकर को विदेशी अत्याचार से मुक्ति के उनके पवित्र लक्ष्य और जुनून से विश्वासघात करने वाले शख़्स के रूप में देखा। लेकिन अम्बेडकर का तर्क था कि उनके समुदाय के लिए, घरेलू दमन से मुक्ति कहीं ज़्यादा ज़रूरी और महत्त्वपूर्ण थी।

'वर्शिपिंग फ़ॉल्स गॉड्स' में शौरी तर्क देते हैं कि अम्बेडकर का महिमामण्डन तथ्यों को लगातार ग़लत तरीक़े से रखे जाने पर आधारित है, फिर वह अपनी किताब में उन तथ्यों की गहराई से पड़ताल करते हैं। शौरी अम्बेडकर की आलोचना करते हुए कहते हैं कि उन्होंने राष्ट्रीय स्वतन्त्रता संघर्ष का लगातार विरोध किया : 'राष्ट्रीय आन्दोलन के अभियान का अम्बेडकर ने हर सम्भव मोड़ पर विरोध किया, जब-जब आन्दोलन को धक्का लगा तो अम्बेडकर उसकी असफलता का जश्न मनाने वालों में शुमार रहे।'[29] शौरी के अनुसार, अम्बेडकर गांधी और कांग्रेस को महज़ ब्रिटिश शासन की जगह हिन्दू बहुसंख्यक के शासन में बदलाव की माँग करने वाले के रूप में देखते थे, जिसका व्यवहार में मतलब था ऊँची जातियों या 'ब्राह्मण और बनियों का शासन'। जैसाकि अम्बेडकर ने लिखा :

ब्राह्मण मस्तिष्क को दास बना देते हैं और बनिया शरीर को। शासक वर्गों का मुनाफ़ा ये दोनों आपस में बाँट लेते हैं। क्या कोई भी जिसे ये समझ में आता है कि भारत के शासक वर्ग का दृष्टिकोण, परम्परा और सामाजिक दर्शन क्या है, ये यक़ीन कर सकता है कि कांग्रेस के शासन के अन्तर्गत सम्प्रभु और स्वतन्त्र भारत आज के भारत से कितना अलग होगा?[30]

हालाँकि, ये अम्बेडकर का हर पहलू पर गहराई से विचार करने के बाद बना पक्ष था; एक अस्पृश्य के नज़रिये से उन्होंने तर्क दिया कि कांग्रेस का समर्थन करना उसे दास बनाने की आज़ादी दे देना है।[31] उन्होंने लिखा, 'उस स्वराज में जहाँ वंचित वर्गों के लिए किसी भी मौलिक अधिकार की गारंटी नहीं होगी, वह उनके लिए

स्वराज नहीं होगा। यह उनके लिए एक नयी दासता होगी।'[32] अम्बेडकर का यह पक्ष तर्क पर आधारित था, यद्यपि उनके राजनीतिक विचार इससे पूरी तरह अलग हो सकते थे : अम्बेडकर ने कहा, 'ऐसा सोचना मूर्खता होगी कि क्योंकि कांग्रेस भारत की आज़ादी की लड़ाई लड़ रही है, इसलिए ये भारत के लोगों की आज़ादी के लिए लड़ रही है और समाज के सबसे निचले तबके की आज़ादी के लिए भी। क्या कांग्रेस आज़ादी के लिए लड़ रही है, इस प्रश्न का महत्त्व काफ़ी कम हो जाता है, जब पूछा जाता है कि कांग्रेस किसकी आज़ादी के लिए संघर्ष कर रही है।'[33] एक विद्वान ने कहा कि अम्बेडकर का अवधारणात्मक योगदान इस बात को समझने में था कि 'देश की आज़ादी' और 'लोगों की आज़ादी' में अन्तर है।[34]

एक वंचित वर्ग के सदस्य के लिए ऐसा विचार रखना उचित ही था, और पिछली सदी में महात्मा फुले ने भी ऐसे ही विचार रखे थे : 'एक "राष्ट्र" के नाम की सार्थकता तब तक नहीं हो सकती जब तक कि उसके सभी लोग...जैसेकि शूद्र, अति-शूद्र (अस्पृश्य), भील (आदिवासी) और मछुआरे इत्यादि पूरी तरह शिक्षित न हो जायें, स्वतन्त्र रूप से चिन्तन न कर सकें, समान रूप से एक न हो जायें और भावनात्मक रूप से एकजुट न महसूस करें। अगर (आबादी का एक छोटा अनुपात जैसेकि) आर्य ब्राह्मण अकेले ही "राष्ट्रीय कांग्रेस" की स्थापना करें, तो कौन उस पर ध्यान देगा?'[35] लेकिन शौरी ने ऐसे विचार को अनिवार्यत: राष्ट्र विरोधी माना। शौरी ने लिखा कि इसी अवधारणा की वजह से अम्बेडकर ने सनातन या ऊँची जाति के हिन्दुओं की तुलना रक्त पिपासु नाज़ियों से की जो अस्पृश्यों के ख़त्म होने का इन्तज़ार कर रहे थे :

जब नाज़ीवाद चरम पर है और पश्चिम उसके विरुद्ध भीषण युद्ध में व्यस्त है, तब अम्बेडकर ने पूरी सावधानी बरतते हुए भारतीय सामाजिक व्यवस्था की तुलना हिटलर के नाज़ीवाद के एक अन्य संस्करण के रूप में की जिससे (नाज़ीवाद) पश्चिम भी परिचित हो गया है, और कहा कि भारत में जो लोग अंग्रेज़ों से आज़ादी के लिए संघर्ष कर रहे थे, वही लोग अपने देश में एक अन्य तरह के नाज़ीवाद (दलितों का उत्पीड़न) को बढ़ावा दे रहे थे।[36]

अम्बेडकर आख़िर तक अंग्रेज़ी शासन को क़ायम रखने की मंशा रखते रहे, इसे साबित करने के लिए शौरी ने ढेर सारे सबूत (उनकी किताब 700 पृष्ठ से भी ज़्यादा मोटी है) जमा किये जिनमें अम्बेडकर के अपने बयान, नोट, पत्र और जिन ब्रितानी अधिकारियों से अम्बेडकर ने संवाद किया, उनके ब्योरे शामिल हैं। ब्रितानी शासन के आख़िरी 25 वर्षों में, शौरी कहते हैं कि अम्बेडकर ने 'वह रुख़ अख़्तियार

किया जो हमेशा अंग्रेज़ों के हित में था; उन्होंने महात्मा गांधी और कांग्रेस पर निशाना साधा, वहीं बातें कहीं 'जिसे अंग्रेज़ राष्ट्रवादी आन्दोलन के ख़िलाफ़ सुनना चाहते थे...' अम्बेडकर ने न केवल अंग्रेज़ों के साथ तालमेल बिठाकर काम किया बल्कि उनकी ''सलाह'' भी मानी।'[37] शौरी आगे कहते हैं : 'ये पैटर्न जारी रहा : अंग्रेज़ जो कुछ करवाना चाहते थे, अम्बेडकर जैसे काउंसिल के सदस्य उसका लगातार समर्थन करते रहे और उसके पक्ष में बोलते रहे, अंग्रेज़ लगातार उनके कथन और तथ्यों का हवाला देकर कहते रहे कि उनके फ़ैसलों में इन भारतीयों की सहमति है... यानी जो कुछ किया जा रहा है वह न्यायोचित है।'[38]

शौरी के अनुसार, अम्बेडकर ने उस अविवेकपूर्ण योजना का भी समर्थन किया था जिसके ज़रिये अंग्रेज़ों को समझौते के तहत भारत सरकार पर नज़र रखने और आज़ादी के बाद भी भारत के मामलों में दख़ल देने का अधिकार मिल जाता।[39] नेताजी सुभाष चन्द्र बोस ने यूँ ही नहीं कहा कि 'अम्बेडकर के नेतृत्व का चतुर अंग्रेज़ी सरकार ने समर्थन किया था क्योंकि उनकी सेवाएँ राष्ट्रवादी नेताओं को लज्जित करने के लिए ज़रूरी थीं।'[40]

लेकिन अपने आचरण के लिए अम्बेडकर के तर्क साफ़ थे। उनके शब्दों में :

ये उम्मीद करना कठिन है कि भारत जैसे देश में जहाँ ज़्यादातर लोग साम्प्रदायिक सोच वाले हैं, वहाँ सत्ता में बैठे लोग उन लोगों के साथ बराबरी का बर्ताव करेंगे जो उनके समुदाय से नहीं हैं। असमान व्यवहार अस्पृश्यों की वैसी नियति है जिससे बचा नहीं जा सकता...जो हिन्दू प्रशासन में बैठे हैं उनका रवैया अस्पृश्यों के साथ वैसा ही असामाजिक और शत्रुतापूर्ण है जैसाकि प्रशासन के बाहर बैठे हिन्दुओं का है। उनका एक ही लक्ष्य है अस्पृश्यों के साथ भेदभाव करना और उन्हें क़ानून से होने वाले फ़ायदे को न केवल नकार देना और उससे वंचित कर देना बल्कि अत्याचार और उत्पीड़न के ख़िलाफ़ क़ानून की सुरक्षा से भी उन्हें वंचित कर देना। नतीजा ये है कि अस्पृश्य, हिन्दू आबादी और हिन्दुओं द्वारा संचालित प्रशासन के बीच फँसे हैं, एक उनके ख़िलाफ़ काम कर रहा है और दूसरा ग़लत करने वालों की रक्षा कर रहा है, न कि पीड़ित लोगों की मदद...ऐसा स्वराज तो अस्पृश्यों की पीड़ा को और बढ़ा देगा।[41]

1927 के एक लेख में अम्बेडकर ने लिखा, 'अगर तिलक अस्पृश्यों के बीच पैदा होते, तो वह यह नारा नहीं देते कि ''स्वराज हमारा जन्मसिद्ध अधिकार है'', बल्कि उनका नारा होता ''अस्पृश्यता का उन्मूलन मेरा जन्मसिद्ध अधिकार है''।'[42] उनके मत को राष्ट्र विरोधी और यहाँ तक कि राष्ट्रद्रोही क़रार दिया जायेगा इसका

अनुमान लगाते हुए अम्बेडकर ने अपनी ख़ास शैली में कहा : 'अल्पसंख्यकों द्वारा सत्ता में साझेदारी के किसी भी दावे को साम्प्रदायिकता और बहुसंख्यकों द्वारा सत्ता पर एकाधिकार को राष्ट्रवाद कहा जाता है।'[43]

अम्बेडकर इस बात को जानते थे कि उनके जैसे लोगों के बारे में प्रेस में उस समय क्या लिखा जा रहा है और कैसी आलोचना की जा रही है... 'अंग्रेज़ों के शोब्वॉय जिनका देश की सेवा या बलिदान का कोई रिकॉर्ड नहीं, ब्रितानी साम्राज्यवाद के एजेंट, देश के दुश्मन, नौकरीपरस्त, मामूली लाभ के लिए देश का हित बेच देने वाले और न जाने क्या-क्या।'[44] 1930 के गोलमेज़ सम्मेलन में भाग लेने वाले दूसरे लोगों के साथ पहले उन्हें ब्रितानी कठपुतली कहा गया, क्योंकि उन्होंने ब्रितानी सरकार का न्योता ऐसे समय में स्वीकार कर लिया था जब गांधी जी के दाण्डी मार्च के बाद नमक क़ानून तोड़ने पर कांग्रेस नेताओं को जेल में डाल दिया गया था। उसी प्रकार, 1942-46 के बीच जब कांग्रेस के नेता 'भारत छोड़ो' आन्दोलन के दौरान जेल में थे तो अम्बेडकर ब्रिटिश वायसराय की कार्यकारी परिषद में लेबर मेम्बर के तौर पर काम करने को सहमत हो गये थे, तब कई लोगों ने उन्हें अवसरवादी क़रार दिया था। अस्पृश्यों के लिए पृथक् निर्वाचक क्षेत्र की उनकी माँग (जिसे पूना पैक्ट में उन्होंने छोड़ दिया था) और मुस्लिम लीग की पाकिस्तान की माँग के समर्थन की वजह से उन्हें 'राष्ट्रद्रोही' कहा गया। (उनके सुझाव कि जम्मू और कश्मीर को तीन हिस्सों में बाँट दिया जाय, इसे भी राष्ट्रद्रोही बयान कहा गया। हालाँकि बाद की घटनाएँ हमें उस बिन्दु पर ले जाती प्रतीत होती हैं जहाँ वह सुझाव अम्बेडकर को एक बार फिर दूरदर्शी बनाता नज़र आता है।)

शौरी जैसे लोगों के लिए जो अम्बेडकर को ब्रिटिश साम्राज्यवाद का 'राष्ट्र विरोधी एजेंट' कहकर ख़ारिज करते हैं, उनके लिए अम्बेडकर के ख़ुद के कथन को उत्तर के रूप में पेश किया जा सकता है जिसमें वह गौरवशाली राष्ट्रवाद की बात करते हैं : 'मसला यह है कि राष्ट्रीयता प्रधानत: किसी भूगोल, संस्कृति या भाषा का विषय नहीं है...इसके विपरीत राष्ट्रीयता एक आध्यात्मिक सच्चाई है जो लोगों को गहरे बन्धुत्व में बाँधती है।'[45] अम्बेडकर ने आगे कहा : 'हमारा देश वादों के पूरे होने की सच्ची भूमि है। हमारी नस्ल चुनी हुई नस्ल है।' दो प्रमुख नेताओं की अपनी आलोचना के बारे में अम्बेडकर ने कहा : 'मैं पुन: कहता हूँ कि अगर मैं गांधी और जिन्ना से नफ़रत करता हूँ...तो मेरा मतलब है कि मैं उन्हें पसन्द नहीं करता...-मैं उनसे घृणा नहीं करता...ऐसा इसलिए है क्योंकि मैं भारत से ज़्यादा प्रेम करता हूँ। यह एक राष्ट्रवादी का सच्चा विश्वास है। मुझे उम्मीद है कि मेरे देशवासी एक दिन

ज़रूर सीखेंगे कि राष्ट्र व्यक्ति से बड़ा होता है।'[46] बम्बई विधानसभा में दिये भाषण में उन्होंने यादगार शब्दों में अपने सर्व-समावेशी राष्ट्रवाद को सदन के समक्ष रखा : 'मैं चाहता हूँ कि सभी लोग पहले भारतीय बनें, आख़िर में भी भारतीय और कुछ नहीं बस केवल भारतीय।'[47]

यह सच है कि 1940 में इस विषय पर लिखी अपनी किताब में, अम्बेडकर ने पाकिस्तान की माँग को न चाहते हुए भी स्वीकार कर लिया था। उनका तर्क था कि मुसलमानों का धर्म भले ही अलग राष्ट्र के समर्थन में की जा रही बातों का औचित्य साबित नहीं करता, पर अगर मुसलमान अलग होना चाहते हैं तो इस विषय में बहुत कुछ किये जाने की गुंजाइश नहीं है। विभाजन-पूर्व भारत में हिन्दुओं और मुसलमानों के बीच अन्तर के बारे में अम्बेडकर ने लिखा :

जो चीज़ें विभाजित करती हैं वह एकता के सूत्र में बाँधने वाली चीज़ों से ज़्यादा महत्त्वपूर्ण हैं। हिन्दुओं और मुसलमानों के सामाजिक जीवन की कुछ सामान्य विशेषताओं की बात करते हुए, सामान्य भाषा, नस्ल और राष्ट्र पर विचार करते हुए हिन्दू ये ग़लती कर बैठते हैं कि क्या आकस्मिक और सतही है और क्या अनिवार्य और बुनियादी। हिन्दुओं और मुसलमानों के बीच का राजनीतिक और धार्मिक विरोध उन्हें एक साथ बाँधने वाली कुछ कथित सामान्य चीज़ों की बजाय ज़्यादा गहराई से विभाजित करता है।[48]

अम्बेडकर तत्कालीन परिस्थितियों के प्रति यथार्थवादी और सात वर्ष बाद होने वाले विभाजन के मामले में दूरदर्शी थे। उन्होंने लिखा, 'अगर दोनों समुदाय अपने अतीत को भुला पाते तो परिदृश्य सम्भवत: भिन्न हो सकता था'[49] (हालाँकि उनकी किताब में लिखा गया कि अतीत को भुला पाना असम्भव था)।[50] आज कई लोग विभाजनकारी धारणा के तहत हिन्दू और मुस्लिम पहचान को अलग करके देखते हैं...यद्यपि ऐसी अलग धार्मिक पहचान का अवधारणात्मक रूप से भारत में अस्तित्व नहीं था, क्योंकि 19वीं सदी से पहले भारत अनेक स्थानीय और विशिष्ट पहचान वाला भूक्षेत्र था। कांग्रेस की परिभाषा वाला राष्ट्रवाद अम्बेडकर को ज्यों का त्यों स्वीकार नहीं था, वह उससे प्रभावित नहीं थे क्योंकि उसमें सबको सम्मिलित करने वाले गौरवशाली अतीत की बात की गयी थी। जैसा अम्बेडकर ने 1 जनवरी, 1943 को कहा, 'लेबर (उनकी पार्टी) राष्ट्रवाद की जड़ पूजा करने को तैयार नहीं... अगर राष्ट्रवाद का मतलब प्राचीन अतीत की पूजा करना है ...यानी उन सभी चीज़ों को ख़ारिज कर देना जो उत्पत्ति और रंग में स्थानीय नहीं हैं...तब (हम) राष्ट्रवाद को (अपने) धर्म के रूप में स्वीकार नहीं कर सकते। हम मृतकों के जीवित धर्म

को जीवितों का मृत धर्म बनाने की अनुमति नहीं दे सकते। लेबर पार्टी इस बात की इजाज़त नहीं देगी कि मनुष्य के विस्तृत होते फलक का गला अतीत के हाथों घोंट दिया जाय जिसका न तो वर्तमान के लिए कोई अर्थ है और न ही भविष्य के लिये कोई उम्मीद...।'[51]

दूसरी राष्ट्रवादी अभिव्यक्तियों को लेकर ख़ासतौर से जिसका हिन्दू महासभा और मुस्लिम लीग अनुसरण करती थीं, अम्बेडकर और अधिक सजग थे। वह समझते थे कि हिन्दू या मुस्लिम राष्ट्रवादी विचार, धर्म और संस्कृति के विचार को राष्ट्र और राज्य के विचार से मिलाकर देखते हैं। राष्ट्रीयता अपनी परिभाषा में अविभाजित है, जबकि धर्म और संस्कृति की कई अभिव्यक्तियाँ हो सकती हैं : एक भारतीय नागरिक केरल का ईसाई या अरुणाचल प्रदेश का बौद्ध हो सकता है, वैसे ही भिन्न धार्मिक और सांस्कृतिक परम्परा वाला मध्य प्रदेश का हिन्दू और पंजाब का सिख हो सकता है : ये सभी संस्कृतियाँ निःसन्देह राष्ट्रीय पहचान में योगदान देती हैं : पर संस्कृति की कोई भी समझ भारत जैसे बहुलतावादी भूक्षेत्र की राष्ट्रीयता को परिभाषित नहीं कर सकती।

भारत सम्बन्धी यही वह विचार था जिसे अम्बेडकर, नेहरू और कांग्रेस के उदारवादी नेताओं ने संविधान में प्रतिष्ठापित करना चाहा था। संविधान के अनुच्छेद 25, 26, 27 और 28 के अंगीकरण द्वारा अन्तःकरण की स्वतन्त्रता सुनिश्चित की गयी थी, और अपने धर्म को अपनाने, उसके आचरण और उसके प्रचार, अपने धार्मिक मामलों की देखरेख करने और धार्मिक उपासना की आज़ादी का आनन्द उठाते हुए भारत ने एक धर्म निरपेक्ष संविधान तैयार किया था। लेकिन क्या 'धर्मनिरपेक्ष' शब्द को संविधान में शामिल किया जाना ज़रूरी था? अम्बेडकर के विचार में ज़रूरी नहीं था। उन्होंने कहा : 'राज्य की नीति क्या हो, अपने सामाजिक और आर्थिक मामलों में समाज कैसे संगठित हो, इसका फ़ैसला समय और परिस्थितियों के अनुसार निश्चित रूप से जनता द्वारा ख़ुद लिया जाना चाहिए। इसे संविधान में सम्मिलित नहीं किया जा सकता है क्योंकि ये लोकतन्त्र को पूरी तरह नष्ट कर रहा है।'[52]

हालाँकि धर्मनिरपेक्षता का विचार निर्विवाद रूप से भारत के संवैधानिक दर्शन में निहित था, पर यह पश्चिमी शैली वाली धर्मनिरपेक्षता नहीं थी, जिसका अभिप्राय अधार्मिकता था और जिसे कम्युनिस्ट जैसी खुले तौर पर अनीश्वरवादी पार्टियों या फिर दक्षिण भारतीय डीएमके आन्दोलन के विविध रूपों ने अपने वोटरों के बीच अलोकप्रिय पाया। बल्कि भारतीय परम्परा में जहाँ धर्मों की बहुलता है, धर्मनिरपेक्षता

का मतलब यह है कि राज्य किसी भी धर्म को विशेष दर्जा नहीं देगा, (अमर्त्य सेन के शब्दों में) सभी धर्मों से 'समान दूरी' रखेगा और सभी धर्मों के साथ एक जैसा बर्ताव करेगा।[53]

4 नवम्बर, 1948 के अपने प्रसिद्ध भाषण में अम्बेडकर ने बहुसंख्यकवाद के विषय पर अपने विचार रखे थे :

वैसे मतान्ध लोग जिन्होंने अल्पसंख्यकों की सुरक्षा के ख़िलाफ़ एक तरह का कट्टरपन्थी रवैया अख़्तियार कर लिया है, मैं दो बातें कहना चाहता हूँ। पहली बात यह कि अल्पसंख्यक एक विस्फोटक ताक़त हैं, अगर ये फूटे तो राज्य के पूरे ढाँचे को उड़ा कर तबाह कर देंगे। यूरोप के इतिहास में हमें इसके तमाम भयावह उदाहरण देखने को मिले हैं। दूसरी बात यह कि भारत के अल्पसंख्यकों ने अपना अस्तित्व बहुसंख्यकों के हाथों में देना स्वीकार कर लिया है...उन्होंने यहाँ बहुसंख्यकों के शासन को स्वीकार कर लिया है, जो कि मूलत: एक साम्प्रदायिक बहुमत है, न कि राजनीतिक बहुमत। यहाँ बहुसंख्यकों को अपना यह कर्तव्य याद रखना है कि वे अल्पसंख्यकों के ख़िलाफ़ भेदभाव न करें।[54]

यहाँ जिस साम्प्रदायिक बहुमत की बात अम्बेडकर करते हैं, उसका अभिप्राय पूरे समुदाय से है, जिसमें सभी हिन्दू शामिल हैं, केवल सियासी बहुमत वाले वह हिन्दू नहीं जो आज बीजेपी को वोट दे रहे हैं। ('साम्प्रदायिक बहुमत' और 'राजनीतिक बहुमत' के अन्तर को अम्बेडकर ने अच्छी तरह स्पष्ट कर दिया था : 'राजनीतिक बहुमत अपनी वर्ग संरचना में परिवर्तनीय है, राजनीतिक बहुमत में बढ़ोतरी होती है। पर साम्प्रदायिक बहुमत जन्मजात होता है। राजनीतिक बहुमत में प्रवेश सबके लिए सम्भव है। पर साम्प्रदायिक बहुमत के दरवाज़े बन्द होते हैं। राजनीतिक बहुमत की सियासत सबके लिए खुली है, चाहे वह जोड़ने के लिए हो या फिर तोड़ने के लिए। लेकिन बहुमत की राजनीति इसके वही सदस्य करते हैं जो उसी में पैदा हुए हैं।'[55]

आज भारत उसी बहुसंख्यकवाद की गिरफ़्त में है जिसकी चेतावनी अम्बेडकर ने एक भविष्यदर्शी की तरह दी थी। इस साम्प्रदायिक बहुमत को बीजेपी और उसके समर्थकों द्वारा देश के ध्रुवीकरण की कोशिशों का विरोध करना चाहिए। पूर्व आईपीएस अधिकारी और दलित प्रवीण कुमार का उदाहरण कोई अकेला नहीं है। वह तेलंगाना में बहुजन समाज पार्टी में शामिल हुए और उन्होंने दलित बहुजन समाज को प्रेरित किया कि वे राजनीतिक ताक़त हासिल करने के अम्बेडकर के सपने को साकार करें।[56] अपनी सियासी पारी की शुरुआत के लिए उन्होंने जो जनसभा बुलायी उसमें भारी तादाद में लोग पहुँचे। लेकिन जब उन्होंने छात्रों को शपथ दिलायी जो

कि वैसी ही थी जैसी अम्बेडकर ने बौद्ध धर्म अपनाते वक़्त दिलायी थी, तब प्रवीण कुमार के ख़िलाफ़ हिन्दू भावनाओं को ठेस पहुँचाने के मामले दर्ज करा दिये गये। यह क़तई वह भारत नहीं है जिसमें अम्बेडकर की शख़्सियत चमकी थी।

अम्बेडकर अकेले भारतीय नहीं थे जिन्होंने बहुसंख्यकवाद के ख़तरों के प्रति आगाह किया था। बीजेपी के प्रधानमन्त्री नरेन्द्र मोदी (जिनके शासन में बहुसंख्यकों की बदसलूकी की तमाम अलोकप्रिय घटनाएँ हुई हैं) के हीरो सरदार पटेल ने 25 मई, 1949 को संविधान सभा में ज़ोर देकर कहा था : 'ये हमारे चिन्तन का विषय है जो कि बहुमत में हैं कि अल्पसंख्यक क्या महसूस करते हैं, और अगर हम उनकी जगह होते और हमारे साथ भी वैसा ही व्यवहार होता तो हम क्या महसूस करते।'[57] मोदी सरकार की अम्बेडकर और सरदार पटेल जैसे नेताओं की अक्सर की जाने वाली प्रशंसा को देखते हुए यह बात निराश करती है कि उनका मौजूदा रवैया लोगों को उनकी धार्मिक पहचान तक सीमित करता है और हमारे लोकतान्त्रिक गणतन्त्र में एक आज़ाद नागरिक के रूप में उनकी पहचान को नकारता है। यह कहना कि केवल हिन्दू, और एक ख़ास प्रकार का हिन्दू ही सच्चा भारतीय हो सकता है, यह भारतीय राष्ट्रवाद को लेकर अम्बेडकर की जो अवधारणा थी, उसका पूरी तरह अनादर है।

1953 में राज्यसभा में दिया अम्बेडकर का वह भाषण चर्चित है जिसमें उन्होंने सार्वजनिक तौर पर अपने ही लिखे संविधान को अस्वीकार कर दिया था। यह दरअसल इस तथ्य को प्रतिबिम्बित करता है कि अपने जीवन के अन्तिम वर्षों में अम्बेडकर संविधान में निहित बहुसंख्यकवाद को लेकर परेशान हो गये थे। संविधान मसौदा समिति के अध्यक्ष की ज़िम्मेदारी सँभालने से पहले उन्होंने कहा था, 'यह स्पष्ट है कि अगर ब्रितानी व्यवस्था का अनुसरण किया गया तो इसका परिणाम यह होगा कि कार्यकारी शक्ति हमेशा के लिए साम्प्रदायिक बहुसंख्यकों के पास चली जायेगी।'[58] संविधान सभा के सदस्य के रूप में बहुसंख्यकों के पक्ष का समर्थन करते हुए उन्होंने ब्रितानी संसदीय व्यवस्था अपनाये जाने का समर्थन किया, लेकिन 1953 में बीबीसी को दिये इंटरव्यू में उन्होंने संविधान सभा में जो चेतावनी दी थी उसे और भी निराशाजनक रूप में दोहराया। उन्होंने बहुत उदासी से कहा, 'लोकतन्त्र काम नहीं कर पायेगा। इसकी साधारण वजह यह है कि हमारा सामाजिक ढाँचा संवैधानिक लोकतन्त्र के साथ मेल नहीं खाता।'[59] भारतीय लोकतन्त्र के कारगर होने को लेकर उनकी इस निराशा से एक अनुसूचित जाति के नेता के रूप में उनकी ख़ुद की हताशा और उनके व्यक्तित्व में निहित कट्टरपन का पता चलता है जो कि

उनके रूढ़िविरोधी बयानों और कार्यों में जीवनभर ज़ाहिर होता रहा। अम्बेडकर की कहानी का यह दिलचस्प पहलू ही है कि भारतीय संविधान के पिता उसके सबसे अधीर पुत्र भी थे।

संविधान ने हर भारतीय को अपनी व्यक्तिगत राजनीतिक पहचान बनाने की अनुमति दी और इसी तरह राष्ट्र के भविष्य के लिए सामूहिक रूप से कार्य करने की। लेकिन जैसीकि अम्बेडकर ने चेतावनी दी थी कि एक संविधान उतना ही अच्छा होता है जितनी अच्छी तरह उसे लागू किया जाता है। और यह दुखद है कि भारत इसी मामले में पिछड़ता दिख रहा है।

विदेश में अम्बेडकर

अम्बेडकर ने अपनी विशेष दूरदर्शिता से कहा था, 'अगर हिन्दू धरती के दूसरे क्षेत्रों में प्रवास करते हैं तो भारतीय जाति एक वैश्विक समस्या बन जायेगी।'[60] कई भारतीय भारत छोड़ते समय अपनी जाति साथ ले जाते हैं। लेकिन विदेश में जातिगत व्यवहार के प्रति जागरूकता और प्रतिरोध दोनों ही बढ़ रहे हैं, हालाँकि भारत के बाहर रहने वाले दलितों ने अभी तक वैसे अत्याचार नहीं झेले हैं जैसे त्रासदीपूर्ण अत्याचार उनके साथ भारत में होते रहे हैं। ब्रिटेन में दो दशक से ज़्यादा समय से दलित संगठन एक ऐसे क़ानून की माँग कर रहे हैं जो उस देश में जातिगत भेदभाव के प्रभाव को ख़त्म कर सके। ब्रितानी दलित, समानता अधिनियम 2010 के प्रावधानों के अन्तर्गत सुरक्षा की माँग करते आ रहे हैं, हालाँकि इस बात पर वाद-विवाद जारी है कि ऐसा करने से 'जातिगत चेतना' ग़ैर क़ानूनी हो जायेगी या उसे बढ़ावा मिलेगा। साल 2015 ब्रिटेन में जातिगत भेदभाव के जिस पहले मामले ने लोगों का ध्यान आकर्षित किया वह था तिर्की बनाम चंडोक। उसके बाद ऐसे कई मामले दर्ज हुए जिनमें नौकरियों में जातिवाद के आरोप लगाये गये। साल 2019 में बीबीसी टेलीविज़न की डॉक्यूमेंट्री *हिन्दूज़ : डू वी हैव ए कास्ट प्रॉब्लम* में पुष्ट किया गया कि ब्रिटेन में रहने वाले भारतीयों के बीच जातिगत चेतना व्यापक रूप से फैली हुई है। इंग्लैंड और वेल्स की चैरिटीज़ (परोपकारी संगठन) के रजिस्टर में कई संगठनों के नाम दर्ज हैं जिनके ब्योरे में जाति के नाम लिखे हैं। आश्चर्यजनक रूप से सिख समुदाय में भी जातिवाद है। द सिख रिपोर्ट 2018 (ब्रिटेन में रहने वाले सिखों का सालाना अध्ययन जिसे हर साल संसद में पेश किया जाता है) ने पाया कि अपनी राय देनेवाले 50 फ़ीसदी ब्रितानी सिख जाति व्यवस्था में यक़ीन करते

थे। ब्रिटेन में ऐसे गुरुद्वारे और मन्दिर हैं जो विशेष जातियों के लिए हैं, शादी-ब्याह कराने वाली ऐसी वेबसाइटें हैं जो जाति पर आधारित चुनाव को बढ़ावा देती हैं और सोशल मीडिया में भी जाति को लेकर बयान या निन्दा के उदाहरण मिल जाते हैं।[61] हालाँकि साल 2022 में लेबर पार्टी की मोहिंदर के. मिधा ने ब्रिटेन में दलित समुदाय की पहली महिला मेयर बन कर इतिहास बनाया है। वह पश्चिमी लन्दन की ईलिंग काउंसिल की महापौर चुनी गयीं।[62]

अमेरिका में, 2 जून, 2022 को एक अमेरिका स्थित दलित नागरिक अधिकार संगठन, 'इक्वालिटी लैब्स' ने गूगल पर आरोप लगाया कि कम्पनी जातिवादी व्यवहार करती है और कार्यस्थल पर कर्मचारियों के साथ अच्छा आचरण नहीं करती। इस आरोप की वजह यह थी कि अप्रैल के दलित हिस्ट्री मंथ कार्यक्रम के तहत कम्पनी के कार्यकारी निदेशक को गूगल न्यूज़ के एक कर्मचारी को इंटरव्यू देना था जिसे उन्होंने रद्द कर दिया था। इक्वालिटी लैब ने आरोप लगाया कि गूगल प्रबन्धन ने 'जातिगत भेदभाव और उत्पीड़न को अनियंत्रित छोड़कर अपने कर्मचारियों को संकट में डाला है।'[63] इस घटना के विरोध में एक सीनियर मैनेजर ने इस्तीफ़ा दे दिया। दूसरे अल्पसंख्यकों ने भेदभाव के ख़िलाफ़ अम्बेडकर की लड़ाई से प्रेरणा हासिल की। 1990 के दशक के उत्तरार्ध में रोमानी मूल के हंगरी के कुछ नागरिकों ने अपनी दशा और भारत के पीड़ित-शोषित दलितों की हालत में समानता देखी। अम्बेडकर से प्रेरित होकर उन्होंने बौद्ध धर्म अपनाना शुरू कर दिया।[64]

दलित कार्यकर्ताओं द्वारा नस्लवाद और यहाँ तक कि नस्लभेद से तुलना कर जातिगत भेदभाव को अन्तरराष्ट्रीय स्तर पर उठाने की कोशिशों के बाद इस मुद्दे ने वैश्विक स्तर पर ध्यान आकर्षित किया है, पर ये कोशिशें अब तक कामयाब नहीं हुई हैं। साल 2001 में ये मुद्दा डरबन[65] में 'नस्लवाद के ख़िलाफ़ हो रहे वैश्विक सम्मेलन' में उठा जहाँ भारतीय राजनयिकों ने इसे ख़ारिज कर दिया और बताया कि भारतीय संविधान में अस्पृश्यता को ग़ैर क़ानूनी घोषित कर दिया गया है और इस पर प्रतिबन्ध लगाने के लिए अन्तरराष्ट्रीय हस्तक्षेप की ज़रूरत नहीं है। अरुंधति रॉय तर्क देती हैं कि 'जाति और नस्ल एक नहीं हैं, जातिवाद और नस्लवाद की तुलना अवश्य की जा सकती है। दोनों भेदभाव के प्रकार हैं जो लोगों को उनकी पैदाइश की वजह से निशाना बनाते हैं।'[66] वह साल 2014 में वॉशिंगटन डीसी में मार्टिन लूथर किंग जूनियर की याद में हुई जनसभा को याद करती हैं जहाँ एक अफ्रीकन-अमेरिकन 'डिक्लेरेशन ऑफ़ इम्पथी' (सहानुभूति का घोषणापत्र) जारी

कर 'भारत में दलितों के ख़िलाफ़ हो रहे उत्पीड़न को ख़त्म करने की माँग की गयी थी।'[67] उसके बाद से जाति के बारे में जागरूकता बढ़ी है। अमेरिका की सबसे बड़ी सार्वजनिक विश्वविद्यालय व्यवस्था कैलिफ़ोर्निया स्टेट यूनिवर्सिटी और ओटावा की कार्लटन यूनिवर्सिटी ने अपनी अभेदभावकारी नीतियों की सरकारी सूची में जाति को भी शामिल किया है।[68]

जातिगत चेतना दूसरे क्षेत्रों में भी फैली है, और इसका उद्देश्य न्याय को बढ़ावा देना है। पर्यावरणविद् तर्क दे रहे हैं कि भारत में अस्पृश्य 'पर्यावरणीय न्याय' से वंचित हैं। जातिगत पदानुक्रम में उनके निचले दर्जे की वजह से उन्हें प्राकृतिक संसाधनों पर बराबरी का हक़ नहीं दिया जा रहा और स्वास्थ्य का अधिकार भी उनके मामले में बराबरी से लागू नहीं किया जा रहा।[69] अनुसूचित जातियों, जनजातियों और दूसरे पिछड़े समुदायों के ख़िलाफ़ हो रहे पर्यावरणीय अन्याय का विश्लेषण 'पर्यावरणीय नस्लवाद' के अध्ययन की एक अन्य शाखा के रूप में उभरा है और सबसे पहले इसकी शुरुआत अमेरिका में हुई। भारत में 'पर्यावरणीय जातिवाद' में हाथ से मैला साफ़ करना शामिल है। हालाँकि इसे व्यापक रूप से ग़ैर क़ानूनी घोषित कर दिया गया है, पर फिर भी ये जारी है। कई जगहों पर दलितों को हाथ से मल साफ़ करना और धोना पड़ता है। दलितों के मोहल्लों में अवैध अतिक्रमण किये जाते हैं, और डैम जैसी विकास योजनाओं के लिए झुग्गी-झोपड़ी में रहने वाले दलितों को भेदभाव पूर्ण तरीके अपना कर हटा दिया जाता है। बाढ़ और भूकम्प जैसी पारिस्थितिकीय आपदा के बाद दिए जाने वाली राहत में भी भेदभाव होता है, हालाँकि दलितों और दूसरे ग़रीब लोगों के साथ कुछ मामलों में ऐसा इसलिए भी हो जाता है क्योंकि वे जहाँ रहते हैं, कई बार वहाँ तक पहुँचना सम्भव नहीं हो पाता।[70]

ऐसा कहना अतिशयोक्ति नहीं होगी कि ये सारे बदलाव जातिगत भेदभाव से जुड़े मुद्दों पर चिन्तन की अम्बेडकर की अग्रणी भूमिका की वजह से ही सम्भव हुए थे और ये इस बात की ओर भी इशारा करते हैं कि अम्बेडकर ने दलितों के लिए अपने अधिकारों के लिए संघर्ष के दरवाज़े हर जगह खोल दिये थे। दूसरे शब्दों में कहें तो उनकी विरासत सिर्फ़ भारत में ही जीवित नहीं है बल्कि हर उस जगह मौजूद है जहाँ किसी भी तरह के भेदभाव के ख़िलाफ़ लड़ाई लड़ी जाती है।

अम्बेडकर की चार कमियाँ

यह अम्बेडकर की कोई प्रशस्तिपरक जीवनी नहीं है, बल्कि उनके जीवन और प्रभाव का एक ईमानदार लेखन है जिसमें उनकी कमियों पर भी प्रकाश डाला गया

है। वैसी आलोचनाएँ जिनमें उनकी भूमिका पर सवाल उठाये गये कि उन्होंने दलितों के उत्थान के लिए अंग्रेज़ों के साथ काम किया, उनका अब महत्त्व नहीं रह गया है। तब फिर उनकी किस बात के लिए निन्दा होनी चाहिए?

शौरी ने अम्बेडकर पर एक सर्वथा अनुचित आरोप लगाया है जिस पर हमें ध्यान देना चाहिए। वह अम्बेडकर और उनके प्रशंसकों पर आरोप लगाते हैं कि उन्होंने अम्बेडकर को हुई परेशानियों के बारे में बढ़ा-चढ़ाकर लिखा और ऊँची जातियों के लोगों से उन्हें जो मदद मिली उसे ज़्यादा महत्त्व नहीं दिया। शौरी का आरोप है कि 'अम्बेडकर की कठिनाइयों को बढ़ा-चढ़ा कर बताने वाले समर्थक उनके अंग्रेज़ों के साथ काम करने और नौकरी की ललक के बारे में बात करने से बचते हैं।' शौरी तर्क देते हैं कि 'अम्बेडकर को हुई परेशानियाँ भारत के लिये आम बात हैं'...–जबकि दूसरों ने भी ऐसी ही कठिनाइयाँ झेलीं और दृढ़प्रतिज्ञ राष्ट्रवादी बन गये, 'पर केवल अम्बेडकर के मामले में ही उनके अनुयायियों और समर्थकों को लगता है कि उनके जीवन की मुश्किलों की वजह से राष्ट्रीय आन्दोलन के ख़िलाफ़ अंग्रेज़ों का साथ देना ग़लत नहीं था।'[71] कोई भी जिसने अम्बेडकर के जीवन की मुश्किलों के बारे में और दलितों के साथ हुए अपमान के विषय में पढ़ा है वह इस बात से क़तई असहमत नहीं होगा कि ऊँची जाति के हिन्दुओं को अपने जीवन में जो भी कष्ट या अपमान सहने पड़े हों, उनके मुक़ाबले यह निश्चित रूप से काफ़ी ज़्यादा थे, इसलिए अम्बेडकर के ख़िलाफ़ कही गयी बातों का कोई मतलब नहीं रह जाता। हालाँकि अम्बेडकर के चुनाव से असहमत होकर कोई कह सकता है कि अपने लोगों की मदद के लिए अंग्रेज़ों का उपकरण के रूप में इस्तेमाल करना स्वाभाविक रूप से ग़लत था, पर ऐसा कहना तथ्यों की अतिवादी व्याख्या करना है। अम्बेडकर जिन परिस्थितियों में थे, उनमें ये जायज़ विकल्प था। शक्तिशाली हिन्दू समाज के विरोध के समक्ष जो कि उनके समुदाय की तरक़्क़ी रोक रहा था, यह अम्बेडकर के लिए पूरी तरह तर्कसंगत था कि वह उस समय उनके सामने उपलब्ध और भी ज़्यादा ताक़तवर विकल्प यानी ब्रिटिश साम्राज्यवादी सरकार के साथ मिलकर काम करें।

यद्यपि चार ऐसे क्षेत्र हैं जहाँ वैध रूप से अम्बेडकर की कमियाँ दर्शायी जा सकती हैं। पहला है उनकी आदिवासियों की अवहेलना...भारत की आदिवासी जनजातियों जिन्हें अब औपचारिक तौर पर अनुसूचित जनजाति कहा जाता है ...–जिन्हें उनके समर्थन की वैसी ही ज़रूरत थी जैसी भारतीय समाज से बहिष्कृत

दलितों की तरह ही दूसरे लोगों को थी, लेकिन अम्बेडकर ने उन्हें 'असभ्य' मानते हुए ख़ारिज किया और कहा कि उन्हें 'सभ्य होने की' ज़रूरत है। उन्होंने आदिवासियों के बारे में कहा कि वे 'आनुवांशिक रूप से पशुओं की तरह ज़िन्दगी बिताने वाले लोग हैं, और उन्होंने 'हिन्दुओं' को चेतावनी देते हुए कहा कि 'आदिवासी सम्भावित ख़तरे का स्रोत हैं'। बाद में 6 मई, 1945[72] को बम्बई में ऑल इंडिया शेड्यूल्ड कास्ट्स फ़ेडरेशन के सम्मेलन में दिये भाषण में आनुपातिक प्रतिनिधित्व के मुद्दे पर अम्बेडकर सहानुभूति और दयाभाव दर्शाते हैं, पर साथ ही अपमान भी कर जाते हैं :

मेरे प्रस्ताव में आदिवासी जनजातियाँ शामिल नहीं हैं, हालाँकि संख्या में वे सिखों, एंग्लो-इंडियन, भारतीय ईसाई और पारसियों से भी ज़्यादा हैं...आदिवासी जनजातियों ने अब तक ऐसी राजनीतिक समझ विकसित नहीं की है कि वे अपने राजनीतिक अवसरों का अधिकतम लाभ उठा सकें। ऐसे में वे आसानी से किसी बहुसंख्यक या अल्पसंख्यक समुदाय के हाथों का खिलौना बन जायेंगी और अपना कोई भला किये बग़ैर सन्तुलन ख़राब कर देंगी...इन पिछड़े समुदायों का भला करने के लिए सही क़दम यही होगा कि एक सांविधिक आयोग बनाकर 'अलग-थलग बड़े इन क्षेत्रों' का प्रशासन उसे सौंप दिया जाये, ठीक उसी तरह जैसाकि दक्षिण अफ़्रीक़ी संविधान में किया गया था।[73]

एक दलित नेता का ये विचार कि भारत के दूसरे वंचित नागरिकों को दक्षिण अफ़्रीका के बंटूस्तान की तरह अलग-थलग कर दिया जाना चाहिए, बेहद शर्मनाक था। लेकिन इससे भी बुरा तब हुआ जब अम्बेडकर ने गांधी की उस भाषा का प्रयोग किया जिसका एक समय उन्होंने विरोध किया था। जब गांधी ने कहा था कि अस्पृश्यों में अब तक मत प्रयोग करने की राजनीतिक समझ नहीं आयी है तो ऐसे में पृथक् निर्वाचन क्षेत्र की बात करने का कोई औचित्य नहीं जिसकी माँग अम्बेडकर कर रहे थे। ये देखना निराशाजनक था कि अम्बेडकर आदिवासियों के लिए औपनिवेशिक भाषा और पूर्वाग्रह का प्रदर्शन कर रहे थे। संविधान सभा में झारखण्ड के इन्हीं आदिवासियों के प्रतिनिधि जयपाल सिंह ने 19 दिसम्बर, 1946 को कहा था : 'श्रीमान्, हमारे लोगों को पर्याप्त सुरक्षात्मक उपाय की ज़रूरत नहीं... हम किसी विशेष सुरक्षा की माँग नहीं कर रहे। हम चाहते हैं कि हमारे साथ भी अन्य भारतीयों जैसा बर्ताव किया जाय।' 1946 में जवाहरलाल नेहरू द्वारा संविधान सभा में पेश 'उद्देश्य प्रस्ताव' पर अपना पक्ष रखते हुए जयपाल सिंह ने गर्व से कहा था :

श्रीमान्, मुझे जंगली होने पर गर्व है, देश के जिस हिस्से में हम रहते हैं, वहाँ हमें इसी नाम से जाना जाता है। एक जंगली और एक आदिवासी के रूप में मुझसे प्रस्ताव की क़ानूनी जटिलता को समझने की उम्मीद नहीं की जा सकती। लेकिन मेरी साधारण समझ मुझे बताती है, मेरे लोगों की सामान्य समझ मुझसे कहती है कि हम सभी को स्वतन्त्रता के मार्ग पर चलना चाहिए और मिलकर संघर्ष करना चाहिए। श्रीमान्, भारतीय लोगों का कोई समूह है जिनके साथ अशोभनीय बर्ताव किया गया है तो वह मेरे लोग हैं। बीते 6000 साल से उनके साथ गन्दा बर्ताव किया गया है, उनकी अवहेलना की गयी है। यह प्रस्ताव आदिवासियों को लोकतन्त्र की शिक्षा नहीं देने जा रहा। आप आदिवासी लोगों को लोकतन्त्र की शिक्षा नहीं दे सकते; आपको उनसे लोकतान्त्रिक व्यवहार सीखना चाहिए। वे इस धरती पर सबसे ज़्यादा लोकतान्त्रिक लोग हैं।[74]

अम्बेडकर ने आदिवासी लोगों के लिए जैसी पूर्वाग्रहपूर्ण और नस्लवादी भाषा का प्रयोग किया वह उनकी छवि को धूमिल करती है।

अम्बेडकर की दूसरी आलोचना हिन्दुत्व को लेकर है। भीखू पारेख इसे अम्बेडकर का हिन्दुत्व और हिन्दू समाज के प्रति 'अर्ध-मनिचियन' नज़रिया कहते हैं।[75] जबकि क्रिस्टोफ़ जैफ़रलॉट अम्बेडकर के बारे में कहते हैं कि वे 'हिन्दू समाज के अन्तर्गत ऊपर ऊठने की आकांक्षा और उससे सम्बन्ध विच्छेद कर लेने की इच्छा के बीच अनिर्णय की स्थिति में हैं।'[76] हिन्दुओं और हिन्दुत्व के बारे में अम्बेडकर की भाषा इतनी कठोर थी कि उन्होंने शायद ही उसके अन्तर्गत विकास की सम्भावना देखी हो :

हिन्दू ...पिग्मी और बौनों की एक नस्ल हैं, क़दकाठी में छोटे और दमखम में कमज़ोर। इस राष्ट्र के 90 फ़ीसदी लोगों को सैन्य सेवा के लिए अयोग्य घोषित कर दिया गया है। यह दर्शाता है जाति व्यवस्था आधुनिक वैज्ञानिकों के युजनिक्स (नस्लीय सुधार) की परिभाषा को चरितार्थ नहीं करती। यह एक ऐसी सामाजिक व्यवस्था है जिसमें विकृत मानसिकता वाले हिन्दुओं के अहंकार और स्वार्थी स्वभाव को जगह दी गयी है, जो कि सामाजिक हैसियत में इतने श्रेष्ठ हैं कि किसी भी बात को स्वीकार्य बना सकते हैं और अपने से निम्न लोगों पर उसे थोप देने की ताक़त भी रखते हैं।[77]

अम्बेडकर का यह कहना भी उतना ही असभ्य था कि 'हिन्दू सभ्यता मानवता को दास बनाने की एक अप्रिय युक्ति है। इसे कलंक कहना अच्छा होगा।' कुछ

मौक़ों पर तो अम्बेडकर विस्फोटक हो जाते थे : 'एक बेहतर और बदतर हिन्दू हो सकता है, लेकिन एक अच्छा हिन्दू नहीं हो सकता।'[78] 1942 के एक भाषण में उन्होंने स्वीकार किया, 'मैं लम्बे समय तक सोचता रहा कि हम हिन्दू समाज की बुराइयों को ख़त्म कर देंगे और समानता के आधार पर वंचित वर्गों को इसमें शामिल कर लेंगे...पर अनुभव ने मुझे सिखा दिया...अब हम क़तई हिन्दू समाज का हिस्सा नहीं बनना चाहते।'[79] लेकिन ऐसे कई हिन्दू थे जिनका जीवन, विश्वास और आचरण अम्बेडकर की बनायी धारणा से मेल नहीं खाते थे; कई ऐसे हिन्दू थे जिन्होंने जाति को अस्वीकार किया और अपने जीवन में जातिगत नियमों को मानने से इनकार कर दिया; और कई तो ऐसे थे जिन्होंने जातिगत भेदभाव से ऊपर उठकर अम्बेडकर और दलितों के हित का समर्थन किया। लेकिन अम्बेडकर ने जिस तरह खुलकर हिन्दुत्व की सार्वजनिक निन्दा की, उसमें ऐसे हिन्दुओं को भी नहीं बख़्शा गया, ना ही आध्यात्मिक खोज और दार्शनिक बहस वाले हिन्दुत्व को और ना ही चोखामेला, कबीर और रामदास के भक्ति आन्दोलन वाले हिन्दुत्व को। विवेकानन्द द्वारा दी गयी 'विभिन्न विचारों की स्वीकृति' वाले दर्शन की शिक्षा; आदि शंकराचार्य का ये स्वीकार कि एक चांडाल (दलित) और एक ब्राह्मण की आत्मा में अन्तर नहीं; लाखों घरों में विभिन्न तरीक़ों से आचरण में लाये जाने वाले बहुलतावादी और उदार हिन्दुत्व...इन सभी का अम्बेडकर के हिन्दुत्व की व्यापक आलोचना में कोई स्थान नहीं था। यह तर्क दिया जा सकता है कि अम्बेडकर हिन्दू समाज की आलोचना कर रहे थे, न कि हिन्दू धर्म की, लेकिन असल में अम्बेडकर ने दोनों की निन्दा की। हिन्दू समाज की बुराइयों (ख़ास तौर से पदानुक्रमिक भेदभाव) के लिए उन्होंने धर्म को ज़िम्मेदार ठहराया। उनकी नज़र में धर्म ने ही इन बुराइयों को मान्यता प्रदान की। इस प्रक्रिया में उन्होंने पूरे हिन्दू धर्म की भर्त्सना कर डाली। अम्बेडकर की कड़वाहट को समझा और उन्हें माफ़ भी किया जा सकता है, जैसाकि महात्मा गांधी ने किया था, क्योंकि जो उन्होंने सहा था और दूसरे दलितों के साथ होते हुए देखा था, उस पर ग़ौर करते हुए ये जायज़ लगता है। पर एक महान धर्म और उसके मानने वालों की विविधता को देखते हुए इसे पूरी तरह ख़ारिज कर देना, राजनीतिक रूप से क्षम्य भी हो, पर बौद्धिक रूप से क़तई उचित नहीं था। एक महान धर्म को इतनी आसानी से और समान रूप से से नीचा दिखाने को भावनात्मक रूप से शायद सही ठहराया जा सकता है, लेकिन अम्बेडकर जैसे अत्यधिक बौद्धिकता वाले व्यक्ति से ऐसा सीधा प्रहार अपेक्षित नहीं था और इसने उनके विश्लेषण की विश्वसनीयता को नुक़सान पहुँचाया।

अम्बेडकर की तीसरी आलोचना गांधी से उनके टकराव से जुड़ी है...गांधी से असहमत होने के वह पूरी तरह अधिकारी थे, लेकिन जिस तरह उन्होंने उसे अभिव्यक्त किया वह क़तई शोभनीय नहीं था, यहाँ तक कि गांधी के निधन के बाद का उनका व्यवहार भी। हिन्दू धर्म की वर्णाश्रम व्यवस्था, वंचित वर्गों के राजनीतिक प्रतिनिधित्व, असंगत आर्थिक दर्शन, 'ग्राम्य भारत', और निचले तबकों के सशक्तीकरण में राज्य की भूमिका जैसे मसलों पर गांधी से ईमानदारी से असहमति पर अम्बेडकर को दोषी नहीं ठहराया जा सकता, पर ये सभी ऐसे विषय थे जिन पर दोनों की राय एक-दूसरे से सर्वथा भिन्न थी। 1932 के पूना पैक्ट के समय महात्मा के 'भावनात्मक ब्लैकमेल' के सामने हथियार डाल देने को लेकर अम्बेडकर लम्बे समय तक क्षुब्ध रहे। ये सभी मसले असहमति और विवाद के लिए सही आधार प्रदान करते थे। लेकिन महात्मा के निधन पर अम्बेडकर की अभद्र और ध्यानाकर्षक चुप्पी उनके जैसे सुशिक्षित और संवेदनशील व्यक्ति को शोभा नहीं दे रही थी। सामान्यत: उनसे यही उम्मीद की जाती कि वह गांधी के उन विचारों और योगदान को याद करते जिनके लिए अधिकतर भारतीय गांधी के आभारी थे। उन्होंने गांधी के प्रति अपनी कड़वाहट और असन्तोष क़रीब 25 वर्ष बाद लिखी अपनी दो किताबों में उनकी आलोचना करते हुए प्रकट की...इन पुस्तकों के शीर्षक थे *मिस्टर गांधी एंड द इमैनसिपेशन ऑफ़ द अनटचेबल्स* और *व्हाट कांग्रेस एंड गांधी हैव डन टू द अनटचेबल्स*...–उन्होंने वयोवृद्ध नेता की विनतियों को ठुकराया और ये मानने से इनकार कर दिया कि स्वतन्त्र भारत की पहली कैबिनेट में स्थान दिलाने और संविधान की मसौदा समिति का अध्यक्ष बनवाने में गांधी की कोई भूमिका थी। उन्होंने गांधी पर व्यक्तिगत हमले किये जो कि उनके जैसे बड़े क़द वाले नेता के लिए सर्वथा अनुपयुक्त था। 1955 में बीबीसी को दिया अम्बेडकर का इंटरव्यू ख़ासतौर से अशिष्ट था : 'मैं गांधी को उनके अनुयायियों से बेहतर जानता हूँ। वे उनके पास श्रद्धालु की तरह आते हैं और उनमें केवल महात्मा को देखते हैं। मैं उनका विरोधी था और मैंने उनके असली रूप को देखा। उन्होंने मुझे अपने विषैले दाँत दिखाये।'[80] गांधी की सच्चाई पर अविश्वास करनेवाले अम्बेडकर लगभग अकेले थे : 'वह पूरी तरह एक कट्टर हिन्दू थे। वह कभी भी एक सुधारक नहीं थे। उनमें कोई उत्साह नहीं था, आप देखिये...वह चाहते थे कि अछूत लोग उनके स्वराज आन्दोलन का विरोध ना करें। मुझे नहीं लगता कि इसके अलावा उनका वंचितों के उत्थान का कोई मक़सद था।'[81]

इस तथ्य से क़तई इनकार नहीं किया जा सकता कि गांधी ने व्यक्तिगत रूप से अस्पृश्यता के ख़िलाफ़ बहुत प्रयास किया। जैसा कि भीखू पारेख ने भी लिखा है :

गांधी ने...ज़ोर दिया कि हिन्दू अपने समाज में व्यवस्था लायें। अस्पृश्यता एक हिन्दू परम्परा है और ये हिन्दुओं का कर्तव्य है कि वे 'प्रायश्चित्त' करें, 'तपस्या' करें, अफ़सोस जतायें और इसके ख़िलाफ़ लड़ें...इसके लिए 'हिन्दुत्व और इससे जुड़े लोग ही ज़िम्मेदार हैं...गांधी ने हिन्दू अभिमान, अपराध बोध, लज्जा, स्वार्थ और उनके पावन धर्म से अपील की और अपने सुधारवादी उद्‌देश्य के समर्थन में विशाल नैतिक और राजनीतिक ऊर्जा पैदा की। उन्होंने एक अस्पृश्य लड़की को गोद लेकर ख़ुद एक उदाहरण पेश किया, पाखाना साफ़ किया, अछूतों के साथ रहे और उनके साथ खाना खाया, उन्हीं शादियों में गये जहाँ कम से कम एक पक्ष अछूतों का हो...अपने आप में ये बातें छोटी लग सकती हैं, पर इनका बड़ा प्रतीकात्मक महत्त्व है और ये गहराई से जमी हुई वर्जनाओं पर प्रहार करती हैं।'[82]

अस्पृश्यता के उन्मूलन के लिए गांधी के अत्यधिक प्रयास और दलित नेताओं के प्रति खुलकर आदर प्रदर्शित करने के बावजूद उनके प्रति अम्बेडकर का विरोध बना रहा। 6 अगस्त, 1944 को अम्बेडकर को लिखे एक पत्र में गांधी ने उनके बीच 'मतभेद' को स्वीकारा और कहा कि 'हम अलग नज़रिये से चीज़ों को देखते हैं', पर इन सबके बावजूद उनके साथ मिलकर काम करना चाहा : 'मैं हम दोनों के बीच सुलह का आधार तलाशना चाहूँगा...मैं आपकी महान क्षमता को जानता हूँ और चाहूँगा कि हम सहकर्मी के रूप में मिलकर काम करें।' अत्यधिक विनम्रता के साथ महात्मा ने आगे लिखा : 'आपके क़रीब न आ पाने की अपनी असफलता मैं स्वीकार करता हूँ। अगर आप हम दोनों के बीच समझौते का कोई आधार दिखा सकें तो मैं उसे ज़रूर देखना चाहूँगा।'[83] पर अम्बेडकर गांधी के प्रति अपने विरोध से ऊपर नहीं उठ सके और जाति पर गांधी के विचार के बारे में उन्होंने जो कहा उसे अम्बेडकर के प्रशंसक भी 'ज़हरीला तिरस्कार और अनादर' मानते हैं।[84] हिन्दू वर्ण व्यवस्था पर गांधी के विश्वास के सामाजिक, राजनीतिक और मनोवैज्ञानिक नतीजों का बेहद कठोर मूल्यांकन अम्बेडकर ने इन शब्दों में किया : 'लोकतान्त्रिक समाज इन परिणामों को चुपचाप नहीं देख सकता, इनसे अप्रभावित नहीं रह सकता। पर गांधीवाद को इन नतीजों से क़तई फ़र्क नहीं पड़ता।'[85]

भारत में आत्मनिर्भर ग्राम्य गणतन्त्र के बारे में महात्मा के रूमानियत भरे आदर्शवाद बनाम अम्बेडकर की प्रबुद्ध शहरी आधुनिकता के प्रमुख सवाल पर ये आलोचना इस लेखक की है जिसमें वह अम्बेडकर के साथ दृढ़ता से खड़ा है। गांधी

ने आधुनिक शहरों को उस शारीरिक ज़ख़्म (रसौली) की तरह बताया जो 'वर्तमान में गाँवों के जीवन आधार को ख़त्म करने का बुरा मक़सद पूरा कर रहे हैं।' इस पर अम्बेडकर ने असहमति जताई : एक दलित के नज़रिये से हमने देखा है कि गांधी को लगता है कि उनका आदर्श गाँव 'स्थानीयता का गटर हो, अज्ञान का अन्धकार हो, संकुचित मानसिकता लिए हो और साम्प्रदायिकता से भरा हो।' उन्होंने इसकी व्याख्या की : भारतीय गाँव एक प्रकार से हिन्दुओं के साम्राज्यवाद का प्रतिनिधित्व करते हैं जिन्हें अस्पृश्यों के शोषण के लिए डिज़ाइन किया गया है। अछूतों के कोई अधिकार नहीं हैं। वे वहाँ केवल प्रतीक्षा करने, सेवा देने और समर्पण के लिए मौजूद हैं। वे वहाँ करने और मरने के लिए हैं। उनके पास कोई अधिकार नहीं क्योंकि वे ग्राम्य गणतन्त्र के बाहर हैं और क्योंकि वे तथाकथित ऐसे गणतन्त्र से बाहर हैं, इसलिए वे हिन्दू समाज से भी बाहर हैं। ये एक कुचक्र है। लेकिन ये ऐसा तथ्य है जिसे नकारा नहीं जा सकता।[86]

सामाजिक न्याय के अपने लक्ष्य में अम्बेडकर ने गाँव पर नहीं बल्कि शहर पर अपनी उम्मीद को ज़्यादा महत्त्व दिया। अम्बेडकर ने तर्क दिया 'हो सकता है कि यह विचित्र लगे पर भारत का औद्योगिकीकरण ही भारत की ग्रामीण समस्याओं का सबसे अच्छा समाधान है।' अम्बेडकर के विचार में खेती के बाहर अधिशेष (अतिरिक्त) कृषि मज़दूरों को रोज़गार देने के लिए औद्योगिकीकरण सबसे अच्छा विकल्प था। इस प्रकार भूमि पर दबाव भी कम होता और उसका टुकड़ों में बँटना भी। इसके साथ ही ज़रूरी तकनीक का विकास कर और मशीनीकरण के ज़रिये कृषि उत्पादकता और आय भी बढ़ायी जा सकती थी। इस तरह भारत के भविष्य के लिए अम्बेडकर का ज़ोर शहरीकरण, आधुनिकता और औद्योगिकीकरण पर था। गांधी ने 'हिन्द स्वराज' में स्वशासन वाले जिन ग्राम्य गणतन्त्र की परिकल्पना की थी ये उससे सर्वथा भिन्न परिकल्पना थी। इस मुद्दे पर मेरे विचार में अम्बेडकर सही थे और गांधी ग़लत और अम्बेडकर का विचार ही था जिसे भारत में अपनाया गया : लेकिन ऐसे में विजेता अम्बेडकर के लिए यह ज़्यादा अहम हो गया था कि वह उस महान व्यक्ति के प्रति उदारता दिखायें जिनके विचारों को उन्होंने संविधान सभा में परास्त कर दिया था। अम्बेडकर के प्रशंसक के रूप में मुझे यह बात निराशाजनक लगती है कि वह अपनी कड़वाहट से ऊपर नहीं उठ पाये और महात्मा के लिए कोई सदाशयता नहीं दिखा पाये।

चौथी और अन्तिम आलोचना अम्बेडकर के राज्यवाद को लेकर है जिसकी चर्चा होनी ही चाहिए...–दलितों के सशक्तीकरण के लिए संस्थानों और एक मज़बूत केन्द्र सरकार के तंत्र पर उनका पूर्ण विश्वास था, इसमें गांधी के नैतिक और आध्यात्मिक सुधार की कोई जगह नहीं थी, और पुरानी परम्पराओं और प्रथाओं में परिवर्तन के साहसी प्रयास के लिए लोगों को अपने साथ करने की ज़रूरत के बारे में उन्होंने पर्याप्त विचार नहीं किया था। अम्बेडकर ने राज्य को सामाजिक बदलाव के एक उपकरण के रूप में देखा, जो कि इसके लिए क़ानून का बलपूर्वक पालन करवा सकता है; राज्य उनके लिए प्रबोधन का ज़रिया था जबकि भारतीय समाज पश्चगामी और पिछड़ा था। ग्रामीण भारत की अवहेलना ने अम्बेडकर को एक सेंट्रलाइज़र यानी केन्द्र सरकार को महत्त्व देने वाला बना दिया था और जो मानते थे कि जड़ हो चुके गाँवों को पूर्वाग्रह और संकीर्णता से उबारने के लिए ऊपर से नीचे की तरफ़ होने वाले बदलाव की ज़रूरत है। संविधान के प्रावधानों में स्थानीय स्वशासन को उनके द्वारा शामिल नहीं करने पर संविधान सभा में मौजूद गांधीवादियों ने आवाज़ उठायी थी, लेकिन इस कमी को प्रभावी तरीक़े से 1990 के दशक के संविधान के 73वें और 74वें संशोधन द्वारा ही पूरा किया जा सका। चुने गये ग्राम परिषद का ज़्यादा सशक्तीकरण कर ही एक उदार लोकतन्त्र में सही तरीक़े से विकास किया जा सकता है, जैसा कि एक जानकार विद्वान ने संकेत किया है, '...पाश्चात्य रंग में रंगे सामाजिक और राजनीतिक आभिजात्य वर्ग को सामाजिक बदलाव का एकमात्र एजेंट मान लेना केवल अधिकांश भारतीयों की निन्दा ही नहीं थी बल्कि उन्हें राज्य के कार्यों से अलग-थलग करना और आभिजात्य वर्ग की नज़रों में उन्हें कमज़ोर करना भी था।'[87]

सूट और टाई पहन कर, धोती-कुर्ता पहने, धूल में सने और ग्रामीण पिछड़ेपन के शिकार कट्टर विचार वाले लोगों को 'प्रगतिवादी' आधुनिक फ़रमान सुनाकर अम्बेडकर अपनी कोई आश्वस्त करने वाली छवि नहीं पेश कर रहे थे, बल्कि दूसरे आधुनिक निरंकुश शासन की तरह उन्हें एक अधिनायकवादी फ़ंतासी की दुनिया में ले जा रहे थे, जबकि ज़रूरत स्थानीय वास्तविकताओं वाले विकासवादी बदलाव की थी जिसकी एक लोकतन्त्र को अपने विकास के लिए आवश्यकता होती है। अम्बेडकर ने एक बार तो सुझाव तक दे दिया था कि जाति व्यवस्था और अस्पृश्यता के उन्मूलन के लिए अच्छा होता कि भारत में एक अतातुर्क या मुसोलिनी पैदा हो जाता।[88] अम्बेडकर के ऐसे विचार ही थे कि हिन्दू धर्म के ईश्वर मीमांसा और आचार-व्यवहार के राज्य द्वारा नियमन के प्रस्ताव को छोड़ दिया गया। अम्बेडकर

के इस हैरान करने वाले विचार से पता चलता है कि जाति के उन्मूलन को लेकर उनमें इतना ज़्यादा जुनून था कि इसका असर उनके सही निर्णय लेने की क्षमता पर भी पड़ा।

परन्तु इन तमाम आलोचनाओं के बावजूद इस किताब में उनकी जिन उपलब्धियों का ज़िक्र है, उसे ख़ारिज नहीं किया जा सकता। वे सब प्रेरित करने वाली एक महान शख़्सियत की मानवीय कमियाँ थीं, जो कि जुनून और ग़ुस्से से भरा था और जिसने अपने लोगों के उत्थान के लिए जीवन में हर तरह की परेशानियाँ झेलीं ताकि वह उनके लिए भी सम्भावनाओं का विस्तार कर सके। इसके लिए एक व्यावहारिकता की भी ज़रूरत थी, और जैसा कि जैफ़रलॉट ने संकेत किया,[89] यही समझदारी उनकी राजनीतिक सूझ-बूझ में नज़र आती है : जब-जब ऐसा लगा कि वह अलग-थलग पड़ गये हैं या हाशिये पर चले गये हैं, तब-तब उन्होंने राष्ट्रीय विमर्श में पुन: शामिल होने का रास्ता ढूँढ़ निकाला। 1946 के चुनाव में उन्हें किनारे कर दिया गया था, पर अगले ही वर्ष वह कैबिनेट में शामिल थे; इतिहास ने इस तथ्य को सम्भवत: उतना महत्त्व नहीं दिया कि जब कांग्रेस में उनके विरोधियों ने आज़ादी की लड़ाई जीती तो उन्होंने संविधान लेखन की अगुवाई की; हिन्दू कोड बिल पर जब उन्हें निराशा हाथ लगी और वह सरकार से भी बाहर हो गये तो उन्होंने बौद्ध धर्म अपनाकर दलित-विमर्श की दिशा ही बदल डाली। यहाँ तक कि मृत्यु भी उनके उदाहरणीय काम और प्रभाव को रोक नहीं सकी; उसके बाद से राष्ट्रीय परिप्रेक्ष्य में उनका क़द बढ़ता ही गया है।

अम्बेडकर आज

जैसाकि समाजशास्त्री बद्री नारायण ने लिखा है, 'अगर बाबासाहेब अम्बेडकर आज जीवित होते, तो सम्भवत: ये देखकर बेहद हैरान होते कि परस्पर विरोधी विचारधारा वाले राजनीतिक दल भी कैसे अम्बेडकर के नाम के साथ जुड़ने के लिए एक-दूसरे से होड़ कर रहे हैं।'[90] बद्री नारायण को लगता है कि अम्बेडकर के जीवन और उनके काम को 'पहले के मुक़ाबले आज कहीं ज़्यादा पुनर्सृजित और पुनर्कल्पित किया गया है ताकि लोगों के ज़ेहन में अम्बेडकर की छवि और बड़ी बन सके।' बद्रीनारायण इसकी वजह मानते हैं कि अतीत के मुक़ाबले राजनीतिक रूप से दलित आज ज़्यादा जागरूक हैं और राजनीतिक दल अम्बेडकर के विज़न के प्रति उनकी घोषित प्रतिबद्धता को दलित वोटरों तक पहुँचने के लिए उपकरण के रूप में इस्तेमाल कर रहे हैं। अनन्या वाजपेयी के सुर में सुर मिलाते हुए यशिका दत्त

तर्क देती हैं कि ऐसा इसलिए है क्योंकि अम्बेडकर ने उनका विरोध किया : 'सत्ता के जटिल ढाँचों का अम्बेडकर का बेबाक विश्लेषण ऊँची जातियों वाली व्यवस्था के लिए काफ़ी ख़तरनाक था' और अम्बेडकर को अपनाकर उनकी धार को कुंद करना उनके लिए ज़्यादा सुरक्षित विकल्प था। अपनी कुशल सियासी रणनीति के लिए जानी जाने वाली बीजेपी ने पाया कि अम्बेडकर के ज़रिये आसानी से दलितों और उनके वोट तक पहुँचा जा सकता है। लेकिन पार्टी अम्बेडकर के विचारों के प्रति आकर्षण दिखा कर सम्भवत: जोख़िम नहीं ले सकती थी क्योंकि वह बीजेपी के संस्थापनात्मक सिद्धान्तों पर सीधा प्रहार करते थे और ये ताक़तवर ऊँची जातियों के वोट बैंक को भी रास नहीं आता। इसलिए बीजेपी ने अम्बेडकर को अपना लिया लेकिन सत्ता के स्थापित ढाँचे पर उनके दर्शन और आलोचना की कोई चर्चा नहीं की। दलित अधिकारों के प्रतीक रहे अम्बेडकर की छवि के साथ खड़े होकर बीजेपी ने यह संकेत देने की कोशिश की है कि वह एक ऐसी राजनीतिक पार्टी है जो समानता के लिए खड़ी है। लेकिन ज़्यादातर राजनीतिक दल अम्बेडकर के विचारों से दूरी रखना चाहते हैं।[91]

साल 2022 में पंजाब में चुनी गयी आम आदमी पार्टी की सरकार का सरकारी दफ़्तरों में अम्बेडकर (साथ ही स्वतन्त्रता सेनानी भगत सिंह) की तस्वीर लगाने का फ़ैसला इस बात का एक और उदाहरण पेश करता है कि भारत में अम्बेडकर की छवि कितनी बड़ी हो गयी है। ये नि:सन्देह कहा जा सकता है कि ये फ़ैसला राजनीति से प्रेरित और केवल दलित वोट के लिए था जो कि पंजाब की वोट डालने वाली जनता की आबादी का 16.6 फ़ीसदी है। लेकिन यह भी अम्बेडकर के समय की तुलना में एक बड़े बदलाव का परिचायक है, जब दलितों को हेय समझा जाता था। यह भावना और बढ़ी थी जब दलित उम्मीदवारों के लिए आरक्षित चुनाव क्षेत्रों में ऊँची जाति के हिन्दू वोटर संख्या बल में दलित वोटरों पर भारी पड़ जाते थे। आज वामपन्थी दल, दक्षिणपन्थी बीजेपी, मध्यमार्गी कांग्रेस और विचारधारा विहीन 'आप'–सबने अम्बेडकर के प्रति आदर और सम्मान प्रदर्शित किया है, दशकों पहले अगर ऐसा हुआ होता तो अम्बेडकर के निजी जीवन पर इसका असर पड़ा होता।

नि:सन्देह अम्बेडकर बहुजन समाज पार्टी (बीएसपी) के जन्म से बेहद सन्तुष्ट हुए होते जिसका नेतृत्व पहले कांशीराम और बाद में मायावती ने किया। इस पार्टी ने यह सिद्धान्त स्थापित किया कि दलितों का भला तभी होगा जब वे एक पार्टी के ज़रिये अपना प्रतिनिधित्व करेंगे जो कि प्रधानत: उनकी प्रगति के लिए ही समर्पित

होगी, न कि मुख्यधारा के राजनीतिक दलों से लाभ लेकर, जो दलितों के वोट के लिए आपस में होड़ करते हैं। निश्चित रूप से बीएसपी के फ़ॉर्मूले की वजह से मायावती भारत के सबसे ज़्यादा जनसंख्या वाले राज्य उत्तर प्रदेश की तीन बार मुख्यमन्त्री चुनी गयीं... भारत की हिन्दी हृदयस्थली पर सत्ता की कमान एक दलित महिला के हाथों में थी। यह घटना 20वीं सदी के अन्त और 21वीं सदी के लगभग आरम्भ में हो रही थी। मायावती के सत्ता के शिखर पर पहुँचने से सम्भवत: 3000 साल पहले तक आर्यावर्त में इसके बारे में सोचा भी नहीं जा सकता था। यह अम्बेडकर की उस धारणा की एक तरह से पुष्टि थी कि दलितों को राजनीतिक रूप से अपना ख़ुद का दावा पेश करने की ज़रूरत है न कि 'ऊँची' जातियों की अनुकम्पा और समर्थन पर निर्भर रहने की। लेकिन अम्बेडकर अपने द्वारा स्थापित किसी भी दल की बदौलत कभी भी ख़ुद कोई अर्थपूर्ण राजनीतिक सत्ता हासिल करने में सक्षम नहीं हो सके–वे एक सांसद ज़रूर बनाये गये, पर वह भी बड़ी राष्ट्रवादी पार्टी कांग्रेस द्वारा।

उसी तरह उनके जीवन काल में जुझारू अम्बेडकर को कभी भी बड़े राष्ट्रीय सम्मानों का दावेदार नहीं माना गया; पर साल 1990 में उनके निधन के 34 वर्ष बाद प्रधानमन्त्री वीपी सिंह की अल्पमत वाली सरकार ने अपना राजनीतिक समर्थन मज़बूत करने की मंशा से उन्हें देश का सर्वोच्च नागरिक सम्मान 'भारत रत्न' दिया।

देशभर में अम्बेडकर की प्रतिमाएँ बढ़ती जा रही हैं और उनका आकार भी बड़ा और भव्य होता जा रहा है। ऐसा प्रतीत होता है कि इन प्रतिमाओं के ज़रिये ये बताने की होड़ मची हो कि अम्बेडकर को महिमामण्डित करने में कोई कहीं पीछे न छूट जाये। 'स्टैच्यू ऑफ़ नॉलेज', अम्बेडकर की 70 फ़ीट ऊँची प्रतिमा का अनावरण अप्रैल 2022 में महाराष्ट्र के लातूर शहर में किया गया।[92] उसके तुरन्त बाद तेलंगाना राज्य की ओर से हैदराबाद में हुसैन सागर झील के निकट एनटीआर गार्डेन में जल्दी ही अम्बेडकर की 125 फ़ीट ऊँची प्रतिमा लगाये जाने का एलान किया गया।[93] महाराष्ट्र कहीं पीछे न रह जाये, इसलिए राज्य की तरफ़ से एलान किया गया कि अम्बेडकर के मूल शहर मुम्बई में उनका स्मारक बनाने का कार्य 'सुचारु रूप से चल रहा है और विश्व स्तरीय स्मारक का कार्य सम्भवत: 2024 तक पूरा कर लिया जायेगा।'[94] एक हज़ार करोड़ रुपये की लागत से बन रही काँसे और स्टील की साढ़े चार सौ फ़ीट की प्रतिमा दुनिया में अम्बेडकर की सबसे ऊँची प्रतिमा होगी जो कि पचास मंज़िला इमारत जितनी ऊँची और वज़न में अस्सी टन

के बराबर होगी। वहाँ अम्बेडकर के जीवन से जुड़ी अन्य यादगार वस्तुएँ देखने को मिलेंगी और उनके प्रथम आन्दोलन की जगह यानी चावदार लेक की प्रतिकृति भी बनाई जायेगी।[95] (नवी मुम्बई के ऐरोली में पहले ही अम्बेडकर का एक शानदार स्मारक है जहाँ अम्बेडकर के जीवन और कृत्य को समर्पित एक लाइब्रेरी भी है।)[96]

19 मई, 2022 को आन्ध्र प्रदेश सरकार ने एक क़दम और आगे बढ़कर घोषणा की कि राज्य के कोनासीमा ज़िले का नाम बदलकर वह डॉक्टर बी.आर. अम्बेडकर कोनासीमा ज़िला करना चाहती है।[97] सरकार ने एक अधिसूचना जारी कर कोनासीमा ज़िले में रहने वाले लोगों से पूछा कि ज़िले का नाम बदलने के प्रस्ताव पर लोग अपनी आपत्ति ज़ाहिर करें और सुझाव दें। इस बात की सम्भावना न के बराबर थी कि कोई इस प्रस्ताव का विरोध करेगा। ये अब बस समय की बात है कि कोई राज्य सरकार अगला क़दम उठाये और एक पूरे शहर का नाम अम्बेडकर के नाम पर कर दे।

पचास वर्ष पूर्व इन सब बातों पर ताज्जुब होता, लेकिन आज पता चलता है कि अम्बेडकर का क़द इस बीच कितना बढ़ गया है। भारत के नव वर्चस्ववादी हिन्दुत्व आन्दोलन का नज़रिया भी अम्बेडकर के प्रति बदला है। शुरुआत में हिन्दुत्व के बारे में उनके कठोर वचन और दलितों को एकजुट करने के प्रयास हिन्दू एकता पर ज़ोर देनेवाले राष्ट्रीय स्वयंसेवक संघ के ख़िलाफ़ जाते थे, इसलिए आरएसएस उन्हें ख़ारिज करती थी। जब अम्बेडकर ने बौद्ध धर्म अपनाने का चुनाव किया तो हिन्दुत्ववादी आन्दोलन ने चैन की साँस ली क्योंकि इस्लाम और ईसाई धर्म के विपरीत बौद्ध धर्म एक भारतीय धर्म था, और अम्बेडकर के निधन के बाद तो उनके बारे में सम्मान से बात करने की भी शुरुआत हो गयी। दो प्रमुख आरएसएस विचारक दत्तोपंत थेंगड़ी और डॉक्टर कृष्णगोपाल ने तो अम्बेडकर पर किताबें भी लिखीं। आरएसएस ने साल 1990 में अम्बेडकर की सौवीं जयन्ती और महात्मा ज्योतिबा फुले की सौवीं पुण्यतिथि मनायी और हिन्दू समाज में सुधार लाने तथा उसे भेदभाव पूर्ण व्यवहार और अन्याय से मुक्ति दिलाने के लिए उनकी तारीफ़ की। अम्बेडकर की 125वीं जयन्ती आने पर बीजेपी पूरी तरह से समारोह की मुद्रा में आ गयी और अम्बेडकर को अपना लेने की क़वायद और तेज़ हो गयी। प्रधानमन्त्री नरेन्द्र मोदी अपने भाषणों में बार-बार उनका नाम लेने लगे, बीजेपी के तमाम गण्यमान्य नेता 'अम्बेडकर जयन्ती' के मौक़े पर होने वाले स्थानीय समारोहों में शिरकत करने लगे। साल 2022 में बीजेपी ने इस समारोह को बढ़ाकर 'सामाजिक न्याय सप्ताह' कर दिया जिसका समापन अम्बेडकर की जयन्ती पर होना था।

भारत में कई सार्वजनिक संस्थानों के नाम अम्बेडकर के सम्मान में रखे गये हैं, जिनमें नागपुर में डॉक्टर बाबासाहब अम्बेडकर इंटरनेशनल एयरपोर्ट,[98] जलंधर में डॉक्टर बी.आर. अम्बेडकर नेशनल इंस्टीट्यूट ऑफ़ टेक्नोलॉजी,[99] और दिल्ली में अम्बेडकर यूनीवर्सिटी,[100] जैसे विविध संस्थानों के नाम शामिल हैं। जून 2022 में दिल्ली सरकार ने राजधानी की सड़कों और कॉलोनियों के नाम से जुड़े 'हरिजन' शब्द को बदलकर 'डॉक्टर अम्बेडकर' करने के फ़ैसले का एलान किया।[101] इंडिया पोस्ट ने उनके जन्मदिन पर 1966, 1973, 1991, 2001 और 2013 में विशेष डाक टिकट जारी किये और 2009, 2015, 2016 और 2017 में अम्बेडकर को दूसरे टिकटों में शामिल किया। पर यहाँ भी ऐसी एक धारणा बनी कि डाक विभाग ने भी ऐसा करने में काफ़ी देर लगा दी। एक आलोचक की टिप्पणी थी, 'अम्बेडकर के डाक टिकटों की संख्या में बढ़ोतरी लोगों की आकांक्षा और लोगों के दबाव का परिणाम थी न कि सरकार की अपनी पहल।'[102]

अम्बेडकर की प्रशंसा अब देश के बाहर भी हो रही है। भीखू पारेख ने मार्टिन लूथर किंग और अम्बेडकर की वैश्विक छवि की तुलना करते हुए अम्बेडकर को 'बड़ा चिन्तक' माना है, जिनका 'अपने समुदाय और देश पर' मार्टिन लूथर किंग के मुक़ाबले कहीं ज़्यादा गहरा प्रभाव था। 30 जून, 2021 को लन्दन के ग्रेज़ इन ने अपने पूर्व छात्र अम्बेडकर के नाम पर एक कक्ष का उद्घाटन किया और एक रैडिकल पोर्ट्रेट का अनावरण किया जिसे डेविड नेवेन्स नाम के कलाकार ने बनाया था। ये पोर्ट्रेट मशहूर फ़ोटोग्राफ़र मार्ग्रेट बर्कव्हाइट द्वारा ली गयी तस्वीर पर आधारित था। साल 2022 में 14 अप्रैल को अम्बेडकर की 131वीं जयन्ती दुनिया भर में मनायी गयी। और कहीं-कहीं तो उनके जन्मदिन पर उनके पूर्ववर्ती और एक अन्य जाति विरोधी आइकन महात्मा ज्योतिबा फुले और उनके योगदान को भी याद किया गया। इसी क्रम में कनाडा के ब्रिटिश कोलम्बिया प्रान्त ने अप्रैल महीने को 'दलित हिस्ट्री मंथ'[103] के रूप में मनाने का एलान किया। नेपाल ने जब अम्बेडकर के जीवन को याद करते हुए उनकी जयन्ती पर कार्यक्रम किया तो उसकी अध्यक्षता देश के पहले राष्ट्रपति ने की।[104] नेपाल और भारत ने संयुक्त रूप से लुंबिनी बौद्ध विश्वविद्यालय (लुंबिनी बुद्धिस्ट यूनिवर्सिटी) में डॉक्टर भीमराव अम्बेडकर बौद्ध अध्ययन केन्द्र स्थापित करने का फ़ैसला लिया।[105] दुबई[106] और यूनाइटेड किंगडम[107] में भी समारोह आयोजित हुए। जमैका की यात्रा कर रहे भारत के राष्ट्रपति रामनाथ कोविंद ने राजधानी किंगसटन के मध्य में डॉक्टर अम्बेडकर एवेन्यू का उद्घाटन किया। इस मौक़े पर राष्ट्रपति कोविंद जो कि ख़ुद भी एक

दलित हैं, उन्होंने कहा, 'हमें हमेशा याद रखना चाहिए कि डॉक्टर अम्बेडकर और मार्कस गार्वे (जमैका के प्रसिद्ध राजनीतिक कार्यकर्ता) जैसी महान विभूतियों को केवल एक देश या समुदाय तक सीमित नहीं किया जा सकता। उनकी समानता के उनके सन्देश और हर प्रकार के भेदभाव का अन्त करने की उनकी अपील की प्रतिध्वनि सार्वभौमिक थी। इसलिए डॉक्टर अम्बेडकर का सन्देश जितना भारत के लोगों के लिए प्रासंगिक है, उतना ही जमैका के लोगों और दुनिया के हर इलाक़े के लोगों के लिए भी प्रासंगिक है।'[108] दलित स्कॉलर भालचन्द्र युंगेकर का कहना है, 'बदलते विश्व में अम्बेडर एक महान विचारक है।'[109] संयुक्त राज्य अमेरिका में, जहाँ इसाबेल विल्कर्सन ने अम्बेडकर को 'द मार्टिन लूथर किंग ऑफ़ इंडिया[110] (भारत के मार्टिन लूथर किंग)' कहा, वहीं अमेरिकी राज्य कोलोराडो और मिशिगन ने उनके जन्मदिन को 'डॉक्टर बी.आर. अम्बेडकर इक्विटी डे (डॉक्टर बी.आर. अम्बेडकर समानता दिवस)' के रूप में मनाने का एलान किया, इसी तर्ज़ पर भारतीय राज्य तमिलनाडु ने इसे 'डे ऑफ़ इक्वेलिटी (समानता दिवस)' कहा, जबकि उत्तर प्रदेश ने डॉक्टर अम्बेडकर के जन्मदिन को 'डे ऑफ़ सोशल हार्मनी (सामाजिक सद्‌भावना दिवस)' के रूप में मनाने की घोषणा की।

हर बीतते साल के साथ अम्बेडकर के यशगान वाले ऐसे समारोह बढ़ते जा रहे हैं, हालाँकि इस पर बहस हो सकती है कि ऐसे समारोह उनके विज़न और आदर्शों के प्रति प्रतिबद्धता का कितना प्रतिनिधित्व करते हैं या फिर उन्हें केवल राजनीतिक लाभ के लिए प्रतीक स्वरूप आयोजित किया जाता है। दलित समुदाय के बीच अम्बेडकर एक मिथकीय नायक के रूप में पूजनीय हैं और लोककथाओं, नाटकों और गाथागीतों के प्रतिपाद्य हैं; सुराज येंगड़े जैसे दलित लेखक ने लिखा है कि नन्हे-मुन्ने दलित बच्चों को प्रेरित करने के लिए कैसे दादी माँएँ उन्हें अम्बेडकर की कहानियाँ सुनाया करती थीं।[111] हालाँकि दूसरे समुदायों के लिए वह कम महत्त्वपूर्ण शख़्सियत हैं। पर, इतिहासकार सुनील खिलनानी अम्बेडकर को एक ऐसी अहम शख़्सियत मानते हैं जो 'आज साधारण भारतीयों के लिए सबसे ज़्यादा महत्त्वपूर्ण हो गया है।'[112] हैदराबाद यूनिवर्सिटी कैम्पस में 1994 में बने अम्बेडकर छात्र संघ (एएसए), नयी दिल्ली के जवाहरलाल नेहरू विश्वविद्यालय में बने बिरसा-अम्बेडकर-फुले छात्र संघ (बीएपीएसए) और आईआईटी मद्रास में बने अम्बेडकर-पेरियार स्टडी सर्कल जैसे छात्र संगठनों ने विश्वविद्यालय परिसरों में अम्बेडकर के विचारों का प्रचार किया, छात्र संघ के चुनाव लड़े और उनके आदर्शों का पालन करने वाले नये समर्थक पैदा किये। नयी पीढ़ी के लोग भी अम्बेडकर

के विचारों से प्रभावित नज़र आ रहे हैं। भारत के संगीत पटल पर 'दलित रैप' नाम की एक नयी गायन शैली पैदा हुई है जिसमें माही घने, सुमित समोस और रेकोइल चाफ़े जैसे युवा दलित रैपर अम्बेडकर के जीवन और कार्य पर केन्द्रित गाने बना रहे हैं।[113] ओडिशा के बेहद ग़रीब ग्रामीण ज़िले कालाहाँडी से एक महत्त्वाकांक्षी युवा रैपर हैं जो ख़ुद को डुले रॉकर कहते हैं। अम्बेडकर के लेखन से परिचय होने के बाद उन्होंने एलान किया कि वे अपने संगीत से संविधान लिखने वाले महापुरुष के विचारों को और आगे बढ़ाना चाहते हैं, उसका जश्न मनाना चाहते हैं। अब वह 'अम्बेडकर की विरासत को आगे बढ़ाने के लिए' एक नये एल्बम की योजना बना रहे हैं।[114] इस बीच दलित साहित्य ने भी अपनी अच्छी जगह बना ली है। मराठी से शुरू करें तो नामदेव ढसाल, राजा ढाले और जे. वी. पवार जैसे लेखकों ने बहुत प्रतिष्ठा, लोकप्रियता और कामयाबी हासिल कर ली है। इनके साहित्य का दूसरी भाषाओं में भी प्रसार हो गया है और अंग्रेज़ी में भी इनका अनुवाद बढ़ता जा रहा है।

अम्बेडकर के जीवन का मूल्यांकन

अम्बेडकर का जटिल जीवन और विशाल उपलब्धियाँ जिसका इस पुस्तक में उल्लेख किया गया है, उनके आधार पर किसी निष्कर्ष तक पहुँचना आसान नहीं है, पर फिर भी पुस्तक के इस निष्कर्षात्मक अंश में दोहराव का जोख़िम उठाते हुए भी ये उपयोगी होगा कि अम्बेडकर के जीवन के उन मुख्य प्रसंगों और पहलुओं पर एक बार फिर से विचार कर लिया जाये जिनका उल्लेख हम कर चुके हैं।

डॉक्टर भीमराव अम्बेडकर ने अपने परिश्रम से जीवन में कामयाबी हासिल की थी। यहाँ तक कि अपना नाम भी उन्होंने ख़ुद ही रखा था, वह सकपाल कुलनाम के साथ पैदा हुए थे, लेकिन मराठी ब्राह्मणों की तरह उन्होंने अपने गाँव (अम्बावाड़े) के नाम के आधार पर अपना नाम अम्बेडकर रखा। वह एक हिन्दू महार के रूप में पैदा हुए थे, पर उनकी मृत्यु एक बौद्ध के रूप में हुई। उन्होंने उन पारम्परिक वस्त्रों का परित्याग कर दिया जिन्होंने लम्बे अरसे से उनके लोगों को ग़ुलाम बनाये रखा था और पश्चिमी सभ्यता में प्रचलित सूट को अपनाया। ये अम्बेडकर ही थे जिन्होंने जातिवादी उत्पीड़न की सच्चाई को बेपर्दा कर भारत के लोगों पर दबाव डाला कि वे भेदभाव के यथार्थ को समझें और उसका हल निकालें। और ये उन्होंने ऐसी बेबाकी से किया जिसे आज के युवा कहते, 'क़रारा जवाब दिया'। अच्छी नीयत दर्शाते हुए चिकनी चुपड़ी और निरर्थक बातें करना अम्बेडकर का स्वभाव नहीं था : सामाजिक भेदभाव के अन्याय के ख़िलाफ़ आवाज़ उठाने के लिए वे हर मंच पर खड़े होने

को पूरी तरह तैयार थे। ये एक ऐसी प्रवृत्ति थी जिसके लिए भारत का तत्कालीन समाज तैयार नहीं था, लेकिन एक ऐसे समय में जब भारत के लोग विदेशी शासन से आज़ादी की लड़ाई लड़ रहे थे, ये सही भी था और ज़रूरी भी कि भारतीय जनता देश में हो रहे उत्पीड़न के ख़िलाफ़ भी बराबरी से संघर्ष करे।

अस्पृश्यता के प्रति गांधीवादी दृष्टिकोण को अम्बेडकर ने दया भाव प्रकट करने वाला व्यवहार मानकर ख़ारिज कर दिया था। अछूतों के प्रति गांधी के कृपापूर्ण व्यवहार और एक दिन उनकी तरह बिताये बिना उनके हित की बात करने का दावा करने के गांधी की अवधारणा को देख कर अम्बेडकर ग़ुस्से से भर गये। राष्ट्रपिता के प्रति व्यवहार में अम्बेडकर अपनी भावनाओं को क़ाबू में नहीं रख पाते थे, उनके सब्र का बाँध टूट जाया करता था। महात्मा अछूतों को 'हरिजन' कहा करते थे ...ईश्वर की सन्तान। अम्बेडकर ने कहा कि ये पूरी तरह बेकार बात है...क्या हम सब ईश्वर की सन्तान नहीं हैं? 'हरिजन' की जगह, उन्होंने मराठी और हिन्दी के शब्द 'बहिष्कृत' (एक्सक्लूडेड), 'दलित' (ऑप्रेस्ड), 'मूक' (साइलेंट) का इस्तेमाल किया। उन्होंने सवर्ण हिन्दुओं की प्राचीन विधि संहिता 'मनुस्मृति' को सार्वजनिक रूप से जलाया। जातिगत भेदभाव की निन्दा करते हुये अम्बेडकर ने मुसलमानों को भी नहीं बख़्शा। मुस्लिम समुदाय की जातिगत चेतना की निन्दा उन्होंने उन्हीं कठोर शब्दों में की जैसा प्रहार उन्होंने हिन्दुओं पर किया था। अम्बेडकर पाखण्ड और अन्धविश्वास के शत्रु थे, एक ऐसे रूढ़िविरोधी थे जो मानते थे कि वैसी परम्पराएँ जो समय के मानदण्डों पर खरी नहीं उतरतीं, उन्हें ख़त्म कर देना चाहिए।

उनकी कोई भी लड़ाई आसान नहीं थी। एक राष्ट्रवादी के रूप में, वे इस आरोप को लेकर संवेदनशील थे कि जब भारतीयों को अंग्रेज़ों के ख़िलाफ़ एकजुट होने की ज़रूरत है, तब अम्बेडकर उन्हें विभाजित कर रहे थे। जब अम्बेडकर ने अपने लोगों के लिए पृथक् निर्वाचन क्षेत्र की माँग की तब महात्मा गांधी ने आमरण अनशन शुरू कर दिया था। हमने देखा कि अम्बेडकर गांधी के इस क़दम से सहमत नहीं थे पर उन्होंने इस आशंका से अपना पक्ष छोड़ दिया कि बड़े पैमाने पर असन्तोष और हिंसा हो सकती है। गांधी अस्पृश्यता से नफ़रत करते थे, पर उनका यक़ीन था कि इस समस्या का हल सवर्ण हिन्दुओं की सामाजिक जागरूकता में है न कि पृथकतावादी दीवार खड़ी करने में है। बँटवारे ने संविधान सभा को निजी अधिकारों की सुरक्षा के प्रति उत्तरदायी बनाकर सम्भवत: दलितों की मदद की, ख़ासतौर से अल्पसंख्यक समूह के लोगों के निजी अधिकारों के प्रति, और अम्बेडकर को उस संविधान को आकार देने का मौक़ा दिया जिसका लाभ आज भारतीयों को मिल रहा है, क्योंकि

संविधान में नागरिकों के अधिकारों की सुरक्षा के लिए व्यापक प्रावधान किये गये हैं, ख़ासतौर से अम्बेडकर के समुदाय के लोगों के लिए। हालाँकि जातिगत भेदभाव के रोज़मर्रा की सच्चाई के साथ जी रहे अम्बेडकर फिर भी इससे सहमत नहीं थे कि गहराई से जड़ जमाये पारम्परिक हिन्दुत्व का आचरण कभी पूर्णत: ख़त्म भी हो सकेगा। आख़िर में उन्होंने हिन्दू धर्म से नाता तोड़ लिया और समतावादी नैतिकता की विशेषता वाले बौद्ध धर्म को अपना लिया।

बौद्ध धर्म ने भी लोकतन्त्र में उनके विश्वास को प्रेरित किया जो कि भारतीय संविधान के जनक की उनकी भूमिका में निहित नज़र आता है। जबकि कुछ लोगों ने अम्बेडकर को सूट और औपचारिक अंग्रेज़ी बोलने वाले, पश्चिमी तहज़ीब में रचे-पगे पाश्चात्य संवैधानिक व्यवस्था के पैरोकार के रूप में देखा, जबकि सच्चाई ये भी थी कि वह प्राचीन भारत के लोकतान्त्रिक व्यवहार से ज़्यादा प्रभावित थे, ख़ासतौर से बौद्ध संघों से। संविधान सभा की मसौदा समिति के अध्यक्ष के रूप में अम्बेडकर ने कहा था कि भारतीय गणतन्त्रवाद की संवैधानिक जड़ें काफ़ी गहरी हैं। उन्होंने उदाहरण देकर बताया कि कुछ प्राचीन भारतीय राज्य गणराज्य थे, विशेष रूप से लिच्छवी जो ईसा पूर्व छठी और पाँचवीं सदी में (लगभग बुद्ध के समय) उत्तरी बिहार और निचले नेपाल में राज करते थे, मल्ल गणराज्य कुशीनगर में केन्द्रित था और वज्जि (या वृज्जि) महाजनपद वैशाली नगर में अवस्थित था। भारत के प्राचीन गणतन्त्रवाद के प्रमाण स्वतन्त्र गणसंघों में देखे जा सकते हैं जो सम्भवत: ईसा पूर्व छठी और चौथी सदी के बीच अस्तित्व में थे। सिकन्दर महान के आक्रमण के समय 326 ईसा पूर्व के भारत का वर्णन करते हुए यूनानी इतिहासकार डियोडोरस सिकुलस (हालाँकि वह दो सदी बाद लिख रहे थे) लिखते हैं कि उस समय स्वतन्त्र और लोकतान्त्रिक गणराज्य भारत में मौजूद थे।[115] हालाँकि ऐसा प्रतीत होता है कि इन गणराज्यों में एक सम्राट या राजा और एक आमसभा होती थी जिसकी नियमित रूप से बैठक होती थी और जहाँ राज्य से जुड़े बड़े फ़ैसले लिये जाते थे। गणसंघों के पास पूर्ण वित्तीय, प्रशासनिक और न्यायिक शक्ति होती थी और वह राजा का चुनाव करती थीं। वह कोई वंशानुगत सम्राट नहीं होता था। राजा आमसभा के प्रति उत्तरदायी होता था और कुछ गणसंघों में मन्त्रिपरिषद राजा की मदद करती थी। अम्बेडकर ऐसे प्राचीन उदाहरणों से प्रेरित थे।

अम्बेडकर के जीवन और पेशे ने उन्हें एक साथ दो स्वतन्त्रता संघर्ष के भँवर में धकेल दिया। एक ब्रितानी औपनिवेशिक शासन के विरुद्ध और दूसरे अस्पृश्यता और जातिगत उत्पीड़न के ख़िलाफ़। उन्होंने अपनी असाधारण प्रतिभा और कौशल के बल पर ये उपलब्धि हासिल की, वह भी एक अछूत होकर। अम्बेडकर ने एक

विश्वस्तरीय शिक्षा हासिल की। भारतीय सार्वजनिक जीवन में उनके पूर्ववर्तियों और परवर्तियों में कोई भी उनकी योग्यता की ऊँचाई को छू नहीं पाया। निर्विवाद रूप से वह श्रेष्ठ थे और उन्होंने अपने कार्य और ओहदों को दिशा देने में इस प्रतिभा और योग्यता का इस्तेमाल भी किया। ग़रीबी की अपनी पृष्ठभूमि की वजह से, वह वंचितों और पीड़ितों के साथ स्वाभाविक रूप से तालमेल बिठा लेते थे, लेकिन अपनी शिक्षा की बदौलत अपने ज़्यादातर समकालीनों से अलग स्तर, और उपलब्धियों को हासिल करने की आकांक्षा रखते थे। 'स्वतन्त्रता, समानता और बन्धुत्व' के पश्चिमी आदर्शों में प्रेरणा तलाशने के साथ जो कि दुनिया को फ्रांसीसी क्रान्ति की देन थी (न कि हिन्दू परम्परा और मूल्यों में जिसने गांधी और अन्य लोगों को प्रेरित किया था, पर अम्बेडकर ने इसे अपने लोगों की पराधीनता के कारक के रूप में देखा), अम्बेडकर को अपनी लगातार बड़ी होती लाइब्रेरी के लिए पुस्तकें जमा करने का भी जुनून था (यहाँ तक कि परिवार को भोजन के लिए जिन पैसों की ज़रूरत थी वह भी उन्होंने किताबों पर ख़र्च कर दिया), और इस तरह देखें तो अम्बेडकर तत्कालीन ज़्यादातर राजनेताओं से विशेष रूप से अलग थे। पर फिर भी उनके राष्ट्रवाद की जड़ें भारतीय थीं, और ये बात अहम है कि अपनी बढ़ती प्रतिबद्धता के साथ ही उन्होंने पश्चिमी प्रबोधन के विचारों को बुद्ध और उनके विचारों वाली भारतीय परम्परा में स्थापित किया।

जाति व्यवस्था की उत्पत्ति और विकास की आरम्भिक पड़ताल ने अम्बेडकर को एक अग्रगामी समाजशास्त्री जैसा बना दिया था। दुनिया भर में पदानुक्रम की दूसरी व्यवस्थाओं के मुक़ाबले जाति व्यवस्था के कायम रहने के कारणों की उनकी व्याख्या एक मज़बूत और मौलिक अन्तर्दृष्टि देती है। वह तर्क देते हैं कि जाति व्यवस्था के स्थायी बने रहने की वजह 'श्रेणीकृत असमानता'[116] की एक विशिष्ट संरचना है जिसने पूरे समाज को प्रभावित कर दिया है। इस ढाँचे में हर जाति और उपजाति का एक नियत स्थान है, इसलिए कभी भी किसी जाति ने अपने से नीचे की जाति के साथ मिलकर इस व्यवस्था को भंग करने का विचार नहीं किया क्योंकि उसे अपने विशेषाधिकारों को खो देने का डर था। नतीजा ये हुआ कि इस भेदभाव को पीड़ितों और लाभार्थियों दोनों ने ही आत्मसात कर लिया। इस व्यवस्था में ऊपर की ओर बढ़ने पर सम्मान बढ़ता जाता था और नीचे की तरफ़ अपमान और तिरस्कार। इसे एक प्राकृतिक व्यवस्था के रूप में स्वीकार कर लिया गया था और इसे बनाये रखने के लिए मामूली या किसी भी बाहरी दबाव की ज़रूरत शायद ही थी। अम्बेडकर के विशद और गहन अवलोकन के दशकों बाद भी यह

सच बरक़रार है, क्योंकि जाति समूहों ने मौजूदा सामाजिक पदानुक्रम के ख़िलाफ़ एकजुट होने का ऐसा कोई महान सामर्थ्य या मंशा नहीं दर्शायी है। बल्कि हर एक समूह ने केवल ख़ुद को संगठित करने का प्रयास किया है और कई बार तो ज़्यादा राजनीतिक प्रभाव हासिल करने के तर्क के रूप में अपनी पदानुक्रमिक अक्षमताओं का ज़रूरत से ज़्यादा प्रदर्शन किया है। जाति के बारे में नेहरू को यक़ीन था कि वह भारतीय जीवन से अदृश्य हो जायेगी, पर इसकी जड़ें पहले से भी ज़्यादा गहरी हो गयी हैं। जैसा कि एक व्यक्ति ने व्यंग्यात्मक रूप में मुझसे कहा, 'इन दिनों आप आगे नहीं जा सकते अगर आप पिछड़े नहीं हैं तो।'

अम्बेडकर की शिक्षाओं से प्रभावित होकर इसाबेल विल्करसन ने जाति के प्रभाव को इन शब्दों में व्यक्त किया है :

समाज में किसी को कितना मान सम्मान, रुतबा, प्रतिष्ठा, तरजीह, विशेषाधिकार, संसाधन, सन्देह का लाभ और मानवीय अनुकम्पा मिलेगी या रोक ली जायेगी, यह इस आधार पर तय होता है कि जाति के अनुसार सामाजिक पदानुक्रम में वह कहाँ खड़ा है या उसकी जाति की स्थिति क्या है...कोई भी कार्य या संरचना जो किसी व्यक्ति को सीमित करने, रोकने या एक निश्चित स्थान पर बनाये रखने, उसकी कथित श्रेणी के आधार पर उसे समाज में ऊपर उठाने या नीचे गिराने की व्यवस्था करती है, उसे जातिवाद के रूप में देखा जा सकता है। जातिवाद वह घेरा है जो सामाजिक पदानुक्रम को बनाये रखता है ताकि व्यक्ति की स्थिति, अवसर, विशेषाधिकार और दूसरों के समक्ष अपने को ऊपर रखने या दूसरों को ख़ुद से नीचे रखने की व्यवस्था कायम रहे। जो हाशिये की जातियाँ हैं, उनके मामले में जातिवाद का अर्थ उन्हें सामाजिक पायदान में नीचे बनाये रखना है ताकि वह ऊँची जातियों से आगे ना जा सकें, वह प्रभावशाली जातियों की अनुकम्पा पर निर्भर रहें और उनका दयाभाव उन पर बना रहे...जैसेकि हाथ टूटने पर प्लास्टर ऑफ़ पेरिस का कास्ट लगाया जाता है, जैसेकि नाटक में किरदार निश्चित होते हैं, उसी तरह जाति व्यवस्था सबको एक निश्चित स्थान पर बनाये रखती है।[117]

भारतीय लोकतन्त्र के समाजशास्त्र, मनोविज्ञान, अर्थशास्त्र और स्थापत्य पर अम्बेडकर की अन्तर्दृष्टि को जानने के लिए उनका अध्ययन ज़रूरी है, लेकिन उनके कृत्यों को समझना भी उतना ही ज़रूरी है जिसका प्रयास हमने किया है। अपने समुदाय के लोगों के लिए सार्वजनिक कुएँ से पानी लेने की माँग करना, अपने लोगों के उत्पीड़न को न्यायोचित ठहराने वाली पुस्तक मनुस्मृति को जलाकर विरोध प्रकट

करना, और उस समय के सबसे महान राष्ट्रवादी नेता महात्मा गांधी की धारणाओं और तरीक़ों को चुनौती देना अम्बेडकर की राजनीतिक सक्रियता में शामिल थे। उन्होंने गांधी के हिन्दू सुधारवाद को ख़ारिज कर दिया और कम्युनिस्ट क्रान्ति के विकल्प के प्रति भी आकर्षित नहीं हुए; इसकी जगह उन्होंने क़ानून, सामाजिक जागरूकता और लोकतान्त्रिक विमर्श के ज़रिये मुक्ति चाही, संविधान के तहत राष्ट्र निर्माण करना चाहा। उन्होंने भारत में रामराज्य कायम करने के महात्मा गांधी के विज़न को ख़ारिज कर दिया क्योंकि उन्होंने इस मिथकीय स्वर्ण युग को अपने लोगों के अपमान को संरक्षण देने वाली व्यवस्था से जोड़कर देखा।

इस तरह, अम्बेडकर भारतीय राष्ट्रवाद की ग़ैर हिन्दू अवधारणा के पहले और सबसे महत्त्वपूर्ण वक्ता बन गये थे और आज हिन्दुत्ववादी आन्दोलन जिस तरह उन्हें अपनाने की कोशिशें कर रहा है वह एक तरह का पाखण्ड ही लगता है। अम्बेडकर ने जातिगत भेदभाव को दी गयी धार्मिक मान्यता, हिन्दू साहित्य में अस्पृश्यता को लेकर किसी शर्मिन्दगी या अफ़सोस के रिकॉर्ड की अनुपस्थिति, ऊँची जाति की किसी बड़ी शख़्सियत द्वारा इस प्रथा के ख़िलाफ़ विद्रोह के किसी गम्भीर प्रयास के न होने और हिन्दू समाज में असमानता व अस्पृश्यता के आत्मसातीकरण में प्रतिबिम्बित होती अलोकतान्त्रिक प्रकृति की कड़े शब्दों में निन्दा की। उन्होंने कड़वाहट से भरकर कहा, 'अगर हिन्दू राज हक़ीक़त बन जाये तो इसमें सन्देह नहीं ये इस देश की सबसे बड़ी त्रासदी होगी। इससे फ़र्क़ नहीं पड़ता कि हिन्दू क्या कहते हैं, हिन्दुत्व स्वतन्त्रता, समानता और बन्धुत्व के लिए ख़तरा है। इसका लोकतन्त्र के साथ तालमेल नहीं बैठता। हिन्दू राज को किसी भी क़ीमत पर रोका जाना चाहिए।'[118] उस दौर के सबसे महान हिन्दू महात्मा गांधी ने अम्बेडकर के लिए 'अत्यधिक सम्मान' प्रकट किया, और कहा : ' उन्हें कड़वाहट से भर जाने का पूरा अधिकार है। अगर वह हमारा सिर नहीं तोड़ रहे तो इसे उनका आत्म नियन्त्रण ही कहना चाहिए।'[119] (ये देखना दिलचस्प है कि एक मुद्दे पर अम्बेडकर आज ख़ुद को वहीं पाते जैसी राय हिन्दुत्व के आइकन वी.डी. सावरकर ने रखी थी। हाल के वर्षों में उनके सिद्धान्तों की शपथ लेने वाले लोग गौरक्षा के नाम पर जो कुछ कर रहे हैं, जिस तरह कथित तौर पर पवित्र पशु (गाय) को एक जगह से दूसरी जगह ले जाने या उसका मांस खाने पर मुसलमानों और दलितों को निशाना बना रहे हैं, उसे देख कर एक तर्कवादी सुधारक के रूप में सावरकर शायद ही सब्र रख पाते। सावरकर ने हिन्दुओं से कहा था कि वे गाय की पूजा करने की बजाय उसकी उपयोगिता के लिए उसका ख़याल रखें। 'गौमूत्र और गोबर कैसे पवित्र कर रहे

हैं जबकि अम्बेडकर जैसे व्यक्ति की छाया दूषित कर रही है।'[120] सावरकर ने ये सवाल जिस तरह साफ़गोई से पूछा था उसे आज बीजेपी में उनका कोई भी प्रशंसक याद करना नहीं चाहेगा।)

एक वकील और संविधानवादी के रूप में अम्बेडकर की जैसी कट्टर छवि नज़र आती है, सम्भवत: वे वैसे नहीं थे। अधिकांश मामलों में वे सामान्य लोगों की तरह ही व्यावहारिक समझ रखते थे। वह भारतीय समाज में निहित कमियों को दूर करना चाहते थे क्योंकि आने वाले समय में उन्हें वंचित वर्गों की प्रति-क्रान्ति की सम्भावना साफ़ नज़र आ रही थी जो कि सामाजिक असमानता और आर्थिक शक्ति के केन्द्रीकरण के साथ राजनीतिक समानता के सहअस्तित्व के विरोधाभास की प्रतिक्रिया स्वरूप होती। संविधान सभा को आनेवाले संकट की चेतावनी देते हुए अम्बेडकर ने कहा, 'हमें जितनी जल्दी सम्भव हो सके इस अन्तर्विरोध को ख़त्म कर देना चाहिए, अन्यथा जो लोग असमानता की पीड़ा झेल रहे हैं, वे इस राजनीतिक लोकतन्त्र के ढाँचे को उड़ा देंगे जिसे इस सभा ने बहुत परिश्रम से बनाया है।' सुराज येंगड़े इसी चिन्ता को व्यक्त करते हुए लिखते हैं, 'साफ़-साफ़ कहें तो राज्य की उम्मीदें दलितों की उम्मीदों से जुड़ी हुई हैं, अच्छी और बुरी दोनों। जिस दिन दलितों की उम्मीदें ख़त्म हो जायेंगी, दलितों के लिए राज्य की उम्मीदें भी ख़त्म हो जायेंगी। उम्मीदों का ये अन्त भारतीय राज्य और इसमें रहने वाले लोगों को तबाह कर देगा।'[121]

इसी वजह से अम्बेडकर ने बार-बार ये आशंका प्रकट की कि संविधान में जिस लोकतन्त्र को बनाने में उन्होंने अपना योगदान दिया उसे अलोकतान्त्रिक तरीक़े से बदल दिया जा सकता है : 'इस नये-नये लोकतन्त्र के लिये ऐसा सम्भव है कि इसका ढाँचा बरक़रार रहेगा, लेकिन असल में इससे तानाशाही को जगह मिलेगी। अगर लोकप्रिय समर्थन बहुत ज़्यादा होगा तो उन सम्भावनाओं के सच होने का ख़तरा और भी बढ़ जायेगा।'[122] आज के भारत में इन शब्दों की भयानक गूँज सुनाई पड़ रही है। हिन्दुत्व के शासन को आज उत्तरोत्तर 'निर्वाचित निरंकुशता' के रूप में व्यक्त किया जा रहा है।

एक व्यक्ति जिसने जातिगत भेदभाव का ख़ुद सामना किया हो, इसकी वंचना सही हो, उस हैसियत में अम्बेडकर जानते थे कि न्याय की लड़ाई कितनी अहम है...लेकिन अपनी शिक्षा और स्वभाव की वजह से वह चाहते थे कि लड़ाई क़ानून और संविधान के दायरे में ही लड़ी जाय। एक वकील के रूप में उन्होंने

एक मज़बूत क़ानूनी और संवैधानिक ढाँचा तैयार करने की कोशिश की... उस समानता के लिए, जिससे दलितों और वंचितों को अधिकारों की गारंटी मिल सके, और उन तरीक़ों के लिए भी जिससे दलित और वंचित अपने अधिकारों के लिए लड़ सकें। एक संविधानवादी के रूप में अम्बेडकर ने क़ानून को वैसे लोगों की शक्ति और समर्थन के स्रोत के रूप में देखा जो समानता और न्याय के लिए लड़ रहे हैं; ताकि उनके अधिकारों और उन अधिकारों की सुरक्षा के लिए संघर्ष के उनके अधिकार को संवैधानिक सुरक्षा मिल सके। ऐसी सोच और आचरण ने उन्हें एक समझौतावादी के रूप में पेश किया न कि एक क्रान्तिकारी के रूप में। उन्होंने जो राजनीतिक फ़ैसले लिए उन पर उनकी समझदारी पूर्ण भावना की छाप अक्सर नज़र आयी, ख़ासतौर से पूना पैक्ट के मामले में।

पूना पैक्ट पर गांधी जी के समक्ष अम्बेडकर के समर्पण और अनुसूचित जाति और जनजाति के लिए सीटों के आरक्षण की संवैधानिक व्यवस्था पर अब दलित कार्यकर्ता सवाल उठा रहे हैं क्योंकि इस व्यवस्था में ज़रूरत इस बात की है कि एक दलित उम्मीदवार को हर जाति, हर वर्ग के लोग चुनें, पर हक़ीक़त यह है कि मतदाताओं में बहुमत ग़ैर-दलितों का है। उदाहरण के रूप में दलित विद्वान राजा शेखर वुन्द्रू तर्क देते हैं कि बहुसंख्यकवादी राजनीति में दलितों के हितों को आगे बढ़ाने में मौजूदा निर्वाचन व्यवस्था नाकाम रही है।[123] गांधी ने उनके नेताओं के चुनाव में भी हिन्दू एकता को दलित हितों से ऊपर रखा। लेकिन नतीजा यह है कि दलित चूँकि किसी भी निर्वाचन क्षेत्र में बहुमत में नहीं हैं और असल में ग़ैर दलितों का बहुमत यह तय करता है कि कौन दलित नेता चुनाव जीतेगा, तो ऐसे में दलित उम्मीदवार और पार्टियाँ अपने हितों को आगे बढ़ाने की बजाय ग़ैर दलित हितों के साथ समझौते के लिए बाध्य कर दी जाती हैं।

हालाँकि पूना पैक्ट और उसके बाद संविधान में अम्बेडकर के सकारात्मक कार्रवाई के प्रावधान ने दलितों को शिक्षा और रोज़गार में नये अवसर प्रदान किये। वुन्द्रू और दूसरे लोग तर्क देते हैं कि इसने उनके असल नेताओं को ऊँची जातियों समेत ग़ैर दलित पार्टियों और वोटरों की दया के भरोसे छोड़ कर प्रभावी दलित राजनीतिक प्रतिनिधित्व को कमज़ोर किया है। सबके बाद उनके तर्कों का इससे बड़ा प्रमाण और क्या हो सकता है कि दलित पार्टी के उम्मीदवार के रूप में अम्बेडकर ख़ुद दो बार लोकसभा का चुनाव हार गये और उन्हें कांग्रेस के समर्थन से राज्यसभा के लिए निर्वाचित होना पड़ा। वैसे दलित नेता जिनका राजनीतिक

अस्तित्व 'शासक वर्ग वाले दलों' की कृपा पर निर्भर करता है, ऐसी दशा में वे समाज के सबसे कमज़ोर तबके के हितों की रक्षा कैसे कर पायेंगे? वे दलित नेता अत्यधिक दौलतमन्द, आर्थिक संसाधन सम्पन्न और ग़ैर दलित 'वोटबैंक' वाली ग़ैर दलित पार्टियों के उम्मीदवारों के सामने अकेले कैसे टिक पायेंगे? ये जानना बेहद दिलचस्प है कि अगस्त 1955 में शेड्यूल्ड कास्ट फ़ेडरेशन की कार्यकारी समिति ने आरक्षित सीटों की व्यवस्था ख़त्म करने का प्रस्ताव पारित किया था, क्योंकि ज़ैफ़रलॉट के शब्दों में, 'इनसे (सीटों) अस्पृश्य निर्वाचक अलग-थलग पड़ जाते और दूसरे सामाजिक समूहों के वोट हासिल करने के प्रयासों को झटका लग सकता था।'[124] स्वतन्त्र भारत ने केन्द्र और राज्य सरकारों में दलित राष्ट्रपति, मुख्यमन्त्री देखे हैं, इनमें से सब नहीं तो अधिकांश कांग्रेस पार्टी से रहे हैं, पर प्रश्न पूछा जाता है : 'क्या निर्वाचित दलित प्रतिनिधि दलितों के लिए समानता और न्याय हासिल कर सके हैं?'[125]

अम्बेडकर के निधन के छह दशक बाद जाति व्यवस्था के घृणित रूप में काफ़ी कमी आयी है और इसके लिए अम्बेडकर का आभार प्रकट करना होगा जिनके प्रयासों से वे दरवाज़े खुले, सकारात्मक क़दम उठाये गये और सामाजिक बदलाव सम्भव हुए। दलित अब कई मामलों में 'प्रथम' हो गये हैं...पहले दलित राष्ट्रपति (और अब दूसरी राष्ट्रपति भी बन गयी हैं जो अनुसूचित जनजाति से हैं), पहले दलित उप-प्रधानमन्त्री, पहले दलित मुख्य न्यायाधीश, पहले दलित अरबपति। लेकिन फिर भी आज के भारत में दलितों की दशा उतनी नहीं सुधरी है जितनी अम्बेडकर ने उम्मीद की होगी। 2022 में के. राजू ने संक्षेप में इसे बख़ूबी बयान किया :

अधिकांश दलित भूमिहीन मज़दूर, छोटे किसान, ग्रामीण कारीगर, दिहाड़ी मज़दूर और अनौपचारिक क्षेत्र में कार्यशील फेरीवाले जो शहरी क्षेत्रों में झुग्गी-झोपड़ी में रहते हैं, वे सभी मुश्किलों भरा जीवन गुज़ारते हैं। 74 फ़ीसदी दलित ग्रामीण क्षेत्रों में रहते हैं, जहाँ प्रति घर भूमि का जो स्वामित्व उनके पास है वह औसतन 0.3 हेक्टेयर से भी कम है...2011 की जनगणना के अनुसार इनमें से ज़्यादातर लोग भूमिहीन हैं। अस्पृश्यता आज भी फल-फूल रही है। दलितों पर अत्याचार बढ़ते जा रहे हैं। अच्छी शिक्षा तक पहुँच आज भी दलितों के लिए दूर का सपना है। कामयाब उद्योगपति और आंत्रप्रेन्योर जो दलित हैं, उनकी संख्या आज भी बहुत कम है और ये कोई आश्चर्य का विषय नहीं। कृषि भूमि सुधार लागू होने

के बाद भी ज़्यादातर दलित आज भी भूमिहीन कृषक मज़दूर हैं। उनमें से ज़्यादातर असंगठित कामगार के रूप में हर दिन संघर्ष कर रहे हैं। पढ़े-लिखे दलित युवाओं को निजी क्षेत्र में प्रवेश करने में दिक़्क़त होती है। सार्वजनिक क्षेत्र में रोज़गार के अवसर कम हो रहे हैं और निजी क्षेत्र में आरक्षण अभी दूर की कौड़ी है। केन्द्र और राज्य सरकारों के मन्त्रिपरिषद में दिये गये मन्त्रालयों को देखते हुए सत्ता में दलितों की भागीदारी बहुत कम नज़र आती है। दलितों को शेष समाज के बराबर लाने के लिए बजट में पर्याप्त संसाधन आवंटित नहीं किये जाते। दलितों की जितनी आबादी है उसके मुक़ाबले राष्ट्रीय सम्पत्ति में उनकी हिस्सेदारी बहुत कम है।[126]

या फिर यशिका दत्त अपने झकझोरकर रख देने वाले संस्मरण 'कमिंग आउट ऐज़ दलित' में इस दारुण स्थिति का ऐसा चित्रण करती हैं जो विचलित कर देता है :

'हमारे बच्चों के जले हुए शवों, हमारे पीएचडी शोधार्थियों और कॉलेज छात्रों की आत्महत्याओं, युवतियों और महिलाओं के बलात्कार, हमारे मैला साफ़ करने वालों के दम घुट कर मरने और प्रेमी जोड़ों की ''इज़्ज़त के नाम पर हत्याओं'' के ज़रिये हमारे दलित होने का हमें बार-बार एहसास कराया गया है, ऐसी घटनाएँ हमारे अस्तित्व के साथ जैसे चस्पा-सी हो गयी हैं।'[127] दलित महिलाओं के साथ यौन हिंसा बढ़ती जा रही है। येंगड़े लिखते हैं, 'भारत के तीस करोड़ अछूतों के लिए जाति-तोड़फोड़, लूट, हीन कार्य, ग़ुलामी, दासता, अनगिनत बलात्कार, नरसंहार, आगज़नी, क़ैद, पुलिस की बर्बरता और नैतिक पतन को समझने का एक पैमाना है।'[128]

जातिगत भेदभाव से जुड़ी भयभीत करने वाली ख़बरें मीडिया में भरी रहती हैं। साल 2006 में, नागपुर के क़रीब एक गाँव में 40 वर्ष की भोटमाँगे और उनकी बारहवीं कक्षा में टॉप करने वाली 17 साल की बेटी प्रियंका का ऊँची जाति के हमलावरों ने दिनदहाड़े बलात्कार किया, पीटा और फिर उनकी हत्या कर दी; प्रियंका के 19 और 21 साल के भाइयों को भी बुरी तरह पीट कर मार डाला गया। येंगड़े लिखते हैं, 'अगर दलित एक्टिविस्ट और टाइम्स ऑफ़ इंडिया में इंटर्नशिप करने वाले एक युवा अमेरिकी संवाददाता नहीं होते तो ये ख़बर पूरी तरह दब जाती।'[129] ऐसी ही दूसरी ख़बरें भी सामने आयीं : ऊँची जाति की लड़की से प्रेम और फिर विवाह करने वाले तमिलनाडु के 20 वर्षीय युवक को लड़की के माता-पिता ने लोगों के सामने काट कर मार डाला। तेलंगाना में 23 साल के दलित युवक प्रणय कुमार जब अपनी 'ऊँची जाति' की 21 वर्षीय गर्भवती पत्नी के साथ अस्पताल से बाहर निकले तो दिनदहाड़े उनका गला काट दिया गया। 2022 में जब ये किताब

लिखी जा रही थी तब मैसूर में 17 साल की एक लड़की की उसके पिता ने हत्या कर दी क्योंकि उसके परिवार को पता चल गया कि वह पास के गाँव के एक दलित लड़के से प्रेम करती थी।[130]

पॉपुलर सिनेमा में दलितों का चित्रण आमतौर पर वही घिसे-पिटे, सीमित और मामूली तरीक़े से होता है। मुख्यधारा की पत्रकारिता में दलितों की संख्या कम होने की वजह से अपनी कहानियों की ओर देश का ध्यान आकर्षित करने की दलित समुदाय की क्षमता बाधित होती है। येंगड़े कहते हैं कि, 'जातिवादी भारत का अपने संस्थानों का लोकतन्त्रीकरण किया जाना बाकी है। फ़िल्म, शिक्षा, थियेटर, कारोबार, धर्म और नौकरशाही के संस्थान जातिवादी भावना से भरे पड़े हैं और श्रेणीबद्ध पदानुक्रम में नीची जाति के लोगों को शारीरिक और मानसिक नुक़सान पहुँचाते हैं। इससे भारत की समस्या जो कि जाति की समस्या है, उसे समझने की क्षमता पर असर पड़ता है–इसलिए जाति से फ़र्क तो पड़ता है।'[131]

जाति मायने रखती है, लेकिन अक्सर ये अस्वीकार के परदे के पीछे छुपी रहती है। दत्त लिखती हैं, 'हममें से कुछ के लिए दलित होने का मतलब जीवन भर भेदभाव और प्रताड़ना झेलना है।'

भेदभाव से बचने और समाज का हिस्सा बनने के लिए, जो कि आज भी ज़्यादातर ऊँची जाति के वर्चस्व वाला है, हमें दलित होने की अपनी कुछ पहचान पीछे छोड़नी पड़ती है। हम अपना भोजन, अपने गीत, अपनी संस्कृति और अपना कुलनाम पीछे छोड़ देते हैं ताकि हम 'बेहतर' और 'शुद्धतर' हो सकें, ऊँची जाति के ज़्यादा क़रीब और कम दलित लग सकें। हम अपनी दलित पहचान इसलिए पीछे नहीं छोड़ते कि हम आसानी से घुलमिल सकें। हम ऐसा इसलिए करते हैं क्योंकि कई बार हमारे पास एकमात्र यही विकल्प होता है। हम अपना कुलनाम बदलते हैं ताकि हमें नौकरी और किराये पर मकान मिल सके। हम अपनी जाति के बारे में झूठ बोलते हैं ताकि हमारे दोस्त, कक्षा मित्र और शिक्षक ये न सोचें कि हम उनसे कमतर हैं। हम उनकी आदतें सीखते हैं ताकि कोई हमारा मज़ाक़ उड़ाने के लिए हमारी दलित पहचान का इस्तेमाल न कर सके।[132]

ये ज़रूरी जानकारी है कि अनुसूचित जाति और अनुसूचित जनजाति (अत्याचार निरोधक) अधिनियम, 1989 दलितों के ख़िलाफ़ विविध अत्याचारों का दर्दनाक ब्योरा देता है जिसे इस अधिनियम के अन्तर्गत अपराध माना जायेगा। ये अत्याचार आम तौर पर दलितों के ख़िलाफ़ किये जाते हैं और उनका क़ानून में सम्मिलित किया जाना समाजशास्त्री मीना राधाकृष्ण के अनुसार, 'राज्य का ये स्वीकार कर

लेना है कि एक निश्चित प्रकार की बर्बरता (आज भी) अनुसूचित जाति और जनजाति के लोगों के ख़िलाफ़ होती है।'[133] जनवरी 2016 में एक मेधावी दलित यूनिवर्सिटी छात्र रोहित वेमुला की आत्महत्या ने पूरे देश को हिला कर रख दिया। कैम्पस में उनका महीनों तक उत्पीड़न किया गया था, यहाँ तक कि सात महीने तक उन्हें वज़ीफ़ा भी नहीं दिया गया था। उनका सुसाइड नोट आज भी देश की अन्तरात्मा में गूँज रहा है : 'एक इन्सान के महत्त्व को सीमित कर उसकी प्रत्यक्ष पहचान और उसकी क़रीबी सम्भावनाओं से जोड़ दिया गया। एक वोट के रूप में, एक संख्या के रूप में, किसी एक चीज़ से जोड़कर। कभी भी ऐसे एक इन्सान को एक दिमाग़ के रूप में नहीं देखा गया। एक ऐसा मेधावी मस्तिष्क जो चमत्कारिक हो, ख़ूबियों से भरा हो...मेरा जन्म मेरे लिए एक त्रासद हादसा है।'[134]

ध्यान देने की बात है कि जिन क्षेत्रों में तरक़्क़ी हुई है वहाँ भी जातिगत प्रतिक्रिया देखने को मिली : मिसाल के तौर पर साल 2022 में जब भारतीय महिला हॉकी टीम एक अहम मैच हार गयी तो उसकी एक स्टार प्लेयर को (आधी सदी पहले ऐसा सम्भव नहीं था) उसके घर के बाहर जातिगत टिप्पणी कर प्रताड़ित किया गया। टीम में एक दलित खिलाड़ी के रूप में उसकी मौजूदगी तभी बर्दाश्त थी जब वह भारत की जीत में मदद कर सके।[135]

अम्बेडकर ने अस्पृश्यता पर दो किताबें लिखीं, *हू वेयर द शूद्राज़ : हाउ दे केम टू बी द फ़ोर्थ वर्णा इन द इंडो-आर्यन सोसायटी* (1947 में प्रकाशित) और *हू वेयर अनटचेबल्स* (1948 में प्रकाशित; दोनों ही पुस्तकें अम्बेडकर 1990, खण्ड 7 के रूप में पुन:प्रकाशित हुईं)। इन किताबों में अम्बेडकर ने दलितों के संघर्ष को केवल उनके अकेले का संघर्ष नहीं बताया, बल्कि दुर्बल और हाशिये के लोगों के सामाजिक बदलाव के लिए उन्हें एकजुट करने वाले एजेंट के रूप में पेश किया जिनमें मज़दूर और कामगार थे और कई दलित तो इन्हीं वर्गों में शामिल थे। उसी दौरान अम्बेडकर ने इस प्रश्न का गहराई से अध्ययन किया कि अस्पृश्यता क्यों भारत में बनी रही जबकि ग़ुलामी और भू-दासता जैसी प्रथाएँ दूसरे समाजों में समाप्त हो गयीं। उन्होंने निष्कर्ष दिया कि दूसरे देशों में पदानुक्रमों का संयोजन वर्ग के सामाजिक और आर्थिक विचार पर आधारित था जो कि पवित्र नहीं था और जिसमें समय के साथ बदलाव आया। यानी बदली हुई राजनीतिक और आर्थिक परिस्थितियों में इनमें भी परिवर्तन हुआ। जबकि भारत में अस्पृश्यता को प्रभावशाली धर्म का सहारा और धार्मिक मान्यता प्राप्त थी जिसमें बदलाव शायद ही सम्भव था। अम्बेडकर ने यह महसूस किया कि अस्पृश्यता के उन्मूलन और सार्वजनिक जीवन

में दलितों को शामिल करने के लिए केवल सामाजिक और आर्थिक प्रगति ही नहीं बल्कि धार्मिक बदलाव की भी ज़रूरत है। उन्होंने यह समझाने की कोशिश की कि हिन्दू समाज की अपनी नैतिक बनावट और राजनीतिक गतिशीलता समाज के सबसे निचले तबके के लोगों का मनोबल बढ़ाने से और बेहतर होगी, लेकिन आख़िरकार इसकी परिणति ख़ुद अम्बेडकर के हिन्दू धर्म छोड़ने के रूप में हुई, जिनका निष्कर्ष था कि इस धर्म में सुधार सम्भव ही नहीं है।[136]

अम्बेडकर का ये जटिल दृष्टिकोण उनके पहले राजनीतिक दल *इंडिपेंडेंट लेबर पार्टी* (आईएलपी) की स्थापना में भी नज़र आया। अम्बेडकर ने तर्क दिया कि श्रमिक वर्ग के हित की बात करने का दावा करने वाले समाजवादियों और कम्युनिस्टों ने अछूत श्रमिकों की समस्याओं को नज़रअन्दाज़ किया जो कि अस्पृश्य और श्रमिक होने की दोहरी अपंगता के शिकार थे। उन्होंने ज़ोर देकर कहा कि अस्पृश्यों के हितों का प्रतिनिधित्व करते हुए जाति उतनी ही महत्त्वपूर्ण है जितना कि वर्ग; और वह ब्राह्मणवाद और पूँजीवाद दोनों का विरोध करेंगे। उनकी दूसरी राजनीतिक पार्टी, *द शेड्यूल्ड कास्ट फ़ेडरेशन* (एससीएफ़) की स्थापना 1942 में हुई थी। हालाँकि इसे साफ़ तौर पर दलितों के प्रतिनिधित्व और भविष्य के स्वतन्त्र भारत से जुड़े विमर्श में उनकी मुख्य भूमिका हो, इसे सुनिश्चित करने के लिए स्थापित किया गया था, पर इसने जाति और वर्ग की चिन्ता पर इंडिपेंडेंट लेबर पार्टी की तरह ही ज़ोर दिया। ये विडम्बना ही है कि अम्बेडकर की दोनों ही पार्टियों का चुनावी प्रदर्शन अच्छा नहीं रहा। ऐसा इसलिए नहीं था कि ऊँची जाति के वोटरों ने आईएलपी और एससीएफ़ के दलित उम्मीदवारों की बजाय कांग्रेस के दलित उम्मीदवारों को वोट दिया, बल्कि इसलिए भी क्योंकि दलित समुदाय भी उप-जातियों में बँटा हुआ था और उसके कई सदस्यों ने इन दलों को मुख्यत: अम्बेडकर के महार समुदाय के हितों के रक्षक के रूप में देखा न कि दूसरे दलित समूहों के हितों का ख़याल रखने वाले दल की रक्षा करने वाले के रूप में। दलित समूहों की इस धारणा को तोड़ने के लिए अम्बेडकर ने अपनी मृत्यु से पहले तीसरी राजनीतिक पार्टी की स्थापना की। *रिपब्लिकन पार्टी ऑफ़ इंडिया* सभी दलित समूहों और ग्रामीण तथा कृषक जाति बहिष्कृतों का बौद्ध सिद्धान्तों से प्रेरित घोषणापत्र के ज़रिये प्रतिनिधित्व करना चाहती थी। जब अम्बेडकर का निधन हुआ तो वह प्रमुखत: महार नेता की अपनी छवि को तोड़ नहीं सके थे; लेकिन मरणोपरान्त उन्होंने उस छवि को तोड़ने में सफलता पा ली है और भारत के बीस करोड़ दलितों के निर्विवाद प्रतीक बन गये हैं।

भारत के तत्कालीन राष्ट्रपति आर वेंकटरमन ने *अम्बेडकर : द मैन एंड हिज़ मैसेज* (1991) की भूमिका में लिखा :

कई मामलों में हम उनसे सहमत हों या ना हों, लेकिन मुझे इसमें कोई सन्देह नहीं कि उनका परिश्रम, उनकी लगन और अगर मैं ये कहूँ कि कई बार उनके विरोध की उग्रता ने लोगों के मस्तिष्क को जगाये रखा और उन्हें उन मसलों पर उदासीन नहीं होने दिया जिन्हें भुलाया नहीं जाना चाहिए था और हमारे देश के उन समूहों को जगाये रखने व उनका उत्साह बनाये रखने में मदद की जो अतीत में लम्बे अरसे तक प्रताड़ित रहे थे...इसमें कोई सन्देह नहीं हो सकता कि वह दिन अब दूर नहीं जब बाबासाहेब अम्बेडकर का 'समता' का सपना साकार हो जायेगा।[137]

ब्रिटिश साम्राज्यवाद के ख़िलाफ़ भारतीयों की एकता को सर्वोपरि रखने वाले महात्मा गांधी सही थे या अस्पृश्यता के अन्याय को ख़त्म करने पर ज़ोर देनेवाले अम्बेडकर श्रेष्ठ थे, ये आज अकादमिक विमर्श का विषय है। वंचित वर्गों का प्रतिनिधित्व करने का महात्मा गांधी का दावा और दलितों के स्व-प्रतिनिधित्व की अम्बेडकर की माँग के मामले में जीत अम्बेडकर की हुई है। हिन्दू समाज में वर्णाश्रम धर्म की अपरिहार्यता के महात्मा गांधी के विचार हिन्दू सामाजिक व्यवहार में जाति व्यवस्था के बने रहने से सही नज़र आते हैं, लेकिन उनके बाकी विचार अधिकतर अप्रचलित हो गये हैं और दिखावटी सम्मान का विषय बन कर रह गये हैं। जबकि अम्बेडकर का क़ानूनी विज़न आज भी क़ायम है, गणतन्त्र के संविधान में संहिताबद्ध है।

और अम्बेडकर का वही विज़न उनकी सबसे बड़ी विरासत है। सामुदायिक विशेषाधिकार और व्यक्तिगत अधिकार के पुराने विवाद में अम्बेडकर पूरी तरह व्यक्ति के साथ खड़े नज़र आते हैं। शाश्वत परम्पराओं और सामाजिक न्याय की आधुनिक अवधारणाओं के बीच टकराव में अम्बेडकर का झुकाव निर्णायक रूप से सामाजिक न्याय की तरफ़ रहा। ताक़तवर लोगों और क़ानून का प्रारूप लिखने वालों के बीच चुनाव की स्थिति में अम्बेडकर लोकतन्त्र और क़ानून (विधायन) के द्वारा बदलाव लाने के पक्ष में विजयी मुद्रा में खड़े नज़र आये। एक विभाजित और टूटे-बिखरे हिन्दू समाज में उन्होंने दलितों में सामूहिक गर्व और व्यक्तिगत आत्मसम्मान का भाव पैदा किया। ऐसा करते हुए उन्होंने उन लाखों लोगों की ज़िन्दगी बदल दी जो अभी पैदा भी नहीं हुए थे, अपनी बौद्धिकता और कलम की ताक़त से अम्बेडकर ने एक प्राचीन सभ्यता को आधुनिक युग में तब्दील कर दिया।

सन्दर्भ सूची

1. इसाबेल विल्करसन, *कास्ट : द लाइज़ दैट डिवाइड अस,* न्यू यॉर्क : पेंगुइन रेंडम हाउस, 2020, पृ. 21-22.
2. रॉय, *द डॉक्टर एंड द सेंट,* पृ. 52.
3. भालचंद नेमाड़े, *तुकाराम,* साहित्य अकादेमी, दिल्ली, 1997.
4. आकाश सिंह राठौड़, *अम्बेडकर्स प्रिएंबल : ए सीक्रेट हिस्ट्री ऑफ़ द कॉन्स्टीट्यूशन ऑफ़ इंडिया,* नयी दिल्ली, पेंगुइन रेंडम हाउस, 2020, पृ. 122.
5. आकाश सिंह राठौड़ इन बेगारी, *बी. आर. अम्बेडकर एंड सोशल ट्रांसफ़ॉर्मेशन,* पृ. 35.
6. मून, *बाबासाहेब अम्बेडकर, राइटिंग्स एंड स्पीचेज़,* खण्ड 3, पृ. 95.
7. मून, *बाबासाहेब अम्बेडकर, राइटिंग्स एंड स्पीचेज़,* खण्ड 5, पृ. 142.
8. माधव खोसला, 'इंट्रोडक्शन : द इंडियन प्रॉब्लम', *इंडियाज़ फ़ाउंडिंग मोमेंट : द कॉन्स्टीट्यूशन ऑफ़ ए मोस्ट सरप्राइज़िंग डेमोक्रेसी,* केंब्रिज : हारवर्ड यूनिवर्सिटी प्रेस, 2019, पृ. 6.
9. वही, पृ. 21.
10. रोनाल्ड ड्वॉर्किन, *फ्रीडम्स लॉ : द मोरल रीडिंग ऑफ़ द अमेरिकन कॉन्स्टीट्यूशन,* केंब्रिज : हारवर्ड यूनिवर्सिटी प्रेस, 1997, पृ. 1-38.
11. इसे बाद में *आई. सी. गोलकनाथ और अन्य बनाम पंजाब,* एआईआर 1967 एससी 1643 मामले में पुष्ट किया गया।
12. स्नेहिल कुँवर सिंह, 'आर वी स्टिल व्हेयर अम्बेडकर लेफ़्ट अस?', *डेक्कन हेराल्ड,* 12 अगस्त, 2020. ग्रोट के लिए *हिस्ट्री ऑफ़ ग्रीस* (खण्ड 1-12) देखें, पूर्ण संस्करण, शिकागो : आईपीजी, e-artnow, 2022.
13. 'राज्य के नीति निर्देशक तत्त्व', *लीगल सर्विस इंडिया जर्नल*।
14. खिलनानी, 'अम्बेडकर : बिल्डिंग पैलेसेज़ ऑन डंग हीप्स', *इनकार्नेशंस,* पृ. 471.
15. *रघुनाथराव गणपतराव एंड अदर्स वर्सेज़ यूनियन ऑफ़ इंडिया,* 1993 एआईआर 1267.
16. *कॉन्स्टीचुएंट असेम्बली डिबेट्स,* खण्ड Xi, 25 नवम्बर, 1949.
17. द सोशियली एंड एजुकेशनली बैकवर्ड क्लासेज़ कमीशन (एसईबीसी), की स्थापना भारत में 1979 में हुई और बी. पी. मण्डल इसके अध्यक्ष थे। उन्होंने 1980 में एक रिपोर्ट सौंपी जिसे प्रधानमन्त्री चरण सिंह, इन्दिरा गांधी, और राजीव गांधी ने भी लागू नहीं किया। हालाँकि वी. पी. सिंह की सरकार ने 1990 में इस आयोग की सिफ़ारिशों को स्वीकार करने का फ़ैसला लिया जिसके तहत अन्य पिछड़े वर्गों (ओबीसी, 'पिछड़ी' और मध्यवर्ती जातियों के लिए इस्तेमाल होने वाला शब्द) को केन्द्र सरकार और सार्वजनिक क्षेत्र की नौकरियों में 27 प्रतिशत आरक्षण दिया जाना था, और ये आरक्षण अनुसूचित जाति और जनजाति के लिए निर्धारित 22 प्रतिशत आरक्षण के अलावा था।

18. दीपांकर गुप्ता, 'पॉज़िटिव डिस्क्रिमिनेशन एंड द क्वेश्चन ऑफ़ फ्रेटर्निटी-कॉन्ट्रास्टिंग अम्बेडकर एंड मण्डल ऑन रिज़र्वेशन्स', *इकोनॉमिक एंड पोलिटिकल वीकली,* खण्ड 32, अंक 31, 2 अगस्त, 1997.
19. दीपांकर गुप्ता, 'ए टेल ऑफ़ टू रिज़र्वेशंस', *टाइम्स ऑफ़ इंडिया,* 29 फ़रवरी, 2016.
20. अजय गुडावर्थी, 'द पैराडॉक्सेज़ ऑफ़ इंडियन डेमोक्रेसी दैट बाबासाहेब अम्बेडकर प्रेडिक्टेड आर कमिंग टू इन अनएक्सपेक्टेड वेज़', *द वायर,* 13 अगस्त, 2021.
21. रबीन्द्रनाथ टैगोर, *गीतांजलि : सॉन्ग ऑफ़रिंग्स* (1912), काइली : पोमोना प्रेस, 2007.
22. मून, *बाबासाहेब अम्बेडकर, राइटिंग्स एंड स्पीचेज़,* खण्ड 17, पार्ट III, पृ. 236.
23. वही।
24. बम्बई असेम्बली में दिया भाषण, एस. इरफ़ान हबीब (सं.) में उद्धृत, *इंडियन नेशनलिज़्म : द इसेंशियल राइटिंग्स,* नयी दिल्ली : एलेफ़ बुक कम्पनी, 2017, पृ. 27.
25. अम्बेडकर का 1942 में बम्बई रेडियो को किया सम्बोधन, लुई कैब्रेरा में उद्धृत, *द हंबल कॉस्मोपॉलिटन : राइट्स, डाइवर्सिटी, एंड ट्रांस-स्टेट डेमोक्रेसी,* न्यू यॉर्क : ऑक्सफ़ोर्ड यूनिवर्सिटी प्रेस, 2019, पृ. 277; मून, *डॉ. बाबासाहेब अम्बेडकर,* खण्ड 10, पृ 41.
26. भीखू पारेख, 'द इंटेलेक्चुअल एंड पोलिटिकल लेगेसी ऑफ़ बी. आर. अम्बेडकर', इन आकाश सिंह राठौर (सं.), *बी. आर. अम्बेडकर : द क्वेस्ट फ़ॉर जस्टिस,* नयी दिल्ली : ऑक्सफ़ोर्ड यूनिवर्सिटी प्रेस, 2021, पृ. 25.
27. मून, *बाबासाहेब अम्बेडकर : राइटिंग्स एंड स्पीचेज़,* खण्ड 8, पृ. 29-30.
28. अरुण शौरी, *वर्शिपिंग फ़ॉल्स गॉड्स : अम्बेडकर एंड द फ़ैक्ट्स दैट हैव बिन इरेज़्ड,* नयी दिल्ली : हार्परकॉलिन्स पब्लिशर्स, 1997, पृ. 229.
29. वही, पृ. 3.
30. मून, *बाबासाहेब अम्बेडकर : राइटिंग्स एंड स्पीचेज़,* खण्ड 9, पृ. 216-17.
31. शौरी, *वर्शिपिंग फ़ॉल्स गॉड्स,* पृ. 13.
32. रॉय, 'इज़ अनब्राइडल्ड कैपिटलिज़्म ए थ्रेट टू कॉन्स्टीट्यूशनल डेमोक्रेसी इन इंडिया?', डॉ. अम्बेडकर मेमोरियल लेक्चर, 2015, पृ. 6.
33. अम्बेडकर, *व्हाट कांग्रेस एंड गांधी हैव डन टू द अनटचेबल्स,* पृ. 193; मून, *डॉ. बाबासाहेब अम्बेडकर,* खण्ड 9, पृ. 202.
34. बिद्युत चक्रवर्ती, *पॉलिटिक्स, आइडियोलॉजी एंड नेशनलिज़्म : जिन्ना, सावरकर एंड अम्बेडकर वर्सेज़ गांधी,* नयी दिल्ली : सेज पब्लिकेशन्स, पृ. 160-61.
35. ज्योतिराव फुले, *स्लेवरी : कलेक्टेड वर्क्स ऑफ़ महात्मा ज्योतिराव फुले,* खण्ड 1, बम्बई : गवर्नमेंट ऑफ़ महाराष्ट्र, 1991, पृ. 29.
36. शौरी, *वर्शिपिंग फ़ॉल्स गॉड्स,* पृ. 15.
37. वही, पृ. 64.
38. वही, पृ. 93.
39. वही, पृ. 49.
40. कीर, *डॉ. अम्बेडकर,* पृ. 146.

41. मून, *बाबासाहेब अम्बेडकर : राइटिंग्स एंड स्पीचेज़*, खण्ड 1, पृ. 406-10.
42. सम्पादकीय, *बहिष्कृत भारत*, 29 जुलाई, 1927, कीर, *अम्बेडकर : लाइफ़ एंड मिशन*, पृ. 81 में उद्धृत.
43. मून, *बाबासाहेब अम्बेडकर : राइटिंग्स एंड स्पीचेज़*, खण्ड 1, पृ. 427.
44. बाबासाहेब अम्बेडकर, *व्हाट कांग्रेस एंड गांधी हैव डन टू द अनटचेबल्स?*, मून, बाबासाहेब अम्बेडकर : राइटिंग्स एंड स्पीचेज़, खण्ड 9, पृ. 149.
45. सुखदेव थोराट, 'फ़ोरवर्ड', क्रिस्टोफ़ जैफ़रलॉट एंड नरेन्द्र कुमार (सं.), *डॉ. अम्बेडकर एंड डेमोक्रेसी*, नयी दिल्ली : ऑक्सफ़ोर्ड यूनिवर्सिटी प्रेस, 2018, पृ. xviii.
46. मून, *बाबासाहेब अम्बेडकर : राइटिंग्स एंड स्पीचेज़*, खण्ड 1, पृ. 209.
47. बम्बई असेम्बली में भाषण, हबीब, *इंडियन नेशनलिज़्म* में उद्धृत, पृ. 27.
48. मून, *बाबासाहेब अम्बेडकर : राइटिंग्स एंड स्पीचेज़*, खण्ड 8, पृ. 36.
49. के. आर. फंडा एंड प्रफुल्ल गोराडिया, 'जिन्ना प्रपोज़्ड, गांधी डिस्पोज़्ड...दस इंडिया डिवाइडेड', सेंटर फ़ॉर अडवान्स्ड रिसर्च, रेफ़रेंस, इनफ़ॉर्मेशन एंड इनहैंस्ड डॉक्यूमेंटेशन, ए यूनिट ऑफ़ समर्थ, 2014, पृ. 53.
50. मून, *बाबासाहेब अम्बेडकर : राइटिंग्स एंड स्पीचेज़*, खण्ड 10, पृ. 40.
51. वही, पृ. 41
52. जयिता मुखोपाध्याय, 'अम्बेडकर्स विज़न ऑफ़ ए सेक्युलर कॉन्स्टीट्यूशन', *द स्टेट्समैन*, 6 अप्रैल, 2018.
53. अमर्त्य सेन ऐज़ कोटेड इन कीर्थिक शशिधरन, 'हूज़ सेक्युलरिज़्म इज़ इट एनीवे?', *द हिन्दू*, 10 सितम्बर, 2017.
54. डॉ. बी. आर. अम्बेडकर, *कॉन्स्टीचुएंट असेम्बली डिबेट्स*, खण्ड 7, 4 नवम्बर, 1948, एम. वी. पाइली, *इंडिया कॉन्स्टीट्यूशन*, 16वाँ संस्करण, नयी दिल्ली: एस. चाँद एंड कम्पनी लिमिटेड, 2017, पृ. 10.
55. मून, *बाबासाहेब अम्बेडकर : राइटिंग्स एंड स्पीचेज़*, खण्ड 1, पृ. 169.
56. अजय गुडावर्थी, 'द पैराडॉक्सेज़ ऑफ़ इंडियन डेमोक्रेसी दैट बाबासाहेब अम्बेडकर प्रेडिक्टेड आर कमिंग टू इन अनएक्सपेक्टेड वेज़', द *वायर*, 13 अगस्त, 2021.
57. सरदार वल्लभभाई पटेल, *कॉन्स्टीचुएंट असेम्बली डिबेट्स*, खण्ड 8, 26 मई, 1949.
58. तेलतुंबड़े एंड येंगड़े (सं.), *द रैडिकल्स इन अम्बेडकर*।
59. '1953 में बीबीसी को दिया अम्बेडकर के इंटरव्यू की प्रतिलिपि ... जब डॉ. अम्बेडकर ने कहा कि भारत में लोकतन्त्र काम नहीं करेगा', वेलिवाडा।
60. मून, *बाबासाहेब अम्बेडकर : राइटिंग्स एंड स्पीचेज़*, खण्ड 1, पृ. 5-22.
61. सन्तोन्ष दास, 'कास्ट इन द यूके, एंड व्हाई अम्बेडकर मैटर्स', *इंडियन एक्सप्रेस*, 8 अगस्त, 2021.
62. 'यूके इलेक्ट्स फ़र्स्ट दलित वुमन टू लन्दन काउंसिल : हू इज़ मोहिंदर के मिधा?', *फ़र्स्ट पोस्ट*, 25 मई, 2022.

63. पीटीआई, 'दलित सिविल राइट्स एक्टिविस्ट अक्यूज़ेज़ गूगल ऑफ़ कास्टिस्ट, होस्टाइल वर्कप्लेस प्रैक्टिसेज़', *हिन्दुस्तान टाइम्स*, 4 जून, 2022.
64. प्रदीप अत्री, 'अम्बेडकर इन हंगरी', द *हिन्दू*, 22 नवम्बर, 2009.
65. वर्ल्ड कॉन्फ्रेंस अगेन्स्ट रेसिज़्म, रेशियल डिस्क्रिमिनेशन, ज़ेनोफ़ोबिया एंड रिलेटेड इनटॉलरेंस, 31 अगस्त से 8 सितम्बर 2001.
66. अरुंधति रॉय, 'द डॉक्टर एंड द सेंट', *माई सेडिशियस हार्ट*, नयी दिल्ली : पेंगुइन रैंडम हाउस इंडिया, 2019, पृ. 673-74.
67. अम्बेडकर की किताब *एनिहिलेशन ऑफ़ कास्ट* में अरुंधति रॉय के विषय परिचय से लेकर प्रॉस्पेक्ट में उद्धृत।
68. साक्षी वेंकटरमन, 'ऑल कैल स्टेट यूनिवर्सिटीज़ ऐड कास्ट टू एंटी-डिस्क्रिमिनेशन पॉलिसी', *एनबीसी न्यूज़*, 19 जनवरी, 2022.
69. भीमराज एम., 'ए दलित क्रिटिक ऑफ़ एनवायर्नमेंटल जस्टिस इन इंडिया', फ़ैकल्टी ऑफ़ लीगल स्टडीज़, साउथ एशियन यूनिवर्सिटी.
70. 'एनवायर्नमेंटल कास्टिज़्म : ऐन ओवरड्यू अपोलॉजी वी ओ टू इकोलॉजी एंड विक्टिम्स ऑफ़ कास्ट', *निकेल्ड एंड डाइम्ड*, 9 अप्रैल, 2021.
71. शौरी, *वर्शिपिंग फ़ॉल्स गॉड्स*, पृ. 61-62.
72. बी. आर. अम्बेडकर, 'द कम्युनल डेडलॉक एंड ए वे टू सॉल्व इट', मून, *बाबासाहेब अम्बेडकर : राइटिंग्स एंड स्पीचेज़*, खण्ड 1, पृ. 375.
73. अम्बेडकर ऐज़ कोटेड इन 'द कम्युनल डेडलॉक एंड ए वे टू सॉल्व इट', *मॉडर्न रैशनलिस्ट*, 1 जनवरी, 2022.
74. अनुराग भास्कर, 'व्हेन इट कम्स टू दलित एंड ट्राइबल राइट्स, द ज्यूडिशियरी इन इंडिया जस्ट डज़ नॉट गेट इट', द *वायर*, 3 मई, 2020.
75. पारेख, 'द इंटेलेक्चुअल एंड पोलिटिकल लेगेसी ऑफ़ बी. आर. अम्बेडकर', राठौर के, *बी. आर. अम्बेडकर : द क्वेस्ट फ़ॉर जस्टिस*, पृ. 27.
76. जैफ़रलॉट, *डॉ. अम्बेडकर एंड अनटचेबिलिटी*, पृ. 88-89.
77. बी. आर. अम्बेडकर, 'एनिहिलेशन ऑफ़ कास्ट', मून, *बाबासाहेब अम्बेडकर : राइटिंग्स एंड स्पीचेज़*, खण्ड 1, पृ. 50.
78. वही, पृ. 89.
79. बी. जी. कुंटे, (सं.), *सोर्स मटीरियल ऑन डॉ. बाबासाहेब अम्बेडकर एंड द मूवमेंट ऑफ़ अनटचेबल्स*, खण्ड 1, बम्बई : शिक्षा विभाग, महाराष्ट्र सरकार, 1970, पृ. 382.
80. बीबीसी पर अम्बेडकर का इंटरव्यू, 31 दिसम्बर, 1955 को प्रकाशित, यूट्यूब पर उपलब्ध।
81. वही।
82. पारेख, 'द इंटेलेक्चुअल एंड पोलिटिकल लेगेसी ऑफ़ बी. आर. अम्बेडकर', राठौर के, *बी. आर. अम्बेडकर : द क्वेस्ट फ़ॉर जस्टिस*, पृ. 25-26.
83. द *कलेक्टेड वर्क्स ऑफ़ महात्मा गांधी*, खण्ड 84, नयी दिल्ली, पब्लिकेशन डिविज़न, भारत सरकार, 1999, पृ. 272.

84. आकाश सिंह राठौर, *अम्बेडकर्स प्रिएम्बल : ए सीक्रेट हिस्ट्री ऑफ़ द कॉन्स्टीट्यूशन ऑफ़ इंडिया*, नयी दिल्ली : पेंगुइन रैंडम हाउस, 2020, पृ. 18.
85. आकाश सिंह राठौड़ इन बेगारी, *बी. आर. अम्बेडकर एंड सोशल ट्रांसफ़ॉर्मेशन*, पृ. 35.
86. रॉड्रिग्स, 'आउटसाइड द फ़ोल्ड', द *इसेंशियल राइटिंग्स ऑफ़ बी. आर. अम्बेडकर*, पृ. 331.
87. आकाश सिंह राठौर, *अम्बेडकर्स प्रिएम्बल*, पृ. 18.
88. पारेख, 'द इंटेलेक्चुअल एंड पोलिटिकल लेगेसी ऑफ़ बी. आर. अम्बेडकर', राठौर के, *बी. आर. अम्बेडकर : द क्वेस्ट फ़ॉर जस्टिस*, पृ. 28.
89. जैफ़रलॉट, *डॉ. अम्बेडकर एंड अनटचेबिलिटी*, पृ. 159.
90. बद्री नारायण, 'बी. आर. बज़ : हाउ अम्बेडकर जयन्ती सेलेब्रेशन्स बिकेम ए पोलिटिकल कॉन्टेस्ट', *टाइम्स ऑफ़ इंडिया*, 10 अप्रैल, 2022.
91. दत्त, *कमिंग आउट ऐज़ दलित*, पृ. 125-26.
92. पीटीआई, 'महाराष्ट्र : ''स्टैच्यू ऑफ़ नॉलेज'' डेडिकेटेड टू डॉ. अम्बेडकर टू बी अनवील्ड इन लाटूर ऑन अप्रैल', *न्यूज़ 18*, 8 अप्रैल, 2022.
93. '125-फ़ीट-टॉल बी. आर. अम्बेडकर स्टैच्यू इन हैदराबाद बाई दिसम्बर', *डेक्कन क्रॉनिकल*, 14 अप्रैल, 2022.
94. 'अम्बेडकर मेमोरियल इन मुम्बई टू बी रेडी बाई मार्च 2024', *daijiworld.com*, 12 मई, 2022.
95. 'वर्क स्टार्ट्स इन सिटी ऑन 125 फ़ीट टॉल अम्बेडकर स्टैच्यू', *डेक्कन क्रॉनिकल*, 9 सितम्बर, 2021.
96. अमित श्रीवास्तव, 'नवी मुम्बई : ''कीप डॉ. बाबासाहेब अम्बेडकर्स मेमोरियल बिग फ़ॉर फ़्यूचर जेनरेशंस '' सेज़ ऐटोमिक साइंटिस्ट डॉ. अनिल काकोडकर', *फ़्री प्रेस जर्नल*, 5 मई, 2022.
97. एक्सप्रेस न्यूज़ सर्विस, 'मूव टू रीनेम कोनासीमा डिस्ट्रिक्ट आफ़्टर अम्बेडकर', *न्यू इंडियन एक्सप्रेस*, 19 मई, 2022.
98. 'नागपुर एयरपोर्ट बीइंग रीनेम्ड', द *हिन्दू*, 15 अक्टूबर, 2005.
99. NITJ की आधिकारिक वेबसाइट।
100. दिल्ली राजपत्र सूचना, राष्ट्रीय राजधानी क्षेत्र दिल्ली सरकार की वेबसाइट पर उपलब्ध।
101. 'दिल्ली टू रिप्लेस वर्ड ''हरिजन'' विद '' डॉ. अम्बेडकर'' इन नेम्स ऑफ़ कॉलोनीज़, स्ट्रीट्स: मिनिस्टर गौतम', *इकोनॉमिक टाइम्स*, 2 जून, 2022.
102. निधिमा तनेजा, 'अम्बेडकर वॉज़ लेटकमर इन वर्ल्ड ऑफ़ स्टाम्प्स व्हेयर नेहरूज़ एंड गांधीज़ ''कुड फ़िल फ़्लोर्स'' ', द *प्रिंट*, 8 जून, 2022.
103. 'कनाडा : प्रॉविंस ऑफ़ ब्रिटिश कोलम्बिया : ए प्रोक्लेमेशन', ब्रिटिश कोलम्बिया की ऑफ़िशियल वेबसाइट पर उपलब्ध।
104. शिरीष बी. प्रधान, 'अम्बेडकर्स बर्थ एनिवर्सरी ऑब्ज़र्व्ड इन नेपाल', द *प्रिंट*, 13 अप्रैल, 2022.

105. 'इंडिया, नेपाल ऐग्री टू सेट अप डॉ. भीमराव अम्बेडकर चेयर ऐट लुम्बिनी बुद्धिस्ट यूनिवर्सिटी', *edexlive.com*, 16 मई, 2022.
106. 'डॉ. बी. आर. अम्बेडकर जयन्ती सेलिब्रेटेड विद फ़र्वर इन दुबई', *एएनआई*, 25 अप्रैल, 2022.
107. 'इंडियन हाई कमिश्नर टू द यूके पेज़ ट्रिब्यूट टू बी. आर. अम्बेडकर एंड लॉर्ड बासवेश्वरा इन लन्दन', द *प्रिंट*, 3 मई, 2022.
108. 'प्रेसिडेंट कोविंद इनॉगरेट्स स्ट्रीट नेम्ड आफ़्टर अम्बेडकर इन जमैकन कैपिटल', द *प्रिंट*, 17 मई, 2022.
109. भालचन्द्र मुंगेकर, सं., द *इसेंशियल अम्बेडकर*, नयी दिल्ली : रूपा पब्लिकेशन, 2017, पृ. xii.
110. विल्करसन, *कास्ट*, पृ. 32.
111. येंगड़े, *कास्ट मैटर्स*, पृ. 123-24.
112. खिलनानी, 'अम्बेडकर : बिल्डिंग पैलेसेज़ ऑन डंग हीप्स', *इनकार्नेशंस*, पृ. 468.
113. ऋषभ जैन, 'एंटी-कास्ट रैप : ए हिप-हॉप रेवोल्यूशन इन द मेकिंग इन इंडिया', *टीआरटी वर्ल्ड*, 17 मई, 2022.
114. आकांक्षा मिश्रा, 'एनिहिलेशन ऑफ़ कास्ट, कालाहाँडी रैपर डुले रॉकर प्लैन्स अल्बम ''टू टेक फ़ॉरवर्ड अम्बेडकर्स लेगेसी'' ', *scroll.in*, 4 जुलाई, 2021.
115. डियोडोरस, सिकुलस, *बिब्लियोथेका हिस्टोरिका*, वॉल. II., ट्रांसलेटेड बाई सी. एच. ओल्डफ़ादर, लाइब्रेरी ऑफ़ हिस्ट्री : लोब क्लासिकल लाइब्रेरी, केम्ब्रिज : हार्वर्ड यूनिवर्सिटी प्रेस, 1935.
116. अनूप हिवराले, 'कास्ट : अंडरस्टैंडिंग द नुआंसेज़ फ़्रॉम अम्बेडकर्स एक्सपोज़िशन्स', *जर्नल ऑफ़ सोशल इनक्लूज़न स्टडीज़*, खण्ड 6, 1 जून, 2020, पृ. 78-96.
117. विल्करसन, *कास्ट*, पृ. 70-71.
118. हरीश के. पुरी, 'अम्बेडकर हैड वॉर्न्ड अबाउट इंडियन डेमोक्रेसीज़ फ़्रेजिलिटी, ही मस्ट बी हीडेड', द *इंडियन एक्सप्रेस*, 15 अप्रैल, 2022.
119. वही।
120. मुकुल दुबे, 'रीड व्हाट वीडी सावरकर रोट : केयर फ़ॉर काउज़, डू नॉट वर्शिप देम', *scroll.in*, 20 अक्टूबर, 2015.
121. येंगड़े, *कास्ट मैटर्स*, पृ. 27.
122. 'व्हाई बी. आर. अम्बेडकर्स थ्री वॉर्निंग्स इन हिज़ लास्ट स्पीच टू द कॉन्स्टीचुएंट असेम्बली रेज़ोनेट इवेन टूडे', *scroll.in*, 26 जनवरी, 2016.
123. राजा शेखर वुंद्रू, 'एक्सपैंडिंग द पॉसिबिलिटीज़', इन राजू, द *दलित ट्रूथ*, पृ. 21-38.
124. जैफ़रलॉट, *डॉ. अम्बेडकर एंड अनटचेबिलिटी*, पृ. 85.
125. राजू, द *दलित ट्रूथ*, पृ. xxi-xxii.
126. वही, पृ. xxviii, xxxii.

127. दत्त, *कमिंग आउट ऐज़ दलित,* पृ. xi.

128. येंगड़े, *कास्ट मैटर्स,* पृ. 7. स्वतन्त्र भारत में दलित जनसंहार को लेकर इस ट्विटर थ्रेड पर विस्तृत जानकारी दी गयी है : https://twitter.com/lokeshbag67/status/1547534467866456064?s=20&t=AryaAKktBawxjVNu5Q

129. वही, पृ. 14.

130. अनन्त श्रेयस, 'फ़ादर किल्स 17-ईयर-ओल्ड डॉटर फ़ॉर रिलेशनशिप विद दलित यूथ इन मैसूर', द *क्विंट,* 8 जून, 2022.

131. येंगड़े, *कास्ट मैटर्स,* पृ. 24.

132. दत्त, *कमिंग आउट ऐज़ दलित,* पृ. 180-81.

133. मीना राधाकृष्णा, 'द डार्क रियालिटीज़ ऑफ़ द एससी/एसटी एट्रोसिटीज़ ऐक्ट : ऐन एथ्नोग्राफ़िक रीडिंग', द *वायर,* 4 अप्रैल, 2018.

134. 'माई बर्थ इज़ माई फ़ेटल ऐक्सीडेंट : रोहित वेमुलाज़ सियरिंग लेटर इज़ ऐन इनडाइटमेंट ऑफ़ सोशल प्रेज्यूडिसेज़', द *वायर,* 17 जनवरी, 2017.

135. 'हॉकी प्लेयर वन्दना कटारियाज़ फ़ैमिली फ़ेसेज़ कास्टिस्ट स्लर्स आफ़्टर ओलंपिक लॉस', *scroll.in,* 5 अगस्त, 2021.

136. वुंद्रू, 'एक्सपैंडिंग द पॉसिबिलिटीज़', इन राजू, द *दलित ट्रूथ,* पृ. xxx.

137. अग्रवाल, 'इंट्रोडक्शन', डॉ. बी. आर. अम्बेडकर, द *मैन एंड हिज़ मैसेज,* पृ. ix.

आभार

अम्बेडकर का ख़ुद का लेखन विशाल है और उनके जीवन और कर्म पर अत्यधिक परिश्रम के साथ बहुत विद्वत्तापूर्ण शोध किया गया है। इस पुस्तक के लिए अम्बेडकर के लेखन और उन पर किये गये काम दोनों के गहन शोध और अध्ययन की ज़रूरत थी। इस संक्षिप्त, सरल और सब कुछ समाहित कर लेने वाली जीवनी का लेखन असम्भव होता अगर कैथरीन अब्राहम और रशीबा थट्टिल जैसे मेरे दो दोस्तों ने इसके शोध में अपना अमूल्य योगदान न दिया होता। थट्टिल ने अम्बेडकर द्वारा और उन पर लिखे कई खण्डों की डिजिटल कॉपी को खँगाला जिन्हें मैं शायद ही ढूँढ़ पाता। कैथरीन ने न केवल अम्बेडकर पर अतिरिक्त जानकारियाँ जुटाईं बल्कि ख़ुद भी पर्याप्त शोध किया। उन्होंने उन सहायक विषयों पर भी जानकारी जुटाई जो मेरे ख़ुद के अध्ययन के दायरे से बाहर थीं, और बेहद ज़रूरी शोधपरक सुझाव दिये। मेरे फ़ुटनोट्स और एंडनोट्स को बारीकी से देखने, उसमें संशोधन करने, और सन्दर्भ ग्रन्थ सूची बनाने में उनके योगदान से ही यह पुस्तक दुनियाभर के पाठकों के लिए तैयार हो सकी है। इन दोनों का तहेदिल से शुक्रिया अदा करने और उनका आभार जताने के लिए मेरे पास शब्द नहीं हैं।

हमेशा की तरह मैं अपने शानदार प्रकाशक और एलेफ़ के सम्पादक डेविड दविदार, परिश्रमी और बारीक नज़र रखने वाली सम्पादक एइनला ओज़ूकुम, और करिश्मा कोशाल का आभार व्यक्त करता हूँ जिन्होंने इस किताब के प्रकाशन में अपना अमूल्य योगदान दिया। एक और शानदार कवर पेज देने के लिए मैं बीना सरीन का शुक्रिया अदा करता हूँ। साथ ही इस किताब की शानदार मार्केटिंग और पब्लिसिटी कैम्पेन के लिए मैं ख़ुशमिज़ाज वसुन्धरा राज बैग्रा का भी धन्यवाद करना चाहता हूँ।

और आख़िर में, लेखक के रूप में इस पुस्तक की सामग्री और किसी भी तथ्य और व्याख्या की त्रुटि की पूरी ज़िम्मेदारी मेरी होगी।

सन्दर्भ ग्रन्थ

BOOKS

Ambedkar, B. R., *The Annihilation of Caste*, New Delhi: General Press, 2020.

———, *The Evolution of Provincial Finance in British India: A Study in the Provincial Decentralization of Imperial Finance*, 1925.

———, *What Congress and Gandhi Have Done to the Untouchables*, New Delhi: Gautam Book Centre, 2009.

Ambedkar, Savita Bhimrao, *Ambedkarachya Sahavasat*, Mumbai: Dr. Babasaheb Ambedkar Foundation, 2013.

Anand, Mulk Raj, *Untouchable*, New Delhi: Penguin India, 2001.

Bagul, Baburao, *When I Hid My Caste: Stories*, translated by Jerry Pinto, New Delhi: Speaking Tiger, 2018.

Begari, Jagannatham, *B.R. Ambedkar and Social Transformation: Revisiting the Philosophy and Reclaiming Social Justice*, New Delhi: Routledge India, 2021.

Byapari, Manoranjan and Mukherjee, Sipra, *Interrogating My Chandal Life: An Autobiography of a Dalit*, New Delhi: SAGE Publications, 2017.

Cabrera, Luis, *The Humble Cosmopolitan: Rights, Diversity, and Trans-state Democracy*, Oxford: Oxford University Press, 2019.

Chadwick, Ruth, *Encyclopedia of Applied Ethics*, Amsterdam: Academic Press, 2012.

Dangle, Arjun (ed.), *Poisoned Bread: Translations from Modern Marathi Dalit Literature*, New Delhi: Orient Blackswan, 2009.

Dhasal, Namdeo, *A Current of Blood*, New Delhi: Navayana, 2019.

Diodorus, Siculus, *Bibliotheca Historica, Vol. II.*, translated by C. H. Oldfather, Library of History: Loeb Classical Library, Cambridge: Harvard University Press, 1935.

Dutt, Yashica, *Coming Out As Dalit*, New Delhi: Aleph Book Company, 2019.

Dworkin, Ronald, *Freedom's Law: The Moral Reading of the American Constitution*, Cambridge: Harvard University Press, 1997.

Faustina, Bama, *Karukku*, New Delhi: Oxford University Press, 2014.

Habib, Irfan S. (ed.), *Indian Nationalism: The Essential Writings*, New Delhi: Aleph Book Company, 2017.

Heimsath, Charles Herman, *Indian and Hindu Social Reform Nationalism*, Princeton: Princeton University Press, 2015.

Jadhav, Narendra, *Untouchables: My Family's Triumphant Escape from India's Caste System*, United States, Oakland: University of California Press, 2007.

Jaffrelot, Christophe, *Dr Ambedkar and Untouchability: Analysing and Fighting Caste*, London: Hurst & Company, 2005.

K., Raju (ed.), *The Dalit Truth: The Battles for Realizing Ambedkar's Vision*, New Delhi: Vintage Books, 2022.

Kadam, K. N., *Dr. Babasaheb Ambedkar and the Significance of His Movement: A Chronology*, London: Sangam Books, 1991.

Kandasamy, Meena, *The Gypsy Goddess*, New Delhi: HarperCollins Publishers India, 2014.

Keer, Dhananjay, *Dr. Ambedkar: Life & Mission*, 3rd edition, Bombay: Popular Prakashan, 1971 (repr.).

Khilnani, Sunil, *Incarnations: A History of India in 50 Lives*, New Delhi: Penguin Random House India, 2017.

Khosla, Madhav, *India's Founding Moment: The Constitution of a Most Surprising Democracy*, Cambridge: Harvard University Press, 2019.

Kolge, Nishikant, *Gandhi Against Caste*, New Delhi: Oxford University Press, 2017.

Kunte, B. G. (ed.), *Source Material on Dr Babasaheb Ambedkar and the Movement of Untouchables*, Vol. 1, Bombay: Education Department, Government of Maharashtra, 1970.

McLeod, Jon, *Sovereignty, Power, Control: Politics in the States of Western India, 1916–1947*, Leiden: Brill, 1999, p. 136.

Mohanty, Gopinath, *Harijan: A Novel*, translated by Bikram Das, New Delhi: Aleph Book Company, 2021.

Moon, Vasant (ed.), *Dr. Babasaheb Ambedkar: Writings and Speeches*: Vol. 1, Bombay: Education Department, Government of Maharashtra, 1979.

———, *Dr. Babasaheb Ambedkar: Writings and Speeches*: Vol. 3, Bombay: Education Department, Government of Maharashtra, 1987.

———, *Dr. Babasaheb Ambedkar: Writings and Speeches*: Vol. 5, Bombay: Education Department, Government of Maharashtra, 1989.

———, *Dr. Babasaheb Ambedkar: Writings and Speeches*: Vol. 8, Bombay: Education Department, Government of Maharashtra, 1990.

———, *Dr. Babasaheb Ambedkar: Writings and Speeches*: Vol. 9, Bombay: Education Department, Government of Maharashtra, 1991.

———, *Dr. Babasaheb Ambedkar: Writings and Speeches:* Vol. 10, Bombay: Education Department, Government of Maharashtra, 1991.

———, *Dr. Babasaheb Ambedkar: Writings and Speeches*: Vol. 12, Bombay:

Education Department, Government of Maharashtra, 1993.
Mukherjee, Arun Prabha and Valmiki, Omprakash, Joothan: An Untouchable's Life, New York: Columbia University Press, 2008.
Mungekar, Bhalachandra (ed.), *The Essential Ambedkar*, New Delhi: Rupa Publications, 2017.
Narake, Hari, Kamble, N. G., Kasare, M. L., and Godghate, Ashok (ed.), *Dr. Babasaheb Ambedkar: Writings and Speeches:* Vol. 17: Part III: *Dr. B. R. Ambedkar and his Egalitarian Revolution*, Bombay: Education Department, Government of Maharashtra, 1979.
Nisar, M. and Kandasamy, Meena, *Ayyankali: A Dalit Leader of Organic Protest*, Kozhikode: Other Books, 2007.
Omvedt, Gail, *Ambedkar: Towards an Enlightened India,* New Delhi: Penguin, 2007.
———, *Buddhism in India: Challenging Brahmanism and Caste*, New Delhi: SAGE India, 2003.
———, *Dalits and the Democratic Revolution: Dr Ambedkar and the Dalit Movement in Colonial India*, New Delhi: SAGE India, 1994.
———, *Seeking Begumpura: The Social Vision of Anticaste Intellectuals*, New Delhi: Navayana Publishers, 2009.
Pawar, Daya, *Baluta*, translated by Jerry Pinto, New Delhi: Speaking Tiger, 2015.
Pawar, Urmila, *The Weave of My Life: A Dalit Woman's Memoirs*, New York: Columbia University Press, 2009.
Phule, Jotirao, *Slavery: Collected Works of Mahatma Jotirao Phule: Vol. 1*, Bombay: Government of Maharashtra, 1991.
Ramabadran, Sudarshan and Paswan, Guru Prakash, *Makers of Modern Dalit History: Profiles,* New Delhi: Penguin Random House India, 2021.
Ranjan, Ravi and Singh, M. K., *Dr. Bhimrao Ambedkar*, New Delhi: K. K. Publications, 2021.
Rathore, Aakash Singh (ed.), *Ambedkar's Preamble: A Secret History of the Constitution of India,* New Delhi: Vintage Books, 2020.
Roy, Arundhati, *My Seditious Heart: Collected Non-Fiction*, New Delhi: Penguin Random House India, 2019.
———, *The Doctor and the Saint: The Ambedkar-Gandhi Debate: Caste, Race and Annihilation of Caste*, New Delhi: Penguin Random House India, 2019.
Sarkar, Sumit and Sarkar, Tanika (eds.), *Caste in Modern India*, New Delhi: Orient Blackswan, 2015.
Satyanarayana, K. and Tharu, Susie, *The Exercise of Freedom: An Introduction to Dalit Writing*, New Delhi: Navayana, 2013.
Shah, Ghanshyam, *Caste and Democratic Politics in India*, New Delhi: Permanent Black, 2004.

Shahare, M. L. and Anil, Nalini, *Babasaheb Dr. Ambedkar Ki Sangharsh Yatra Evam Sandesh*, New Delhi: Samyak Prakashan, 2014.

Shahare, M. L., *Bhimrao Ambedkar: Life and Works*, New Delhi: NCERT, 1986.

Shourie, Arun, *Worshipping False Gods: Ambedkar and the Facts Which Have Been Erased*, New Delhi: ASA Publications, 1997.

Sowell, Thomas, *Affirmative Action Around the World: An Empirical Study (Nota Bene)*, Connecticut: Yale University Press, 2005.

Sundar, Unnamati Syama, *No Laughing Matter: The Ambedkar Cartoons: 1932–1936*, New Delhi: Navayana, 2019.

Tagore, Rabindranath, *Gitanjali: Song Offerings*, Keighley: Pomona Press, 2007.

Teltumbde, Anand, *Dalits: Past, Present and Future*, New Delhi: Taylor & Francis, 2016.

The Collected Works of Mahatma Gandhi, Vol. 84, New Delhi: Publications Division Government of India, 1999.

Wilkerson, Isabel, *Caste: The Origin of Our Discontents*, New York: Penguin Random House, 2020.

Yengde, Suraj, *Caste Matters*, New Delhi: Penguin Books, 2019.

Yusufji, Salim, *Ambedkar: The Attendant Details*, New Delhi: Navayana, 2017.

Zelliot, Eleanor, *Ambedkar's World: The Making of Babasaheb and the Dalit Movement*, New Delhi: Navayana, 2012.

Zene, Cosimo (ed.), *The Political Philosophies of Antonio Gramsci and B. R. Ambedkar: Itineraries of Dalits and Subalterns*, Abingdon, New York: Routledge, 2013.

JOURNAL ARTICLES, CHAPTERS IN BOOKS, AND SPEECHES

'Ambedkar's Last Word of Wisdom', *The Tribune*, 14 April 2017, available at https://www.tribuneindia.com/news/archive/comment/ambedkar-s-last-words-of-wisdom-391549 [accessed on 28 June 2022].

Aiyar, Swaminathan and Anklesaria, S., 'Despite Modi, India Has Not Yet Become a Hindu Authoritarian State', Cato Institute, 2020, http://www.jstor.org/stable/resrep28731 [accessed on 28 June 2022].

Agarwal, Sudarshan, 'Introduction', in *Dr. B. R. Ambedkar, the Man and his Message: A Commemorative Volume*, New Delhi: Rajya Sabha Secretariat, 1991.

Ambedkar, B. R., 'Castes in India: Their Mechanism, Genesis and Development', paper read at an anthropological seminar of Alexander Goldenweiser in New York on 9 May 1916 quoted in B. R. Ambedkar, 'Castes in India. Their Mechanism, Genesis and Development', *Indian Antiquary*, Vol. 61, 1917, reprinted in *Dr. Babasaheb Ambedkar, Writings and Speeches*, Vol. 1, Bombay,

Government of Maharashtra, 1979.
———, 'Federation versus Freedom', Kale memorial lecture, Gokhale Institute of Politics and Economics, 1939.
———, 'The Grammar of Anarchy', speech to the Constituent Assembly, 25 November 1949.
———, 'What Path to Salvation?', speech to the Bombay Presidency Mahar Conference, 31 May 1936, Bombay. Translated from Marathi by Vasant Moon, 25 January 1988.
Arya, Sunaina, 'Dalit or Brahmanical Patriarchy? Rethinking Indian Feminism', *CASTE: A Global Journal on Social Exclusion*, Vol. 1, No. 1, 2020, available at https://www.jstor.org/stable/48644572 [accessed on 28 June 2022].
———, 'Theorising Gender in South Asia: Dalit Feminist Perspective', *CASTE: A Global Journal on Social Exclusion*, Vol. 1, No. 2, 2020, available at https://www.jstor.org/stable/48643560 [accessed on 28 June 2022].
Bajpai, Rochana, 'Multiculturalism in India: An Exception?', *Multiculturalism in the British Commonwealth: Comparative Perspectives on Theory and Practice*, edited by Richard T. Ashcroft and Mark Bevir, 1st edition, Berkeley: University of California Press, 2019, available at http://www.jstor.org/stable/j.ctvr7fcvv.10 [accessed on 28 June 2022].
Bardia, Meena, 'Dr. B.R. Ambedkar: His Ideas About Religion and Conversion to Buddhism', *The Indian Journal of Political Science*, Vol. 70, No. 3, 2009.
Bhaskar, Anurag, '"Ambedkar's Constitution": A Radical Phenomenon in Anti-Caste Discourse?', *CASTE: A Global Journal on Social Exclusion*, Vol. 2, No. 1, 2021, available at https://www.jstor.org/stable/48643388 [accessed on 28 June 2022].
———, 'Ambedkar, Lohia, and the Segregations of Caste and Gender: Envisioning a Global Agenda for Social Justice', *CASTE: A Global Journal on Social Exclusion*, Vol. 1, No. 2, 2020, available at https://www.jstor.org/stable/48643565 [accessed on 28 June 2022].
Bhimraj, M., 'A Dalit Critique of Environmental Justice in India', *Contemporary Environmental Concerns: Multi-Disciplinary Aspects of Environmental Law*, Patiala: Rajiv Gandhi National University of Law, 2020, available at: https://www.researchgate.net/publication/344218629_A_Dalit_Critique_of_Environmental_Justice_in_India [accessed on 28 June 2022].
Chebaro, Kaoukab, 'Dr. Ambedkar and Columbia University: A Legacy to Celebrate', *Global Studies Blog*, Columbia University Libraries, 15 April 2019, available at https://blogs.cul.columbia.edu/global-studies/2019/04/15/speaking-truth-to-power-dr-ambedkar-and-columbia-university/ [accessed on 28 June 2022].
Constituent Assembly Debates, Vol. 11, 25 November 1949.

Elphinstone, John, 'Report on Education of Depressed Classes', in Vasant Moon (ed.), *Babasaheb Ambedkar Writings and Speeches*, Vol. 2, Bombay: Education Department, Government of Maharashtra, 1979.

Garalytė, Kristina, 'Dalit Counterpublic and Social Space on Indian Campuses', *CASTE: A Global Journal on Social Exclusion*, Vol. 1, No. 2, 2020, available at https://www.jstor.org/stable/48643570 [accessed on 28 June 2022].

Ghadage, Tushar, 'Ambedkarites in Making: The Process of Awakening and Conversion to Buddhism among Non-Mahar Communities in Maharashtra', *CASTE: A Global Journal on Social Exclusion*, Vol. 1, No. 2, 2020, available at https://www.jstor.org/stable/48643568 [accessed on 28 June 2022].

Gorringe, H., 'Out of the Cheris: Dalits Contesting and Creating Public Space in Tamil Nadu. Space and Culture', Vol. 19, No. 2, 2016.

Guru, Gopal, 'Dalit Women Talk Differently', *Economic and Political Weekly*, Vol. 30, No. 41/42, 1995, available at http://www.jstor.org/stable/4403327 [accessed on 28 June 2022].

Ingole, Prashant, 'Intersecting Dalit and Cultural Studies: De-Brahmanizing the Disciplinary Space', *CASTE: A Global Journal on Social Exclusion*, Vol. 1, No. 2, 2020, available at https://www.jstor.org/stable/48643567 [accessed on 28 June 2022].

Jayasankar, Krishnamurty, 'Ambedkar's Educational Odyssey: 1913–1927', *Journal of Social Inclusion Studies*, 2020.

Kapur, Devesh, 'Why Does the Indian State Both Fail and Succeed?', *The Journal of Economic Perspectives*, Vol. 34, No. 1, 2020, available at https://www.jstor.org/stable/26873528 [accessed on 28 June 2022].

Khilnani, Sunil, 'Ambedkar: Building Palaces on Dung Heaps', in *Incarnations: A History of India in 50 Lives*, New Delhi: Penguin Random House India, 2017.

Kumar, Raj (ed.), 'Dalit and Power Stucture', in *Essays on Dalits*, New Delhi: Discovery Publishing House, 2003.

Loftus, Timothy, 'Ambedkar and the Buddha's Saṅgha: A Ground for Buddhist Ethics', *CASTE: A Global Journal on Social Exclusion*, Vol. 2, No. 2, 2021, available at https://www.jstor.org/stable/48645681 [accessed on 28 June 2022].

Meadowcroft, Keith, 'The All-India Hindu Mahasabha, untouchable politics, and "denationalising" conversions: the Moonje–Ambedkar Pact', *Journal of South Asian Studies*, 29:1.

Namala, Paul Divakar, 'Norm Entrepreneurship at the UN-Dalits and Communities Discriminated on Work and Descent', *CASTE: A Global Journal on Social Exclusion*, Vol. 2, No. 2, 2021, available at https://www.jstor.org/stable/48645680 [accessed on 28 June 2022].

Nasr, Vali, 'South Asia from 1919', in Francis Robin (ed.), *The New Cambridge*

History of Islam, Cambridge: Cambridge UP, 2010.
Nigam, Aditya, 'Hindutva, Caste and the "National Unconscious"', in Vishwas Sagar (ed.), *Racism After Apartheid: Challenges for Marxism and Anti-Racism*, Johannesburg: Wits University Press, 2019, available at https://doi.org/10.18772/22019033061.10 [accessed on 28 June 2022].
Parekh, Bhiku, 'The Intellectual and Political Legacy of B. R. Ambedkar', in Aakash Singh Rathore (ed.), *B.R. Ambedkar: The Quest for Justice*, New Delhi: Oxford University Press, 2021.
Patel, Vallabhbhai, *Constituent Assembly Debates*, Vol. 8, 26 May 1949.
Phanda, K. R. and Goradia, Prafull, 'Jinnah Proposed, Gandhi Disposed...Thus India Divided', Centre for Advanced Research, Reference, Information & Enhanced Documentation, 2014.
Pramod, Maya, 'As a Dalit Woman: My Life in a Caste-Ghetto of Kerala', *CASTE: A Global Journal on Social Exclusion*, Vol. 1, No. 1, 2020, available at https://www.jstor.org/stable/48644567 [accessed on 28 June 2022].
Prasad, Indulata, 'Caste-Ing Space: Mapping the Dynamics of Untouchability in Rural Bihar, India', *CASTE: A Global Journal on Social Exclusion*, Vol. 2, No. 1, 2021, available at https://www.jstor.org/stable/48643389 [accessed on 28 June 2022].
Ray, Ishita Aditya and Ray, Sarbapriya, 'An Appraisal of Influence of Eminent Personalities on Ambedkar's Political Thought during Early Twentieth Century', *Historical Research Letter*, Vol. 2, 2012.
Responses to Information Requests—Immigration and Refugee Board of Canada, available at https://www.justice.gov/eoir/page/file/1243266/download [accessed on 28 June 2022].
Rodrigues, Valerian, 'Introduction', in Valerian Rodrigues (ed.), *The Essential Writings of B. R. Ambedkar,* New Delhi: Oxford University Press, 2002.
Roy, Ishita, 'A Critique of Sanskritization from Dalit/Caste-Subaltern Perspective', *CASTE: A Global Journal on Social Exclusion*, Vol. 2, No. 2, 2021, available at https://www.jstor.org/stable/48645684 [accessed on 28 June 2022].
Sawariya, Meena, 'Caste and Counselling Psychology in India: Dalit Perspectives in Theory and Practice', *CASTE: A Global Journal on Social Exclusion*, Vol. 2, No. 1, 2021, available at https://www.jstor.org/stable/48643392 [accessed on 28 June 2022].
Shankar, Shiva and Kanthi, Swaroop, 'Manual Scavenging in India: The Banality of an Everyday Crime', *CASTE: A Global Journal on Social Exclusion*, Vol. 2, No. 1, 2021, available at https://www.jstor.org/stable/48643385 [accessed on 28 June 2022].
Shyam Ratna, Gupta. 'New Light on the Cripps Mission', *India Quarterly*, Vol.

28, No. 1, 1972, Jstor, http://www.jstor.org/stable/45069909.

Simon, Laurence, '"I Can't Breathe': Perspectives on Emancipation from Caste', *CASTE: A Global Journal on Social Exclusion*, Vol. 2, No. 1, 2021, available at https://www.jstor.org/stable/48643380 [accessed on 28 June 2022].

Singh, Hira, 'Raising the Bar or Missed Opportunity', *Economic & Political Weekly*, Vol.50, No. 45, 7 November 2015.

Sinha, Arvind and Sinha, Indu, 'State, Class and "Sena" Nexus: Bathani Tola Massacre', *Economic and Political Weekly*, Vol. 31, No. 44, 1996.

Stausberg, Michael, 'Leaving Hinduism: Deconversion as Liberation', *Handbook of Leaving Religion*, edited by Daniel Enstedt et al., Leiden: Brill, 2020, available at http://www.jstor.org/stable/10.1163/j.ctv2gjwshc.11 [accessed on 28 June 2022].

Thorat, Amit, et al., 'Persisting Prejudice: Measuring Attitudes and Outcomes by Caste and Gender in India', *CASTE: A Global Journal on Social Exclusion*, Vol. 1, No. 2, 2020, https://www.jstor.org/stable/4864356 [accessed on 28 June 2022].

Vundru, Raja Sekhar, 'Expanding the Possibilities', in K. Raju (ed.), *The Dalit Truth: The Battles for Realizing Ambedkar's* Vision, New Delhi: Vintage Books, 2022.

NEWSPAPERS, ARTICLES, AND ONLINE RESOURCES

'"Gandhi shedding clothes not revolutionary, but Ambedkar wearing three-piece suit is"', *The Hindu*, 25 April 2015.

'1942 Quit India Movement', *Making Britain*, The Open University.

'All Insults Don't Count as Offences Under SC/ST Act: Supreme Court', *The Wire*, 6 November 2020.

'B R Ambedkar's granddaughter Rama Ambedkar demands release of all political prisoners', *Scroll.in*, 8 July 2021.

'Communal deadlock and a way to solve it', *The Modern Rationalist*, 1 January 2022.

'Directive Principles of State Policy', *Legal Service India Journal*.

'Environmental Casteism: An Overdue Apology We Owe To Ecology And Victims Of Caste', *Nickeled and Dimed*, 9 April 2021.

'His first struggle was to access his own education but he did not use it for self-advancement alone: Justice DY Chandrachud on Dr. BR Ambedkar', *Bar and Bench*, 18 July 2021.

'In the 1910's, Off to Columbia, On to London', Columbia University, available at https://bit.ly/3OTeI8P [accessed on 28 June 2022].

'Indian Army's Mahar regiment: Home to two army chiefs and a Param Vir

Chakra', *The Print*, 3 January 2018.

'Khairlanji massacre: 15 years on, FPJ revisits the killing of Bhotmange family which rocked Maharashtra', *Free Press Journal*, 29 September 2021.

'Maharashtra: "Statue of Knowledge" Dedicated to Dr Ambedkar to Be Unveiled in Latur on April', *News 18*, 8 April 2022.

'Massacre in Shankarbigha', *Frontline*, 13 February 1999.

'Move to rename Konaseema district after Ambedkar', *The New Indian Express*, 19 May 2022.

'Rajaji In 1968: "Hindi Is, At Best, The Language Of A Large Minority"', *Swarajya*, 14 September 2016.

'Round Table Conferences 1930–32', *Making Britain,* The Open University.

'Stafford Cripps', *Making Britain*, The Open University.

'Video of Dalit govt employee falling at caste Hindu's feet triggers protest in Coimbatore', *The Hindu*, 7 August 2021.

'Who Was Ramabai Ambedkar? Some Lesser-Known Facts About B. R. Ambedkar's Wife, *NDTV*, 27 May 2022.

125-ft-tall B.R. Ambedkar statue in Hyderabad by December, *Deccan Chronicle*, April 14, 2022.

Aiyar, S. A., 'Ambedkar vs Gandhi: The risks of village empowerment', *The Times of India*, 9 February 2014.

Akhil, (@akhiles04984831), Twitter post, 23 July 2021, <https://twitter.com/akhiles04984831/status/1418409744453148672?s=19>.

Ambedkar International Centre, (@ambedkar_center), Twitter post, 20 July 2021, <https://twitter.com/ambedkar_center/status/1417471063307395079?s=19>.

Ambedkar interview on the BBC, broadcast 31 December 1955, available at https://www.youtube.com/watch?v=3dJETivg7nw [accessed on 28 June 2022].

Ambedkar, B. R., 'A Reply to the Mahatma', *Round Table India*, 30 September 2014.

———, 'Need for Checks and Balances: Articles on Linguistic States', *The Times of India*, 23 April 1953.

———, *Constituent Assembly Debates*, 25 November 1949.

Ambwani, Meenakshi Verma, 'Dr. B. R. Ambedkar voted as Greatest Indian', *The Hindu Businessline*, 14 August 2012.

ANI, 'Dr B R Ambedkar Jayanti celebrated with fervour in Dubai', *The Print*, 25 April 2022.

———, 'India, Nepal agree to set up Dr Bhimrao Ambedkar Chair at Lumbini Buddhist University, Nepal', *The Print,* 16 May 2022.

As recounted in Tiruchanoor Case- Rajaji, Scribd, available at https://www.scribd.com/doc/298996233/Tiruchanoor-Case-Rajaji.

Babu, D. Shyam, 'Fault lines in a "landmark" judgment', *The Hindu*, 21 July 2018.

Bellwinkel-Schempp, Maren, 'Ambedkar Studies at Heidelberg', University of Columbia.

Bhaskar, Anurag, 'When It Comes to Dalit and Tribal Rights, the Judiciary in India Just Does Not Get It', *The Wire*, 3 May 2020.

Bose, Mrityunjay, 'Dr Ambedkar memorial in Mumbai to be ready by March 2024', *Deccan Herald*, 11 May 2022.

Chavan, Akshay, 'Against All Odds', *Live History India*, 6 December 2018.

Dass, Santosh, 'Caste in the UK, and why Ambedkar matters', *The Indian Express*, 8 August 2021.

Dhamija, Bhanu, 'India's Constitution makers Nehru, Patel, Ambedkar were divided on Parliamentary system', *The Print*, 25 January 2019.

———, 'Why Ambedkar didn't like India's Constitution', 14 April 2018.

Dhanraj, Christina, 'Red Earth and The Sky Dalit Blue', *Outlook*, 19 October 2020, pp. 23–24.

Jeyarani, 'Media's Conspiracy of Silence', *Outlook*, 12 October 2020.

Dutta, Amrita, '"RSS detested Ambedkar in his lifetime but now must praise him": Ramachandra Guha', *The Indian Express*, 8 September 2018.

Elphinstone College official website, available at https://www.elphinstone.ac.in/disalumni.php [accessed on 28 June 2022].

Fernando, Antony, 'Fifty years after caste violence, Keezhvenmani village waiting for daylight', *New Indian Express*, 23 December 2018.

Gandhi, M. K., 'The curse of Untouchability', available at https://www.mkgandhi.org/about-us.html [accessed on 28 June 2022].

Government of India Act, 1935, Constitution of India.

Gowri, Madan, (@madan3), Twitter post, 23 July 2021, <https://twitter.com/madan3/status/1418441398064279553?s=19>.

Gupta, Sachin, (@sachingupta787), Twitter post, 22 July 2021, <https://twitter.com/sachingupta787/status/1418241605123796998?s=03>.

Hamsa, Dhwani (@HamsadhwaniA), Twitter post, 4 July 2021 <https://twitter.com/HamsadhwaniA/status/1411677803955638274?s=03>.

Henry, Nikhila, 'Caste Discrimination at IIT-Madras? Asst Professor Complains to OBC Commission', *The Quint*, 12 August 2021.

Human Rights Watch, 'Attacks on Dalit women: A pattern of impunity', available at https://www.hrw.org/reports/1999/india/India994-11.htm [accessed on 28 June 2022].

Indian National Congress, 'Dr. B. R. Ambedkar', available at https://inc.in/our-inspiration/dr-b-r-ambedkar [accessed on 28 June 2022].

Jain, Rishabh, 'Anti-caste rap: A hip-hop revolution in the making in India', *TRT*

World, 17 May 2022.

K., Malmarugan, (@Kodungolan737), Twitter post, 18 August 2021, <https://twitter.com/Kodungolan737/status/1427956394473316359?s=03>.

Kamble, Dayanand, (@dayakamPR), Twitter post, 20 July 2021, <https://twitter.com/dayakamPR/status/1417315203872559105?s=19>.

———, (@dayakamPR), Twitter post, 21 July 2021, <https://twitter.com/dayakamPR/status/1417678779644710920?s=19>.

Kamble, Swati, 'Interjections, Intersections', *Outlook*, 19 October 2020.

Kancha Ilaiah, 'Why Ambedkar supported Sanskrit as national language: A response to Murli Manohar Joshi', *The News Minute*, 27 April 2016.

Khobragade, Uttam, 'Constitution Revolution engendered by Dr. Ambedkar', *The Times of India*, 4 May 2020.

Kolappan, B., 'Little-known facts about a well-known leader', *The Hindu*, 21 August 2012.

Kothari, Urvish, 'Parsis in Baroda berated Ambedkar for his caste. But Naval Bhathena changed everything', *The Print*, 6 December 2019.

Krishnan, Anjali, 'Chhatrapati Shahu Maharaj, The King Who Fought The Caste System & Shaped Dr Ambedkar's Education', *The Better India*, 24 April 2022.

Lawson, Alaistair, 'Indian maharajah's daring act of anti-colonial dissent', *BBC News*, 10 December 2011.

Maharashtra government buys Ambedkar's London house, *Times Network*, 26 September 2015.

Maitreya, Yogesh, 'Ambedkar: A Spartan Warrior who Made Knowledge and Justice his Weapon', *Cultural Forum*, 14 April 2020.

———, 'In Chokamela's Bhakti, Past Transforms into Radical Present', *Newsclick*, 16 November 2019.

Mandal, Dilip, (@Profdilipmandal), Twitter post, 21 July 2021, <https://twitter.com/Profdilipmandal/status/1417707584081960965?s=19>.

———, (@Profdilipmandal), Twitter post, 22 July 2021, <https://twitter.com/Profdilipmandal/status/1418087246608015363?s=19>.

Meena, Ravi, (@RaviMeena4089), Twitter post, 23 July 2021, <https://twitter.com/RaviMeena4089/status/1418482625954476032?s=19>.

Meghwal, Arjun Ram, 'B R Ambedkar laid the foundation for workers' rights, social security in India', *The Indian Express*, 1 May 2020.

Mishra, Akanksha, 'Annihilation of Caste: Kalahandi rapper Dule Rocker plans album "to take forward Ambedkar's legacy"', *Scroll.in*, 4 July 2021.

Mission Ambedkar, (@MissionAmbedkar), Twitter post, 18 July 2021, <https://twitter.com/MissionAmbedkar/status/1416660774785671169?s=19>.

More on Stanley Baldwin, Stanley Baldwin (1867–1947), *BBC History*.

Mukhopadhyay, Jayita, 'Ambedkar's vision of a secular Constitution', *The Statesman*, 6 April 2018.

Nair, Supriya, 'The Ambedkar Suit and Dalit Identity', *The Voice of Fashion*, 22 April 2019.

Narayan, Badri, 'BR buzz: How Ambedkar Jayanti celebrations became a political contest', *Sunday Times of India*, 10 April 2022.

———, 'Why Dalit is no longer an empowering word for some marginalised communities in UP', *The Indian Express*, 10 August 2018.

Noorani, A. G., 'Linguism Trap', *Frontline*, 23 April 2010.

Pradhan, Shirish B., 'Ambedkar's birth anniversary observed in Nepal', *The Print*, 13 April 2022.

Priyesh, (@Priyesh_py29), Twitter post, 22 July 2021, <https://twitter.com/Priyesh_py29/status/1418036352491290625?s=19>.

PTI, 'Dalit civil rights activist accuses Google of casteist, hostile workplace practices', *The Hindu*, 4 June 2022.

———, 'Indian High Commissioner to the UK pays tribute to B R Ambedkar and Lord Basaveshwara in London', *The Print*, 3 May 2022.

———, 'President Kovind inaugurates street named after Ambedkar in Jamaican capital', *The Print*, 17 May 2022.

Pudur, Arun, (@arunpudur), Twitter post, 23 July 2021, <https://twitter.com/arunpudur/status/1418438977510469632?s=19>.

Puri, Harish K., 'Ambedkar had warned about Indian democracy's fragility. He must be heeded', *The Indian Express*, 15 April 2022.

Radhakrishna, Meena, 'The Dark Realities of the SC/ST Atrocities Act: An Ethnographic Reading', *The Wire*, 4 April 2018.

Rai, Piyush, (@Benarasiyaa), Twitter post, 23 July 2021, <https://twitter.com/Benarasiyaa/status/1418282467799093248?s=19>.

Ramachandran, Shreya, '18-hour study marathon commemorates Ambedkar's legacy', *The Hindu*, 10 April 2017.

Ramavarman, T., 'Dalit artist posted at Guruvayur temple', *The Times of India*, 26 August 2021.

Ramesh, Randeep, 'India reserves half of university places for lower castes', *The Guardian*, 10 April 2008.

Roy, Arundhati, 'India's shame: Democracy hasn't eradicated the country's caste system. It has entrenched and modernised it', *Prospect Magazine*, 12 November 2014.

Roy, Debayan, 'Insulting, abusing SC/ST person not an offense under SC/ST Act unless victim abused on account of caste: Supreme Court', *Bar and Bench*, 5 November 2020.

Roy, Nilanjana S., 'The Ambedkar letters', *Business Standard*, 14 June 2013.

Roy, Siddharth Swapan, 'The Lake of Liberation', *Outlook*, 8 April 2016.

Sasidharan, Keerthik, 'Whose secularism is it anyway?', *The Hindu,* 10 September 2017.

Seshadri, Badri, 'Breaking Caste Barriers in Temples: Tamil Nadu Has Dealt the First Blow But Many Divisive Walls Stand', *CNN-IBN News*, 20 August 2021.

Siddharth, (@Actor_Siddharth), Twitter post, https://twitter.com/Actor_Siddharth/status/1418448497708212225?s=19 >.

Siddharth College of Arts, Science and Commerce, Mumbai, Official Website, available at https://siddharthcollegeofasc.com/ [accessed on 28 June 2022].

Siddharth, '"Bahishkrit Bharat": Ambedkar's decisive challenge to Brahmanism', *Forward Press*, 30 January 2020.

Singh, Deepika, (@Deepika_opines), Twitter post, 23 July 2021, <https://twitter.com/Deepika_opines/status/1418296208003518466?s=19>.

Singh, Shashank Shekhar, 'Remembering Babasaheb Ambedkar the lawyer', *Bar and Bench*, 14 April 2020.

Singh, Snehil Kunwar, 'Are we still where Ambedkar left us?', *Deccan Herald*, 12 August 2020.

Sonowane, Sankul, (@Sankul333), Twitter post, 23 July 2021, <https://twitter.com/Sankul333/status/1418438775269511171?s=19>.

Srinivasan, Krithika, 'Love and harmony over caste, dowry: Ground rule for weddings in these Tamil Nadu tribal hamlets', *New Indian Express*, 11 August 2021.

Srivasatava, Amitabh, 'Caste census: Counting the castes', *India Today*, 6 August 2021.

Srivastava, Amit, 'Navi Mumbai: "Keep Dr. Babasaheb Ambedkar's memorial big for future generations", says Atomic scientist Dr. Anil Kakodkar', *Free Press Journal*, 5 May 2022.

Subramanian, Archana, 'Striking a deal', *The Hindu*, 3 March 2016.

Sud, Danish, 'The Fascinating story of B. R. Ambedkar', *The Times of India*, 17 October 2020.

Sultana, Ayesha, 'On the Participation of Women: A Reading of Ambedkar's "The Mahad Satyagraha"', *All About Ambedkar: A Journal of Theory and Praxis*, available at https://www.allaboutambedkaronline.com/post/an-overview-of-the-mahad-satyagraha [last accessed 28 June 2022].

Sumit, 'A jurist with no equals', *Forward Press*, 13 July 2017.

Talati, Shlok, 'How prejudice rooted in an ancient social system has migrated from India to Canada', *CBC News*, 16 May 2022.

Team Ambedkarite Today, *Bahishkrit Hitakarini Sabha*.

Vajpeyi, Ananya, 'BR Ambedkar: the life of the mind and a life in politics',

Indian Cultural Forum, 14 April 2021.
Velayudhan, Meera, 'Politics as a Sedative', *Outlook*, 19 October 2020.
Venkatraman, Sakshi, 'All Cal State universities add caste to anti-discrimination policy', *NBC News*, 19 January 2022.
Verma, Mohit and Sharma, Sankalp, 'Women, Lower Caste Postgrad Students Have Higher Anxiety: Survey', *The Quint*, 10 August 2021.
Vij-Arora, Bhavna, 'Casteaways', *Outlook*, 19 October 2020.
World Conference against Racism, Racial Discrimination, Xenophobia and Related Intolerance.
Yadav, Shyamlal, 'Explained: The caste census debate, and the government stand over the years', *The Indian Express*, 27 July 2021.

LEGAL CITATIONS

Hitesh Verma vs The State Of Uttarakhand, 2020.
I. C. Golaknath & Ors vs State Of Punjab & Anrs., AIR (1967) SC 1643.
Indra Sawhney vs Union of India, 1992.
M. Nagaraj & Others vs Union Of India & Others, 2006.
Raghunathrao Ganpatrao Etc. vs Union Of India, AIR (1993) SC 58.
Writ Petition (Civil) 61 of 2002.